La reine
du désert

Du même auteur

Arafat, la poudre et la paix, Bayard Éditions, 1996.

Janet Wallach

La reine du désert

Vie de Gertrude Bell

Traduit de l'anglais (États-Unis)
par Camille Cantoni-Fort,
Nicolas Castin, Marie-Lorraine Colas

Bayard Éditions

Avec la collaboration éditoriale de Gaëlle Picard

Cet ouvrage a été publié originellement par Nan A. Talese
(Bantam Doubleday Dell Publishing Group)
sous le titre : *Desert Queen.*

ISBN 2-227-13514-X

3, rue Bayard, 75008 Paris

À John, David et Michael
qui m'ont entourée de leur amour

Prologue

Elle avait toujours vécu entourée d'hommes : des hommes riches, des hommes puissants – et parfois les deux –, des diplomates ou des cheikhs, des amants ou des mentors. Pour se représenter ce que fut Gertrude Bell, il faut s'imaginer une femme issue de la bonne société anglaise de la fin du XIXe siècle, droite comme un i malgré une silhouette un peu frêle, à la chevelure rousse et aux yeux d'un vert éclatant, au regard vif, au long nez pointu ; toujours habillée à la dernière mode et, que ce fût à Londres, au Caire, à Bagdad ou en plein désert, toujours encerclée d'hommes. Rien d'étonnant, dès lors, en ce matin bruineux du 4 avril 1927, moins d'un an après sa mort, que ceux qui se rassemblèrent à la Société royale de géographie de Londres pour lui rendre hommage, fussent presque exclusivement des hommes. Majestueux avec leurs queues-de-pie, leurs cravates blanches et leurs médailles au côté, ils arpentaient les salons de réception, discutant de leurs explorations et des siennes.

« Gertrude Bell, Gertrude Bell », ce nom courait sur toutes les lèvres. De l'avis de tous, elle avait été la femme la plus influente de l'Empire britannique après la Grande Guerre [1]. Certains, à mi-voix, la sacraient « reine sans couronne d'Irak ». On murmurait qu'elle avait été « le cerveau de Lawrence d'Arabie » et quelques-uns insinuaient d'un air entendu qu'« elle avait tracé des frontières dans le sable pour le compte de Winston Churchill ».

Certains lui reprochaient son arrogance, son autoritarisme et son ambition sans limites, mais d'autres savaient que les fleurs et les enfants avaient le don de l'émouvoir et qu'elle avait désespérément souhaité, plus que tout au monde, devenir épouse et mère. La rumeur courait qu'elle s'était fiancée une première fois et que s'était nouée, plus tard, une douloureuse histoire d'amour. Tous se demandaient pourquoi elle ne s'était jamais mariée.

Une poignée d'initiés admettaient qu'en créant l'Irak moderne elle avait accompli rien de moins qu'un miracle ; beaucoup, en revanche, protestaient qu'elle avait cédé aux caprices des Arabes et plongé les Anglais dans des difficultés et des dépenses inépuisables. Il s'en trouvait même pour croire qu'elle, l'Anglaise excentrique, était tombée amoureuse de Faysal, le mélancolique prince arabe, et qu'elle en avait perdu la tête, comme une simple collégienne ; mais personne ne pouvait nier ses succès : première femme à sortir lauréate d'Oxford en histoire moderne, elle avait écrit sept livres tenus en haute estime, un nombre incroyable d'articles dans les revues les plus diverses – des publications universitaires au *Times* –, ainsi qu'un rapport que le gouvernement tenait pour un chef-d'œuvre. Elle fut la première femme chargée de missions politiques pendant la Première Guerre mondiale et la première également à obtenir par la suite le poste éminent de secrétaire aux Affaires orientales ; elle reçut la médaille d'or de la Société royale de géographie, occupa les fonctions de directeur honoraire du département d'antiquités du musée de Bagdad et fut décorée de la croix de commandeur dans l'Ordre de l'Empire.

Les membres de la Société royale de géographie se rappelaient mutuellement quelle avait été sa vie avant la Grande Guerre : seule femme anglaise à avoir pénétré dans l'univers très masculin du Moyen-Orient, elle s'était rendue célèbre par ses écrits sur les Arabes ; archéologue reconnue, voyageuse intrépide, elle enfourchait chameaux et chevaux pour pénétrer dans les zones dangereuses du désert et, toujours vêtue de robes extravagantes, dînait dans des services de porcelaine et de cristal. Ils avaient entendu dire qu'elle avait été espionne et qu'elle avait franchi les lignes ennemies afin d'amasser des informations pour les Anglais pendant la guerre. Ils se souvenaient de la manière dont Vita Sackville-West décrivait son « irrépressible vitalité » et son « don pour porter soudain les gens à incandescence, pour leur rendre la vie pleine, riche et trépidante ». Et pourtant, c'est lors de ce même voyage de 1926 en Irak que Vita avait remarqué la fragilité et l'air souffrant de son amie. La vie de Gertrude Bell s'était achevée tragiquement quelques mois plus tard, à deux jours de son cinquante-huitième anniversaire.

Devant cette honorable assemblée réunie en sa mémoire, son père prit la parole. Sir Hugh, qui avait un peu plus de quatre-vingts ans, souligna la relation exceptionnelle dont beaucoup ici avaient été les témoins. « Je crois, dit-il, qu'il n'y eut jamais entre un père et sa fille une proximité comparable à celle qui nous liait, ma fille et moi. » Mais c'est à son mentor David Hogarth, président de la Société royale de géographie, qu'il revint d'évoquer ce soir-là son épopée en Arabie, dont « T. E. Lawrence, sur la foi de ses rapports, se servit comme d'un signe de ralliement au cours des campagnes arabes de 1917 et 1918 ». Ce voyage dans le désert n'était pourtant qu'une des bornes qui jalonnaient le parcours de sa vie.

Première partie

La victorienne

1

De noble et puissant lignage

Tout comme les grands empires, les êtres hors du commun laissent leur empreinte dans l'histoire. Le plus grand empire de tous les temps, celui qui couvrait la plus vaste étendue de mers et de terres et qui comptait le plus grand nombre de sujets, fut l'Empire britannique de la reine Victoria. Omnipotente, celle-ci imprima sa marque sur les continents et les subcontinents, de l'Europe à l'Australie en passant par l'Amérique, l'Afrique et l'Asie, d'Adélaïde à Wellington, de Bombay à Rangoon, d'Ottawa aux îles Vierges, d'Alexandrie à Zanzibar et d'Aden à Singapour. Sous son règne, la Grande-Bretagne connut une puissance sans précédent : sa marine était maîtresse des mers, son charbon alimentait navires et industries, ses banquiers finançaient les affaires, ses commerçants dominaient les marchés, ses marchandises nourrissaient les ventres et ses filatures habillaient le quart de l'humanité.

Rien n'a mieux attesté la prééminence des Anglais que la toute première foire mondiale, la fameuse Exposition universelle qui eut lieu à Londres en 1851. Avec la reine Victoria, qui y retourna quarante fois, cinq cent mille personnes, entrepreneurs, industriels, aristocrates terriens, diplomates, commerçants et ouvriers, découvrirent, le jour de l'inauguration, « l'exposition universelle des ouvrages industriels de toutes les nations ». Installée dans le tout nouveau Crystal Palace construit dans Hyde Park, elle accueillit six millions de visiteurs, arrivés pour la plupart en train ; ils se promenèrent sous la coupole de verre, déambulèrent dans les allées couvertes de tapis, s'émerveillèrent devant les produits expédiés par des pays proches comme la France, l'Allemagne, l'Italie et l'Espagne, ou lointains comme la Russie, la Perse, la Turquie et la Chine. Il y avait là tous les articles imaginables, certains dépassant même l'imagination : étoffes, peaux, métiers à tisser mécaniques, bijoux, porcelaine, chocolat, café, thé, tapis, pistolets automatiques, presses hydrauliques, scies mécaniques, moissonneuses-batteuses, moulins en or massif, machines à vapeur à haute pression. Entre autres curiosités, on pouvait y voir un monceau de vingt-quatre tonnes de charbon et un appareil qui envoyait des messages par télégraphie. Le but de l'exposition, selon le prince Albert, qui l'avait conçue, était de montrer jusqu'où s'était aventuré l'esprit humain et d'indiquer quelques pistes pour ses développements futurs. Aucun pays n'en avait repoussé les limites aussi loin que la Grande-Bretagne, pionnière de la révolution industrielle, véritable « atelier de la planète ». Ses habitants jouissaient du revenu moyen le plus élevé du monde et ses artisans avaient contribué à plus de la moitié des quatorze mille stands de Crystal Palace. Outre les produits de ses colonies, les exposants britanniques proposaient des cotonnades du Lancashire, de robustes lainages du Yorkshire, des lins d'Écosse, des outils et de l'orfèvrerie de Birmingham, des verres et des couteaux de Sheffield et d'énormes machines fabriquées dans le Northumberland.

Nulle part ailleurs en Angleterre les fabriques ne travaillaient aussi intensément que dans le Northumberland. Dans cette région reculée du nord-est du pays, on voit encore des nuages gris s'amonceler, tels des fantômes exténués, lointains souvenirs de la fumée noire des hauts fourneaux qui, jadis, empestaient l'air et encombraient le ciel. Le Northumberland : ce nom évoque à lui seul des villes sinistres et sans lumière, des landes désolées, une mer sombre. Des chantiers et des usines de la région sortaient des navires, des voies de chemin de fer, assez de fer et d'acier surtout pour permettre à la Grande-Bretagne de fournir à 40 % le marché mondial. Son sous-sol regorgeait de sel, de plomb, d'alun, de fer et de charbon, tous minéraux qui satisfaisaient les deux tiers des besoins de la planète. D'énormes bateaux à vapeur chargés de marchandises accostaient et repartaient de ses rivages, créant ainsi un lien entre chacun des habitants et les avant-postes les plus éloignés de l'Empire.

Si le Northumberland était le comté le plus industriel d'Angleterre, Middlesbrough en était la ville modèle. Bâtie sur des marais salants, battus par les vents, la ville ne comptait en 1801 que vingt-cinq âmes, mais elle connut une explosion démographique après l'installation du chemin de fer et des usines métallurgiques : 7 431 habitants en 1851, 19 416 en 1861 et plus de 90 000 à la fin du XIXe siècle. Ses houillères, qui extrayaient le charbon et le transformaient en coke – en 1840, Middlesbrough produisait un million et demi de tonnes de charbon par an –, ses hauts fourneaux qui fondaient le minerai de fer, ses fonderies qui associaient le fer argentin au coke pour fabriquer de l'acier – plus de 85 000 tonnes en 1879 –, ses lignes de chemin de fer, ses usines, ses poteries, ses moulins, ses navires, ses ports et ses entrepôts attiraient des hommes et des femmes venus de toute l'Angleterre. Jeunes pour la plupart et soucieux de trouver du travail dans ces puits affreux ou dans ces fonderies infernales, ils arrivaient de l'ouest des Midlands, du Pays de Galles, d'Écosse, d'Irlande, des Indes orientales et même des États-Unis ; ils regardaient avec effroi le ciel nocturne éclairé par les flammes des fourneaux, observaient médusés les locomotives à vapeur, qui traînaient vers les grandes villes du royaume leurs wagons chargés de charbon, de fer, d'acier ou de vaisselle. Entassés dans les maisons de briques sombres qui s'alignaient sur les avenues noires de suie, respirant un air vicié, ces gens ovationnèrent pourtant leur maire quand il déclara au prince de Galles que Middlesbrough était fière de ses fumées : « La fumée est un signe de l'abondance du travail. [...] Elle indique la prospérité et le plein emploi pour tous, quelle que soit leur origine. [...] Voilà pourquoi nous en sommes fiers [1]. »

Ceux qui tiraient le plus large bénéfice de cette prospérité, industriels, marchands, hommes de loi ou de science, fêtaient parfois avec leurs familles un anniversaire particulièrement solennel ou un jubilé en se rendant à Newcastle, à cinquante kilomètres au nord. Capitale du nord de l'Angleterre, cette grande ville qui s'étend sur les bords de la Tyne était un véritable centre commercial, un port grouillant d'activité et le seul endroit où l'on pouvait passer une soirée au théâtre, faire des emplettes ou dîner dans un restaurant élégant.

Middlesbrough était une ville dépourvue d'histoire, en pleine expansion ; au contraire, Newcastle était une cité ancienne, riche d'un long passé. Les habitants qui souhaitaient prendre un peu l'air de la campagne allaient à Wallsend, où ils visitaient les vestiges du mur d'Hadrien, érigé autrefois par les soldats romains pour se protéger des attaques celtes ; si le cœur leur en disait, ils partaient se promener dans les landes et longeaient la côte où les Anglais avaient autrefois défait les Écossais du nord, les Saxons d'Allemagne, les Vikings du Danemark et les Normands de France. Mais Newcastle offrait aussi bien des agréments et, au XIXe siècle, on pouvait encore admirer son château construit par le fils de Guillaume le Conquérant en 1080 ; on pouvait aussi faire les cent pas dans la grande salle de la Guilde, où les artisans se retrouvaient jadis afin de fixer le montant des gages de leurs apprentis. En cas de contestation sur des dettes ou la propriété d'un champ, on ne s'expliquait plus au Moot Hall, mais on se rencontrait encore au County Hall ; on célébrait toujours quelques grandes fêtes dans la cour des marchands aventuriers et l'on se réunissait pour prier dans l'église Saint-Nicolas, vieille de cinq siècles.

L'industrie faisait également partie intégrante de la longue histoire de Newcastle. Dès le XVIe siècle, les houillères fournissaient 163 000 tonnes de charbon à Londres et les chantiers navals construisaient des vaisseaux qui sillonnaient les mers : des voiliers en bois dans un premier temps, puis, après 1838, des bateaux à vapeur métalliques et, plus tard encore, d'énormes paquebots métalliques. L'ancienne jetée était devenue un port actif, où mouillaient des cargos prêts à desservir toutes les destinations de l'Empire. Vingt-quatre heures sur vingt-quatre, trois cent soixante-cinq jours par an, des navires britanniques ancrés à Newcastle appareillaient pour les mers du Grand Nord, vers le cap Esquimau, Le Cap ou Karachi, chargés de produits manufacturés anglais. Ils ravitaillaient en charbon les bâtiments de la marine, en fer les chantiers de chemin de fer, en machines les industries, en armes les soldats qui défendaient les frontières, en véhicules et en vêtements les populations civiles ; et ils s'en retournaient avec leur cargaison de matières premières et de denrées diverses : des Indes, ils rapportaient de la soie, du coton, du caoutchouc, du riz et du thé ; du Canada, des poissons et des fourrures ; d'Afrique, du cacao et de l'ivoire ; d'Australie, de l'or et des moutons ; d'Afrique du Sud, des diamants, des ananas et des bananes ; de Ceylan, du thé ; d'Arabie, des épices ; des Caraïbes, du sucre de canne, des citrons verts et des tortues.

Autant Middlesbrough était sombre et refermé sur lui-même, autant la cité cosmopolite de Newcastle faisait la fierté de ses architectes, avec ses espaces clairement ordonnés, ses artères populeuses, ses jardins publics et son élégante avenue, Grey Street, qui passait pour l'une des plus plaisantes d'Europe. On vantait son architecture classique, ses maisons imposantes, son théâtre royal de tout premier plan. Un homme entreprenant pouvait y tenter sa chance en empruntant de l'argent aux banques ou en essayant de faire fortune sur le marché local, situé sous la coupole des halles centrales. Les boutiques y proposaient des articles luxueux provenant des quatre coins du monde : des châles du Cachemire et des manchons en peau de phoque du Yukon ; des diamants d'Afrique du Sud et des rubis des Indes ; du thé de Chine et du vin de France ; sans compter les guides qui figuraient aux devantures des librairies et qui offraient, entre autres destinations, la Syrie, l'Égypte ou les Indes.

Les Indes, bien sûr, étaient le pays où chacun pouvait se targuer d'avoir un membre de sa famille ou un ami, en tout cas un ami d'ami. Un peu moins de vingt mille Anglais dirigeaient la vie de deux cent cinquante millions d'Indiens, la plupart hindouistes et musulmans. Leurs exportations de produits agricoles et de matières premières et leurs importations, qui incluaient presque tout ce qui se produisait d'autre en Grande-

Bretagne, faisaient des Indes le joyau de la couronne de l'Empire britannique. L'aller-retour en bateau représentait un voyage éreintant de quatre mois qui obligeait à passer par le cap Horn jusqu'en 1869, année de l'ouverture du canal de Suez : à partir de cette époque, la durée du périple fut réduite à trois semaines, ce qui facilita d'autant l'acheminement des marchandises dans les boutiques de Newcastle.

Le commerce de la ville devait sa situation florissante aux millionnaires qui venaient y dénicher des produits rares. Parmi ceux qui se rendaient régulièrement à Newcastle pour acheter des chemises en coton importé d'Égypte ou pour faire à leur femme la surprise d'un collier de perles d'ivoire africain, se trouvait le grand-père de Gertrude Bell, l'éminent industriel Isaac Lowthian Bell.

Scientifique érudit mais aussi ingénieur-né, Lowthian Bell – ainsi aimait-il se faire appeler – était un pur spécimen de son époque. Né en 1816, il avait étudié la physique, la chimie et la métallurgie à l'université d'Édimbourg, mais aussi en Allemagne, au Danemark et en France. À vingt-quatre ans, il entrait dans les manufactures que son père possédait à Newcastle et, en pionnier qu'il était, il utilisa rapidement les hauts fourneaux pour fondre le minerai de fer et construisit le premier chantier anglais de travail de l'aluminium. En 1844, il fonda avec ses deux frères la Bell Brothers, société qu'il diversifia rapidement et par le biais de laquelle il détenait des mines de fer, des houillères, des carrières de calcaire et des fours à acier. L'entreprise, menée surtout par l'incroyable énergie et les talents visionnaires de Lowthian Bell, devint, dans les années 1870, la plus grande et plus importante des houillères et des usines métallurgiques du nord-est du pays. Elle employait plus de quarante-sept mille hommes et fournissait un tiers de tout le fer de l'Angleterre.

Quand Lowthian Bell pénétrait dans une pièce, on s'inclinait. Il aurait pu en remontrer à n'importe qui sur le fer et le charbon du Northumberland, en matière statistique ou scientifique. Beaucoup plus instruit que la plupart de ses confrères – les industriels ne brillaient pas particulièrement par leur culture –, il était le porte-parole des industries du Northumberland, dirigeait la ligne de chemin de fer du Nord-Est et présidait cinq associations différentes de chimie et de génie civil. Scientifique des plus estimés, il était membre de la Société royale, la plus prestigieuse assemblée scientifique du pays, et avait reçu la première médaille d'or du prix Bessemer, ainsi que diverses distinctions pour ses travaux dans les arts, le génie et l'industrie. Il publia de nombreux articles et signa deux livres, *Le phénomène chimique de la fusion du fer* et *Les principes de l'industrie du fer et de l'acier*, contributions importantes à l'industrie métallurgique.

En outre, il prenait un vif intérêt à la vie publique, fut élu deux fois maire de Newcastle, nommé préfet de police du comté de Durham et occupa pendant cinq ans au Parlement un siège de député libéral. Ses préoccupations avaient beau être surtout centrées sur le Northumberland, il voyageait sans cesse, gardant un œil attentif sur les progrès de la concurrence, tout particulièrement aux États-Unis, où il devint membre de l'Association philosophique américaine. C'était un homme qui se trouvait partout à l'aise dans le monde, mais qui n'oubliait jamais la place qu'il devait y tenir. Lowthian Bell ne se contenta pas d'acquérir la réputation du plus grand industriel du fer du monde, il contribua aussi largement au développement de l'Empire britannique et fonda une des plus grosses fortunes du royaume. Sa petite-fille, Gertrude Bell, hérita non seulement de son argent, mais aussi de son esprit brillant, de sa nature curieuse et de son goût débordant pour la vie.

En 1842, Lowthian Bell avait épousé Margaret Pattinson, la fille d'un patron d'industries chimiques. Quelques années plus tard, en association avec son beau-père, il ouvrit une usine de produits chimiques à Washington, à quelques kilomètres de Newcastle. En contrebas de la route qui menait au fief de George Washington, le jeune couple se fit construire une immense demeure pourvue de vitraux à l'ancienne, de gargouilles de terre cuite et d'un vaste donjon carré au style néogothique. Il y avait assez de chambres dans cette grande maison de brique rouge pour accueillir un flot continu d'invités et assez de domestiques pour prendre soin des cinq bébés qui ne tardèrent pas à venir au monde. Margaret donna naissance à trois filles et deux garçons ; l'aîné, né le 10 février 1844, était un garçon bien fait, aux cheveux roux et aux yeux bleus. Thomas Hugh Bell – Hugh pour ses proches – deviendrait plus tard le père de Gertrude Bell.

Une intense activité régnait dans la vaste demeure. Les visiteurs allaient et venaient, et l'on permettait au jeune Hugh d'aller dans le grand salon pour y rencontrer les amis de son père. C'est ainsi que l'enfant écouta Charles Darwin et Thomas Huxley exposer leurs thèses évolutionnistes et qu'il assista à la discussion qui opposait John Ruskin, le critique d'art et réformateur social, à William Morris, l'esthète socialiste : ce dernier développait l'idée révolutionnaire selon laquelle ce n'est pas seulement l'homme qui doit améliorer l'industrie, mais l'industrie, l'existence humaine. Sous le toit d'un grand industriel, de tels propos pouvaient paraître bien extrémistes, mais Lowthian Bell n'était pas un homme ordinaire ; c'était un esprit avancé, qui croyait aux valeurs universelles du savoir et du dévouement à la collectivité.

Quand Hugh Bell atteignit ses onze ans, on l'envoya à l'école à Édimbourg. Quatre ans plus tard, il partit séjourner en France ; il étudia la chimie à la Sorbonne puis à Marseille, avant de partir en Allemagne, où on lui enseigna la chimie organique et les mathématiques. C'est à contrecœur qu'il revint en Angleterre, âgé de dix-huit ans, pour prendre part aux affaires de son père. Il avait en commun avec lui une étonnante énergie et une curiosité sans borne ; plus tard, le *Times* ferait son éloge pour « sa grande autorité sur tout ce qui touchait au charbon et aux industries du fer ». Mais l'intelligence de Hugh allait bien au-delà. Débutant sa carrière au siège des usines métallurgiques Bell Brothers à Newcastle, avant d'être nommé directeur de la filiale de Middlesbrough puis de reprendre toute l'affaire, il passa parallèlement beaucoup de temps à promouvoir l'enseignement secondaire : il fonda le lycée de Middlesbrough, fut président du comité de la *Free Library* puis de l'assemblée des professeurs. Excellent orateur, il prononçait des discours dans tout le pays en faveur de l'instruction publique, de l'amélioration des conditions d'hygiène et de la réforme militaire ; il défendit même une loi qui protégeait les enfants des travaux dangereux.

Plein de vivacité et d'entrain, Hugh était prodigue en bons mots et ses anecdotes cocasses, qu'il racontait aussi bien en anglais, en français ou en allemand, faisaient la joie de ses amis. Le matin, quand il descendait prendre son petit déjeuner, il arrivait parfois brandissant un papier et se mettait aussitôt à le lire devant ses convives : c'était une fable ironique ou une satire mordante que lui avaient inspirée les conversations de la veille. Il était passionné de lecture, se plaisait à discuter de n'importe quel sujet et citait des auteurs contemporains avec autant d'aisance que lorsqu'il narrait l'une de ses plaisanteries favorites. C'était un homme exubérant, doté d'un cœur généreux. Avec cela, des manières charmantes et une courtoisie qui en faisaient un vrai gentilhomme. Mais il se définissait lui-même comme « un vif partisan du libre-échange » et comme un opposant presque aussi farouche à l'autonomie irlandaise ; poussé dans ses retranchements, il pouvait se montrer aussi têtu qu'impitoyable. Les défis physiques ne l'effrayaient pas, et il adorait chasser à courre ou escalader des sommets vertigineux, affirmant à qui voulait l'entendre que « les obstacles sont faits pour être surmontés ».

Le beau et jeune célibataire qui plaisait aux femmes fit la rencontre de Miss Mary Shield, une jeune femme frêle au visage doux, au regard sensible et aux lèvres finement dessinées ; elle était la fille d'un important marchand de produits alimentaires de Newcastle et épousa Hugh en 1867. Après la cérémonie, qui eut lieu dans les îles écossaises, où les Shield possédaient une maison de vacances, ils revinrent chez les parents de Hugh, qui avaient fait des travaux d'agrandissement dans leur demeure : parmi les pièces récemment aménagées, ils découvrirent – fantaisie alors très en vogue – un hammam. À Noël, Mary attendait un enfant.

Le 14 juillet 1868, à sa rubrique des naissances, le *Times* annonça qu'était née Gertrude Margaret Lowthian Bell. Le premier enfant de Mary Shield et Hugh Bell avait les cheveux roux et les yeux bleu-vert ; de sa mère, elle tenait ses lèvres bien dessinées et son menton rond, mais son visage ovale et son nez pointu lui venaient de son père. Elle était issue d'une famille éminente mais qui possédait néanmoins cette cordialité propre aux gens du Northumberland ; à ces qualités s'ajoutaient, cadeau paternel, l'énergie et l'intelligence, le dynamisme et l'esprit de décision qui plaçaient les Bell hors du commun.

Sous le regard vigilant de Miss Ogle, sa gouvernante, Gertrude ne tarda guère à porter des pantalons bouffants sous ses tabliers et ses jupes de coton ; nourrie de porridge et de légumes qu'on la forçait à avaler, elle était aussi vivement encouragée à s'ébattre en plein air. On lui apprit à obéir à ses parents – accessoirement à Miss Ogle –, à se tenir droite sur sa chaise, à se servir convenablement de ses couverts et à ne parler aux adultes qu'après que ceux-ci vous avaient adressé la parole. On lui citait comme modèle la reine Victoria qui était, lui dit-on, « une bonne épouse, une bonne mère et une honnête femme, du fait de l'éducation que, grâce à Dieu, elle avait reçue pendant son enfance et son adolescence [2] ». La reine était dévouée à son époux princier, à ses enfants et à sa Couronne, et était pour tous un exemple accompli de moralité, d'autodiscipline et d'assiduité au travail.

C'était une chance que la fortune familiale des Bell se soit bâtie à force d'énergie et d'efforts. Après tout, l'hégémonie de l'Angleterre reposait sur les avantages que lui procuraient sa flotte, son commerce, son fer et son charbon, et peu d'hommes y contribuaient autant que les Bell. Ils se dépensaient non seulement pour le bénéfice de leur propre clan, mais également pour maintenir la position prestigieuse de l'Angleterre, et ils tiraient orgueil de l'Empire britannique et du rôle que leur pays exerçait comme gardien de l'ordre du monde. Que ce fût aux Indes, colonie vitale entre toutes, ou sur une île minuscule des Caraïbes, les Anglais se sentaient le devoir moral de protéger les autochtones, de maîtriser les échanges commerciaux, de diffuser la morale et de défendre les frontières. Si eux ne s'en chargeaient pas, quelqu'un d'autre le ferait à leur place, et ni les Allemands ni les Français, encore moins les Russes qui lorgnaient sur les Indes, ne pourraient jamais être à la hauteur d'une telle charge. Le monde qui était le leur était dirigé par des hommes caractérisés par leur esprit d'initiative, leur courage et leur foi, et, si les femmes participaient à son agrément, il leur revenait surtout, au sein de leur foyer, de sauvegarder la race anglaise [3].

Le destin de Gertrude était donc tout tracé : comme les autres jeunes femmes de sa condition et contrairement à son frère, que l'on enverrait à Eton, elle resterait au domicile paternel pour y recevoir les leçons d'une préceptrice et étudier les beaux-arts. L'idée s'étant répandue qu'un corps sain était aussi important qu'un esprit sain, on lui apprendrait à monter à cheval, à nager et à jouer au tennis. Il paraissait également de bon ton qu'elle parle couramment deux langues étrangères – de préférence l'allemand et le français –, qu'elle soit versée en littérature, qu'elle ait une culture musicale et artistique, qu'elle se débrouille convenablement dans les travaux d'aiguille, qu'elle se tire d'affaire en aquarelle et qu'elle sache jouer d'un instrument de musique. Mais, par-dessus tout, on attendait d'elle qu'elle devienne une épouse et une mère accomplies. Cependant, à la différence des jeunes filles de son milieu, Gertrude avait des ambitions qui dépassaient de beaucoup le champ de la vie domestique. Poussée à relever des défis intellectuels, à l'instar de son père et de son grand-père, elle ira à l'université, voyagera de par le monde et mènera plusieurs carrières de front, toutes couronnées de succès. À l'instar de son père et de son grand-père, elle aidera l'Empire britannique à conserver sa grandeur et même à accroître sa puissance ; comme eux, elle plongera dans l'inconnu et explorera les frontières. Mais, à l'inverse de Hugh et de Lowthian, ce n'est pas dans le Northumberland qu'elle construira sa réputation, mais bien plutôt en Orient, en Arabie, en Égypte, en Syrie, et principalement en Irak, où elle laissera sa marque dans l'histoire.

À partir de deux ans, Gertrude vécut à Red Barns, vaste demeure que ses parents avaient fait construire près de Middlesbrough. Depuis les hautes croisées de l'aile réservée aux enfants, elle suivait du regard les chemins qui menaient à ses jardins préférés, le sien en particulier, et celui de son père, fleuri de boutons d'or, de jacinthes et de roses, qui se trouvait juste à côté. Presque tous les jours, elle allait courir dans les champs, grimpait aux arbres ou se précipitait aux écuries pour prendre sa leçon d'équitation. Derrière l'immense pelouse se trouvaient les cours de tennis, le hangar réservé aux vélos et la piscine ; encore plus loin s'ouvrait un paysage plus contrasté. Red Barns faisait partie de la commune littorale de Redcar, au bord de l'âpre mer du Nord, qui venait là s'écraser sur les côtes anglaises. Gertrude, accompagnée de sa gouvernante, venait jusque sur la grève et, trempant prudemment un orteil dans les vagues salées, contemplait les majestueux paquebots qui faisaient route vers des ports lointains. Elle aurait pu faire sienne l'interrogation de Kipling :

Oh, where are you going to, all you Big Steamers,
With England's own coal up and down the salt seas ?
We are going to fetch you your bread and your butter,
Your beef, pork and mutton, eggs, apples and cheese *.

Une fois rentrée dans ses appartements d'enfant, Gertrude partait déambuler dans les quatorze chambres à coucher de la maison, allait rendre visite aux cuisines et y bavardait avec le chef ou picorait dans les conserves. Mais ce qu'elle préférait par-dessus tout, c'était rendre visite à sa mère. Pelotonnée sur les genoux de Mary, elle se réfugiait dans les épaisseurs froufroutantes de sa robe de taffetas et s'imprégnait de son parfum. L'existence de Gertrude, calme et préservée, avait alors la douceur de ses couvertures de cachemire ; mais la souffrance, bientôt, allait déchirer son cœur d'enfant.

Cela faisait à peu près trois semaines que sa mère s'était alitée, en ce mois d'hiver 1871. À l'annonce de la naissance d'un petit garçon, une effervescence joyeuse emplit d'abord la maison, mais le ciel glacial de mars ne tarda pas à s'obscurcir au-dessus de Red Barns ; impatiente de retrouver les bras de sa

* Où vous en allez-vous donc, grands navires, / Pleins du charbon anglais, par les mers salées ? / Nous partons chercher ton pain et ton beurre, / Les bœufs, les porcs et les moutons, les œufs, les pommes et les fromages.

mère et curieuse de voir le nouveau bébé, Gertrude restait confinée dans la nursery. Les cris de son frère Maurice n'étaient pas les seuls bruits nouveaux à résonner dans la demeure ; des murmures montaient comme un vent mauvais devant la porte de sa mère. La fragile Mary Bell était trop malade pour quitter sa chambre et l'on voyait de plus en plus souvent son médecin en franchir le seuil d'un pas lourd et précipité : sa patiente, au lieu de guérir, allait en s'affaiblissant. La pneumonie ne tarda pas à se déclarer, et les bruits de pas du médecin s'effacèrent aussi vite qu'ils étaient apparus. La petite fille qui guettait le retour de sa mère vit ses espoirs lui être arrachés.

Gertrude n'avait pas encore trois ans quand les siens la vêtirent de noir pour qu'elle prenne le deuil de sa mère. On enterra Mary dans la campagne, à Rounton Grange, une nouvelle propriété que Lowthian était en train de faire construire et, pendant de longues années, la jeune Gertrude rejouera la scène des funérailles. Chaque fois que son chat, ou qu'une autre bête, mourra, elle le pleurera, le cœur lourd de chagrin, et, à grand renfort de musique, elle prendra la tête d'une procession solennelle qu'elle conduira jusqu'au cimetière aménagé pour cet usage au fond du jardin.

Sur une photographie prise l'année de la mort de sa mère, la fillette aux cheveux bouclés présente un front plissé, qui forme comme une arche posée sur son visage tourmenté. Ses grands yeux qui semblent exiger inlassablement des réponses et son expression distante, que l'on retrouve sur toutes ses photographies, jusqu'à l'âge adulte, font pressentir une existence consacrée à la recherche. Elle a un pied posé sur un tabouret, comme si elle s'apprêtait à bondir dessus ou à le renverser, et la détermination de ses traits laisse deviner la fermeté d'un caractère résolu.

Les sentiments qui envahissent un enfant orphelin sont multiples : cclère, impression d'avoir été trahi, abandonné. Mais Gertrude eut la chance d'être entourée de l'amour de son père ; du fait des circonstances, il devint sa référence absolue. C'est sur lui qu'elle réglera plus tard ses attitudes et de lui qu'elle cherchera en permanence l'approbation ; de son côté, il saura lui donner confiance en elle et lui transmettre cette capacité particulière de « surmonter les obstacles ».

Bouleversé par la mort de sa femme, Hugh trouva une consolation dans l'amour que lui inspirait sa fille ; avec elle, il partagea les bonheurs de longues promenades agrémentées d'escalades, les joies de l'équitation, les menus plaisirs de l'élevage des lapins et du jardinage. Il lui fit cadeau, pour son anniversaire, d'un arrosoir, et elle vint lui annoncer, triomphante, que les églantines fleurissaient en abondance dans le parc. Plus tard, elle lui confia qu'elle en avait ramassé une brassée, soulignant avec fierté que les fleurs provenaient de *son* jardin. Adolescente, elle lui fera dans ses lettres des descriptions détaillées des jardins avoisinants : dans l'une d'elles, elle mentionne des dahlias d'un pourpre éclatant, des fleurs d'acacia d'un jaune tirant sur le brun, des chrysanthèmes hauts et fins, mais, poursuit-elle, « je préfère la façon dont nous cultivons notre jardin ». À l'âge adulte encore, alors qu'elle vit à Bagdad, elle discute avec lui des évolutions de son jardin, regrettant parfois qu'il ne puisse venir l'aider. Les fleurs n'étaient cependant qu'un aspect de la relation si forte qu'elle entretenait avec son père ; toute sa vie, elle quêtera son admiration et le considérera toujours comme une inépuisable source de sagesse, de compréhension et d'amour.

Son frère Maurice, qui était son exact opposé, devint bientôt son compagnon de jeu le plus proche. Tel un chiot pataud, il la suivait partout, non sans redouter sa langue affûtée comme ses réprimandes. Un jour, elle le fit monter sur un mur d'à peu près trois mètres de haut et lui ordonna de sauter ; le garçonnet eut beau prendre toutes ses précautions, il s'aplatit sur le sol tandis qu'elle atterrissait gracieusement sur ses pieds. Ils escaladèrent en cachette le toit de la serre : Maurice le brisa et passa au travers, alors qu'elle détalait sans se faire le moindre mal au milieu des débris de verre. À la plage, profitant de l'inattention de leur gouvernante, les enfants s'échappaient et se poursuivaient d'une crique à l'autre en se chamaillant ou jouaient à cache-cache dans les bateaux amarrés sur le rivage. Par mauvais temps, ils restaient à l'intérieur, collant des images dans leurs cahiers, observant leur lanterne magique ou s'amusant avec leurs trains et leurs poupées.

Veuf inconsolable, Hugh passait le plus clair de son temps chez lui et ne reprit pas ses activités avant le huitième anniversaire de Gertrude. Il refusait d'envisager un second mariage, en dépit de l'insistance de ses sœurs ; c'est pourtant à l'une de leurs amies qu'il fut présenté lors d'un séjour en Écosse, au cours de l'été 1874. Jeune dramaturge de vingt-quatre ans, Florence Olliffe avait vécu en France, où son père, médecin réputé et homme du monde, avait créé la station balnéaire de Deauville. À Paris, elle avait rencontré des diplomates et des écrivains célèbres et comptait parmi ses proches Charles Dickens et Henry James. Revenue s'installer en Angleterre avec sa mère après la mort de son père, elle impressionnait tous ceux qu'elle rencontrait par son raffinement et son style sophistiqué. Son élégance et la profondeur de son regard frappèrent Hugh. Quant à Florence, elle fut sensible à ses attentions de galant homme et remarqua, dès qu'elle le vit déboucher d'une allée bordée de roses, qu'il avait de la prestance et qu'il semblait accablé par la tristesse.

Ils restèrent en contact pendant deux ans, et quand leur relation prit un tour plus sérieux, au printemps 1876, Florence se décida à envoyer un petit mot à Gertrude. Cette dernière prit sa plus belle plume pour répondre avec application aux questions qu'elle lui posait sur ses fleurs et sur un couple de corbeaux sinistres : « Chère Mademoiselle Olliffe, un grand merci pour votre lettre. Les corbeaux se laissent apprivoiser, et sont très gentils. Je pense que vous aimerez beaucoup le jardin, les fleurs sont toutes en train de s'épanouir. Affectueusement vôtre, Gertrude. »

Au mois de juin de cette année-là, à Londres, dans la maison de lady Stanley située à Harley Street, on montait un opéra dont Florence avait écrit le livret. Femme du monde éclairée, lady Stanley était la grand-mère de Bertrand Russell et la belle-mère d'une des sœurs de Hugh ; pour lui, cette soirée était une occasion à saisir. À la fin de la représentation, il raccompagna Florence chez sa mère, 95, Sloane Street, et lui demanda la main de sa fille. « Lady Olliffe, déclara-t-il, si j'ai raccompagné votre fille chez vous, c'est pour vous demander l'autorisation de la reprendre avec moi. »

Ils se marièrent deux mois plus tard, le 10 août 1876, dans une petite église de Sloane Street. Si étrange et cruel que cela puisse paraître, les enfants n'assistaient pas à la noce. Gertrude envoya un mot de félicitations : « Chère Mademoiselle Olliffe, je vous envoie cette lettre pour le jour de votre mariage, afin de vous transmettre, ainsi qu'à Papa, toute notre affection et nos meilleurs baisers. Merci pour le costume de poupée, qui va parfaitement bien. [...] Votre Gertrude, qui vous aime. »

Le couple partit en voyage de noces en Amérique, où la sœur et le beau-frère de Florence, Mary et Franck Lascelles, se trouvaient en poste à l'ambassade de Washington. Dans la lettre que Gertrude adressa à Florence pour la remercier de lui avoir offert une petite armoire, elle l'appelait « ma chère mère ».

Dès avant son mariage, Florence avait voulu gagner le cœur de la petite fille et elle lui avait envoyé des robes pour ses poupées ou des présents personnels. Quoique sensible à ces attentions, Gertrude n'en était pas moins troublée par cette femme qui soudain accaparait son père. Pendant leur voyage de noces, elle leur écrivit pour leur faire part de ses inquiétudes au sujet de leur sécurité et leur confia qu'elle avait rêvé que ses corbeaux étaient morts ; elle ajouta qu'ils lui manquaient [4]. Florence et Hugh revinrent dès l'automne à Barns et la vie reprit à peu près son cours habituel. Sur un tableau que l'on doit à Edward Poynter, on voit Gertrude à l'âge de huit ans, assise sur les genoux de son père ; il la tient par la taille, leurs doigts sont mêlés et leurs visages rayonnent d'amour et d'affection. Ce double portrait représente bien ce qu'a été leur attachement mutuel, tout au long de leur existence.

Quand son père partit avec sa nouvelle épouse pour s'installer à Londres, en avril, Gertrude fut proche du désespoir. « Chère, très chère Maman, écrivit-elle à Florence, je suis désolée que vous ne puissiez venir à la maison. [...] J'envoie toute mon affection à Papa, et demeure, chère, chère Maman, votre Gertrude qui vous aime. » Quelque temps plus tard, elle apprit que ses parents seraient bientôt de retour. « Chère Maman, je suis très, très, très, très heureuse que vous reveniez. [...] Rapportez-moi une poupée. Je n'en ai pas. Chère, chère, si chère Maman, vous ne pouvez pas savoir combien je suis heureuse de votre retour. Votre très très très affectionnée Gertrude. »

Désireuse de recevoir l'amour de Florence, la petite fille qu'elle était s'efforçait de plaire. Sa belle-mère lui ouvrait le monde passionnant des livres, du théâtre, des arts et de personnalités fascinantes. L'une de ses activités favorites, enfant, était de s'asseoir à son côté pour l'écouter lire un passage d'*Alice au pays des merveilles* de Lewis Carroll, à moins que ce ne fussent les contes d'Ali Baba, de Sindbad le marin, ou d'Aladin et de sa lampe merveilleuse dans *Les Mille et Une Nuits*. Plus elle grandissait, plus Gertrude découvrait dans la personnalité de Florence des sujets d'admiration, que ce soient ses talents d'écrivain, son combat pour la justice sociale, ses talents consommés de maîtresse de maison, ses amitiés dans le monde des lettres, son chic ou son sens de la mode. Par-dessus tout, elle lui était reconnaissante de lui avoir apporté à la fois de l'amitié et une vraie vie de famille.

Le perfectionnisme de sa belle-mère irritait cependant Gertrude. Une photographie prise quand elle avait neuf ans laisse percevoir la tension qui pouvait régner entre elles. Florence est assise devant un vitrail, magnifique dans sa robe de velours bordée de fourrure ; l'air sombre, elle examine un grand livre qu'elle tient dans ses mains. D'un côté se tient Maurice, engoncé dans son costume boutonné jusqu'au cou ; de l'autre Gertrude, vêtue d'une simple robe de laine ; tous deux ont beau être tout proches d'elle, ils semblent à des lieues. On ne devine aucun lien, aucune émotion entre eux. Le petit Maurice se mord les lèvres comme pour s'empêcher de pleurer ; Gertrude, l'air mélancolique, laisse son regard errer au loin. Si des larmes étaient venues combler le gouffre creusé entre eux, il y en aurait eu assez pour remplir un océan.

Les entêtements de Gertrude avaient mis à la porte d'innombrables gouvernantes. Florence ne supportait guère, elle non plus, les manières « hautement spirituelles » de Gertrude. Dès qu'elle eut des enfants – Elsa, Molly et Hugo –, elle envoya Gertrude, alors âgée de dix ans, en séjours prolongés chez des cousins – Horace Marshall était son préféré – ou dans la toute nouvelle maison de ses grands-parents, à Rounton Grange. Plus d'une fois, elle reçut des lettres faisant état du caractère insupportable de Gertrude, de ses escalades dangereuses, de ses aventures qui inquiétaient souvent son entourage.

Où qu'elle fût, Gertrude s'échappait dans les livres. Ils étaient son tapis volant, mais toutes ses lectures devaient recevoir l'aval de Florence. À onze ans, elle parcourait la longue *Histoire du peuple anglais* de John Richard Green. À quatorze ans, elle demandait à son cousin Horace s'il avait lu les derniers poèmes de Browning. « Non, j'imagine », enchaîna-t-elle avec résignation. Elle se vanta auprès de lui d'avoir dévoré en une semaine des volumes entiers de lettres, ainsi que les biographies de Mozart, de Macaulay et de Mrs Carlyle. À seize ans, elle se ruait sur le *Silas Marner* de George Eliot avant d'implorer Florence, douce et humble : « Quel autre de ses livres pourrais-je lire, à présent ? » À vingt-trois encore, alors qu'elle avait commandé un roman à la mode sur les amours d'une servante, elle écrivit à Florence pour s'en excuser et lui demanda de lui renvoyer l'ouvrage, non sans ajouter : « Bien sûr, j'aurais dû vous en parler avant de le lire. »

Qu'elles fussent brillantes ou non, les jeunes filles de son milieu allaient rarement à l'école ; on préférait les instruire à domicile et, quand elles atteignaient l'âge de dix-sept ans, on les présentait à la cour pour qu'elles fassent leurs débuts dans le monde. On leur laissait trois saisons pour se trouver un époux. Gertrude, cependant, faisait preuve d'une intelligence trop vive pour rester confinée dans la maison paternelle. Florence et Hugh, qui étaient tous deux des esprits avancés, prirent la décision quelque peu révolutionnaire de l'inscrire dans une école de jeunes filles à Londres. Cela ramènerait le calme dans leur foyer et, par la même occasion, nourrirait les appétits intellectuels de Gertrude. Queen's College, qui se trouvait sur Harley Street, avait commencé, en 1848, par donner des cycles de conférences pour les dames.

Par rapport à l'univers familier de Red Barns et de Rounton Grange, le changement fut complet. D'une part, ses camarades de classe n'étaient que des filles ; de l'autre, le règlement était beaucoup plus sévère à Londres que chez elle. Elle avait peu de soucis à se faire d'un point de vue intellectuel. Les notes qu'elle obtint à la fin du premier trimestre la signalèrent comme une élève exceptionnelle : elle était première de sa classe en histoire anglaise, seconde en grammaire anglaise, troisième en géographie, quatrième en français et en histoire ancienne. Dès qu'un sujet lui semblait trop facile, elle demandait qu'on la place dans une section plus avancée et accueillait avec joie le surcroît de travail. Son avidité de savoir et ses brillants résultats scolaires, cependant, n'empêchèrent pas la jeune fille de seize ans qu'elle était de trouver l'existence à Queen's College solitaire et pesante. « Je me suis sentie affreusement triste, hier, écrit-elle juste au début d'un nouveau semestre, ce sont les premiers jours qui sont les plus pénibles. » Non seulement elle se trouvait privée du confort auquel elle était habituée, mais de plus la compagnie masculine lui manquait : celle de son frère Maurice, de son cousin Horace, sans oublier, évidemment, celle de son père. Quant aux jeunes filles de son collège, elles ne lui plaisaient guère. Elle les jugeait « sans intérêt », mièvres et incapables de la suivre. Qui plus est, elle avait beau se savoir privilégiée – son grand-père venait d'être anobli –, elle découvrait qu'elle ne se distinguait pas toujours de la masse : « C'est une impression extrêmement déplaisante de s'apercevoir que l'on ne sort pas du lot. J'en fais l'expérience amère depuis mon arrivée au collège et cela ne me plaît guère. » Elle redoutait « cette longue suite de semaines dont il n'y a rien à attendre » et remplissait ses journées en intensifiant son rythme d'études. L'histoire était sa matière favorite, et c'est en étudiant la monarchie britannique qu'elle commença à comprendre la place qu'occupait l'Angleterre dans le monde.

La vie citadine ne lui plaisait pas non plus. C'est avec mélancolie qu'elle écrivit, en automne : « La maison me manque, la campagne doit embaumer, sans parler de toutes ces feuilles bruissantes, rouges et jaunes. Ah ! Cette pensée me remplit de tristesse. » Florence connaissait son amour du grand air et s'assurait qu'elle ne manquât jamais de fleurs dans sa chambre de collège. Il ne lui arriva qu'une fois de les oublier et Gertrude s'en plaignit : « Vous ne m'avez pas envoyé de fleurs cette semaine ! M'avez-vous oubliée ? »

Elle chercha à combler la solitude de ces années-là en écrivant des lettres. Son porte-plume de bois et d'acier trempé, sa bouteille d'encre et son papier à lettres devinrent ses plus fidèles compagnons. Elle les garda toute sa vie auprès d'elle et parfois, quand sa solitude était complète, elle se servait d'eux pour s'entretenir pendant des heures avec sa famille. D'année en année, elle écrivit à sa belle-mère, en partie par devoir, en partie par amitié, en partie enfin pour tenir le journal de ses expériences. Il arrivait souvent que ses parents soient en déplacement, et elle leur écrivait à tous deux. Sa main ne connaissait pas la fatigue : sa plume volait sur le papier sans paraître exiger aucun effort physique. Elle racontait tout ce qui pouvait l'être ; plus tard, quand ses compatriotes auraient besoin de connaître la configuration du désert, elle leur rendrait compte de pratiquement chaque grain de sable qu'elle avait foulé ; quand ils lui demanderaient des renseignements sur un homme, elle serait capable de décrire le moindre grain de beauté sur son visage et les traits singuliers de sa personnalité.

La séparation n'empêchait pas Florence de garder un œil attentif sur Gertrude et de régenter ses manières comme sa vie sociale. Sa belle-fille devait solliciter son autorisation pour rendre visite à quiconque ne faisait pas partie de ses relations et, comme toute jeune fille de bonne famille, elle ne sortait pas dans la rue sans chaperon. Gertrude trouvait extrêmement désagréables les exigences liées à son sexe. Il lui fallait une escorte même lorsqu'elle voulait aller dans un musée. « J'aimerais me rendre à la National Gallery, mais il n'y a personne pour m'accompagner. Si j'étais un garçon je pourrais visiter toutes les semaines cet endroit merveilleux, mais, parce que je ne suis qu'une fille, on me refuse le plaisir d'aller contempler de belles choses ! »

Il arrivait pourtant qu'elle accepte sans rechigner la surveillance étroite de sa belle-mère et, du reste, elle agit toute sa vie en se soumettant à l'avis de ses parents. Souvent, elle émettait le vœu de voir Florence à Londres, et elle adorait que celle-ci demande à ses amis de l'inviter à prendre le thé. Chez eux elle fit la connaissance, entre autres personnalités, de Mrs Humphrey Ward, une romancière célèbre, de Mrs Green, la veuve de l'historien, d'Anna Ritchie, la fille de William Thackeray, et de son mari, Richmond, un diplomate influent, de Jenny Lind, la soprano suédoise, de Fanny Kremble, une comédienne et, plus tard, de Henry James et du poète Robert Browning.

Quand Florence se faisait trop critique, Gertrude laissait parfois sa plume donner libre cours à sa colère. Après avoir reçu trois pages pleines de reproches, elle répondit à Florence qu'elle avait trouvé ses semonces « absolument atroces » et lui annonça allégrement qu'elle s'en était vengée sur-le-champ en les jetant au feu. Sa belle-mère ne cessait de la reprendre sur ses fautes d'orthographe et ses abréviations cavalières, ce qui poussa Gertrude, en réponse à une missive particulièrement vétilleuse, à se plaindre du style « amidonné » de Florence ; « Voudriez-vous que j'écrive, en parlant de notre souveraine, " la reine d'Angleterre, d'Écosse, d'Irlande, impératrice des Indes et défenseur de la Foi " ? Ma vie n'est pas assez longue pour que je prenne le temps de nommer chaque chose par son titre complet ! » Une autre fois, elle se plaint en ces termes : « Vous m'avez dit tout cela si souvent que je le sais par cœur [...] Je ne crois pas qu'il serve à grand-chose de me le répéter à nouveau. La plupart du temps, j'ai l'impression que je pourrais écrire vos lettres avant même de les avoir ouvertes, et sans m'éloigner beaucoup de l'original ! » Quelle différence de ton avec les lettres qu'elle envoyait à son père : « Vous me grondez sans véritable objet, lui écrit-elle, mais je suis beaucoup plus attristée quand vous ne me grondez pas du tout ! »

Dans sa correspondance avec Hugh, elle sollicite son aide pour la débarrasser des abominables leçons de piano que lui inflige Florence ; elle lui demande conseil pour son travail scolaire, lui soumet ses vues sur l'histoire et veut connaître son avis sur le libre échange, l'autonomie irlandaise, le sort du premier ministre, William Gladstone, et du parti libéral. Les sujets de ses lettres étaient savamment répartis : pour Florence, la littérature, la mode et les arts, pour Hugh, la politique et les relations internationales. Petit à petit, son goût se développa dans tous ces domaines. Elle confia à Hugh qu'elle envisageait une carrière d'historienne – du moins jusqu'à son mariage, bien qu'elle ne mentionnât pas explicitement cette restriction. Quand son dernier semestre de lycée se présenta, elle prit son ton le plus charmeur pour aborder son père et lui demanda l'autorisation de poursuivre ses études à Oxford. Si Hugh lui donnait son accord, un pas immense serait à nouveau franchi : abandonnant les préoccupations domestiques, elle entrerait dans le monde des élites et du pouvoir, monde qui se trouvait dirigé et presque entièrement peuplé par des hommes. « Ma seule crainte, écrivit-elle à son père, c'est qu'une fois là-bas vous risquiez fort de ne plus pouvoir me rattraper ! »

2

Un monde d'hommes

Des murs de pierres grises enfermaient l'université d'Oxford, comme pour repousser le profane et mieux protéger les élus dans son atmosphère raréfiée. À l'intérieur, un mélange choisi d'intellectuels et d'aristocrates se côtoyaient, tous animés d'un profond sentiment de supériorité et d'un vif esprit de caste : son admission ne pouvait qu'accroître la confiance, déjà robuste, que Gertrude avait en elle-même. Au Queen's College, elle avait souffert de rester confinée dans un milieu féminin sans grand intérêt, mais elle s'y était déjà révélée une élève exceptionnelle ; à présent, dans cette ambiance infiniment plus séduisante et stimulante, elle se promettait d'atteindre des sommets.

Depuis le XIIe siècle, des ecclésiastiques, des rois, des chefs de gouvernement, jusqu'à des diplomates, des philosophes, des scientifiques et des universitaires s'étaient volontairement reclus derrière les murs d'Oxford pour mieux s'y adonner à l'exercice de la pensée et aux joutes intellectuelles. Chaque réfectoire de collège, chaque allée pavée résonnait des pas de dirigeants puissants ou de penseurs audacieux. Roger Bacon, au XIIIe siècle, se fit le champion d'une méthode d'investigation fondée sur l'expérience ; Thomas More, trois cents ans plus tard, prit le parti de l'Église catholique contre la volonté d'Henri VIII, et au XVIIe siècle, Oliver Cromwell, à la tête du pays, occupa la charge de chancelier de l'Université ; mais il faudrait aussi mentionner des scientifiques comme Edmund Halley, qui découvrit une nouvelle comète, et, au XIXe siècle, Thomas Huxley, qui soutint avec brio les thèses évolutionnistes de Darwin ; des architectes, comme Christopher Wren, qui conçut le Sheldonian Theatre, et plus tard des artistes comme William Morris et Edward Burne-Jones, dont les vitraux vinrent illuminer les murs de Christ Church ; des poètes aussi, comme Matthew Arnold, qui immortalisa les flèches de l'école ; des philosophes, enfin, à l'instar de John Ruskin, dont on trouve les ouvrages sur les rayons de la salle de lecture de la bibliothèque Radcliffe. De la domination des Plantagenêt jusqu'au règne de la reine Victoria se sont succédé à Oxford les esprits les plus brillants. Mais seuls les hommes y avaient accès. En contrepartie de leur liberté de pensée, ils se cloîtraient dans un cadre austère, vêtus de simples toges, et menaient une vie de célibataires. L'atmosphère d'Oxford changea, cependant, en 1874, quand on autorisa les étudiants à se marier et, de manière encore plus spectaculaire, en 1879, lorsque Miss Elizabeth Wordsworth, petite-nièce du poète, devint la première directrice du Lady Margaret Hall, réservé aux jeunes filles. Ce n'est que quelques années plus tard, en 1886, que le « LMH » devait abriter Gertrude.

Directrice de ce collège de jeunes filles, Miss Wordsworth avait à cœur, avant toute chose, de veiller à ce que ses étudiantes se marient. Persuadée que Dieu destinait la femme à devenir la « compagne d'Adam », elle tenait à ce que les jeunes filles acquièrent et cultivent des agréments comme une « écriture agréable », une « remarquable habileté d'aiguille » ou « l'art d'ouvrir et fermer les portes », toutes choses qui devaient leur permettre de remplir décemment leur rôle. Ses pensionnaires étaient autorisées à suivre des cours et à avoir leur propre tuteur, mais leur implication dans des préoccupations intellectuelles n'était guère recommandée : ce n'était souhaitable ni pour elles-mêmes ni pour la bonne marche du pays. Selon le philosophe Herbert Spencer, la pensée représentait un danger pour les femmes : la « surcharge » imposée « à leur cerveau » entraînant, pour reprendre ses termes, « une déficience du pouvoir de reproduction ». À l'époque où Gertrude arriva à Oxford, les murs de la chapelle de New College résonnaient encore du sermon récemment prononcé par le doyen John Burgon : « Dieu vous fit inférieures à nous. Inférieures vous resterez jusqu'à la fin des temps. » Gertrude Bell, cependant, éprouvait quelque peine à se sentir inférieure aux hommes : à dix-huit ans, elle était déjà sûre d'égaler n'importe lequel d'entre eux et, s'il se trouvait quiconque pour en douter, son père serait toujours là pour l'épauler.

« Oxford ! » s'écrie-t-elle en tête de la première lettre qu'elle fit parvenir aux siens, en mai 1886, et dans laquelle elle se délecte de faire partie de la petite poignée de jeunes filles qui y étaient admises au milieu de centaines d'hommes. Avec son visage rond et ses bonnes joues, exubérante et même impétueuse, elle arriva à Oxford « encore enfant et déjà femme », au dire de Janet Hogarth, sa nouvelle amie, qui la décrit comme « plutôt négligée, dotée de vigoureux cheveux châtains, les yeux tendant vers le gris et le teint éclatant, le nez curieusement long et pointu », avant d'ajouter, de façon significative, que Gertrude avait une manière très plaisante, d'affirmer : « Vous savez, mon père dit que... », pour trancher toutes les questions sujettes à controverse.

Le jour de la rentrée, Gertrude marchait à vive allure en compagnie de Mary Talbot, qui suivait avec elle les cours d'histoire, et de leur chaperon, l'indispensable et pointilleuse Miss Wordsworth. Vêtues de leur longue robe, noire et ample, leurs bottines lacées aux pieds, leur bonnet carré crânement posé sur la tête, les jeunes filles bavardaient nerveusement pour tromper l'attente, tandis qu'elles franchissaient d'un pas léger les vieilles allées de pierre. Semblables à autant d'Alice au pays des merveilles, il leur fallait « voler » depuis les ultimes arrière-postes d'Oxford, où se situait le LMH, par-dessus les pelouses des parcs universitaires, pour arriver à l'heure au cours d'histoire, à Balliol.

En haut des escaliers, elles se retrouvèrent dans le vestibule aux murs d'albâtre d'où elles découvrirent, perpendiculaires à l'estrade du conférencier, des rangées de longues tables, recouvertes de leur feutrine verte, et derrière lesquelles se tenaient quelque deux cents étudiants. On n'avait prévu aucun espace particulier pour les deux jeunes filles, et personne ne semblait manifester la moindre volonté de leur faire place ; on les mena donc sur l'estrade, où siégeait le professeur. S'étant glissées sur leurs chaises, elles écoutèrent avec une profonde attention la leçon d'histoire anglaise du grand et maigre Mr Lodge. « Cela nous parut un événement d'importance ! » confia Gertrude à ses parents, dans l'une de ses lettres. Cependant, ni l'émoi de ce premier cours, ni même l'exposé de cet enseignant réputé ne parvinrent à émousser son esprit critique : elle le railla de s'être borné à reprendre ce qui se trouvait déjà dans son livre, ajoutant qu'« il aurait bien fait de nous en lire les tout premiers chapitres ».

Il régnait une curieuse ségrégation entre les sexes, comme si la simple présence de femmes avait suffi à empoisonner l'atmosphère ; mais, aux yeux de Gertrude, cette table à part, sur l'estrade, ajoutait encore à l'impressionnant prestige d'être admise à un cours d'Oxford, et quand Mr Bright, professeur d'histoire, les fit asseoir dans la salle, dos tourné, elle se mit à rire : le problème, selon elle, était de son côté à lui. Pour sa part, il lui était indifférent d'être assise « coude à coude » avec des hommes.

Le rythme routinier de son existence lui plaisait : le matin, les cours, puis le déjeuner au LMH, les heures de lecture à la bibliothèque Radcliffe et les entretiens, le samedi, avec son tuteur. Accompagnée de Mary Talbot, elle se frayait un passage dans les salles de la Bodleian, exclusivement remplies d'hommes, et se mettait en quête de livres, sous le regard indigné du bibliothécaire. Ce n'est qu'après avoir reçu les ouvrages qu'elle avait demandés, explique-t-elle dans une lettre à ses parents, qu'elle se « sentit membre à part entière de l'université » ; peu de temps auparavant, en effet, alors qu'elle venait tout juste d'arriver sans avoir encore sa carte d'étudiant, elle s'était fait refouler à l'entrée de la salle de lecture de la Radcliffe : le choc avait été terrible pour cette jeune fille habituée à obtenir à peu près tout ce qu'elle désirait. Sa situation devenait, à présent, plus confortable. Mary Talbot, une grande jeune fille aux yeux sombres, nièce du Premier ministre William Gladstone, ne tarda guère à devenir sa camarade la plus proche. Edith Langridge, diplômée un peu plus tôt de Queen's College, qui habitait la chambre voisine de la sienne veillait sur elle ; quant à Janet Hogarth, dont le frère aîné David, intellectuel oxfordien, menait des travaux d'archéologie orientale, elle allait, elle aussi, rester une amie tout au long de son existence. Elle appréciait la prévenance de la « si charmante » Miss Wordsworth ; celle-ci, en revanche – ce fait mérite d'être relevé –, estimait que Gertrude n'était pas quelqu'un sur qui l'on pouvait compter, et elle se demandait si « c'était vraiment le genre de personne que, malade, l'on eût souhaité avoir dans sa chambre ». Son père mis à part, il est vrai que Gertrude faisait preuve d'assez peu de patience face aux problèmes d'autrui. Elle tirait une grande fierté de la considération que lui portait son tuteur, le professeur Hassal, qui faisait l'éloge de son travail, et elle eut la bonne fortune de retrouver son ami d'enfance et cousin, Horace Marshall, inscrit à Trinity College. Miss Wordsworth accorda à Gertrude la permission de faire, « seule avec lui », des « promenades courtes et discrètes ». D'autres jeunes gens apparaissaient dans son existence : en dépit des fiançailles d'une de ses amies d'enfance et du mariage précoce d'une autre, ces amourettes représentèrent ses premiers émois sensuels. Elle parle à Florence, dans ses lettres, de son « bon ami » Mr Raper, qui l'emmenait patiner, et du « captivant » Mr Cockerel, qui l'invitait, en compagnie d'un inévitable chaperon, à prendre le thé dans ses appartements ; lors de ses passages à Londres, elle profita également de la présence de son séduisant cousin par alliance, Billy Lascelles. Oxford lui réussissait au point qu'elle avait, selon la mère d'Horace, « un tantinet maigri », même si sa façon de se tenir n'était pas encore parfaite : elle marchait les épaules voûtées. Aussi sa tante lui recommanda-t-elle une demi-heure de marche quotidienne avec une planche attachée dans le dos. « Chaque fois que je la vois, écrit-elle à Florence, je trouve cette enfant plus charmante. Je suis certaine qu'Oxford lui fait le plus grand bien. »

À Oxford, Gertrude prenait une plus grande confiance en elle-même. « On y fait tout ce qu'on veut », s'exclame-t-elle avec enthousiasme, visiblement heureuse de sa nouvelle indépendance. Quoique fort différente des universités actuelles, avec leurs foyers mixtes et leurs salles de bains communes, Oxford n'avait plus rien à voir avec l'univers camphré de Queen's College, qui corsetait ses élèves dans de rigides préceptes victoriens. Oxford, c'était un monde d'hommes : les règles y étaient nettement plus souples et Gertrude s'en accommoda sans trop de réticences.

Elle continuait d'écrire plusieurs fois par semaine à sa famille et, bien que sujette à de brusques changements d'humeur, qui la faisaient passer d'une gaieté suprême à d'inexplicables tristesses, elle ne demanda jamais à rentrer chez elle. Au contraire, ses lettres décrivaient longuement les cours et les activités extrascolaires où elle excellait : compétitions de tennis avec ses rivales de Sommerville – l'autre collège de femmes à Oxford –, joutes oratoires au Club des Débats où son équipe fit triompher le parti du droit de vote pour les femmes – encore quelques années, et elle combattrait les suffragettes ; natation, courses d'aviron, parties de hockey, théâtre, danse et une assiduité de mise, sinon de cœur, aux offices religieux. Elsa, sa sœur cadette, fit remarquer plus tard le parfum de sérénité qui se dégageait de ces lettres. « Aucune trace d'anxiété quant à l'avenir. Faut-il s'en étonner ? Gertrude n'avait encore vécu que pour se voir passer tous ses caprices. »

Elle continuait de consulter Florence sur ses lectures et, plus encore, sur sa garde-robe. « Pourriez-vous m'aider à choisir une robe habillée pour cet été ? suppliait-elle, je la veux très élégante. » Plus elle gagnait en indépendance, plus ses rapports avec Florence s'apaisaient. Elle louait sa sollicitude maternelle, au point de lui avouer, après un week-end passé dans la famille d'une amie : « Je suis bien contente que vous ne ressembliez pas à Mrs Kynston. Elle se moque complètement de ce que peuvent faire ses filles ! »

Tandis que Florence, à Londres, travaillait à la mise en scène d'une de ses pièces, Gertrude adressait à Hugh de longues missives sur des questions historiques, philosophiques et politiques, non sans taquiner au passage le grand industriel. « Si j'avoue ne pas croire du tout aux lois de la concurrence, me déshériterez-vous ? Non, vous riposterez que mes connaissances en matière d'économie politique remontent très exactement à trois semaines – de quoi me réduire au silence. » À la mort de sa grand-mère, Gertrude écrivit à Hugh un mot de réconfort qu'étourdiment elle oublia de poster. Son père en fut blessé, d'où de nouvelles câlineries de la part de la jeune fille : « Vous savez bien, lettre ou pas, que tout ce qui vous peine me peine aussi, et que je me soucie de tout ce qui vous soucie. » Quelques mois plus tard, Hugh s'en voulut de n'avoir pu assister le directeur d'une exploitation minière dans ses derniers instants. « Ce retard minuscule est une fort triste chose, compatit Gertrude, et elle ajouta de manière prophétique, mon père chéri, je ne sais que trop bien quels seraient mes sentiments si je devais mourir loin de vous sans jamais vous revoir. »

Le rythme scolaire s'intensifiait à mesure que l'année avançait. Dans la même semaine il lui fallait assister à une douzaine de cours, rédiger six essais pour son tuteur et lire les ouvrages suivants : une biographie de Richard III, une autre de Henri VIII – en deux volumes –, un tome de l'*Histoire d'Angleterre* de Stubbs, portant sur les règnes d'Édouard IV et Édouard V. « Comment m'en sortir, je vous le demande ? » soupirait-elle sans dissimuler qu'elle s'en sortait fort aisément. « J'avoue y prendre un certain plaisir », confiait-elle à sa mère. Et, de fait, elle prenait un plaisir fou à ces épreuves qui confirmaient la supériorité de son intelligence. Tous ceux qui osaient mettre en doute une de ses affirmations se voyaient clouer le bec par sa réplique fétiche : « Oui, mais, voyez-vous, papa est du même avis que moi. » Janet Hogarth nota par la suite que Gertrude « présentait un étonnant mélange de maturité et d'enfantillage : mûre quand elle jugeait les hommes et leurs activités, puérile encore dans ses certitudes, touchante par sa foi absolue dans son père comme dans le brillant milieu intellectuel où elle avait été élevée ».

À la fin de sa seconde année d'études, alors qu'il lui restait encore un an pour s'y préparer, elle aborda avec ardeur les examens finaux, l'ultime épreuve d'Oxford. « C'est terriblement excitant, écrit-elle à ses parents, j'ai l'impression d'être le joueur qui jette sa dernière mise sur le tapis vert ! » Le premier jour des examens, elle partagea l'attente fébrile des étudiants dans le vestibule d'entrée. Une sonnerie électrique retentit enfin, suivie d'une annonce solennelle : « Messieurs, les candidats à l'épreuve d'histoire prendront à gauche, en direction de l'aile nord. Allez, Messieurs ! » Gertrude attendit que ses congénères masculins se soient dispersés pour monter quatre à quatre l'escalier de derrière. Elle gagna le dernier rang de la salle, où une table était réservée aux jeunes filles, et ouvrit aussitôt le livret contenant les sujets d'examen. La plupart des questions étaient « merveilleuses », comme elle en informa ses parents : non seulement elle n'eut aucune difficulté à terminer dans les temps, mais elle put consacrer son après-midi à prendre le thé et à disputer quelques parties de tennis.

Avec son cousin Horace pour cavalier, elle se rendit aux réceptions et soirées dansantes qui marquaient la fin des examens. Les rituels académiques s'achevèrent en beauté sur l'*Encaenia*, ultime vestige des cérémoniels médiévaux, où l'ensemble des étudiants défilaient dans des toges de différentes couleurs. Gertrude, qui était arrivée à Oxford peu soucieuse de son apparence, nourrissait à présent une véritable passion pour les questions vestimentaires. Bien avant le début des cérémonies, elle avait couru les magasins de la ville, puis s'était précipitée dans la chambre de Janet Hogarth en criant : « Janet, j'ai trouvé un de ces chapeaux ! Viens vite le voir ! » Au déjeuner rituel du mercredi, ce chapeau de paille, dont les bords ployaient sous les averses de roses, lui cachait à moitié le visage. « Les toilettes qu'elle avait acquises pour la semaine de commémoration étaient pour nous un grand sujet de fascination, devait se rappeler Janet. Elle avait, indéniablement, le sens de l'élégance. »

Emportée dans le tourbillon des festivités, elle devait néanmoins se préoccuper des oraux, qui constituaient la partie la plus délicate de l'examen final. Le jour venu, vêtue de neuf et élégamment chaussée, elle s'assit calmement à sa table, donnant l'image d'une parfaite confiance en soi. Comme la plupart des parents d'étudiants, Hugh et Florence s'étaient déplacés pour assister aux oraux : ils la virent affronter avec sérénité un bataillon de professeurs masculins. Le premier à l'interroger *viva voce* fut l'historien distingué S. R. Gardiner, qui lui posa une question sur Charles Ier. Ses parents tendirent l'oreille... « Je regrette, mais je ne partage absolument pas votre avis sur Charles Ier », répondit Gertrude. Horrifié, l'éminent historien décida d'en rester là et céda la parole à l'examinateur suivant. La séance se poursuivit avec plus de calme jusqu'à ce qu'un autre professeur l'interrogeât sur une certaine ville allemande, en précisant qu'elle se trouvait sur la rive gauche du Rhin. Hélas, Gertrude s'y était rendue l'année précédente. Sans hésiter, elle répliqua : « Désolée, cette ville se trouve sur la rive droite. Je le sais parce que je l'ai visitée. » Toute la salle retint son souffle.

De telles audaces ne l'empêchèrent pas d'apprendre, à la publication des résultats, qu'elle obtenait un premier prix d'histoire moderne ; c'était la première fois qu'une femme était lauréate. Ce succès, qui fut publié dans le *Times*, lui valut les félicitations de sa famille ainsi qu'un flot de lettres enthousiastes de la part de ses amis. Son triomphe la renforça dans son habitude de ne rien cacher de ce qu'elle pensait et de transformer ses opinions en implacables sentences. Florence voyait « une honnêteté sans faille, un jugement entièrement autonome » dans cette assurance qui, roborative pour les uns, indélicate pour les autres, réjouissait beaucoup d'interlocuteurs et en intimidait plus encore. Cela lui ouvrit des portes qui, pour d'autres qu'elles, fussent restées fermées, mais lui valut aussi une belle réputation d'arrogance. Elle était présomptueuse et immature et, en dépit de ses brillants résultats, elle avait échoué à l'examen le plus vital : contrairement à ses deux amies d'enfance, elle n'avait reçu aucune demande en mariage. À vingt ans, Gertrude était snob, bas-bleu et poseuse ; son attitude hautaine et prétentieuse faisait fuir les jeunes célibataires, et ceux qui s'aventuraient à lui conter fleurette ne tardaient pas à recevoir leur congé. Le petit nombre d'heureux mortels à qui elle avait accordé quelques soirées se volatilisèrent après les examens. Le souvenir de Mr Raper fondit avec les dernières neiges et elle rejeta Bob Cockerel, partenaire bien gentil pour la danse et les menus propos, « mais rien de plus ». Quant à son cousin Billy Lascelles – dont la mère, Mary, était la sœur de Florence –, elle le trouvait amusant, mais critiquait ses façons « cavalières ».

Tante Mary confia à sa sœur qu'il était temps de reprendre les choses en main. Les Lascelles résidaient à Bucarest, où Franck Lascelles représentait la Grande-Bretagne en Roumanie. Un hiver de mondanités au contact de diplomates étrangers ne pourrait qu'encourager Gertrude à « abandonner ses grands airs d'Oxford ».

3

Un amour impossible

Oxford avait formé son esprit. La Roumanie devait lui enseigner le savoir-vivre. Oxford lui avait ouvert le monde des diplômes. La Roumanie la conduirait dans celui de la diplomatie. C'était, du moins, ce qu'elle espérait, et c'est à cette fin qu'on l'envoya à Bucarest. Elle prit donc congé de son père en rassemblant tout son courage et monta dans le train, à Paris, emplie de craintes et d'émotion ; elle le lui confia dans la lettre qu'elle lui adressa le lendemain : « J'étais très triste de vous quitter et espérais vous manquer un peu. »

Son cousin Billy l'accompagnait dans le train, et c'est avec lui qu'elle arriva à Bucarest, à temps pour Noël et la saison d'hiver. Elle s'était, jusqu'à présent, considérée comme une étudiante et, si son emploi du temps incluait quelques réceptions, celles-ci ne constituaient qu'une part annexe de son activité. Son rôle, cependant, avait désormais changé ; dorénavant, elle se jugeait prête pour le mariage, et sa préoccupation majeure était de se trouver un époux. Fille de Florence et Hugh Bell, elle était en droit d'espérer qu'un excellent parti se présentât à elle et, s'il ne s'en trouvait aucun sur place, du moins y apprendrait-elle comment partir à leur chasse.

La « saison », à Bucarest, suivait de tout près les fêtes du nouvel an : dîners somptueux, concerts, pièces de théâtre, bals suivis de soupers qui se prolongeaient jusqu'à l'aube, constituaient un véritable cycle de réceptions dans une ville à peu près dépourvue de tout autre centre d'intérêt. Pendant trois cents ans, jusqu'en 1829, la Roumanie était restée un État vassal de l'Empire ottoman, avant de devenir, le demi-siècle suivant, protectorat russe. Ce n'est qu'en 1881, soit sept ans avant l'arrivée de Gertrude, qu'elle était devenue indépendante, et il restait à ce jeune pays à gagner en influence sur le monde ; jouxtant la Russie et reliée par la mer Noire à la Turquie, elle constituait – par sa position géographique, tout du moins – une remarquable plaque tournante politique, et ses richesses agricoles et pétrolières en faisaient un allié de choix. Pour le diplomate Frank Lascelles, son affectation dans ce pays représentait une aubaine : il pourrait renforcer ses contacts, tant en Occident qu'en Orient.

Les invitations se succédaient sans trêve à l'ambassade britannique, et Gertrude comme son oncle, sa tante et son cousin Billy se trouvèrent pris dans un tourbillon mondain. Mary Lascelles se révéla beaucoup plus détendue que sa sœur et, sous l'aile de « Tante Mary », Gertrude acquit un maintien des plus gracieux : la taille prise dans les baleines d'un corset rigide, vêtue d'une robe du soir savamment décolletée et dont l'ajustement n'avait pas été sans mal, elle devint maîtresse dans l'art de badiner, son éventail de plumes d'autruche à la main, de fumer élégamment une cigarette et de souper de caviar arrosé de champagne ; elle perdit l'habitude familiale de se ronger les ongles et celle, plus personnelle, d'enrouler ses mèches autour de son index et surtout d'exprimer inconsidérément tout ce qui lui traversait l'esprit. Sa tante, grâce à ces améliorations, espérait transformer l'intellectuelle un peu poseuse qu'elle était en ingénue accomplie.

Gertrude ne perdit pas pour autant son esprit critique : d'un invité des Lascelles, Mr Mawe, elle confia dans une lettre aux siens qu'elle le trouvait « très vaniteux » ; quant à M. Demos, diplomate d'un âge avancé, il était si rabougri et si voûté « qu'aucun pays ne prendrait jamais la peine de lui adresser des remontrances ». Lors d'un dîner, commentant les mets, elle écrit : « L'odeur du poisson nous parvint à l'instant précis où il quitta la cuisine ; quant à la viande, on aurait cru mâcher du carton. » En compagnie d'un groupe de diplomates, elle lança sans ambages à un homme d'État français très respecté qu'il ne comprenait rien au peuple allemand. Sa tante, horrifiée, dut la chapitrer vertement car, lorsqu'un diplomate britannique vint séjourner chez les Lascelles, quelques semaines plus tard, elle parvint à se montrer « extrêmement réservée ».

Bucarest fut pour Gertrude l'occasion de goûter véritablement pour la première fois à la vie mondaine et pas seulement dans des cercles anglais. Au palais royal, elle fut présentée au roi Charles, descendant des Hohenzollern, et conversa longuement avec son épouse, Élisabeth, mystique et poète, qui publiait ses œuvres sous le pseudonyme de Carmen Sylva. Elle fit aussi la rencontre du comte von Bülow, futur chancelier de l'Empire allemand, et du comte Goluchowski, appelé plus tard à la chancellerie autrichienne. Elle soupa en compagnie d'aristocrates européens, de plénipotentiaires asiatiques et passa même toute une journée avec le diplomate britannique Charles Hardinge, futur vice-roi des Indes, dont les remarquables connaissances de l'Asie et de l'Empire ottoman lui rendirent plus familières des questions qu'elle avait jusqu'alors seulement effleurées. Elle passa des semaines entières en compagnie de Valentin Chirol, ami intime des Lascelles, venu séjourner quelque temps avec eux à Bucarest ; correspondant du *Times* à l'étranger, cet homme de trente-sept ans, né à Paris de parents anglais et élevé dans la religion catholique, avait effectué ses études à peu près exclusivement en France, où la Sorbonne l'avait diplômé, avant qu'il ne fasse ses premières armes au Foreign Office. Cela faisait maintenant seize ans qu'il voyageait, sans but apparent, à travers l'Europe et l'Asie. Parlant une douzaine de langues, il impressionnait profondément ses interlocuteurs par une intelligence peu commune et la précision de ses informations ; il fournissait des renseignements à Whitehall et, sans être à proprement parler un espion, il rendait d'appréciables services à son gouvernement. Rondouillard pour son mètre soixante-cinq, pourvu d'une chevelure aussi rousse que sa barbe, Chirol, qui goûtait la bonne chère et le bon vin, fut surnommé Domnul pendant son séjour roumain : il devait devenir l'un des plus proches amis de Gertrude.

Quatre mois durant, pendant l'hiver 1889, Gertrude s'amusa, dansa et badina avec la meilleure société de Bucarest qui lui ouvrait grand ses portes ; et, s'il est vrai que personne ne demanda sa main, les attentions qu'elle suscita lui procurèrent de nombreuses satisfactions. On voyait presque toujours à son côté Billy Lascelles, excellent danseur, qu'elle jugeait cependant un peu trop distant à sa guise, se plaignant par exemple, dans une lettre adressée aux siens, qu'« il n'admette que rarement s'amuser [...] alors que, pour ma part, je danse du début à la fin du bal, en y prenant tout du long un plaisir non affecté ». Quoi qu'il en soit, ils se rapprochaient l'un de l'autre : leur amitié se réchauffa en même temps que fondaient les neiges de l'hiver et, fin avril, sous la houlette de Domnul, qui avait sillonné cette région, ils quittèrent la Roumanie pour aller visiter Constantinople.

À l'est, les Turcs avaient franchi les limites de l'Empire byzantin en Asie Mineure ; à l'ouest, ils étaient entrés jusque dans la péninsule des Balkans : l'État ottoman du XIIe siècle, avec Constantinople à sa tête, avait ainsi, au XVe siècle, acquis la taille d'un empire qui s'étendait de l'Euphrate au Danube. Sous le règne de Soliman le Magnifique, les Turcs étaient maîtres d'un territoire qui englobait, à l'est, l'Égypte, la péninsule Arabique, la Mésopotamie, la Syrie, la Perse et la Turquie et qui, à l'ouest, comprenait la Hongrie et l'ensemble des Balkans – la Bulgarie, l'Albanie, la Bosnie, l'Herzégovine, la Serbie, la Grèce et la Roumanie. Depuis des siècles, l'Empire ottoman servait de contrepoids, équilibrant la puissance de la Russie à l'est, celle du Royaume-Uni et de la France à l'ouest. Sa protection était capitale pour défendre des razzias arabes les commerçants occidentaux qui se livraient à de fructueux négoces dans cette partie du Moyen-Orient : les Anglais dans les petites principautés du golfe Persique, les Français en Syrie.

Cependant, au cours du XIXe siècle, affaibli par la corruption, la cupidité et un réseau administratif trop lâche, l'Empire ottoman s'était réduit pour entrer dans une phase de décadence. La perte de l'Égypte et de la Grèce, conjointe à une économie à bout de souffle, avaient contraint la Sublime Porte – ainsi se nommait le gouvernement ottoman – à s'appuyer davantage sur l'Occident. Lorsque les armées russes, cherchant une ouverture maritime au sud, s'avancèrent vers Constantinople en 1878, les Turcs, soutenus par l'Angleterre et la France, réussirent à leur tenir tête : mais cette guerre avait été coûteuse et, quand un grand mouvement nationaliste balaya les Balkans, ils ne purent soutenir le choc et perdirent la Bulgarie, la Roumanie, la Bosnie et l'Herzégovine. Pour les Occidentaux, l'Empire ottoman était devenu « le grand malade de l'Europe », et son avenir dans les Balkans, l'épineuse « question de l'Orient ».

Le plus grave souci des Anglais était la menace que la Russie pouvait de nouveau faire peser sur Constantinople, menace qu'ils ne pouvaient littéralement pas se permettre. La protection turque était indispensable tout au long de la route des Indes, et une victoire russe sur les Turcs aurait pu condamner le joyau de la Couronne britannique : c'est pourquoi l'Angleterre finançait généreusement son soutien à l'Empire turc.

La « question de l'Orient », à cette époque du moins, importait fort peu à Gertrude, dont la curiosité se concentrait sur Constantinople, métropole cosmopolite à cheval sur l'Orient et l'Occident, glorieuse cité s'étalant sur les rives du Bosphore, ancienne capitale de l'Empire byzantin, à présent siège du Commandeur des croyants et symbole de la puissance ottomane. Tandis que Bucarest lui avait donné un avant-goût de la Turquie, Constantinople lui offrait un banquet oriental. Elle en découvrit les fastes assise face au soleil déjà bas, scintillant sur l'eau et dont les derniers rayons rehaussaient l'éclat passé des drapeaux turcs, transformant tous les minarets blancs de la ville en éblouissantes colonnes de marbre. Elle assista à la procession rarissime du Grand Sultan – commandeur de droit des armées musulmanes qui avaient déferlé sur l'Orient comme sur l'Occident –, alors qu'il se rendait en grande pompe de son palais à sa mosquée. Elle contempla, non sans une certaine défiance, les toits échancrés du sérail, lieu tout ensemble luxueux et luxurieux qui avait inspiré Mozart dans sa composition de *L'Enlèvement au sérail*, et admira la coupole plate de Sainte-Sophie, prouesse de l'architecture byzantine.

Avec Billy, elle s'embarqua à bord d'un caïque et remonta les eaux de la Corne d'Or, au rythme lent des rames ; ensemble, ils escaladèrent les neiges du mont Olympe, d'où ils observèrent attentivement les flots miroitants de la mer de Marmara ; ou encore, hissés sur des ânes, ils se laissèrent cahoter dans les passages tortueux des bazars. Elle adorait observer la foule vêtue à la turque, les hommes coiffés de turbans, avec leurs larges culottes, les femmes habillées de soie et voilées ; elle aimait aussi ces maisons de bois, soigneusement treillissées, et ces restaurants où l'on goûtait des plats si étranges, avant de boire le café turc, qu'elle savourait pendant que Billy fumait un narghilé. Enivrés par le charme exotique de ce pays, ils se retrouvèrent à la fin du voyage quasiment fiancés. Tous deux prirent le chemin du retour avec l'Orient-Express, rayonnants et heureux. Pour reprendre les termes de sa sœur Elsa, ce fut « le dernier chapitre de bonheur absolu de la vie de Gertrude. À vingt ans, elle était brillante, charmante et pouvait compter sur un cavalier empli de prévenances. [...] Tous les possibles s'offraient à eux ».

Billy Lascelles remplissait toutes les conditions requises pour le mariage : fils de diplomate, petit-fils d'un médecin réputé, impertinent et riche, sorti de Sandhurst et sur le point d'entrer dans les armes, il avait tout du candidat idéal. À Londres, où résidait Gertrude après son retour de l'été 1889, il lui fit une cour assidue. Ils se rejoignaient l'après-midi, pour le thé, qu'ils prenaient ensemble, tout comme leur dîner ; après quoi, ils s'asseyaient dans le jardin, sous le clair de lune, discutaient longuement ou se lançaient dans une partie de bésigue, leur jeu de cartes favori, qu'ils poursuivaient jusqu'à deux heures du matin. Mais Billy ne lui offrait ni la stimulation intellectuelle ni les élans affectifs dont elle avait besoin. Son cercle d'intérêts était restreint et son attitude face à l'existence, blasée : il manquait d'épaisseur pour Gertrude, accoutumée à l'audace, à l'intelligence et à l'intrépidité des hommes de sa famille. Elle s'était ennuyée de son père dès son retour de Constantinople : « Mon cher, mon très cher Père, écrit-elle, je regrette tant que vous ne soyez pas là. J'espérais à moitié que vous pourriez l'être. Je vous en prie, venez vite. » Quant à Billy, après quelques mois, l'intérêt qu'elle avait pour lui s'estompa.

En juillet, elle fêta ses vingt et un ans, tournant dont la signification la remplissait d'effroi : elle avait, à présent, trois ans de plus que la plupart des jeunes femmes qui avaient fait leur entrée dans la bonne société anglaise ; la sienne ne pouvait être repoussée plus longtemps. Ses sourires, dans les bals de Bucarest, lui avaient ouvert la voie, mais le temps était venu maintenant d'un début officiel. Sa présentation à la cour et la grande réception que donnèrent ses parents firent savoir au monde que la jeune fille accomplie s'était transformée en un excellent parti. Pendant toute la saison de 1890, et pendant les deux qui suivirent, Gertrude alla de valse en valse sur les grand-places du mariage, sous l'escorte de Florence ou d'une tante. Les joues roses, vêtue d'une robe avantageusement décolletée, elle se tenait au côté des autres jeunes filles qui attendaient, leurs chaperons derrière elles, qu'un jeune homme veuille bien les inviter à danser. Elle souriait, riait, semblait délicieusement indifférente et pourtant elle examinait les hommes avec une attention plus soutenue encore que celle qu'ils lui accordaient. Pour Gertrude, cette époque fut difficile ; peu d'hommes avaient son brio et sortaient d'Oxford ou de Cambridge ; peu avaient poussé jusqu'en Orient ; peu possédaient sa curiosité ou son savoir, sa franchise ou son audace. Peu arrivaient à la hauteur des exigences établies par son père et son grand-père, et, là était le plus douloureux, peu semblaient la désirer.

Bertie Crackenthorpe faisait partie du petit nombre qui avait retenu son attention, et il semblait s'intéresser à elle. Toute une semaine, il la poursuivit assidûment, l'invita à dîner chez ses parents, lui témoignant une attention sans faille, au point d'en irriter le père de Gertrude. « Je l'apprécie beaucoup », confia-t-elle à Florence, tout en lui assurant qu'elle s'était conduite convenablement. Bertie insistait pour la voir, mais Gertrude jouait les effarouchées, refusait de dire qu'elle se trouverait chez elle s'il l'appelait et croisait les doigts en songeant au futur. « Nous verrons bien comment tout cela tournera », déclara-t-elle pensive. Et cependant, moins d'une semaine plus tard, quand elle fut invitée avec Bertie chez un de leurs amis, elle se prit à espérer qu'il ne viendrait pas. En fait, il l'ennuyait déjà.

À l'automne, elle retourna à Red Barns, retraite humide, froide et triste. Tout en affichant un bonheur apparent, elle admettait souvent qu'elle se sentait malheureuse et passablement désœuvrée. Elle s'occupait de la benjamine des Bell – Hugo était parti au pensionnat –, participait aux œuvres sociales avec les femmes de mineurs et lisait avec voracité. Son imagination, au moins, pouvait s'envoler dans ses rêveries. Elle avala les biographies de Browning, de Wordsworth et de Mary Shelley, suivit les explorations de Livingstone en Afrique, se récita la poésie à la gloire de l'Empire de Kipling avant de se délecter de la traduction des *rubayat* d'Omar Khayam que Fitzgerald proposa en 1859 :

Dreaming when dawn's left hand was in the sky
I heard a voice within the tavern cry
« Awake, my little ones, and fill the cup
Before life's liquor in its cup be dry *. »

Avec le retour du printemps, les jeunes femmes encore célibataires retrouvèrent le rythme de la « saison », et Gertrude reprit le chemin de son domicile londonien. Pour passer le temps, elle suivait des leçons d'escrime à la salle d'armes de MacPherson, faisait des courses chez Harvey et sur Brompton Road, ou, à l'horreur de sa mère, prenait le métro pour assister Mary Talbot dans ses œuvres de bienfaisance à Whitechapel. Selon Elsa, cette « orgie d'indépendance » à laquelle se livrait Gertrude mettait Florence « hors d'elle ». Plus conformément aux vœux de sa mère, elle parcourait les expositions artistiques accompagnée d'une bonne de la famille et, toujours suivie du

* Tout rêveur, tandis que dans le ciel l'aube avançait sa main gauche / J'entendis une voix dans la taverne, qui disait : / « Debout, enfants, et remplissez la coupe / Avant que le nectar de la vie ne s'y dessèche. »

même chaperon, rendait visite à ses amies : Caroline Grosvenor, qui était artiste, et son mari, Norman, ou Flora Russell, la fille de lord et lady Arthur Russell. Les réceptions des Russell faisaient alors l'envie du Tout-Londres ; leur salon de Mayfair, qui donnait sur Audley Square, et dont les fenêtres – comble d'extravagance – étaient nettoyées toutes les semaines, attirait des personnalités aussi en vue que Leslie Stephen et ses deux filles, Virginia et Vanessa, Mrs Humphrey Ward et Henry James, qui arrivait parfois en compagnie de John Singer Sargent, le portraitiste controversé de « Madame X ». Mais, excepté une conversation intéressante qui rompait parfois la monotonie de sa vie, les jours semblaient se succéder, suivant l'expression de Gertrude, « sans que rien ne les distingue ».

On n'accordait à une jeune femme que trois « saisons » pour se trouver un mari. Gertrude avait consommé ce délai, sans que personne la demande en mariage, ni qu'elle ait découvert celui qui aurait pu combler ses attentes. Ce n'était pas faute de goûter la compagnie des jeunes gens, bien au contraire. Mais son esprit vif avait tôt fait de percer à jour leur personnalité et sa soif d'intelligence d'épuiser leurs maigres sources de savoir. Elle se refusait à adopter un comportement déférent, à se montrer servile ou à acquiescer sans discuter. Elle se refusait à changer sa personnalité pour l'accorder à celle d'autrui, et c'était tant pis si elle ne répondait pas à leurs vœux : ce n'était pas un petit mâle dressé sur ses ergots qui allait devenir son seigneur et maître.

Elle sortait abattue par trois ans de ce jeu matrimonial et, cependant, la perspective de passer sa vie seule lui paraissait pire encore. En sortant d'une soirée chez les Russell, elle écrivit à Florence, à bout de forces : « Tout, sans vous, me paraît plat et dépourvu de charme. J'espère que vous trouvez une consolation dans la présence de votre mari ; pour ma part, je n'en ai pas pour me réconforter. » Pleine d'effroi à l'idée de finir vieille fille, elle achevait ainsi sa lettre : « Très chère Mère, que c'est long, trois ans et dix mois ! »

Voyager paraissait la seule solution, et la Perse était un pays qu'elle avait toujours rêvé de voir. Après avoir passé l'hiver à en étudier la langue, Gertrude laissa derrière elle l'Angleterre humide et froide pour prendre, en compagnie de sa tante Mary Lascelles, le chemin de l'Orient. Elle avait alors vingt-trois ans.

Elles montèrent dans l'Orient-Express, qui les mena de Paris à Constantinople, où elles prirent un bateau pour la Perse : elles arrivèrent à Téhéran le 7 mai 1892 et se rendirent chez Franck Lascelles, qui venait d'y recevoir son affectation de plénipotentiaire britannique auprès du chah Nasiraddin. Sa première lettre se montra enthousiaste : la Perse était le « paradis ».

À en croire Gertrude, la résidence de la légation ressemblait au « jardin d'Éden » : « Vous ne sauriez vous imaginer combien tout cela est ravissant, écrit-elle à ses parents ; dehors, ce ne sont qu'arbres créant une ombre profonde qui s'étend de notre maison aux murs du jardin ; à leurs pieds, des roses mousseuses qui fleurissent tous les mois, des massifs de bruyères arborescentes, jaunes, blanches ou pourprées, des parterres de roses pompons grenat, des haies de grandes fleurs dorées. C'est tout à fait le jardin de la Bête, un délicieux cauchemar de roses. » Le visiteur entrait ensuite dans la demeure de pierre blanche, conçue sans véritable plan, pour déambuler le long d'immenses vestibules où des laquais en livrée s'inclinaient sur son passage. En jetant un œil à droite et à gauche, il découvrait de spacieuses salles à manger, des salons et des salles de billard, des boudoirs sans nombre et des chambres, tant pour la famille que pour ses hôtes. Partout le poursuivaient le parfum des roses et le chant des rossignols.

Ce séjour d'un mois à Téhéran valut à Gertrude un accueil chaleureux de la part de l'ambassade tout entière : conseillers, attachés militaires, agents du chiffre, premiers, deuxièmes et jusqu'aux troisièmes secrétaires se plièrent en quatre pour elle. Une personne en particulier parut retenir chez elle un intérêt, qu'elle ne cacha pas à sa famille : « Mr Cadogan est grand, roux, svelte, agréable, intelligent, excellent joueur de tennis, excellent joueur de billard, passionné par le bésigue, féru d'équitation, bien qu'il ne puisse s'y adonner ici, élégant, soigné, bien vêtu ; il veille sur nous avec un souci tout particulier en ayant à cœur de nous soigner et de nous distraire. Il me plaît. »

Elle en rencontra d'autres, à Téhéran, qui eurent l'heur de

lui plaire, à commencer par le chargé d'affaires allemand, Friedrich Rosen, et sa femme Nina. Mrs Rosen, fille d'amis de sa belle-mère, était vive et drôle ; quant au Dr Rosen, outre son charme personnel, c'était un érudit orientaliste, qui ne tarda pas à l'initier à la culture persane et à éveiller son intérêt pour les peuples arabes en général. Les Rosen allaient bientôt devenir des amis intimes, et c'est à l'occasion de leur mutation à Jérusalem que Gertrude se rendit pour la première fois dans cette ville, où elle vint les voir alors qu'elle apprenait l'arabe.

Mais, à Téhéran, un homme sortait du lot ; elle confia encore dans une lettre aux siens, une semaine après son arrivée : « Mr Cadogan est une perle rare ; sans doute est-il aussi inattendu qu'immérité d'avoir accompli tout le voyage de Londres à Téhéran pour y découvrir quelqu'un d'aussi délicieux. Florence [la fille des Lascelles] et moi l'apprécions infiniment. Il nous accompagne en promenade, projette avec nous des excursions, nous amène ses chiens quand il nous rend visite. [...] Il nous montre de jolis objets qu'il a achetés au bazar, se trouve toujours là quand on a besoin de lui et sait être absent quand il le faut. » À tous ces agréments s'ajoutaient une intelligence profonde et une solide culture dans tous les domaines, français, allemands ou anglais.

Cadogan l'emmena à cheval dans le désert, dont l'immensité, le vide, comme la beauté des oasis qui y formaient des écrins de verdure lui coupèrent le souffle. « Ah, le désert autour de Téhéran ! Des kilomètres et des kilomètres de sable sans la moindre végétation ; encerclé de montagnes nues et désolées, sillonné par le cours profond des torrents : avant de venir ici, je n'avais pas idée de ce qu'était le désert ; c'est quelque chose d'admirable à voir [...] »

Ils partaient à cheval ensemble, elle montée en amazone, et se rendirent un jour jusqu'au campement du chah, où ils découvrirent un jardin empli de bêtes sauvages, ainsi qu'un *anderun*, pavillon réservé aux épouses royales. Après qu'un des gardiens leur eut ouvert la porte, ils s'avancèrent dans ce qui leur parut « être le palais des *Mille et Une Nuits* ». De fins jets d'eau couraient sur les carreaux du sol, et leurs reflets dansaient sur les plafonds marquetés de céramique, et partout des roses, encore des roses. « C'est moi qui, puisque je suis une femme, ressemble à ces jarres, remplies au gré des passants, d'un vin dont l'Angleterre ne m'avait encore donné aucune idée. »

La sensualité de l'Orient commençait à l'imprégner, et elle se laissait séduire par les attentions de son chevalier servant, bel homme du monde, de dix ans son aîné. Il lui lut les vers mystérieux des poètes persans, son bras négligemment passé autour de ses épaules. Il la mena voir des sites étranges, comme cette tour du Silence, toute chaulée, où les disciples de Zoroastre abandonnaient leurs morts à la voracité des oiseaux, et il la serra étroitement quand la peur la fit frissonner. Il lui enseigna également l'art de la fauconnerie, et ils observèrent ensemble des serviteurs lâcher des cailles à l'air libre et lancer les faucons qui s'abattaient sur elles. Il la conduisit jusqu'à un jardin où, allongés dans l'herbe, sous les arbres, laissant leurs pieds baigner dans un petit cours d'eau, ils s'embrassèrent avant de contempler toutes les nuances du coucher de soleil sur les cimes enneigées. Il tira de sa poche un mince volume de Catulle, et lui lut à haute voix les pages lyriques de l'élégiaque latin. « C'était absolument délicieux », écrira-t-elle, encore rêveuse. Quelques jours plus tard, ils passèrent l'après-midi à l'abri d'une tente de jardin, entrecoupant leurs baisers de la lecture des quatrains lascifs du *rubayat* :

With me along the strip of herbabe strown
That just divides the desert from the sown
Where name of slave and sultan is forgot,
And peace to Mahmud on his golden throne !

A book of verses underneath
A jug of wine, a loaf of bread – and thou
Beside me singing in the wilderness
Oh, wilderness were paradise enow ! *

---

* « Avec moi étalés sur cette bande d'herbe / Qui sépare si nettement le désert des champs, / Là où les noms d'esclave et de sultan n'ont plus cours, / Paix au Prophète sur son trône céleste ! / Un recueil de vers sous la ramée / Une jarre de vin, un morceau de pain, et toi / Chantant derrière moi dans le désert / Mais un désert qui, oh ! serait un Paradis ! »

Tandis qu'une épidémie de choléra dévastait le pays, touchant des milliers de victimes, Gertrude et Cadogan célébraient la vie. Ils se récitaient les poèmes de Browning et de Kipling et lisaient les nouvelles de Henry James. Ils jouaient ensemble au tennis, partaient à cheval dans les montagnes et, un après-midi d'août, ils descendirent le fleuve Lar sur près de cinq kilomètres, jusqu'à un point de rendez-vous fixé par Cadogan à son domestique. Trempés par une averse soudaine, affamés, ils se calfeutrèrent sous des couvertures imperméables et se régalèrent de thé, de pain beurré accompagné de confiture de framboises ; après ce goûter fastueux, ils flânèrent le long du fleuve ; Cadogan pêchait, elle discourait, et c'est ainsi qu'ils firent le chemin de retour. « Ce fut un après-midi merveilleux », lui glissa-t-elle dans un murmure.

Ils parlaient à présent de l'avenir, passant de bienheureuses heures à mettre au point les détails de leur vie commune ; en tant que diplomate, Cadogan pouvait être affecté n'importe où ; l'Amérique du Sud, où il était déjà allé, ne lui plaisait pas, et tous deux souhaitaient qu'il reste en poste au Moyen-Orient. À l'image de sa tante Mary, épouse charmante et admirée d'un ambassadeur influent, Gertrude s'imaginait sans peine voyageant dans des paquebots ou des trains luxueux, transportant avec elle une garde-robe constituée à Paris, rencontrant des personnalités hors du commun et passant son existence dans des villes aussi exotiques que Damas ou Bagdad. La vie lui semblait alors un rêve sorti d'un conte des *Mille et Une Nuits.*

Tous deux avaient écrit à ses parents : lui pour demander à Hugh Bell l'autorisation d'épouser sa fille, elle pour raconter les événements. Deux semaines plus tard, comme ils ne lui avaient toujours pas répondu, elle leur écrivit de nouveau, consciente que son père chercherait à en savoir plus sur la situation de son prétendant. Elle sentait bien que cette longue attente n'augurait rien de bon : son père était extrêmement pointilleux sur les critères que devait remplir son futur époux, et Cadogan ne rentrait pas vraiment dans ses cadres. Hugh Bell souhaitait pour sa fille un mari riche, pourvu d'un solide revenu et d'un avenir assuré. Henry Cadogan était le fils aîné de l'honorable Frederick Cadogan et le petit-fils du troisième comte Cadogan, mais il n'avait hérité d'aucune fortune familiale. Son traitement de jeune diplomate ne suffirait pas pour subvenir aux besoins de Gertrude ; qui pis est, il était joueur et avait accumulé des dettes considérables. Certes, il était cultivé et homme du monde, mais Hugh Bell apprit également par les relations qu'il avait à Téhéran qu'il était capricieux, têtu et intolérant pour peu que l'on interférât avec ses désirs.

Avant même de recevoir la réponse de son père, Gertrude écrivit à sa mère que, si Hugh refusait son consentement, Cadogan n'aurait plus qu'une chose à faire : demeurer en Perse, en espérant une promotion. S'il était promu ambassadeur ou élevé à un poste au traitement comparable, l'attente serait fructueuse. « Il est consolant de penser que l'on peut réellement faire son chemin dans cette carrière et gagner suffisamment d'argent pour se mettre longtemps à l'abri du besoin », écrit-elle avant de reconnaître : « Le train de vie qu'elle oblige à mener se révèle plutôt onéreux. »

La réponse de son père finit par arriver fin septembre. Elle ouvrit l'enveloppe le cœur battant. Ses craintes les plus fortes se trouvèrent fondées : Hugh Bell refusait son consentement ; il espérait qu'une séparation ferait changer d'avis Gertrude. Elle eut le cœur brisé. Pour se consoler, elle écrivit à sa belle-mère : « Je suis plus soucieuse que je ne saurais dire, et ni la pauvreté ni même l'attente ne m'effraient, bien que l'attente me paraisse plus pénible que je ne l'avais, dans un premier temps, imaginé. C'est aussi que l'on ne comprend pas tout de suite à quel point l'on peut désirer une union permanente et la sécurité bénie du mariage ; à présent que je dois partir, j'en prends conscience de manière aiguë. [...] Notre situation est très difficile et nous sommes très malheureux. »

Malgré leur passion, ils obéirent aux lois sociales : ils espacèrent leurs rencontres, mus par le sentiment qu'ils avaient perdu le droit de se voir. Elle suppliait pourtant sa mère de comprendre Henry Cadogan, ne pouvant supporter l'idée que ses parents voient en lui autre chose qu'un être « bon, noble et généreux », car c'était là le visage aimant qu'il lui avait montré. « Tout ce que je pense, tout ce que j'écris me ramène à des sujets dont nous avons discuté ensemble ; certaines de ses phrases me reviennent subrepticement et me transpercent ; tout ce qu'il m'est arrivé de faire ou de penser ces trois derniers mois s'organisait autour de lui ; il en constituait, voyez-vous, l'essence même. »

S'il fallait recommencer, elle agirait exactement de la même manière, en dépit de cette douleur constante et de l'affreuse séparation qui s'annonçait. Cela en valait la peine, disait-elle, « plus même que la peine. Certains vivent toute leur vie sans posséder cette chose merveilleuse ; je l'aurai, tout du moins, connue, et elle m'aura permis d'entrevoir les richesses de l'existence, soudain offertes devant moi – simplement, il est légitime de pleurer, juste un peu, lorsqu'il faut s'en détourner pour reprendre son ancienne et monotone vie. [...] Oh, Mère, Mère ! » ne pouvait-elle s'empêcher de gémir.

Sur le bateau qui la reconduisait chez elle, elle décida d'écrire à l'ami le plus digne de sa confiance, Domnul Chirol, pour lui faire part de son désarroi et de sa tristesse. « Je crois savoir que vous avez vaguement entendu parler de mes histoires sentimentales – et du reste, je n'en ai moi qu'une idée vague, même si je crains qu'elles ne soient au plus mal. C'est que leur avenir, loin d'être plein d'espoir, est rempli de menaces. Mr Cadogan est très pauvre, son père, à ce que j'en sais, à peu près ruiné, et le mien a beau être un ange et prêt à faire n'importe quoi pour moi, il refuse catégoriquement de prendre à sa charge un foyer en plus du sien. C'est malheureusement, me semble-t-il, ce que nous lui demandons de faire. » Elle n'avait pas encore eu l'occasion de discuter de la situation avec Hugh, mais elle gardait l'espoir qu'il irait trouver le père d'Henry Cadogan et qu'ils parviendraient à arrêter une décision. En attendant, Cadogan et elle ne pouvaient toujours pas se considérer comme fiancés, et l'éventualité de leur mariage demeurait reportée dans un futur lointain. « Ma lettre vous paraîtra sans doute sensée, mais mon cœur, lui, échappe à toute raison ; tout cela est trop désespérant pour que je parvienne à pleurer et, de temps en temps, on en arrive à un point, dans ces moments maudits, où seul le silence peut répondre au désespoir [1]. »

Elle n'arriva à Londres que fin octobre et alla embrasser sa mère, à qui elle avait manqué pendant cette longue absence. Elle écrivit aussi à son père, resté dans le Yorkshire et, aussi surprenant que cela puisse paraître au premier abord, elle lui affirma que ces événements avaient réussi à la rapprocher encore un peu plus de lui. Était-ce qu'ayant connu l'amour vrai elle pouvait d'autant mieux apprécier celui que lui portait Hugh ? C'est en tout cas ce qu'elle déclara. Quand il rejoignit Londres, quelques jours plus tard, elle déversa devant lui ses espoirs et ses craintes, tandis qu'il l'écoutait calmement. Mais en son for intérieur – elle l'avait d'ailleurs avoué à Domnul –, elle savait que son père avait raison ; dans les circonstances présentes, tout du moins, Cadogan ne constituait pas un parti acceptable. Cependant, elle désirait ardemment devenir sa femme ; elle attendrait donc, elle attendrait aussi longtemps qu'il le faudrait.

Pendant huit mois, elle prit son mal en patience et vécut au jour le jour ; encouragée par Florence, elle travaillait à la rédaction d'*Images de Perse*, livre dans lequel elle voulait relater ses aventures en Orient. En août 1893, elle partit séjourner avec sa mère chez Kirby Thore, dans le Yorkshire. Elle était en train de lire à Florence un passage sur l'épidémie de choléra, qu'elle avait emprunté à un chapitre intitulé « L'ombre de la mort », quand, semblable à quelque sorcière persane, l'ombre sortit des pages de son livre sous la forme d'un télégramme en provenance de Téhéran. Ne soupçonnant rien et très émue, Gertrude défit l'enveloppe et commença à lire la brève missive : au cours d'une partie de pêche à la truite, Henry Cadogan avait glissé dans les eaux glacées du fleuve Lar ; transi de froid, il avait attrapé une pneumonie ; on avait le regret de l'informer de sa mort. Le télégramme ne précisait pas si la chute était accidentelle ou volontaire.

Cette année-là, Gertrude fit paraître une traduction des poèmes d'Hafiz, qui est tenue, aujourd'hui encore, pour l'une des meilleures :

Songs of dead laughter, songs of love once hot,
Songs of a cup once flushed rose-red with wine,

Songs of a rose whose beauty is forgot,
A nightingale that piped hushed lays divine :
And still a graver music runs beneath
The tender love notes of these songs of thine,
Oh, Seeker of the keys of Life and Death * *!*

* « Chants du rire mort, chants d'un amour jadis ardent, / Chants de la coupe débordante jadis du vin pourpré, / Chants de la rose dont la beauté est oubliée, / Le rossignol qui chantait dans le silence repose, divin, / Tandis qu'une musique plus grave murmure / La tendre et amoureuse mélodie de tes chants, / Oh, toi qui cherches les clefs de la Vie et de la Mort ! »

4

La fuite

Gertrude avait perdu beaucoup plus qu'un amour ; elle avait perdu aussi ses espérances, et avec elles toute une existence qu'elle avait rêvée brillante et aventureuse. Pendant près d'un an, elle était restée dans les limbes, tissant ses rêves sans relâche dans la crainte que les exigences paternelles ne la forcent à les démêler. À présent, à vingt-cinq ans, il lui fallait affronter la réalité dans sa froide nudité : Henry était mort ; son avenir partait en lambeaux. Le travail et les voyages étaient les seuls remèdes. Dans les cinq années qui suivirent, elle se jeta dans des périples ininterrompus, multipliant les séjours en France, en Italie ou en Suisse, entreprenant de plus longs déplacements autour du monde, comme si la fuite était en soi un moyen d'oublier. Mais elle était hantée par ses souvenirs et tout lui rappelait Cadogan : les visages rayonnants de bonheur des jeunes mariés, dans le train, en France ; les formes parfaites du David, à Florence ; jusqu'aux grenadiers en pot rangés devant un hôtel suisse. Fébrile, rapidement gagnée par l'ennui, elle sentait son énergie nerveuse atteindre un nouveau palier. Elle se précipita dans le travail, étudia à fond le persan et se lança dans des recherches frénétiques en vue d'écrire un autre livre ; elle tentait d'apaiser ses fantômes, sans pouvoir s'empêcher de revenir toujours à Cadogan : parler et écrire ne faisaient qu'accentuer sa peine.

« Vie ! Ô vie ! généreuse et splendide ! » s'écriait-elle, avec exultation, dans ces *Images de Perse*, parues au printemps 1894. Mais ces mots avaient été écrits alors que Cadogan était encore auprès d'elle.

La mort avait frappé trop tôt. Incapable désormais d'éprouver un sentiment qui ressemblât à de la joie, elle cherchait des consolations que Billy Lascelles lui procura. L'amitié succéda à leur première idylle, et la sympathie à la passion. Il vint la voir à Sloane Street, où, abandonnant Florence dont le regard figé laissait deviner combien elle regrettait que leur union n'ait pas abouti, ils allèrent se promener pour deviser librement. Gertrude, réconfortée par cette écoute qui s'offrait à elle, laissa son cœur s'épancher.

Au cours d'un séjour familial dans les Alpes, elle confia sa douleur à ses amis de Téhéran, Friedrich et Nina Rosen. Avec le Dr Rosen, elle évoqua *Images de Perse*, la littérature persane et son séjour avec Cadogan dans la région. La nuit venue, dans la solitude de sa chambre, elle lisait sous ses couvertures la correspondance de Swift et de sa maîtresse Vanessa. Elle doutait qu'aucun homme, à la différence de n'importe quelle femme, puisse jamais comprendre les émotions qu'y exprimait Vanessa. « Swift, observe-t-elle, n'a guère de sentiments pour elle ; sa correspondance montre un homme peu sensible. Et comme il la blesse, comme il la déchire ! On devrait prier tous les soirs pour ne jamais écrire de telles lettres ou, du moins, pour ne jamais les envoyer. » Il en allait autrement pour elle qui avait été entourée d'attentions et, en ces jours du premier anniversaire de la mort de Cadogan, ses mots revenaient meurtrir sa mémoire. « J'ai beaucoup pensé à lui, la nuit passée, à tout ce qu'il était pour moi, à tout ce qu'il est encore. » Une ardeur si passionnée ne devait plus renaître en elle avant bien des années, et les lettres qu'elle écrit à l'époque la montrent, corps et âme, profondément ébranlée.

De tous les écrivains persans qu'elle avait lus avec Cadogan, le poète lyrique Hafiz était sans doute le plus ardu. Aujourd'hui encore, on lit toujours ses odes mystiques dans les salons et les cafés de Téhéran, en discutant sans fin de ses allégories et de leur interprétation. Ses écrits exigent une compréhension extrêmement subtile de la langue persane, et leur leçon cachée, une capacité d'analyse que peu parviennent à mener à terme ; impatiente cependant de plonger dans ce travail, Gertrude releva le défi et entreprit de traduire ses poèmes.

Dans les deux années qui suivirent, elle consacra l'essentiel de son temps à la traduction de Hafiz, qu'elle acheva en 1896. L'année d'après, elle y adjoignit une étude remarquable : elle y comparait Hafiz aux poètes occidentaux qui lui étaient contemporains comme Dante, voire à des penseurs plus proches de nous, comme Goethe. Le livre parut et obtint des éloges dithyrambiques. En 1974, un spécialiste aussi réputé que A. J. Arberry n'hésitait pas à affirmer : « Quelque vingt traducteurs ont tenté de traduire Hafiz en anglais, mais c'est elle qui en rend l'esprit de la façon la plus convaincante ! » Avec le souvenir de Cadogan toujours vivace dans sa mémoire, elle n'avait eu aucun mal à faire sienne la douleur du poète, dont le cœur avait été brisé par la mort de ce fils, qu'il pleure dans *Le Divan d'Hafiz* :

Light of mine eyes and harvest of my heart,
And mine at least in changeless memory !
Ah ! when he found easy to depart,
He left the harder pilgrimage to me !
Oh Camel-driver, though the cordage start,
For God's shake help me lift my fallen load,
And Pity be my comrade of the road !

He sought a lodging in the grave – too soon !
I had not castled, and the time is gone.
What shall I play ? Upon the chequered floor
Of Night and Day, Death won the game – forlorn
And careless now, Hafiz can loose no more *.

---

* « Lumière de mes yeux et trésor de mon cœur / Tu restes mien, du moins, dans l'immuable souvenir ! / Ah ! qu'il lui fut facile de s'en aller / En me laissant plongé dans le plus douloureux des voyages ! / Oh, chamelier, même si la caravane avance, / Pour l'amour de Dieu, aide-moi à ramasser mon fardeau / Et que mes compagnons de route me prennent en pitié ! / Il s'en est allé loger dans une tombe, si tôt ! / Je n'ai pas roqué, et il n'est plus temps. / Quel coup jouer ? Sur l'échiquier / Du jour et de la nuit, la mort a gagné la partie – sans espoir / Et indifférent, à présent, Hafiz ne saurait perdre davantage. »

Gertrude gardait encore le goût de l'Orient et, sur la proposition de Friedrich Rosen, qui avait appris l'arabe au cours de son séjour à Jérusalem, elle se mit à étudier cette langue. Au début, elle n'éprouva pas de difficulté particulière, et les journées qu'elle passait à lire des contes orientaux lui faisaient revivre son histoire d'amour avec Cadogan. Quand elle se trouvait seule à Londres, et qu'elle disposait d'un après-midi ou d'une soirée libre, elle faisait un saut dans l'une des réceptions élégantes que donnaient Mrs Green ou Mrs Ward sur Russell Square, ou allait dîner avec l'un ou l'autre de ses amis en vue, les Grosvenor, les Stanley, les Ritchie et leurs collègues du Bureau des Indes **. Pendant un bref moment, elle se réchauffait aux feux de la rampe en écoutant les critiques enthousiastes que lui valait *Images de Perse*.

Cependant, en dépit de ses succès d'auteur, en dépit de son aisance en société, et en dépit de ses vingt-huit ans, elle devait encore se débattre avec les contraintes de l'Angleterre victorienne. Elle se plaint ainsi de n'avoir pu aller « chez lady Pollock ce mardi, ayant déjà promis de me rendre à une réception sur Audley Square, et n'étant pas en mesure de faire face à ces deux invitations sans chaperon ».

Seul le mariage pouvait faire tomber ces chaînes ; en 1896, alors que la « saison » battait son plein, Mary Talbot, sa camarade d'Oxford, rompit les siennes en épousant le révérend Winfrid Burrows. Elle avait trente-quatre ans, se trouva bientôt enceinte, et paraissait « radieuse », au dire de Gertrude, qui la décrivit en ces termes à Janet Hogarth au cours d'un thé à Londres. David Hogarth, le frère de Janet, était archéologue, et venait de faire paraître *Les Promenades orientales d'un érudit*, son premier ouvrage significatif ; les deux jeunes femmes passèrent un délicieux après-midi à comparer leurs notes sur des amis, des écrits ou des excursions en Orient.

Mary Talbot était l'amie la plus proche de Gertrude. Elles avaient passé des heures sans nombre à se promener dans Londres et s'étaient rendues ensemble en Italie ; à présent,

** L'India Office est le service administratif britannique régissant les affaires indiennes. *(N.d.T.)*

assise dans le train qui l'emmenait dans le Yorkshire, Gertrude s'apprêtait à lui rendre visite à Leeds. Elle assista à l'installation du jeune couple dans la campagne anglaise, non sans se rappeler les projets qu'elle avait échafaudés avec Henry Cadogan. Si l'avenir pouvait encore lui présenter des soupirants, il s'en trouverait peu pour lui offrir une existence aussi différente de celle que Mary s'apprêtait à mener, une vie d'aventures en Orient. Et, malgré tout, elle conservait l'espoir de se marier.

Simplement, aucun parti, dans son entourage, ne lui semblait vraiment désirable. Elle préféra donc s'enfuir avec son père en Italie, et se retrouva à déambuler avec lui dans les ruelles étroites de Padoue. Quand elle pénétra dans le Campo San Marco, les larmes lui vinrent aux yeux. « Une fanfare jouait, confie-t-elle dans son journal, la petite place était pleine de monde et, aussi bête que cela puisse paraître, l'endroit était comme empli par l'esprit d'Henry, et beaucoup trop charmant pour n'être pas triste. »

Quand elle rentra en Angleterre, quelques mois plus tard, elle dut affronter une situation délicate ; naguère, ses plus jeunes sœurs assistaient avec un respect craintif à la cérémonie de son habillage qui précédait le bal, les femmes de chambre affairées autour d'elle, qui agrafant son corset, qui attachant soigneusement chacun de ses jupons, qui enfin ajustant sa robe à taille de guêpe et assouplissant ses longs gants blancs. Mais à présent Elsa et Molly avaient l'âge d'être, à leur tour, invitées à des bals ; Gertrude pouvait les assister dans le choix de leurs tenues, mais ce n'était plus elle que l'on faisait valser les soirs de réception. « Assise sur une banquette, je les ai regardées danser, et j'ai compris très précisément ce que vous avez dû ressentir à Oxford », écrit-elle à Florence. Toutefois, après lui avoir tenu lieu de chaperon lors d'un bal d'Oxford, Florence rentrait chez elle pour y retrouver Hugh ; Gertrude, elle, ne retrouvait qu'une demeure vide.

L'invitation que lui firent Mary et Franck Lascelles, de venir les rejoindre à la résidence de l'ambassade anglaise à Berlin, était une occasion d'échapper à ce triste état de choses, et elle s'empressa d'accepter. Comme l'Europe entière, les Allemands fêtaient le jubilé de diamant de la reine Victoria. Cette souveraine incroyablement populaire était à la fois la grand-mère de l'empereur d'Allemagne Guillaume II et de la tsarine Alexandra de Russie, et se trouvait alliée par mariage aux familles régnantes de Roumanie, du Danemark et de Grèce ; elle incarnait à elle seule l'Angleterre et symbolisait l'Empire britannique ; en 1897, on commémora partout en Europe le soixantième anniversaire de son règne. En Grande-Bretagne, des personnalités affluaient des quatre coins du monde ; rencontres officielles et défilés de troupes se succédaient, tandis que les plus fortunés se rengorgeaient à grand renfort de liqueurs et de cigares, et chacun se félicitait de faire partie du plus grand et du plus riche empire du monde.

Pendant son séjour en Allemagne, Gertrude profita de la suite ininterrompue de bals, de banquets, de concerts et d'opéras qui marqua la célébration du jubilé royal. Mais, en dépit des liens qui rattachaient les deux familles souveraines, on considérait les Anglais avec suspicion. En Afrique du Sud, les deux pays s'affrontaient dans la guerre des Boers ; en Orient, l'Allemagne lorgnait sur les Indes et convoitait les restes de l'Empire ottoman en pleine déliquescence ; en Europe, enfin, l'Angleterre et l'Allemagne étaient rivales dans les échanges commerciaux et le secteur des communications.

Invitée de la cour, Gertrude assistait, en compagnie de son oncle Franck et de sa tante Mary, à une représentation théâtrale, quand elle vit que l'on remettait une liasse de télégrammes à l'empereur. Une conversation animée s'ensuivit entre le monarque et l'ambassadeur britannique ; Gertrude en saisit des bribes sur la bouche impériale : « Crète », « Bulgarie », « Serbie », « mobilisation » ; Guillaume II était convaincu que l'Europe se trouvait au bord de la guerre. Russes, Français et Allemands attendaient tous avec avidité le moment de s'emparer des dépouilles laissées par l'Empire ottoman. Quand éclata la guerre, les Allemands et les Anglais combattirent dans des camps opposés.

Ces rumeurs de guerre firent frissonner Gertrude, mais cette excitation passa bien vite, et le reste de son séjour en Allemagne fut morne. C'est avec joie qu'elle regagna l'Angleterre au début du mois de mars. Quatre mois plus tard, elle apprit avec consternation la mort de Mary Lascelles, sa tante chérie, celle-là même qui l'avait emmenée en Perse, et grâce à qui elle avait rencontré Henry Cadogan. Violemment secouée, Gertrude dut affronter des sentiments contradictoires quand une bonne nouvelle succéda à ce triste événement : sa meilleure amie, Mary Talbot, avait donné naissance à des jumeaux. Puis arriva un mot expliquant que Mary avait succombé aux complications postnatales.

C'était plus qu'elle ne pouvait en supporter : toutes ces morts, avec leur cortège de larmes et de douleur, formaient comme un nuage noir qui s'épaississait dans son cœur. En dehors du jubilé royal, qui jetait son étrange éclat sur sa tristesse, elle n'avait plus beaucoup de raisons de rester en Grande-Bretagne et, quand l'automne arriva, alors que le soleil ne réchauffait plus les rues de Londres et qu'avec la bise revenait sa mélancolie, elle ne résista pas au désir de repartir. Fidèle aux traditions malgré l'adversité, elle se conforma à la formule d'usage, et décida de voyager avec son frère dans un tour du monde organisé par l'agence Thomas Cook. Ils partirent en décembre 1897 pour une croisière qui relevait davantage du voyage d'agrément que de l'expédition aventureuse.

Au départ de Southampton, ils traversèrent l'Atlantique, franchirent le canal de Panama avant de parcourir l'océan Pacifique, et firent escale à Tokyo et Hong-Kong. Sur le chemin du retour, elle décida de s'arrêter quelque temps dans les Alpes françaises, où elle souhaitait faire de l'alpinisme. Le défi physique de l'escalade, l'épreuve d'endurance et de force que cela représentait, la conquête d'un objectif neuf et difficile l'attiraient plus que tout. Son père lui avait souvent déclaré : « Les obstacles ont été faits pour être surmontés », et elle partageait ce *credo*. Après six mois d'absence, elle rejoignit l'Angleterre au début de l'été.

Sa vie était vide et se résumait à une suite de réceptions et de séances d'essayage ; de temps en temps, elle donnait une conférence sur la Perse, qu'elle agrémentait de projections photographiques. Elle fêta ses trente ans chez elle, en famille, sans qu'aucune perspective de mariage ne se dessinât. Elle aurait voulu ensevelir sa souffrance sous un travail accaparant, mais ne parvenait pas à chasser Cadogan de son esprit ; c'est pourquoi, cherchant à le retrouver à travers l'Orient, elle passa pratiquement toute l'année suivante à approfondir ses connaissances en persan et en arabe dans l'espoir de se rendre à Jérusalem, où Friedrich Rosen occupait à présent le poste de consul. Cependant, ses études ne lui prenaient qu'une grande partie de son temps, non la totalité, et elle passait ses heures creuses dans les salons londoniens, où les potins se mêlaient aux conversations sur l'affaire Dreyfus – l'officier français passait alors en cour martiale pour haute trahison.

La vie de Gertrude se confinait au cercle étroit de ses relations mondaines. Elle alla voir Mrs Humphrey Ward à Rome ; puis elle rejoignit son père à Athènes et assista aux fouilles de David Hogarth, qui arrachait à la terre des vases vieux de six mille ans. Elle y fit la rencontre d'un de ses collègues, le séduisant Mr Dorpfield, dont elle but les paroles ; à partir des pots et des tessons qu'il exhumait du sol, il parvenait à ressusciter l'Antiquité. Elle s'écriait que ces reconstitutions « faisaient tournoyer ses méninges », mais sa passion pour l'archéologie était née. Elle revint en Angleterre en passant par Constantinople, Prague et Berlin, où son oncle se trouvait toujours en poste, et où Domnul Chirol, « continuellement joyeux », avait été nommé comme correspondant du *Times* pour l'Allemagne. Résidant depuis cinq ans à Berlin, il critiqua devant Gertrude le gouvernement allemand et son chef plein d'agressivité, le jeune empereur Guillaume II ; de son côté, elle se confia à lui, évoquant sa solitude, et prit bonne note des recommandations prudentes par lesquelles il répondit à son récent enthousiasme pour l'alpinisme.

D'Allemagne, elle gagna la France pour aller escalader la Meije, premier haut sommet auquel elle s'attaquait – il s'élève à 3 983 mètres –, et dont l'ascension se révéla beaucoup plus difficile qu'elle ne l'avait imaginé. En novembre 1899, elle prenait la route de Jérusalem. Elle tenait à saluer le siècle nouveau d'un endroit qui passait pour le berceau de l'humanité et où, malgré l'ombre de Cadogan, sa propre vie allait renaître.

5

Premiers pas dans le désert

Jérusalem ! Pour les chrétiens, c'est la ville où se sont déroulées toutes les étapes du martyre du Christ : là ont eu lieu la crucifixion et la Résurrection, après la Cène et le chemin de Croix. Pour les musulmans, Jérusalem est la voie d'accès à Allah, la troisième cité sainte de l'islam : c'est la ville d'Abraham, c'est là surtout que Mahomet, emporté depuis La Mecque sur son légendaire coursier, fut mystérieusement ravi dans les cieux. Pour les Juifs, enfin, Jérusalem symbolise la patrie ; capitale de l'ancien royaume d'Israël, conquise par le roi David quand il réunit les tribus qui formaient son peuple, elle abrita l'Arche sainte, signe de l'alliance accordée par Dieu. Longtemps on la considéra, à l'instar des cartographes allemands de la Renaissance [1], comme le centre du monde ; aux yeux des Turcs, qui en étaient maîtres à l'époque, la cité constituait une possession enviable.

Gertrude arriva à Jérusalem dans l'idée d'y étudier l'arabe, but qu'elle s'était fixé pour pénétrer dans le monde islamique. Elle était venue en Palestine par bateau, après avoir embarqué à Marseille avec ses malles, son nouveau manteau de fourrure et un appareil photographique ; elle fit d'abord escale à

Athènes, où l'un des amis de David Hogarth l'accompagna à l'Acropole, avant de dîner en sa compagnie à l'hôtel Grande-Bretagne, puis elle s'arrêta à Smyrne, où Domnul Chirol, toujours aussi serviable, avait prié le consul britannique, Mr Cumberbatch, de lui faciliter les formalités aux douanes turques. Elle avait ensuite réservé sa place sur un navire russe qui faisait route vers Beyrouth, et à bord duquel elle était la seule passagère à posséder une cabine. C'est avec stupeur qu'elle y découvrit trois cents moujiks qui campaient sur le pont, les femmes serrées dans leurs manteaux molletonnés, chaussées de grandes bottes et la tête cachée dans leurs fichus, les hommes bottés eux aussi, enroulés dans leurs paletots épais et coiffés de toques d'astrakan. Comme tant d'autres, orthodoxes russes ou grecs, catholiques, épiscopaliens, baptistes, luthériens, sunnites, chiites et juifs, ils se rendaient en pèlerinage à Jérusalem, pour y expier leurs péchés. Gertrude, qui était athée, ne croyait, elle, qu'en sa famille et en l'Empire britannique. Son dogme était l'accomplissement de la juste destinée de l'Angleterre et son *credo*, que ses compatriotes avaient été élus pour gouverner le monde [2]. À trente et un ans, elle cherchait un but à son existence.

Gertrude loua une suite avec véranda à l'hôtel Jérusalem, à deux minutes à pied du quartier où se regroupait la colonie allemande, dont Friedrich Rosen était le consul. Elle projetait de rester là quatre mois. Les Rosen, Nina, Friedrich et leurs deux jeunes fils, l'accueillirent comme un membre de leur famille, et elle faisait tous les jours la navette pour aller prendre ses repas avec eux.

Sitôt arrivée, Gertrude réaménagea sa suite : elle fit retirer de sa chambre la couchette supplémentaire, disposa le salon différemment, en sorte qu'il puisse accueillir une paire de fauteuils, un grand bureau et une table où elle empila des livres ; elle accrocha aux murs une immense carte de la Palestine, et y épingla des photographies de sa famille. Le sol de tommettes était recouvert d'un tapis, un petit poêle à bois se nichait dans un coin du salon et, tout compte fait, ainsi qu'elle l'écrivit aux siens, l'endroit était « confortable ». Il ne lui manquait qu'un cheval, qu'elle ne tarda pas à acquérir, et un professeur, qu'elle engagea presque aussi rapidement.

L'arabe, qui lui avait paru d'abord d'un apprentissage aisé, lui posait à présent de sérieux problèmes. « Je trouve cette langue effroyablement difficile », avoue-t-elle dans ses lettres. Au cours d'un dîner, elle conversait sans peine en français, en italien, en allemand, en persan et même en turc, passant rapidement d'une langue à l'autre, mais l'arabe lui résistait. « Le pire, à mon sens, est un " h " extrêmement aspiré. Je ne parviens à le prononcer qu'en maintenant ma langue avec mon index, mais il est assez délicat de poursuivre une conversation, avec un doigt au fond de la gorge. »

Elle recruta un second professeur et travailla d'arrache-pied : quatre heures le matin, une ou deux heures le soir. Entre deux repas chez les Rosen, elle partait flâner dans la ville, son canotier de paille sur la tête, son corsage de dentelles resserré à la taille, relevant ses jupons avec sa longue robe de coton quand elle enjambait gracieusement les chemins boueux. Jérusalem comptait alors soixante mille habitants, la plupart juifs, dont beaucoup possédaient leur demeure hors des remparts de la vieille ville. Mais Gertrude passait la plus grande partie de son temps à l'intérieur des fortifications élevées par les Turcs au XVe siècle.

En franchissant une des huit portes de la ville, elle se trouvait plongée dans une cité moyenâgeuse où se côtoyaient chrétiens, musulmans et juifs. À la porte de Jaffa, construite en 1527 par Soliman le Magnifique, à qui elle était dédiée, elle emprunta la route pavée tout juste restaurée par l'administration ottomane en l'honneur de la visite de l'empereur Guillaume II à Jérusalem, l'année précédente.

Aux environs de la porte de Sion, elle déambula dans les ruelles du quartier juif et croisa des hommes barbus qui avançaient d'un pas traînant et qui portaient, y compris sous le brûlant soleil estival, de longs pardessus de laine noire et des chapeaux de castor. Les rues, sordides et grossièrement pavées, étaient jonchées de déjections animales et d'ordures, qui pourrissaient dans des citernes ou des décharges en plein air. Deux ans plus tôt, Théodore Herzl, le père du mouvement sioniste, avait visité l'antique mur des Lamentations devant lequel les juifs viennent prier, tandis que les musulmans se rendent à la mosquée située juste en contrebas, et il s'était plaint de « la mendicité effrayante, pitoyable et grouillante qui envahit le site ». Là où il ne voyait que laideur et profanation, Gertrude se livrait à une leçon d'anthropologie : négligeant l'ordure, elle ne s'intéressait qu'aux habitants et à leurs mœurs.

Munie de son Kodak, elle enregistrait tout sur sa pellicule, multipliant les prises de vue, comme ce dimanche où elle partit pour une promenade solitaire, qui la conduisit de l'église du Saint-Sépulcre au mont des Oliviers, la mer Morte et les monts de Moab s'étendant sur sa droite, la ville de Jérusalem sur sa gauche. Athée, elle se tenait à distance des foules ferventes et bigarrées, et observait avec étonnement les diverses factions religieuses se disputer quelques arpents de terre sainte. On avait posté des soldats turcs pour empêcher les chrétiens de se battre entre eux. « Quel réconfort, disait-elle, de retrouver sa sympathique famille de non-croyants ! »

Ce dédain ne l'empêchait pas d'être en proie à une grande excitation ; les paysages, les gens et jusqu'à la lune, tout la transportait : « Quelle lune ! s'exclame-t-elle, je m'aperçois que je n'avais pas réellement vu la lune depuis mon voyage en Perse [3]. »

Pour la première fois peut-être depuis son idylle avec Cadogan, sept ans plus tôt, elle éprouvait un sentiment de satisfaction. Elle se concentrait sur ses études et s'oubliait ainsi dans le travail. « Je suis dans une forme magnifique et si intensément passionnée par l'arabe que rien d'autre ne m'occupe l'esprit. C'est une sorte de doux rêve que de se trouver ici, où je puis enfin apprendre l'arabe. La seule chose que je craigne est de me réveiller un matin en découvrant que rien de tout cela n'était vrai », confie-t-elle aux siens. Elle se passait à présent de dictionnaire pour lire l'histoire d'Aladin, et trouva extrêmement gratifiant de parcourir juste « pour le plaisir » l'édition des *Mille et Une Nuits* que possédait le Dr Rosen.

La nuit, douillettement installée dans sa chambre, ses cigarettes et une tasse remplie d'un épais café turc à proximité, elle travaillait en croquant des pistaches. Au bout de quelques semaines, il lui semblait qu'elle pourrait apprivoiser les difficultés de cette langue dont l'apprentissage l'avait mise à rude épreuve. Les chaudes journées se succédaient, sans que lui manque le sinistre hiver anglais ; à la mi-janvier elle écrivit chez elle : « Ces deux derniers jours, il a fait aussi chaud qu'en juin en Angleterre, et la lumière y était beaucoup plus éclatante. » Le climat du Moyen-Orient lui redonnait des forces, à l'inverse du ciel infiniment gris de Londres et de son air humide qui irritait les nerfs.

Les nouvelles qu'elle reçut de sa famille étaient rien moins que réjouissantes : Maurice s'était porté volontaire pour combattre dans la guerre des Boers, qui opposait Anglais et Afrikaners pour le contrôle des mines d'or et de diamants. Elle s'inquiétait de son départ pour l'Afrique du Sud, dans une armée inexperte et sous-équipée. « Tant qu'il s'agissait des frères des autres, j'ai supporté leur départ dans une parfaite tranquillité d'esprit, note-t-elle, mais lorsqu'il s'agit du mien, je suis rongée par la crainte. »

Elle envisagea brièvement de retourner en Angleterre, mais comprit vite l'inutilité de ce projet et s'en tint à la conviction que plus elle se plongerait dans le travail, mieux elle se porterait. « L'arabe m'est d'un grand secours par ces temps de trouble ! Sans cela, je crois que j'aurais déjà fait mes malles et serais revenue à la maison, ce qui aurait été complètement stupide », confie-t-elle à ses parents, avant de poursuivre : « Une tâche prenante est le meilleur des remèdes. » C'est ainsi que, forte d'un abonnement au *Times* et au *Daily Mail*, munie d'une Bible et de deux douzaines de pellicules qu'on lui expédia de Grande-Bretagne en même temps qu'un feutre gris garni de nœuds de velours noir, elle resta à Jérusalem.

Avec Friedrich Rosen, né et élevé à Jérusalem, elle mit au point une série d'excursions solitaires. Ses récits d'aventures lui avaient mis l'eau à la bouche : pas plus tard que l'année dernière, n'avait-il pas traversé le désert et rencontré Fahad Bey, le chef prestigieux des Anazeh et l'allié des Turcs, qui l'avait invité sous sa tente à prendre un café ? Il avait également visité Babylone et discuté avec le Dr Koldewey, un éminent archéologue allemand ; enfin, il avait résidé à Bagdad, dont il connaissait les cheikhs et les notables les plus importants.

Pour Gertrude, un voyage dans le désert ne représentait pas une épreuve bien différente de celles que constituaient l'alpinisme ou même les études universitaires : c'était un pari d'endurance, qui mettait au défi sa résistance physique, son équilibre personnel, ses capacités linguistiques, sa curiosité comme son ingéniosité et, pour couronner le tout, son courage. Ce fut sa première vraie exploration en solitaire, et un sentiment de liberté l'envahit dès que, montée sur son cheval, elle le lança au galop sur les collines nues balayées par le vent.

Une cuisinière qu'elle avait engagée à Jérusalem et deux muletiers étaient partis en avant, et elle avançait seule sur le chemin poussiéreux qu'on empruntait depuis Jérusalem ; elle y croisa des troupes de mulets chargés de tentes et de matériel et des caravanes de touristes anglais, affrétées par l'agence Thomas Cook. À mi-chemin de Jéricho, sur la route que parcourraient vingt ans plus tard le général Allenby et ses troupes, Tarif, son guide, la rejoignit. Ensemble, ils continuèrent de marcher vers l'est, dans cette vallée désolée, où leurs silhouettes se détachaient comme deux points minuscules contre le cirque immense des montagnes arides et fauves. Épuisés par le trajet, ils montèrent les tentes. Après le bain chaud qu'elle prit dans une baignoire de voyage et le dîner préparé par la cuisinière, elle se coula dans son lit, comblée par cette nouvelle indépendance et protégée des insectes par le flot soyeux de sa moustiquaire.

Le lendemain matin, après le petit déjeuner, elle enfourcha son cheval et, ayant franchi le pont de bois qui enjambait le fleuve, étroit à cette hauteur, elle pénétra dans la vallée du Jourdain. Le paysage changea : les coteaux verdoyants succédaient aux montagnes bistre, et les champs fleuris jetaient des touches vives dans le désert aride. Ce n'étaient que marguerites jaunes, giroflées sauvages pourprées et merveilleusement parfumées, magnifiques plants d'oignons violet foncé, aulx blancs ou mauves, iris bleus, anémones rouges et renoncules écarlates. Elle fut saisie devant ce spectacle splendide, et, dans le compte rendu de l'expédition qu'elle adressa à sa famille, ne put s'empêcher d'évoquer « ces étendues infinies de couleurs variées et exquises ».

Ses domestiques dressèrent le camp sur un plateau, et sa tente fut bientôt entourée d'une cohorte de femmes arabes, poussées là par la curiosité ; vêtues de cotonnades bleues, elles ne portaient pas de voile et leurs visages laissaient voir leurs tatouages indigo. Elles lui vendirent une poule et du lait caillé – qui était en fait un genre de yaourt appelé *laban*. Hanna, la cuisinière, servit le thé ; le soir, après un dîner constitué d'une soupe à base de riz et d'huile d'olive – « excellente ! » – d'une poule au pot et de raisin, Gertrude nota les événements de la journée, commentant avec bonne humeur : « Je n'arrive pas à croire que je parle arabe ! » Mais, plus que la langue encore, c'était le style de vie qui la ravissait.

Il lui fallait une autorisation des autorités turques locales pour continuer son périple et, après quelques marchandages, un fonctionnaire d'âge moyen et de haute stature se présenta à elle. Gertrude l'invita sous sa tente, tout en multipliant les formules de politesse, et lui offrit des cigarettes – « Comme quoi une mauvaise habitude peut avoir des avantages ! » – pendant que la cuisinière s'affairait pour lui confectionner un café bien corsé. Mais la tentative de corruption n'eut que peu d'influence sur le fonctionnaire qui resta campé sur ses positions dès que la question de l'autorisation fut abordée.

Gertrude était résolue, cependant, à attendre que le café et les cigarettes produisent leur effet, et elle orienta la conversation sur d'autres sujets, s'efforçant de parler un arabe châtié et prenant des précautions diplomatiques qui ne lui ressemblaient guère. Soudain, l'homme aperçut son appareil photo et avoua aussitôt que son vœu le plus cher était de se faire photographier avec les soldats de sa garnison ; elle sauta sur l'occasion, lui proposa de prendre le cliché et promit de lui en envoyer des doubles dès qu'elle les aurait développés. Avant son départ, il lui annonça en anglais qu'il avait, lui aussi, un cadeau pour elle : il lui enverrait un soldat pour l'escorter le lendemain. La fierté de Gertrude éclate dans le récit des événements qu'elle fait aux siens : « Je considère comme une véritable prouesse d'avoir mené en arabe cette tractation diplomatique, et je suis sûre que vous en conviendrez avec moi. »

Le matin suivant, son escorte se présenta, montée sur un robuste cheval blanc : c'était un Circassien plein d'entrain, agréable à regarder, roux et couvert de taches de son. Tandis qu'elle faisait route avec lui à travers la steppe, vers les ruines de Machetta, ils croisèrent en chemin des compagnies de cigognes qui se nourrissaient de sauterelles ; puis ils débouchèrent sur un campement de tentes noires appartenant au clan Beni Sakhr, l'une des plus redoutables tribus arabes, la dernière à s'être soumise à l'ordre ottoman. Ils atteignirent enfin Machetta, ce palais persan dont la construction est restée inachevée, et dont la beauté, selon ses propres termes, est « absolument au-delà des mots [...] quelque chose dont on se souvient toute la vie ».

Mais une ombre vint ternir ce tableau. Alors que Gertrude et son escorte turque s'apprêtaient à faire demi-tour, trois guerriers Beni Sakhr arrivèrent au galop dans leur direction, « armés jusqu'aux dents, l'air courroucé et menaçant ». Terrorisée, elle se résigna à attendre la suite des événements. La chance était de son côté : en apercevant le Circassien, les Arabes changèrent aussitôt d'attitude et, arrivés à leur hauteur, ils les saluèrent avant de poursuivre leur route. Sans la présence du soldat, elle en était certaine, la confrontation aurait fini d'une tout autre façon ; ce dernier renversa la tête et partit d'un grand rire. « C'était le cheikh Faïz, expliqua-t-il ensuite d'un air narquois, le fils de Talal », chef du clan Beni Sakhr. « Des moutons, par Allah ! Ce sont de vrais moutons devant nous. »

Le soir suivant, ils dressèrent le camp dans une vallée riante ; Gertrude se baigna dans la rivière et observa les hommes qui pêchaient au moyen d'un bassin couvert d'une pièce de tissu et qu'ils remplissaient de pain après l'avoir lesté de lourdes pierres. Les poissons, affamés, passaient à travers les mailles pour s'emparer de l'appât et se retrouvaient pris au piège.

Elle souhaitait vivement visiter les ruines de Pétra, l'ancienne capitale des Nabatéens, et, avec l'aval des autorités turques, elle se mit en route. Après deux jours de voyage, elle atteignit Bab al Sik, étroit défilé fangeux de près de neuf cents mètres de long et de moins de trois mètres de large, qui constituait le seul accès de Pétra. En étendant les bras, elle pouvait presque toucher les murailles de grès rouge, dont les sommets se profilaient au-dessus d'elle, et qui dessinaient des arches à plus de trois cents mètres de haut. Elle suivait son chemin dans ce corridor étroit, quand, brusquement, un spectacle grandiose l'obligea à s'arrêter. En face d'elle se dressait un temple imposant, taillé dans la masse du roc rose. Des colonnes corinthiennes s'élevaient « vers le ciel, jusqu'au sommet même de la falaise, selon des proportions parfaites ; les scènes et les personnages qui y étaient sculptés semblaient sortir à l'instant du ciseau du tailleur de pierre. Et l'ensemble était travaillé dans cette roche rougeâtre, que le soleil venait juste d'effleurer, lui donnant un éclat translucide ». Dissimulée au cœur d'un massif rocheux, cette ville qui se trouvait autrefois à la jonction des réseaux commerciaux du désert n'était plus aujourd'hui qu'une nécropole de sept cent cinquante tombes. Elle campa, cette nuit-là, parmi des sarcophages décorés sur trois registres, et s'endormit avec l'impression d'être entrée dans une cité magique.

Quand elle revint à Jérusalem, après ces jours entiers passés au soleil, sa peau habituellement pâle s'était couverte d'un hâle brun.

Elle ne tarda pas à reprendre la route, en compagnie des Rosen cette fois, poussant jusqu'au nord de la Palestine par de minuscules villages de montagne. Le soleil était écrasant, et le manteau qu'elle portait lui servait avant tout à se protéger de la chaleur ; elle s'était également munie de son grand feutre gris à rubans, sur lequel elle avait enroulé un *keffieh,* longue écharpe de coton dont les Bédouins se couvrent la tête ; un voile bleu tombait sur son visage, ne découvrant que la fente de ses yeux. Les vastes distances parcourues en amazone la laissèrent percluse de courbatures, mais Friedrich Rosen vint à sa rescousse en lui apprenant à monter à califourchon. « J'en ai fini avec ces selles d'amazone qui m'ont fait souffrir pendant les longs voyages, annonça-t-elle à ses parents, c'est la première fois que je me sens parfaitement à l'aise sur un cheval. » Cette nouvelle selle lui procura un autre avantage : « Tant que je ne parle pas, les gens me prennent pour un homme, et ils s'adressent à moi en me nommant *Effendim* ! » Elle s'empressa cependant d'apaiser les inquiétudes de sa mère, toujours soucieuse d'élégance : « N'allez pas m'imaginer, toutefois, sans l'une de ces jupes-culottes si élégantes et convenables, mais tous les hommes ici en portent de plus ou moins semblables, et cela ne me distingue en rien. »

Avec ses allures de Bédouin sur sa selle d'homme, Gertrude se sépara des Rosen à environ deux cents kilomètres au nord-est de Jérusalem. Elle laissait derrière elle les sables du désert, pour traverser les roches volcaniques et désolées de la région d'Haouran et se diriger vers les montagnes druzes. Elle se trouvait là dans un territoire non répertorié sur les cartes, que seule une poignée d'Occidentaux avait parcouru dans le passé, et qui n'avait quasiment jamais été foulé par une Européenne. Cette région, qui mordait sur la Galilée, le Liban et le sud de la Syrie, était peuplée de soldats farouches et réputée difficile d'accès.

Les Druzes constituaient une secte musulmane secrète, mêlant les enseignements du bouddhisme, du judaïsme, du christianisme et de l'islam ; combinant la résistance de la vertu romaine et les principes de la philosophie grecque aux aléas de la vie paysanne, ils étaient tenus pour belliqueux et agressifs. Pendant deux cents ans, ils avaient combattu le pouvoir ottoman en place, et quatre ans avant que Gertrude ne leur rende visite, ils avaient infligé aux Turcs une cuisante défaite : mille quatre cents de ces derniers y avaient laissé leur vie contre seulement cinq cents morts chez les Druzes ; c'est pourquoi les Turcs se montraient extrêmement méfiants vis-à-vis de quiconque manifestait le désir de s'aventurer dans ce territoire et s'efforçaient par tous les moyens d'empêcher de telles expéditions.

Gertrude ne craignait ni les Turcs ni les Druzes. En fait, le caractère aventureux de l'expédition la tentait, et elle écrivit aux siens, sous le sceau du secret, qu'elle pensait avoir de bonnes chances d'atteindre les montagnes druzes : « Je ferai une demande très insistante et, sauf à être arrêtée par les autorités, il me semble que j'y parviendrai. Tout le monde, tant à Jérusalem qu'à Jéricho, me répète que la chose est impossible, mais qui vivra verra. Je vais parlementer autant que possible avec l'administration. » Ce jeu du chat et de la souris avec les Turcs ne faisait que commencer.

Située sur le plateau d'Haouran, la ville de Bosra servait aux Turcs de capitale administrative et de poste d'observation pour surveiller les Druzes. « Je suis dans les intrigues jusqu'au cou ! » annonça Gertrude dans les heures qui suivirent son arrivée à Bosra, mais elle avait déjà mis au point sa stratégie : « Il faut toujours rester sur ses gardes avec les Orientaux, explique-t-elle, ils ne disent jamais non sur le moment ; il faut en permanence savoir lire entre les lignes [4]. » Elle se présenta dans la cour du *moudir*, le gouverneur arabe de Bosra, et, tout en prenant le café avec lui, elle commença à négocier son voyage en arabe.

« Où allez-vous ? lui demanda-t-il.

– À Damas.

– C'est l'œuvre même de Dieu ! Prenez la route de l'ouest : c'est une bonne route et vous y verrez beaucoup de choses qui vous séduiront, lui dit-il alors d'un air qui se voulait suggestif.

– Plaise à Dieu que je les voie ! répliqua-t-elle aussitôt, mais je souhaite d'abord passer par Salkhad. »

Cette ville se trouvait à l'est, au cœur du pays druze, là où, précisément, les Turcs voulaient l'empêcher d'aller.

« Salkhad ! Mais il n'y a absolument rien à voir par là, et la route est très dangereuse. C'est impossible.

– Il le faut bien.

– Je viens de recevoir un télégramme de Damas, lui affirma-t-il, on me prie de vous dire que le Moutassarif craint pour votre sécurité. »

C'était un mensonge, et Gertrude ne fut pas dupe.

« Les femmes de mon pays n'ont jamais peur, prétendit-elle à son tour, et je souhaite pouvoir visiter les ruines. »

La conversation se poursuivit jusqu'à ce que, finalement, elle lui apprenne qu'elle passerait la journée à Bosra.

« J'ai été honoré de vous voir ! lui dit-il en partant.

– C'est moi qui suis votre obligée ! » répondit-elle poliment, avant de prendre congé pour aller visiter les ruines romaines avoisinantes.

Le défi contenu dans ces tractations la mettait en joie. « C'est incroyablement amusant, mes domestiques se prennent complètement au jeu ; tout se passerait bien si seulement j'arrivais à me mettre en communication avec les Druzes. » Faute de quoi, elle prendrait la route très tôt le lendemain matin et partirait avec perte et fracas ; une fois à l'intérieur du territoire qu'elle souhaitait rejoindre, les Turcs, que les Druzes effrayaient tant, auraient bien du mal à la rattraper. Avec ses hommes, elle avait l'impression de fomenter une conspiration.

Quand le *moudir* revint à sa tente, elle feignit de dormir et, du fond de son lit, écouta le dialogue qui se déroula entre sa servante et lui.

« Madame est réveillée depuis le lever du soleil, affirma sa petite alliée, elle a passé la journée à marcher et à se promener à cheval et, à l'heure qu'il est, elle dort.

– Va-t-elle reprendre la route demain ? lui demanda le *moudir*.

– Je ne saurais dire, *Effendim.* »

– Dis-lui qu'elle doit m'avertir avant d'aller où que ce soit, lui ordonna le fonctionnaire.

– Comme il vous plaira, *Effendim.*

Elle attendit deux heures du matin, se leva et se vêtit à la hâte, frissonnant dans la nuit froide. Ses cinq domestiques démontèrent les tentes sous la lumière des étoiles et tous quittèrent furtivement la ville, y compris un des hommes qui tremblait de peur tant à cause des Turcs que des Druzes. L'« évasion » fut un succès : « Je leur ai glissé entre les doigts », affirmera-t-elle plus tard, non sans triomphe.

Au cœur du massif montagneux que l'on nomme le djebel Druze, elle franchit l'un après l'autre une série de petits villages, provoquant l'émoi des hommes en djellabas noires, enturbannés de blanc, qu'il lui arrivait de dépasser en chemin. Elle s'arrêta à Miyemir pour y faire boire son cheval. Les femmes, voilées et vêtues de longues robes bleues ou rouges, remplissaient leurs jarres de terre cuite en les plongeant dans l'eau du puits. Gertrude descendit de cheval, et un jeune homme d'environ dix-neuf ans s'approcha d'elle. Comme tous ses compatriotes druzes, hommes ou femmes, ses yeux immenses étaient soulignés d'un trait de khôl foncé. Le bel adolescent lui prit la main et, à sa plus grande surprise, l'embrassa sur les deux joues. Désireux d'examiner l'étrangère de plus près, d'autres hommes les rejoignirent et lui serrèrent la main à leur tour.

Elle engagea l'adolescent comme guide et poursuivit son chemin dans les montagnes, longeant des ruines, chevauchant des prairies, des vignobles et des champs de blé, et saluant de temps à autre les paysans coiffés du turban blanc, qui lui rendaient son salut ; parfois, elle était secouée d'un petit rire en songeant à la colère des Turcs. À Areh, ils reçurent un accueil chaleureux des villageois ; suivant la coutume druze, elle se promena avec eux en les tenant par le petit doigt jusqu'à ce qu'ils arrivent à une nouvelle maison. À peine avait-elle franchi le seuil qu'on lui demandait d'un air suspicieux : « Es-tu allemande ? » À quoi elle répliquait : « Je suis anglaise », ce qui provoquait pratiquement des embrassades. Les Druzes éprouvaient presque autant de méfiance pour les Allemands que pour les Turcs, car ils craignaient qu'eux aussi ne convoitent leurs terres. Les Anglais jouissaient d'une meilleure réputation ; on savait qu'en Égypte, tout en administrant le pays, ils avaient maintenu les autorités arabes à leur poste.

Grâce à l'hospitalité de ses habitants elle se sentit bientôt chez elle à Areh. L'un empilait des coussins pour qu'elle puisse s'asseoir, un autre apportait un tabouret pour qu'elle y repose ses pieds, un autre encore lui remplissait un broc d'eau fraîche pour qu'elle se lave les mains. Les femmes étaient trop intimidées pour se dévoiler devant elle ou même pour lui adresser la parole, mais elle buvait le café avec les hommes, qu'elle régalait de ses histoires d'escapade au nez et à la barbe des Turcs. Ils l'interrogèrent sur la guerre des Boers, faisant preuve d'une connaissance réelle des villes et des généraux, et ils l'écoutèrent avec compassion lorsqu'elle évoqua son frère Maurice. Lui serait-il possible de rencontrer le cheikh ? finit-elle par demander ; elle en avait entendu parler par le guide de Murray et désirait le voir. « Le cheikh ! » s'écrièrent-ils d'une seule voix et l'un d'eux reprit : « Yayha Bey est à la tête de tous les Druzes du pays ; il faut absolument que vous le rencontriez. »

On venait tout juste de le libérer après cinq années d'emprisonnement, et ils l'avertirent qu'il fallait le traiter avec le plus grand respect.

Elle les suivit jusqu'au sommet d'une petite colline où le cheikh résidait dans une maison s'ouvrant sur une véranda. C'est dans le salon de réception, entièrement tapissé, qu'il la reçut. Il lui sembla « le type parfait du grand seigneur, un homme imposant, de grande stature, très beau, et doté des manières les plus exquises. [...] C'est un souverain, voyez-vous, et de surcroît un excellent souverain, même si son royaume n'est pas des plus étendus ».

Elle se tenait devant lui avec une assurance royale, ses cheveux formant autour de sa tête une couronne flamboyante, ses yeux bleus étincelant comme deux joyaux. Il la pria de se joindre à ses invités, six à huit hommes qui étaient en train de partager son repas ; elle rabattit sa jupe pour s'asseoir en tailleur et se servit de fines tranches de pain, qu'elle trempa dans le fameux *laban* ou qu'elle couvrit du mélange de fèves et de viande qui était présenté sur le plat le plus grand ; puis elle se mit à parler sans s'arrêter. Une fois de plus, elle racontait ses mésaventures, dans l'espoir que le cheikh l'autoriserait à voyager dans le djebel Druze à sa guise. Elle le photographia et, lorsqu'elle prit congé de lui, elle avait obtenu sa promesse ainsi que la garantie d'une escorte. Des semaines après son départ, on raconte que le cheikh aurait demandé à un visiteur : « As-tu croisé une reine en voyage ? »

Le 11 mai 1900, elle avait quitté la région et gagné Damas, la capitale du désert. Dans l'un de ses moments de réflexion, elle y écrivit : « Il me paraît parfois fort étrange de me retrouver seule dans le vaste monde ; à présent que j'en prends l'habitude, la chose me paraît cependant aller le plus souvent de soi. Je ne crois pas qu'il m'arrive de souffrir de la solitude, bien qu'une personne me manque cruellement, Papa. Je pense qu'il prendrait un grand plaisir à partager cette existence avec moi, et j'espère toujours pouvoir comparer mes notes sur ce pays avec les siennes. » Ses sentiments à l'égard de sa mère étaient quelque peu différents : « J'aimerais beaucoup vous parler, mais pas sous une tente grouillante de perce-oreilles et de cafards, et sans autre boisson à vous offrir qu'une eau boueuse ! Je ne pense pas que vous pourriez réellement être vous-même dans de telles conditions. »

Pourvue de l'autorisation parentale et d'un mandat qui renflouait ses finances – le traitement annuel qui lui était alloué s'était épuisé en même temps que les revenus qu'elle tirait de ses livres –, elle poursuivit son périple, acheta une veste d'homme kaki garnie de multiples poches et engagea trois soldats kurdes, ainsi qu'un cuisinier et un guide. Lorsqu'ils rejoignirent la ville de Jarad, elle se rendit à la demeure du cheikh Ahmed. « Allongée sur ses coussins, je mangeais des mûres blanches en buvant du café », se souvient-elle avec plaisir. Mais elle refusa catégoriquement le narghilé pour en avoir déjà tâté à Jérusalem. « Plus jamais, avait-elle déclaré, c'est trop répugnant. »

La nuit suivante, les plaines verdoyantes avaient fait place à des milliers de kilomètres de sable. C'était la première fois qu'elle dormait dans le désert silencieux et infini. « Les sables, à la fois réguliers et fermes, constituent un sol rêvé pour ma tente, écrit-elle. Quant à ce qui m'a fait la plus grande impression, c'est le silence. Il ressemble au silence des sommets montagneux, mais en plus intense, car, dans le silence des hauteurs, on perçoit encore le sifflement du vent et, plus assourdis, le bruit de l'eau, les craquements de la glace et le roulis des pierres, qui forment encore une sorte d'écho sonore que vous connaissez bien, Père. Mais ici, rien de tel. »

L'air était brûlant pendant la journée, et elle décida les deux jours suivants de voyager de nuit avec ses cinq hommes de main : c'étaient douze heures de trajet chaque nuit, sans eau ni pour eux ni pour les chevaux. Leur progression dans l'étendue infinie des sables fut longue et ennuyeuse ; elle faillit s'endormir sur sa selle, mais ses hommes la maintinrent éveillée en lui racontant d'effroyables histoires de raids bédouins et les bruits qui couraient sur le cruel et inexorable émir du désert, Ibn Rachid. Leurs récits aiguisaient son désir d'aller dans le Nedjd, ce désert terrifiant et absolument vide dont elle avait appris l'existence en lisant *Arabia Deserta,* travail fondateur du voyageur Charles Doughty qui y décrivait sa vie avec les Bédouins.

Quand ils s'arrêtèrent, la troisième nuit, et qu'elle put enfin dormir, elle grimpa dans une poche de mousseline qu'elle s'était fait confectionner pour se défendre des morsures d'animaux et des piqûres des puces de sable. « Je suis très fière de cette invention, confie-t-elle, mais si nous subissons un *ghazu,* un raid des Arabes, je serai sans nul doute la dernière à m'enfuir, et j'aurai l'air de faire une course en sac. »

Après une nouvelle journée de chevauchée, ils trouvèrent une source. Elle en but l'eau fraîche et claire, fermant les yeux pour ne pas voir les herbes ni les bestioles qui flottaient à la surface. Pour le déjeuner, son cuisinier prépara des beignets frits et une perdrix rôtie, qu'il avait capturée ; après le thé, elle monta s'allonger dans une grotte et s'endormit sur les chardons qui poussaient sur le sol. Quelques heures plus tard, ils reprenaient la route et, au crépuscule, l'air était devenu d'un froid vif et piquant. Au camp, pour se tenir chaud, elle enfila des guêtres et une seconde paire de *knickers* ; jetant un pardessus épais sur son gros manteau d'hiver, elle s'enroula ensuite dans une couverture doublée de sa cape, puis alla dormir.

Le lendemain, elle arriva aux ruines romaines de Palmyre, un « spectacle étonnant [...], une masse de colonnes, ordonnées en longues avenues, formant des temples, brisées sur le sol, ou dressées comme un index pointé vers le ciel. Derrière s'élève l'immense temple de Baal, dans l'enceinte duquel s'est construite la ville moderne, et dont les rangées de colonnes émergent d'entre la masse des toits en terre battue. Et, au-delà, le désert : du sable et des traînées blanches de sel, puis du sable encore, des nuages de poussière tourbillonnants dans l'air, et l'Euphrate à cinq jours de marche ».

Elle passa deux jours pleins à visiter Palmyre, puis, de bon matin, reprit la route pour retourner à Damas. En quittant l'antique cité, elle traversa un camp d'Arabes Agail, Bédouins sombres de peau et hirsutes, qui menaient une caravane de chameaux jusqu'à la capitale florissante. Le cheikh Muhammad était à leur tête ; ils arrivaient du Nedjd, ce désert redoutable qui se trouvait au centre de la péninsule Arabique. Loin d'être effrayée par ces Bédouins crasseux, elle décida de prendre un second petit déjeuner avec eux. Ils lui offrirent des dattes et du lait de chamelle avec leur fameux café noir et amer, breuvage qu'elle jugeait « sans pareil », et, avec deux d'entre eux, elle mena une discussion animée sur Bagdad et le désert. « Le plus intéressant, confie-t-elle, c'est que les Agail sont les vassaux d'Ibn Rachid ; je vais m'arranger avec le cheikh Muhammad pour me rendre l'an prochain dans le Nedjd. » Mais ce voyage projeté en 1900 n'aurait lieu que quatorze ans plus tard.

« Dieu est grand, que sa volonté soit faite ! » avait dit le cheikh des Agail : lui et ses hommes souhaitaient voyager avec elle ; la protection des soldats qu'elle avait engagés leur serait utile. Elle accepta la proposition et, accoutrée comme un homme, son manteau kaki battant sur ses épaules, son visage brûlé par le soleil et à moitié caché derrière son *keffieh*, elle se mit en chemin, entourée de ces Bédouins à l'aspect impressionnant. Sur la route de Damas, elle rattrapa deux touristes anglaises, impeccablement vêtues et fort bien organisées, qui se déplaçaient à travers le désert depuis Jérusalem ; un interprète se tenait à l'avant de l'attelage et leur servait de guide, un groupe de mules suivait, portant leurs tentes. Elle fut heureuse de les rencontrer : « Elles m'ont beaucoup plu, et il est toujours agréable de faire des rencontres dans le désert ; mais j'ai eu le sentiment que ma réputation en prenait un coup, au milieu de ces Agail montés sur leurs dromadaires, sans interprète et, à vrai dire, sans rien du tout. » Ces dames lui offrirent des biscuits au gingembre, ce dont elle leur sut un gré infini, et envisagèrent de la retrouver à Damas. Mais Gertrude désirait fort peu revoir ses blondes compatriotes devant une tasse de thé et une assiette de petits fours ; elle préférait, de loin, le café amer et la compagnie des Arabes, dont le monde lui semblait, à présent, plus naturel : ne l'avaient-ils pas surnommée « la fille du désert » ?

Le jour suivant, un groupe important de la tribu des Hassinah dressa son camp près du sien, et leur cheikh Muhammad, âgé d'une vingtaine d'années, se présenta devant sa tente. Elle le décrit comme un garçon « séduisant, aux lèvres un peu épaisses et cérémonieux » ; ses cheveux tressés dépassaient de son *keffieh*, et il tenait à la main une énorme épée au fourreau d'argent. Il la salua, puis se retira. Le cheikh Muhammad n'était pas homme à supporter la raillerie : il possédait des centaines de tentes, des troupeaux innombrables de chevaux et de chameaux, et une maison à Damas.

À son tour, Gertrude lui rendit une visite de politesse en se présentant devant sa tente. Les Hassinah s'assirent en cercle autour d'elle pendant qu'elle buvait son café ; sales et pratiquement nus, leurs yeux à moitié cachés par leur *keffieh*, ils la dévisageaient fixement. Un feu alimenté par la fiente des chameaux brûlait lentement dans un coin, et l'un des hommes se saisit d'un instrument monocorde dont il joua à l'aide d'un archet, tout en chantant des mélopées « étranges » et mélancoliques.

Quand elle se leva pour partir, au bout d'un long moment, un de ses soldats la retint. Les Hassinah avaient égorgé un mouton en son honneur et le préparaient pour le dîner. Les coutumes du désert exigeaient qu'elle partageât leur repas, privilège insigne en échange duquel il lui reviendrait de leur faire un présent. Elle avait déjà remarqué que « les seules choses que l'on puisse donner à un Arabe sont des armes ou des chevaux ». C'est pourquoi, de retour dans sa tente, elle décida d'offrir au cheikh le pistolet d'un de ses hommes – « qui valait vingt francs en tout et pour tout ».

Plus tard dans la nuit, elle retourna chez les Hassinah. Cette fois-ci, en sus du café noir, ils lui proposèrent leur « café blanc », de l'eau chaude, parfumée et sucrée aux amandes. Elle parla de Bagdad avec un Agail et du mystérieux Ibn Rachid, maître tout-puissant du désert qu'elle brûlait de rencontrer. Un esclave noir arriva avec une cruche remplie d'eau et, comme tous avaient tendu leurs mains, il la renversa sur leurs doigts. C'est alors seulement que commença le dîner : cinq hommes apportèrent un énorme plateau couvert d'une montagne de riz et d'un mouton entier. Ils le posèrent sur le sol, devant Gertrude ; dix hommes s'installèrent avec elle autour du plat, et tous se servirent, s'aidant pour manger du pain azyme et utilisant exclusivement leur main droite. Derrière eux se tenait l'esclave noir qui remplissait d'eau les verres, dès que l'un des convives en manifestait le désir. La seule déception de Gertrude fut de voir les hommes manger si peu ; elle avait encore faim quand ils cessèrent de se servir. De nouveau ils se lavèrent les mains, avec du savon cette fois, après quoi elle fit ses politesses et rentra se coucher. « Un dîner plutôt cher, souligna-t-elle sèchement, mais l'expérience valait bien un pistolet. »

Ses aventures à Jérusalem et dans les pays voisins touchaient à leur fin. Avant de rentrer en Angleterre, elle alla ramasser quelques pommes de pin sous les fameux cèdres libanais. « Arriverons-nous à les faire pousser à Rounton ? » se demandait-elle dans une lettre adressée à Hugh. Elle désirait s'accorder un peu de répit en Europe. « Mais, voyez-vous, cher Père, poursuivait-elle, je retournerai là-bas sous peu ! On n'échappe plus à l'Orient une fois qu'on y a pénétré aussi loin. » En juin, elle plantait les graines de cèdre sur la pelouse de Rounton.

6

Un nouveau défi

Dans le Yorkshire, au cours de l'été 1900, et pendant la plus grande partie des douze mois qui suivirent, Gertrude partagea son temps entre ses sœurs, Elsa et Molly, ses frères, Hugo et Maurice, et les soins donnés à son père qui souffrait de rhumatismes. De temps à autre, elle prenait le train pour Londres, y déjeunait, faisait des emplettes avec l'une de ses nombreuses amies et dînait, quand l'occasion se présentait, avec Domnul Chirol. Il venait d'être promu directeur de la section internationale du *Times* et, toujours dévoué à Gertrude, il lui prêtait une oreille attentive. Cette disponibilité, cette vraie sympathie, alliées à un esprit caustique et une jovialité constante, faisaient de lui son ami le plus cher. Il partageait avec elle la passion des langues étrangères, de la littérature et des arts, comprenait les difficultés de sa solitude, étant lui-même fort seul, et portait haut l'amitié qui les liait. Il lui expliquait les enjeux politiques, lui fournissait des introductions auprès de gens importants et l'encourageait à voyager ; à son retour de voyage, elle lui apportait les notes qu'elle avait prises au cours de ses déplacements. Ces informations étaient utiles à Chirol pour rédiger ses éditoriaux et pour ses activités de renseignement. Où qu'elle se rendît, en Europe ou en Orient, ses rapports étaient d'une précision minutieuse. Son souci du détail était tel que, dans ses journaux intimes ou dans sa correspondance, il était rare qu'un simple plat, une fleur, une situation inédite ou une rencontre quelconque échappe à son esprit d'observation.

Cependant, en dehors de ses confidences à Domnul, elle préférait éviter de parler d'elle-même, de la tournure que prenait sa vie ou de la solitude qui lui pesait. Les principes victoriens dans lesquels elle avait grandi lui imposaient de ne pas s'attarder sur sa tristesse, mais au contraire de la chasser en multipliant les activités. C'est pourquoi, elle se consacrait à des lectures historiques et littéraires, écrivait des lettres, des articles et des livres, étudiait des langues étrangères, se cultivait en art, en architecture et en archéologie, pratiquait le tennis et le golf, nageait, montait à cheval, jouait au bridge et s'adonnait à la photographie, à laquelle elle s'était remise depuis peu. Elle avait pris l'habitude de remplir chaque moment libre après la disparition de Cadogan, et s'y était tenue, courant d'un travail à l'autre, comblant les plus petits interstices de temps en consignant par écrit chaque événement, se privant délibérément du temps nécessaire à l'introspection et à l'analyse de soi.

Le désert l'avait fascinée, mais les montagnes, dont l'existence même était un appel, l'attiraient profondément. À trente et un ans, en 1899, elle avait fait l'ascension du grand pic de la Meije ; l'été suivant, à son retour de Jérusalem et de Damas, elle partit pour les Alpes suisses et Chamonix, escalader des sommets encore jamais atteints. À peine arrivée à son hôtel en Suisse, au début du mois d'août 1900, Gertrude prit possession de sa chambre, ouvrit sa valise et écrivit aussitôt à son père : « Je ne connais pas de sensation plus agréable que d'entamer les préparatifs d'une expédition en montagne : rencontrer son guide, discuter des ascensions qui semblent si faciles sur la carte, et sortir ses affaires de montagne encore impeccables. »

Après quelques jours d'entraînement, elle se rendit jusqu'à Chamonix, puis atteignit la Mer de Glace. Dans la lettre qu'elle envoya chez elle, elle expliquait que ce site était constitué d'une énorme masse de glace brisée, qui continuait encore à se fendre et à se craqueler. Plus les conditions étaient difficiles, plus l'excursion lui plaisait ; une semaine après son arrivée, elle télégraphia chez elle : « Grépont franchi », et, huit jours plus tard : « Dru franchi ». Mais le temps tourna et elle dut remettre à un prochain voyage les sommets les plus difficiles.

Elle revint en Suisse en août 1901, après une escale à Londres où elle dîna en compagnie de Domnul, qui se montra fort inquiet devant ses projets périlleux d'escalades. Elle passa outre et arriva à son hôtel dans les Alpes ; de la fenêtre de sa chambre, elle voyait « la grande masse rocheuse de l'Engelhorn, les cimes enneigées du Wetterhorn, du Mittelhorn et du Rosenhorn, et, au loin, le mont Pilate et le Jur effleurés par les rayons du soleil. Des armées fantômes de lueurs brouillées qui avancent sur le plancher des nuages ».

À quatre heures du matin, le lendemain, vêtue d'une combinaison bleue d'alpiniste, Gertrude se mit en route avec ses guides, Ulrich et Heinrich, deux frères réputés pour leurs compétences et leur connaissance des hautes montagnes. Ils s'encordèrent, puis tous trois commencèrent la montée, se frayant un chemin au travers des rochers, escaladant de temps à autre des parois si lisses qu'elles n'offraient aucune prise stable, ce qui constituait là un excellent entraînement pour les sommets escarpés de l'Engelhorn.

Après plusieurs jours de neige, ils se lancèrent dans l'ascension de la face sud du cinquième pic de l'Engelhorn, pour rejoindre un sommet où personne n'avait encore jamais posé le pied. « Il se peut que cela soit impossible, confia Gertrude à ses parents, on le dit, mais tout le monde sait que même les experts se trompent. » Accompagnée de ses guides, elle progressa sur un contrefort aisément praticable, et l'Engelhorn se découvrit en pleine lumière ; il paraissait « des plus décourageants ». Constitué de rocs lisses et abrupts au tiers de sa base, il se prolongeait par une paroi escarpée et une gorge glaciaire profonde qui « se révéla aussi difficile qu'elle le laissait supposer ». Ils grimpèrent sur les rocs lisses et vertigineusement entassés, franchirent à quatre pattes une crevasse peu profonde et s'arrêtèrent en haut d'un rocher en surplomb, malaisé tant il offrait peu de prises et se trouvait à découvert.

Le moment était venu pour Gertrude de mettre son audace à l'épreuve. Ulrich tenta de progresser juché sur les épaules de Heinrich, mais ne trouva aucun point d'appui. Voilà le récit qu'elle donna sur ce qui suivit : « Je suis montée à mon tour sur ses épaules, avec Ulrich debout sur les miennes ; il tâtait le rocher en s'efforçant d'atteindre le point le plus haut. Cela ne suffisait toujours pas. Je tâchai de me grandir encore un peu – toujours avec Ulrich sur les épaules, notez-le bien ! – et il se mit à se hisser lui-même avec les mains. Au moment où son pied quitta mon épaule, je levai la main, affermis mon bras, constituant ainsi une sorte de corniche sur laquelle il pouvait avancer. »

Chancelant sur le bras de Gertrude, Ulrich s'écria : « Je ne me sens pas stable ; si vous bougez, nous sommes tous morts. » « Ne vous en faites pas, le rassura-t-elle, je pourrais tenir une semaine comme ça ! » Fort de cette assurance, il monta sur son épaule et utilisa sa main tendue comme appui.

Heinrich resta à l'arrière, mais Gertrude et Ulrich poursuivirent l'ascension, luttant pour arriver au sommet. Il était sept heures du soir quand ils retrouvèrent Heinrich au pied du pic. Après cette randonnée de quinze heures, les trois alpinistes passèrent la nuit en haute altitude et dormirent dans la grange d'une ferme. Ils déjeunèrent le lendemain matin du lait qu'un berger leur proposa et de café, le tout accompagné du pain et du jambon qu'ils avaient emportés. L'expédition s'acheva par une agréable promenade qui les reconduisit chez eux à travers bois.

Ulrich avoua plus tard que, si Gertrude lui avait fait une autre réponse, il serait tombé, entraînant ses deux compagnons dans une chute mortelle. À dire vrai, comme Gertrude le reconnut elle-même, elle n'était pas franchement à son aise sur son rocher. Son apparente tranquillité n'avait été qu'un moyen de dissimuler sa propre peur et, de son propre aveu, elle avait eu « l'impression de tomber au moment précis de parler ». Mais, malgré les risques encourus, elle se sentait satisfaite, et n'hésita pas à écrire : « Je ne crois pas avoir jamais passé deux journées plus agréables dans les Alpes. »

En l'espace de deux semaines, ils s'attaquèrent à deux sommets qu'elle connaissait déjà, sept qu'elle ne connaissait pas encore, une chaîne de cols entre deux montagnes, et ils traversèrent le massif de l'Engelhorn. Encouragée par ces succès, elle informa son père qu'elle espérait escalader un autre pic situé dans ce massif ainsi que l'une de ces arêtes aiguës qui hérissent la montagne. « J'aimerais tant attacher mon nom à l'une d'elles ! Je sais bien que c'est une ambition ridicule, mais l'on aime toujours jouir de la gloire que l'on pense mériter. » Quelques semaines plus tard, à la mi-septembre, elle dut se résoudre à rentrer ; elle rassembla tristement ses affaires, mais, au moment de partir, elle eut le plaisir d'apprendre qu'elle laissait derrière elle un sommet déjà baptisé « Pic Gertrude ».

L'Orient lui refit signe au début de l'année 1902. De Liverpool, elle s'embarqua avec son père et son frère Hugo, et s'arrêta pour une première escale à Alger. Elle y écrivit dans son journal : « Même là, il y a assez d'Orient pour qu'on puisse en goûter la saveur. Cela me touche au cœur plus que tout, personnes ou choses, présentes ou futures. » À Naples, elle se sépara de sa famille et poursuivit son voyage sur Malte, où elle participa à des fouilles archéologiques.

Elle s'enfonça ensuite dans les archipels turcs, qui lui inspirèrent ce commentaire résolu : « Un jour, je reviendrai ici et y voyagerai avec des tentes ; il faudra que je parle le turc, ce qui ne devrait pas poser trop de difficultés. » Un déjeuner au consulat britannique lui apprit cependant une nouvelle des plus étranges : le jour de son arrivée à Smyrne, un oncle influent du tout-puissant cheikh Ibn Rachid était passé en ville en revenant vers le Nedjd. Si seulement elle l'avait su ! « J'aurais donné un empire pour le rencontrer », affirme-t-elle déçue. Elle échafaudait alors des plans pour une expédition en Arabie.

Décidée à vaincre les difficultés de la langue arabe, elle quitta Smyrne en mars, embarquée sur le *Cléopâtre* qui la mena à Haïfa. Elle s'installa au mont Carmel, tout à côté du krak des Chevaliers, et engagea deux cheikhs comme répétiteurs, l'un pour étudier le persan, langue qu'elle trouvait « parfaitement délicieuse », l'autre pour l'arabe, qui la plongeait de nouveau dans le désespoir : « Je patauge et me noie dedans, sans parvenir à comprendre comment l'on peut se compliquer la vie à ce point avec une langue si difficile, avec laquelle je n'arrive à rien. Je n'arrête pas de parler arabe à l'hôtel et j'ai l'impression de régresser un peu plus chaque jour. »

Elle retourna visiter Jérusalem, où elle passa ses journées en leçons, en excursions et en thés ; si elle trouvait les notables de la ville intéressants, eux la jugeaient tout à fait étonnante. Remplie d'excitation, elle écrivit à ses parents : « Je suis quelqu'un dans ce pays ! Je suis quelqu'un ! Et il semble que la première question qui vienne aux lèvres des gens ici est : “ Avez-vous déjà rencontré Miss Bell [1] ? ” » Deux mois plus tard cependant, il lui fallut repartir et, fin mai 1902, elle était rentrée en Angleterre, où elle ne devait faire qu'un bref séjour.

Les sommets suisses la tentèrent de nouveau, et un peu plus d'un mois après son retour, elle repartit pour l'Oberland, écrivant avec délice qu'un garde l'avait reconnue dans le train de Brünnig. Était-elle bien « la Miss Bell qui avait gravi l'Engelhorn l'année dernière ? » avait-il demandé. « C'est la gloire ! » s'exclame-t-elle dans une lettre aux siens.

À peine installée au Kurhaus, l'hôtel où elle résidait à Rosenalui, elle voulut se mettre en condition ; elle monta sans faire une pause jusqu'au sommet d'une petite montagne, atteignit la lisière d'un glacier et s'assit en songeant qu'elle avait « une sacrée chance » de se trouver là.

Chaudement vêtue pour résister au froid mordant, elle ne tarda pas à reprendre le chemin des hautes montagnes avec ses guides, les frères Ulrich et Heinrich. En leur compagnie, elle effectua quelques ascensions faciles sur de « charmants » petits sommets de l'Oberland. Ils s'attaquèrent enfin « au premier des points inaccessibles, l'arête de Wellhorn », en contournant les contreforts du Vorder Wellhorn ; après des heures d'escalade sur des rochers parfaitement lisses, ils débouchèrent sur un précipice extrêmement dangereux. « Le cœur m'a manqué, avoua-t-elle, je pensais que nous n'y arriverions jamais. » Grelottant de froid, ils se tenaient sous l'arête d'un massif rocheux qui s'effritait chaque fois qu'ils faisaient un pas, tandis que s'étendait en contrebas le précipice menaçant. Ils parvinrent cependant jusqu'au sommet en s'aidant d'un grappin d'acier et d'une double corde, et redescendirent tout joyeux à l'auberge pour préparer la prochaine excursion.

Depuis toujours, Gertrude voulait se tailler la première place, et peu lui importait le domaine dans lequel il lui faudrait déployer ses efforts. L'alpinisme – sport alors en vogue auprès des femmes – avait l'avantage de présenter des obstacles clairement définis et lui offrait la possibilité d'atteindre, littéralement, des sommets. Mais en escalade comme dans le reste, elle évitait les sentiers battus et explorait des voies nouvelles. Il lui fallait découvrir des solutions inédites, et elle s'obstinait à les faire triompher ; sans quoi, à ses yeux, le jeu n'en valait guère la chandelle.

Au cours de ses précédents périples, elle avait évoqué avec ses guides la possibilité de tenter l'ascension de la face rocheuse du Finsteraarhorn. Il s'agissait d'une paroi de mille mètres de haut, plus escarpée et abrupte que la plupart des sommets alpins : son ascension était une aventure audacieuse, dans laquelle personne n'avait encore jamais osé se lancer. « L'arête, explique-t-elle, s'élève du glacier et se décompose en une série de *gendarmes* * [flèches] et de cheminées nombreuses, qui forment avec la face abrupte de la montagne un angle tel que l'on se demande comment cela peut tenir ; et d'ailleurs, l'on peut à peine dire que cela tienne, car les promontoires les plus élevés ne cessent d'osciller, voire de s'écrouler dans les *couloirs* * de la vallée, entre les arêtes, et ils sont couverts de rochers qui s'entassent les uns sur les autres, dans un équilibre précaire, menaçant à tout moment de s'effondrer. » Le danger était considérable, les parois « excessivement abruptes » et, au moment où ils commencèrent l'ascension, à une heure du matin, en ce jour décisif du 31 juillet 1902, des nuages noirs roulaient dans le ciel à l'ouest. Mais les dés étaient jetés.

Encordés les uns aux autres, ils avancèrent pendant plusieurs

* En français dans le texte. *(N.D.T.)*

heures, jusqu'à ce qu'ils parviennent au pied de l'arête. Ils passèrent quelques-unes de ces cheminées effroyablement difficiles, qui formaient de petites crevasses dans la paroi rocheuse, avant de se trouver, à trois cents mètres sous le point culminant, en vue des deux flèches qui en hérissaient le sommet. Des flocons blancs se mirent à tomber, et ils s'assirent pour avaler quelques poignées de neige ; désaltérés, ils commencèrent à ramper au bord d'un défilé étroit. La neige tombait maintenant à gros flocons, fouettant leurs visages et leurs yeux aveuglés, et ses tourbillons provoquaient de petites avalanches ; ils ne parvenaient plus à voir les flancs de la montagne, aussi bien sur leur droite que sur leur gauche, et la pente, recouverte de neige fraîche, devenait beaucoup trop glissante. Ils n'avaient plus le choix : il leur fallait faire demi-tour, tout en sachant que ce serait à peine moins dangereux que de poursuivre l'ascension.

Ils atteignirent une corniche, mais elle n'offrait que peu de prise ; de là où ils se trouvaient, ils devaient sauter d'environ cinq mètres pour se retrouver dans la poudreuse. Ils s'attachèrent à une corde supplémentaire et se laissèrent tomber, l'un après l'autre, dans la neige. « Je me sentais affreusement mal, rapporte Gertrude, et, jusqu'à la fin de mes jours, je me rappellerai chaque centimètre de cette paroi rocheuse. » Il était six heures du soir, et il fallait à tout prix qu'ils atteignent la crevasse la plus dangereuse avant qu'elle ne soit totalement ensevelie sous la neige. Mais, après qu'ils eurent passé quelques heures à se démener dans la descente, une effroyable tempête se déclara. Ils se trouvaient entièrement livrés à sa merci. « Nous nous tenions auprès d'un grand à-pic, sur un promontoire, quand, soudain, on entendit un craquement et une flamme bleue en couronna le sommet, quelques secondes. Mon piolet sauta dans ma main, et je sentis l'acier brûlant sous mes gants de laine – comment était-ce possible ? Je ne me suis pas dégantée pour approfondir la question ! Avant que nous ayons eu le temps de reprendre nos esprits, le rocher s'illumina de nouveau. [Nous nous] sommes précipités au bas du promontoire aussi vite que possible, dégringolant les uns sur les autres, avant d'enfouir nos piolets dans un filon schisteux, puis nous avons pris le large. Il ne fait pas bon promener sur soi un conducteur électrique au beau milieu d'un orage. »

Ils ne pouvaient plus avancer dans l'obscurité et n'apercevaient aucun endroit qui aurait pu leur servir de refuge. Ils se glissèrent alors dans une fente étroite, entre deux parois, et se serrèrent les uns contre les autres dans cet abri de fortune. Gertrude était assise au fond, sur un bout de rocher, avec Ulrich sur ses pieds qui tentait ainsi de les réchauffer, Heinrich encore en dessous, les pieds enveloppés dans un sac à dos ; la neige ne cessait de tomber, les coups de tonnerre suivant de près la foudre. « L'orage, dans un premier temps, prêtait à la situation un côté plutôt palpitant, raconta Gertrude par la suite. Le fracas s'enchaînait si étroitement aux éclairs qu'aucun intervalle ne paraissait les séparer. Nous nous attachâmes solidement aux rochers qui nous surplombaient pour éviter, comme Ulrich le fit remarquer d'un ton philosophe, que l'un de nous ne soit frappé par la foudre et ne bascule dans le vide ; tout, autour de nous, craquait et sifflait, on aurait dit du bois humide [...] et, puisque nous avions pris le maximum de précautions, j'ai décidé de profiter, l'esprit libre, de l'incroyable splendeur de la tempête : le spectacle en valait la peine. » Un peu plus tard, elle parvint à somnoler. Petit à petit, le ciel s'éclaircit, les étoiles apparurent, laissant prévoir le lever du soleil. Mais il ne se montra pas, et des nuages gris obscurcirent le jour.

Pendant seize heures, de quatre heures du matin jusqu'à huit heures du soir, ils demeurèrent sur leur promontoire ; ils n'avaient rien à boire sinon deux cuillerées à soupe de cognac et une gorgée de vin, et, pour toute nourriture, ce qui restait dans leur havresac : cinq biscuits au gingembre, deux barres de chocolat, une tranche de pain, un morceau de fromage et une poignée de raisins secs, qui fut parcimonieusement distribuée pendant la journée. La descente fut lente et accidentée, chaque mètre exigeant le recours à une nouvelle corde : « Vous imaginez sans peine le mal que nous avons eu à trouver tous les cent cinquante mètres un rocher auquel nous enroulions nos cordes, avant de le dépasser, et de recommencer. »

Il neigea toute la journée et, impuissants, ils voyaient de grandes plaques blanches s'effondrer dans les précipices, sachant que la neige risquait à tout moment de provoquer une avalanche. Ils s'attaquèrent à la cheminée suivante, mais la corde gelée glissait comme du savon entre leurs mains ; ils avancèrent malgré tout jusqu'au versant glacé d'un rocher, couvert de vingt centimètres de neige fraîche, et largement entaillé. « Ce rocher était trop difficile pour moi, les écarts trop grands, je ne pensais pas y arriver [...] j'ai tendu mon piolet à Heinrich, qui se trouvait au-dessous de moi, et lui ai dit que j'étais sur le point de tomber, mais il n'a pas réussi ou n'a pas cherché à affermir sa position, et, en moins de temps qu'il n'en faut pour le dire, nous avons basculé cul par-dessus tête dans le fond du couloir. » C'est Ulrich qui les a retenus du mieux qu'il pouvait. « Mais il s'en est fallu d'un cheveu, et j'ai plutôt honte du rôle que j'ai joué. » Elle pensa alors qu'« il était écrit que nous n'en reviendrions pas vivants ».

Le froid était glacial, la neige tournait à la pluie, ils étaient trempés jusqu'aux os et grelottèrent tout le temps que dura la descente ; à la nuit tombée, ils étaient encore sur le glacier, sans allumettes pour éclairer leur lanterne ni abri pour se protéger de la pluie battante. Ils parvinrent cependant à trouver un endroit où planter leurs piolets, s'assirent dessus, et elle réussit à trouver un peu de repos, non sans songer auparavant que son frère Maurice, lui aussi, avait dû dormir sous la pluie quand il faisait la guerre en Afrique du Sud.

Au matin, ils tenaient à peine debout, mais ils réussirent tout de même à avancer et, à six heures du matin, ils se détachèrent de la corde, dont ils n'avaient plus besoin. Le 3 août 1902, à dix heures, ils arrivèrent à l'hôtel. Les orteils de Gertrude étaient tuméfiés, elle souffrait d'engelures, mais elle annonça, soulagée : « Je vais parfaitement bien, mis à part mes pieds – rien qu'un petit rhume de cerveau. C'est incroyable ! » Elle avait fait ce voyage en dépit des sinistres augures de Domnul, qui, dut-elle admettre, « furent tout près de s'accomplir. J'éprouve aujourd'hui une certaine satisfaction à penser que mes os ne gisent pas épars dans les glaciers alpins ». Certes, elle n'était pas parvenue jusqu'au sommet, mais elle était sortie indemne d'un danger mortel. Plus tard, son guide Ulrich affirmera : « Si elle n'avait pas montré autant de courage et de détermination, nous aurions probablement péri. » Parmi tous les amateurs d'alpinisme qu'il avait rencontrés, hommes ou femmes, aucun ne l'avait égalée « en sang-froid, en bravoure et en bon sens ».

7

Le désert et les semailles

Ses pieds la faisaient encore souffrir quand Gertrude retrouva le « froid horrible » de Londres, dès la mi-août 1902. Elle engagea une femme de chambre, Marie Delaere, reprit le cycle de ses après-midi mondains et, à l'issue d'un dîner avec Domnul, toujours entre deux déplacements pour le *Times,* elle projeta un voyage à Delhi. Pour célébrer le couronnement d'Édouard VII comme roi d'Angleterre et empereur des Indes, lord Curzon, vice-roi des Indes, avait annoncé la tenue d'un *durbar* impérial, réception officielle à laquelle se trouvait convié un nombre impressionnant de personnalités de l'Empire. Aucun adjectif ne pourrait rendre la splendeur de cet événement. Ce rassemblement exceptionnel de dignitaires, de potentats et de sommités diverses devait éblouir par ses fastes le subcontinent le plus peuplé du globe [1]. Avec ses processions d'éléphants chargés de joyaux et ses illuminations électriques, ce déploiement de luxe était censé rehausser l'image de la puissance britannique aux yeux des Indiens et justifier l'idée de la colonisation. Impérialiste convaincue, Gertrude était impatiente de se joindre aux festivités. Pour elle comme pour son cercle d'amis, le rôle supérieur que tenait son pays relevait de la plus noble des nécessités.

Les Anglais avaient un sens du commerce, une détermination et une conscience de leur supériorité qui les prédestinaient sans conteste à prendre en charge les peuples moins favorisés par la Providence.

Elle voyagea vers les Indes en compagnie de son plus jeune frère, Hugo, en partie pour goûter le plaisir de sa compagnie, en partie pour le dissuader d'entrer dans les ordres. Convaincue que la religion chrétienne constituait une absurde perte de temps, Gertrude occupa l'essentiel de la croisière à des controverses intellectuelles sur la question. Mais en vain : Hugo était déterminé à épouser la carrière ecclésiastique. Fin décembre 1902, leur paquebot atteignit Bombay et, à leur soulagement réciproque, ils abandonnèrent un sujet épineux pour se consacrer à celui de l'empire des Indes.

« Le monde entier », selon les termes de Gertrude, semblait s'être déplacé pour ce somptueux *durbar* ; le monde entier, c'est-à-dire sa famille, ses amis, des personnalités dont elle était proche, qui, tout comme elle, étaient conviés sous les tentes du vice-roi, figuraient aux premières loges des défilés, étaient invités aux réceptions les plus huppées et aux soirées les plus extravagantes. Pour son plus grand plaisir, Domnul, qui était venu en passant par le golfe Persique, la présenta à des membres de la très prestigieuse Administration des Indes : issus de Cambridge et d'Oxford, ils dirigeaient la colonie et ses avant-postes, rendaient la justice, enseignaient aux autochtones à décanter un grand cru et veillaient, de manière générale, à la protection des intérêts commerciaux britanniques. Elle fit la connaissance, en particulier, du résident de la Couronne, qui était également premier consul à Mascate, le grand et distingué Percy Cox.

Lors d'un déjeuner avec Domnul et Cox, qui connaissait à fond ces territoires, elle apprit les dernières nouvelles d'Arabie centrale, et notamment la vendetta qui sévissait entre l'émir du Nedjd, Ibn Rachid, chef du clan semi-nomade de la tribu Shammar, et son tout-puissant rival Ibn Saoud, qui se trouvait à la tête du clan bédouin rattaché à la tribu des Anazeh. Ces deux cheikhs les plus puissants d'Arabie se partageaient le contrôle de l'immense désert qui constituait la plaine centrale de la péninsule Arabique, où leurs clans s'opposaient depuis des lustres. Des années de guérilla avaient abouti, en 1891, à la victoire des Rachid sur les Saoudiens ; exilés au Koweït, émirat allié des Britanniques, ces derniers avaient mûri leur désir de vengeance contre les Rachid, et l'on évoquait, à présent, la possibilité d'un retour d'Ibn Saoud.

La rencontre entre Gertrude et Cox fut brève mais décisive ; elle renforça sa volonté de pénétrer en Arabie et marqua le début de relations longues et fructueuses.

Depuis les Indes, Gertrude et Hugo poursuivirent leur voyage vers Singapour et Shanghai, Séoul puis Tokyo. Traversant l'océan Pacifique, ils accostèrent à Vancouver, et elle en profita pour se rendre en excursion dans les montagnes Rocheuses et admirer la beauté du lac Louise. À mesure qu'ils découvraient les États-Unis, cependant, elle se lassait peu à peu du paysage. Elle fut épouvantée, à Chicago, par « la hideur de ses bâtiments, la saleté de ses rues, le bruit et la vulgarité qui y règnent ». Après quelques jours supplémentaires en Amérique, où ils visitèrent les chutes du Niagara et Boston, elle était impatiente de retourner chez elle. Le 26 juillet 1903, elle posa le pied à Liverpool et acheva l'année en Angleterre.

Une fois de plus, il lui fallut affronter la froide réalité du célibat ; comme elle, sa sœur Molly s'était éprise d'un homme qui n'avait pas reçu l'agrément de son père. Mais, quelques mois plus tard, Gertrude lui présenta Charles Trevelyan et, le 6 janvier 1904, Molly l'épousait. Gertrude souffrit de voir sa sœur cadette se diriger vers l'autel. Elle avait l'impression de n'attirer que de « bons vieux chevaux » comme lord Dartrey, qui, affirmera-t-elle plus tard, « s'était épris d'elle » sur le bateau qui les menait aux Indes et qui, à ses yeux, ne présentait aucun intérêt.

Quand mars arriva avec ses bourrasques de neige et ses brouillards, elle soupira après un « charmant désert, brûlé par le soleil », et se prit à rêver d'une visite à Ibn Rachid. Mais ses projets de déplacement en Arabie demeurèrent en suspens. Ibn Rachid, soutenu par les Turcs, était en guerre et la région trop dangereuse pour être traversée. Elle resta donc à Londres, où – piètre consolation – elle assista à un autre mariage, celui de sa cousine Florence Lascelles avec le diplomate Cecil Spring-Rice ; elle en profita également pour élargir son cercle de relations parmi les personnalités du Foreign Office et cultiver son amitié avec John Singer Sargent. En août 1904, elle décida de reprendre l'alpinisme et partit à Zermatt. « On peut en effet se demander, comme vous le faites, ce qui pousse les gens à faire de l'escalade », écrit-elle alors à sa mère, laissant la question sans réponse. Celle-ci se trouvait dans ses actes : elle escaladait la montagne autant pour vaincre sa solitude que pour parvenir jusqu'aux cimes.

Elle adorait bousculer l'ordre établi, être le point de mire, avoir tous les regards braqués sur elle. Mais elle savait aussi se laisser fasciner par ceux qu'elle en jugeait dignes et pouvait alors leur accorder, elle aussi, la plus grande attention. Toutefois, la vie en Angleterre la remplissait d'ennui. Les gens y étaient trop prévisibles, et elle pouvait prédire, à coup sûr, les agissements d'un homme politique ou les propos de son voisin de table. Parmi tous les peuples qu'elle avait rencontrés, seuls les Arabes échappaient à cette règle ; ils la stimulaient, éveillaient son imagination, lui paraissaient romantiques, mystérieux et indéchiffrables.

En septembre, elle était toujours à Londres, où elle achetait avec frénésie manchons de fourrure et boas, rendait visite à ses amis avant d'aller dîner avec Domnul. « Le temps est infect », se plaignit-elle à sa mère, tandis qu'elle échafaudait de nouveaux projets pour retourner en Orient. Mais il lui fallait un prétexte à ses pérégrinations. Intriguée par l'architecture et les civilisations antiques, elle trouva moyen d'aller étudier sous la férule d'un archéologue français, Salomon Reinach. Juif érudit, il avait été le premier à émettre l'idée, désormais largement répandue, que la civilisation était née en Orient, où les grands principes de l'humanité avaient vu le jour. Éditeur de la prestigieuse *Revue archéologique,* Reinach signait également de nombreux articles sur les arts roman et gothique tout en dirigeant le musée de Cluny à Paris. Marié, et de dix ans son aîné, il était « singulièrement laid, mais doux comme un ange » ; il la prit sous son aile et lui enseigna l'archéologie et les arts égyptien, grec, romain et byzantin, la traitant comme le chouchou de la classe. « Reinach [...] m'aime tant, écrit-elle presque rêveuse, qu'il a tout simplement mis son savoir sans limites à ma disposition, et j'ai appris davantage avec lui en ces quelques jours que seule en un an. »

Le cycle universitaire touchant à sa fin, elle retourna à Londres pour se préparer à l'aventure. Son ami David Hogarth venait de faire paraître un nouveau livre, *The Penetration of Arabia*, où il évoquait cet immense désert « toujours inconnu, dans sa majeure partie, des Occidentaux ». Il formulait l'espoir que des Européens « achèveraient l'exploration de l'Arabie », dès que la situation y serait plus calme. Personne plus que Gertrude ne souhaitait accomplir le vœu de Hogarth, mais Percy Cox et d'autres l'avaient mise en garde : le temps n'en était pas encore venu. Elle préféra donc recommencer le voyage qu'elle avait fait cinq ans plus tôt, à l'est du Jourdain, « vers cette merveilleuse région que Khayam décrit comme " cette bande d'herbe qui sépare si nettement le désert des champs " ».

Le 4 janvier 1905, Gertrude repartit vers l'Orient ; sa passion se trouvait renforcée par les connaissances que lui avait transmises Reinach, et son autorité soutenue par la parution d'un article sur la géométrie des structures cruciformes, publié dans la *Revue archéologique*. Sur l'insistance pressante de Reinach, elle avait décidé d'étudier sérieusement les ruines romaines et byzantines, afin de déterminer leur influence respective sur les civilisations orientales. En outre, elle souhaitait accumuler des notes fouillées sur les mœurs des Bédouins et des Druzes. Son objectif était de parvenir à une synthèse de tous ces éléments, auxquels elle ajouterait des photographies, pour en faire un livre.

Elle voulait présenter l'Orient aux Anglais et leur décrire toutes les facettes du monde arabe : son peuple de nomades et de citadins raffinés, sa langue, imagée et tortueuse, ses manières, tour à tour brutales et polies, son art délicat, son architecture complexe, son histoire qui mêle les guerres saintes aux conquêtes, sa littérature, nourrie de symboles et de poésie, sa politique, entachée de querelles intestines et de revanches claniques, sa religion, l'islam, sa musique plaintive, ses produits culinaires, ses échoppes de bazar et ses négociants internationaux, son agriculture frumentaire et ses élevages de chameaux, son sol fertile, ses sables pétrolifères, ses palmeraies verdoyantes et son désert infini.

De son livre, elle attendait qu'il établisse sa réputation à la fois d'écrivain et de spécialiste. Plus encore, elle espérait qu'il l'aiderait à se faire un nom, comme cela avait été brièvement le cas en Orient et en Suisse. Elle aurait aimé renouveler l'expérience en Angleterre.

Le *SS Ortona* partit de Marseille et fit escale une semaine plus tard à Beyrouth, qui se trouvait alors en Syrie. À sa plus grande joie, elle se trouva confrontée au type même de danger qui exigeait d'elle une action salutaire. En plus de ses livres – *Arabia Deserta* de Charles Doughty et *The Penetration of Arabia* de Hogarth –, elle avait rangé dans ses valises quelques articles extrêmement suspects : un revolver, un fusil, une série de cartes, toutes choses qu'il était peu recommandé à une touriste anglaise d'introduire sur le territoire turc. Elle avait envoyé un mot au consul d'Angleterre à Beyrouth, lui demandant de lui envoyer un *kavass,* un serviteur, pour lui faciliter les formalités douanières. Un homme se présenta, souriant dans son uniforme, et ils se dirigèrent tous deux vers les douanes. Son revolver enfoncé dans la poche, elle l'avertit qu'elle transportait « toutes sortes de produits de contrebande » et en particulier un fusil qui lui causait le plus grand souci. Elle l'avait emballé avec son étui et tout le fourniment dans sa grande malle, après l'avoir enroulé dans ses jupons de dentelle. Si les Turcs mettaient la main dessus, ils le lui confisqueraient.

Au poste de douane, elle parla de la pluie et du beau temps avec l'officier responsable, tandis que son *kavass* répétait à qui voulait l'entendre qu'elle était « une très grande dame ». Naturellement, il était tout à fait superflu, s'empressait-il d'ajouter, d'examiner méticuleusement ses bagages. Les valises défilaient les unes après les autres devant eux sans que les douaniers ne fassent de difficultés, et lorsqu'ils voulurent ouvrir une cantine de bois, ils n'y trouvèrent que des ustensiles de camping.

Mais c'était à présent la grande malle qui retenait leur attention. « Il est inutile qu'ils fouillent là-dedans trop longtemps », murmura-t-elle en arabe au *kavass.* Elle était sur des charbons ardents.

« Bien, Madame », répondit-il, et, tout doucement, il commença à sortir ses robes, dont on apercevait les jupons blancs bordés de dentelle – « agressivement féminins », selon elle. Juste au moment où les douaniers allaient refermer le tiroir, l'un d'eux aperçut les cartes – « objets très suspects en Turquie » –, dont elle s'était servi pour dissimuler l'extrémité de l'étui à fusil. Alors qu'il se penchait pour les examiner, Gertrude fit volte-face vers l'officier, avec qui elle reprit sa conversation sur le temps. « Seigneur, répondit-il, c'est exactement comme le dit Votre Excellence : Dieu seul sait quand cessera la pluie. » Puis, dans un élan soudain d'amitié, il donna l'ordre à ses hommes d'arrêter leurs investigations.

Le *kavass* repoussa rapidement le tiroir. « Par Allah, mon garçon, dit-il au douanier, dépêchons-nous ! Va-t-il falloir attendre jusqu'au coucher du soleil ? » Mais le danger était passé. Avec un « *salaam* » très poli, elle adressa un sourire à l'officier et lui dit : « Je vais me retirer, si vous le permettez. » « Allez en paix », fut la réponse. Plus tard, elle se vanta auprès de son père d'avoir accompli « une tentative réussie de fraude ». Elle gratifia le *kavass* d'un pourboire exceptionnel.

Les rues de Beyrouth étaient couvertes de boue, mais les parfums de l'Orient lui donnèrent aussitôt le sentiment de se retrouver chez elle. En quelques heures, elle plongea « en plein dans les cancans de rue » et, déambulant à travers les bazars, elle éprouva le bonheur d'avoir atteint le Proche-Orient. « Un bazar est toujours, fût-ce dans une ville à moitié européenne comme Beyrouth, un concentré d'Orient », écrit-elle aux siens.

Elle apprit par des discussions avec les autorités britanniques qu'Ibn Rachid avait été chassé par Ibn Saoud de Hayil, sa capitale, mais que des troupes turques étaient en marche pour lui venir en aide. Les Ottomans achetaient à prix d'or la loyauté d'Ibn Rachid à leur égard, tandis que les Anglais, sous les ordres de lord Curzon aux Indes et sous l'œil vigilant de Percy Cox à Mascate, s'efforçaient de donner satisfaction à Ibn Saoud et à son allié, le cheikh du Koweït.

Au cours d'un dîner, quelques jours plus tard, on l'assura qu'Ibn Rachid était encore à Hayil, où il tenait bon avec ses trente mille hommes. Selon son voisin de table, l'émir était « très fougueux, très brave, et ne laissait aucun étranger pénétrer dans le Nedjd, en sorte qu'il était absolument impossible d'y entrer et que, si vous parveniez malgré tout, jamais il ne vous laisserait en sortir ». C'était là pour Gertrude presque une invitation et des plus tentantes. Elle n'avait pas prévu de se rendre en Arabie centrale avant l'année suivante, mais ce défi la piqua au vif.

Les détails pratiques du voyage demandaient cependant certains arrangements. Elle acheta des chevaux et des mules, et engagea Muhammad, ce Druze qu'elle avait déjà embauché comme muletier, et il lui jura de l'accompagner « jusqu'aux confins de la terre ». Ils ne tardèrent pas à se mettre en route et, quelques jours plus tard, elle arrivait à Jérusalem.

Le consul britannique, Mr Dickson, lui apprit qu'un couple des plus sympathiques, lord et lady Sykes, se trouvait également en ville. Gertrude et Mark Sykes se ressemblaient sur beaucoup de points : élégants, aussi impatients qu'enthousiastes, ils étaient issus l'un comme l'autre de familles extrêmement fortunées du Yorkshire, étaient passés par les meilleures universités d'Angleterre et avaient les moyens de voyager à leur guise ; ils partageaient une même passion pour les pays du Levant et furent tous deux appelés à jouer un rôle important au Moyen-Orient.

D'un caractère battant et opiniâtre, Gertrude et Mark Sykes divergeaient sur presque tous les autres plans. Elle était athée, lui catholique pratiquant ; elle venait d'Oxford, lui de Cambridge ; elle s'opposait à ce que sa famille utilise ses titres de noblesse, lui était fier du sien ; à l'âge de trente-quatre ans, Gertrude était encore célibataire et peu connue dans son pays ; Sykes était de dix ans son cadet, avait déjà beaucoup voyagé à travers l'Asie et la Turquie, et la publication de ses comptes rendus suscitait une grande attention en Angleterre. Mais ce qui irritait passablement Gertrude était le mépris que Sykes affichait vis-à-vis des gens du désert, alors qu'elle avait pour eux une certaine estime. L'année précédente, en 1904, Sykes avait décrit les Arabes de Mossoul et Damas en ces termes : « Beaux parleurs, rusés, à la fois irritables et poltrons, ils donnent à mes yeux la plus déplorable image que l'on puisse avoir de l'Orient. » Selon lui, ils étaient « pleins de morgue », « oisifs au-delà de tout espoir, aussi vicieux que le leur permet leur constitution maladive », « insolents et méprisables ».

Dans son prochain livre, Gertrude répliquera, non sans emphase : « L'Oriental ressemble à un très vieil enfant. [...] Il n'a pas l'esprit pratique, dans notre acception du terme, pas plus qu'un enfant n'a l'esprit pratique, et sa définition de ce qui est utile n'est pas la même que la nôtre. Mais ses actions sont gouvernées par des traditions et des principes moraux qui remontent à l'aube de la civilisation, et qui n'ont en rien été modifiés par un quelconque changement dans le mode de vie qu'ils gouvernent et dont ils procèdent. Cela mis à part, l'Oriental n'est pas différent de nous ; la nature humaine ne se transforme pas brusquement à l'est du canal de Suez, et rien n'interdit d'établir des rapports d'amitié et de sympathie avec les habitants de ces régions. À bien des égards, la chose semble même plus facile qu'en Europe [2]. »

Gertrude laissa sa carte de visite chez les Sykes. Ils la reçurent, dit-elle, « à bras grands ouverts » ; après un bon dîner et une joyeuse soirée, elle finit par les trouver « parfaitement charmants ». Tout comme Gertrude, Sykes préparait une expédition dans les fameuses montagnes druzes, et les deux voyageurs discutèrent de leurs projets réciproques.

En dépit du plaisir que leur avait donné, aux uns et aux autres, cette soirée, Sykes révisa sérieusement son jugement, quelques semaines plus tard. Dans une longue lettre à sa femme, il attaque violemment Gertrude, lui reprochant sans aménité de l'avoir délibérément trompé. Elle aurait, écrit-il, « emprunté précisément la route qu'il lui avait confié vouloir prendre, après avoir prétendu qu'elle irait par un autre itinéraire ». En fait, il était furieux que les Turcs aient tenté de lui interdire l'accès des montagnes druzes, et il reportait son mécontentement sur Gertrude, n'hésitant pas à la traiter de « garce », et envoyant « dix mille de ses pires insultes à la tête de cette maudite idiote ». « Où qu'elle aille, poursuivait-il, elle provoquait un tumulte », qui en faisait « la terreur du désert ». Pour brillante qu'elle parût à certains, Gertrude n'était, au dire de Sykes, qu'« une phraseuse bavarde et sotte, un moulin à paroles prétentieux, une hermaphrodite plate comme une planche, qui se promenait sur la planète en débitant des balivernes et en tortillant du croupion » !

Tandis que Mark Sykes déversait sa bile, Gertrude était déjà en route. Elle raconta plus tard le début de son aventure : « C'était le 5 février, un matin de tempête, et le vent d'ouest, soufflant depuis la Méditerranée, balayait tout sur son passage et s'engouffrait dans la plaine où les Cananéens firent la guerre à ces montagnards têtus de Judée, avant de passer la barrière de montagnes dont pharaons et rois d'Assyrie avaient, en vain, fait le siège. Le vent jetait son fardeau de pluies sur Jérusalem, puis filait plus bas, sur les versants orientaux arides, franchissait d'un bond le lit profond du Jourdain, et s'évanouissait à travers les monts de Moab, pour se perdre dans le désert. Comme une meute hurlante, la tempête faisait rage à sa suite, troupe glapissante qui courait vers l'est dans une course folle. Aucun être normalement constitué n'aurait pu affronter une journée pareille, mais, pour ma part, je n'avais pas vraiment le choix [3]. »

En dehors de son cuisinier, un chrétien du nom de Mikhaël que Mark Sykes lui avait recommandé, sa troupe se composait de trois muletiers : Ibrahim, un vieux chrétien maronite édenté, son fils Habib, bel homme aux épaules larges, et le Druze Muhammad, aussi fort que paresseux et tout à fait charmant. Elle avait mis le cap à l'est, vers la vallée du Jourdain, et avançait « seule tout le long de la route désolée qui mène à Jéricho ». Elle avait choisi, pour atteindre le djebel Druze, d'emprunter le chemin qui passe par le pont du Jourdain, qu'elle avait rebaptisé « la porte du désert ». La première nuit, ses hommes dressèrent le camp près du pont de bois à péage, avant de reprendre la route le lendemain matin. En chemin, ils firent la rencontre d'un Arabe en haillons qui rêvait de se rendre en Amérique. « Partout en Syrie, on entend la même chose, commente Gertrude, et ils sont des centaines à partir tous les ans », dans l'espoir, note-t-elle, d'amasser une petite fortune aux États-Unis puis de rentrer au pays.

Une fois la frontière passée, elle mobilisa son attention pour pouvoir décrire ensuite dans son journal tout ce qu'elle aurait jugé digne d'intérêt, vestige ou individu. Ces observations, dans son esprit, ne devaient pas simplement l'aider à rédiger son livre, mais lui permettre également de fournir des conseils avisés à ses amis du gouvernement britannique. À l'époque – et c'est encore le cas aujourd'hui –, les archéologues et les écrivains s'aventuraient là où marchands et diplomates n'osaient pas se lancer. Et il est vrai qu'avec sa manie du détail Gertrude communiquait des informations de premier ordre. Les lettres copieuses qu'elle envoyait à l'influent Domnul, les rapports qu'elle effectuait pour le Foreign Office et le Bureau des Indes, renseignaient ses compatriotes sur l'état pitoyable de l'administration ottomane. Le pouvoir des Turcs s'étendait jusqu'en Syrie et en Arabie, mais ses agents, cupides et si prompts à encaisser des pots-de-vin ou à répandre la corruption, n'avaient guère pris le temps de mettre en place une véritable administration.

Soucieux de trouver un soutien pour les armer contre les Turcs, les Druzes considéraient les Anglais comme des alliés de premier choix. Voyageant sans l'inévitable escorte turque, Gertrude espérait regagner la confiance de ceux qu'elle avait rencontrés quelques années plus tôt, jauger l'ampleur de leur mécontentement et la force relative de leur armée. Elle était bien consciente que « les Druzes ne respectent en rien les règles du jeu, et qu'ils tuent sans épargner personne. Tant qu'il leur reste de la poudre dans leur corne et assez de force pour appuyer sur la gâchette, ils abattent tout ce qui passe à leur portée, hommes, femmes et enfants ». C'était précisément ce risque qui la fascinait, éveillant en elle un désir profond et irrésistible.

Fonçant sur le danger, elle traversa le désert et embaucha un guide arabe, qui vint renforcer sa troupe ; Namrud, bien que chrétien, connaissait tous les cheikhs de la région. Chevauchant parfois à travers de véritables mers de boue tant l'air était humide, elle explorait les vestiges du passé – sépultures, monnaies romaines, un temple en ruine à Khureibet al Suk –, et déboucha un jour sur un campement de la tribu des Beni Sakhr, qui s'entre-déchiraient depuis toujours avec les Druzes. « La pitié, entre eux, n'existe pas, note-t-elle. Si un Druze rencontre un Beni Sakhr, l'un des deux sera nécessairement tué par l'autre. » Muhammad, son muletier, lui causait du souci : si les Beni Sakhr, dont elle avait, la nuit même, partagé le campement, venaient à apprendre qu'il était druze, « ils ne se contenteraient pas de le tuer, ils le feraient brûler vif ». On convint donc pour Muhammad d'une conversion rapide au christianisme.

Les Beni Sakhr qui l'avaient appelée, cinq ans auparavant « la fille du désert », se comportaient, pour le moment du moins, en amis. Alors qu'elle déjeunait sous sa tente, se régalant d'un curry servi dans la plus fine des porcelaines et arrosé d'un verre de vin, un membre de la tribu Beni Sakhr la rejoignit et s'assit à son côté. Ils prirent ensemble le café, et elle fuma une cigarette égyptienne tout en l'écoutant parler des Druzes sanguinaires. La nuit tombée, le désert devient humide et froid ; elle se blottit dans son manteau de fourrure, glissa une bouillotte entre ses draps et se coucha.

La nuit suivante, elle arriva chez les Druzes, qui l'invitèrent dans la grande tente noire de leur cheikh. Elle s'approcha du quartier des hommes et entra. Il ne lui serait pas venu à l'esprit de s'installer avec les femmes ; le harem, pour elle, relevait de la simple curiosité ; tout au plus méritait-il qu'elle le photographiât. Elle se considérait comme l'égale des hommes et attendait qu'ils aient une attitude en conséquence, celle qu'ils auraient eue pour honorer n'importe quel hôte masculin. Et de fait, les Arabes lui avaient conféré le titre « d'homme honoraire ».

Elle évoluait avec aisance entre tribus rivales et cultures différentes, et cette nuit-là, elle dîna avec le cheikh druze, assise en tailleur sur le sol, mangeant avec ses doigts et trempant ses tranches de pain azyme dans le yaourt fermenté. Après le dîner, elle se retrouva autour du feu avec ses hôtes, buvant du café et fumant des cigarettes, tandis qu'ils lui racontaient le désert et l'oppression turque. Son attention fut mise en éveil quand ils se lancèrent dans le récit d'un récent *ghazu*, une razzia, opérée par les Beni Sakhr. Ces derniers s'étaient évanouis après avoir dérobé cinq mille moutons appartenant au cheptel druze.

Quelques jours plus tard, elle entendit dire que deux mille Druzes préparaient une expédition punitive. Cette nuit-là, après son dîner, alors qu'elle se demandait si le froid lui permettrait d'écrire son journal, elle perçut les échos sinistres d'un chant de guerre que martelaient les tambours dans l'obscurité. Elle leva les yeux et aperçut en haut des remparts qui couronnaient la colline une énorme flamme bondissante dans la nuit ; c'était le signal convenu pour avertir les villages druzes, assemblés aux alentours, que la razzia se préparait. Elle demanda au soldat druze qui assurait la garde dans son camp si elle pourrait se joindre à l'attroupement autour du grand feu. « Il n'y a aucune raison de te dire non, fais-nous l'honneur de venir avec nous », lui répondit-il. Ils grimpèrent jusqu'au sommet de la colline. Des Druzes de tous âges, armés de gourdins et d'épées, chantaient un air barbare au bord des douves de la forteresse. Elle se mêla à eux, suivie de son guide, et les écouta reprendre inlassablement leur appel au combat :

Ô Seigneur Dieu, accable-les, accable-les !
Que l'ennemi tombe en charpie devant nos épées !
Que l'enfant quitte sa mère,
Que le jeune enfourche son cheval et s'en vienne !

Le chant cessa enfin, et les hommes formèrent un cercle en se tenant les mains ; à l'intérieur se tenaient trois jeunes Druzes. Se déplaçant tout autour du groupe, ils s'arrêtaient devant chacun et, faisant tournoyer leur sabre, ils demandaient : « Es-tu un homme d'honneur ? Es-tu vraiment un homme ? »

Le visage éclairé par la lune, celui qui avait été interrogé criait alors à son tour : « Ha ! Ha ! » C'était le cri de joie par lequel les Druzes saluaient l'approche du combat.

L'un des jeunes gens remarqua la présence de Gertrude. Il

s'approcha d'elle à grandes enjambées, puis brandit son épée au-dessus de sa tête en s'écriant :

« Madame, les Anglais et les Druzes ne font qu'un !

– Dieu merci ! répliqua-t-elle, enivrée par ces rites guerriers. Nous aussi, nous sommes un peuple de soldats ! »

Puis, se tenant toujours par la main, les hommes dévalèrent la colline ; Gertrude saisit la main qu'on lui tendait et les suivit, prête à participer à l'expédition. Mais elle songea soudain que, si le gouverneur turc de Damas avait vent de sa conduite, il aurait peine à croire à l'innocence de ses travaux. Elle fit demi-tour dans l'obscurité et rejoignit sa tente en courant. Là, elle écrivit, quelque peu attristée, qu'elle « était redevenue une Européenne, attachée aux négociations pacifiques et ignorante des passions primitives ».

Elle resta trois semaines dans les montagnes, passant parfois l'essentiel de ses journées à boire du café, à fumer des cigarettes et à bavarder avec les soldats turcs qui patrouillaient dans la région. Elle s'en fit bientôt des amis, et ils l'assurèrent qu'elle était libre de se déplacer, et qu'on ne chercherait qu'à lui rendre service.

Deux jours plus tard, elle quitta le pays druze et se dirigea vers Damas. Elle entra le dimanche 26 février 1905 dans la capitale du désert, couverte de poussière, brûlée par le soleil, et trônant au milieu de sa caravane de Bédouins déguenillés, au poil hirsute et au visage mal rasé, bardés de fusils, de poignards et de gourdins. C'est en cette curieuse compagnie qu'elle s'avança dans la métropole bourdonnante, qui comptait alors près de trois cent mille habitants. Cité florissante, Damas était entourée de montagnes qui la protégeaient sur trois côtés, tandis que le quatrième s'ouvrait sur des vergers et des sources vives. On raconte qu'en arrivant à Damas le prophète Mahomet tourna immédiatement les talons, s'imaginant qu'il venait de voir le Paradis et craignant que cette vision n'amoindrisse ses chances d'y retourner après sa mort. En progressant à l'intérieur de la ville, Gertrude vit se dresser devant elle la grande mosquée des Omeyades, symbole de la puissance de l'islam.

Après un bain chaud et un sommeil réparateur dans un hôtel décent, elle partit à la rencontre du gouverneur turc. Il lui avait fait parvenir un mot dans lequel il exprimait son inquiétude. Le gouvernement n'avait apparemment pas apprécié son séjour dans le djebel Druze et, en dépit des trois télégrammes quotidiens par lesquels elle l'avait tenu informé de ses activités, il n'avait jamais su à l'avance où elle comptait diriger ses pas. L'intérêt que le gouverneur éprouvait pour elle n'était pas de pure forme : elle s'était acquis une vraie célébrité en Syrie. Partout, des Arabes la suivaient, que ce fût à travers les ruelles tortueuses ou dans le bazar grouillant de Damas. Elle déclarait d'ailleurs avec orgueil : « En Syrie, on sait désormais qui je suis ! »

Nombreux étaient les notables qui lui rendaient visite à son hôtel, où, chaque après-midi, elle recevait. « Le Tout-Damas accourt pour venir boire mon café et me faire la conversation », raconte-t-elle avec délices. Elle rencontra la famille des Abdul Kadir, avec qui elle évoqua ses projets de visite à Ibn Rachid, et qui lui promit son secours pour la bonne marche de son voyage. Plus important encore, elle apprit que l'orientaliste français René Dussaud prévoyait également une expédition aux quartiers généraux des Rachid, à Hayil ; cette coïncidence réveilla son esprit de compétition. « Il faut que je me hâte ! » s'écria-t-elle en apprenant la nouvelle.

Pour l'heure, cependant, c'était Damas seul qui l'intriguait, « avec le désert presque à ses portes, que l'on perçoit à la moindre brise, au moindre souffle, et qui pénètre dans la cité avec chaque chamelier. C'est lui qui est la clef de tout ».

Elle passa le reste de son séjour en Asie Mineure à visiter des églises romanes et byzantines. Elle se rendit aussi sur le site d'Anavarz, où, en dépit des milliers de moustiques qui l'infestaient et des serpents de près de un mètre de long qui se lovaient dans les ruines, elle recopia les inscriptions qu'elle lut sur les pierres, consigna tous les détails archéologiques et architecturaux et prit de multiples photographies. Son travail devait faire l'objet d'une série d'articles publiés par la *Revue archéologique*.

Elle engagea en route un chrétien originaire d'Alep, garçon de taille moyenne, à la figure ronde et au caractère d'une grande douceur. « Dieu te bénisse, Fattuh », écrivait-elle peu de temps après l'avoir embauché. « C'est bien là le meilleur serviteur que j'aie jamais eu ; toujours empressé à satisfaire mes besoins, qu'il s'agisse de me faire à dîner, de seller une mule ou de déterrer une inscription [...], mais capable aussi de me raconter d'interminables récits de voyage tandis que nous chevauchons [...]. Car, étant devenu muletier dès l'âge de dix ans, il connaît chaque coin de terre entre Alep et Bagdad. » Ce fidèle serviteur devait la suivre dans ses plus périlleuses expéditions.

À Konya, elle rencontra William Ramsay, archéologue de renom, qui menait des fouilles dans la région en compagnie de sa femme. Ils se croisèrent par hasard : elle lui montra des inscriptions qu'elle avait relevées à Bin Bir Kelesse, la zone turque des mille et une églises, un site capital pour les archéologues ; il lui donna son approbation, premier pas vers une collaboration future.

Sa dernière étape était Constantinople ; elle y discuta de la politique turque avec des représentants anglais et évoqua en particulier ce qui était alors leur principal souci, l'influence croissante de l'Allemagne, dont le dernier projet, soutenu par le Kaiser, était de construire une voie de chemin de fer reliant Berlin à Bagdad. Allemands et Turcs se tenaient coude à coude pour défendre leurs intérêts dans une région chère aux Britanniques. Leur alliance préfigurait la guerre qui ensanglanterait le monde. Pour le moment, cependant, tout était paisible. Au début du printemps, Gertrude retourna en Angleterre et se mit à travailler à son livre sur la Syrie et les Druzes. De son séjour en Orient, elle était revenue avec quelques idées fortes :

L'islam est le lien qui unit la partie centrale du continent à sa partie occidentale ; c'est aussi le flux électrique par lequel se transmettent les sentiments, et son pouvoir est d'autant plus grand qu'il n'y a que peu, voire pas du tout, de patriotisme national pour le contrebalancer. Un Turc ou un Persan ne pense pas à « son pays » et ne l'évoque pas comme le ferait un Anglais ou un Français ; son patriotisme s'arrête à la ville dont il est originaire, tout au plus au district où se trouve cette ville. Si on lui demande de quelle nationalité il est, il répond, selon le cas : « Je viens d'Ispahan » ou « Je suis de Konya » ; de même, le Syrien dira qu'il vient de Damas ou d'Alep. J'ai d'ailleurs eu l'occasion déjà d'indiquer que la Syrie n'est qu'une entité géographique qui n'éveille, dans le cœur de ses habitants, aucun sentiment national.

La rédaction définitive de son ouvrage, intitulé *Le désert et les semailles*, l'occupa jusqu'à la fin du mois de décembre 1906. Sa parution prouva clairement que Gertrude Bell était devenue « quelqu'un », non seulement en Orient, en Syrie, en Arabie, en Mésopotamie et en Turquie, mais aussi en Angleterre. Pendant les deux années qu'elle passa à l'écrire, Rounton Grange constitua le centre de son univers : ses deux grands-parents étaient morts, et en dépit de Florence Bell qui ne se trouvait jamais vraiment à son aise à la campagne, préférant de beaucoup la vie londonienne à cette existence provinciale, Hugh, son père, avait installé les siens dans la maison de famille du Yorkshire. Pour Gertrude, Rounton était une bénédiction ; c'était depuis toujours l'endroit qu'elle préférait, et elle lui accordait des soins attentifs : quand elle n'était pas réfugiée dans son cabinet d'étude, elle entretenait les parterres et créa même un immense jardin lapidaire qui lui valut de nombreux prix.

Elle passait de longues heures à travailler sur son livre, écrivait des articles et des comptes rendus pour le *Times* et son supplément littéraire, et trouvait malgré tout le temps de s'occuper d'œuvres sociales dans la ville de Clarence, où elle secourait les femmes des métallurgistes des usines Bell. Un flux continu d'invités l'empêchait de se sentir seule : des femmes du monde, comme lady Russell, qui lui rapportait les potins de Londres, ou comme l'actrice américaine Elizabeth Robins – surnommée « Lisa » –, que l'on voyait apparaître dans les pièces de Florence ; le diplomate Cecil Spring-Rice, en poste à Washington ; Friedrich Rosen, qui était toujours au ministère des Affaires étrangères du gouvernement allemand ; sir Alfred Lyall, administrateur britannique aux Indes ; sir Franck Swettenham, haut-commissaire aux États malais. On trouvait aussi parmi les invités l'universitaire Daniel Bliss, fondateur de l'université américaine de Beyrouth, l'archéologue William Ramsay, et le pointilleux Domnul, dont les analyses politiques étaient tenues en haute estime.

Réunis dans le grand salon, les invités prenaient place sur les confortables canapés bleu et vert, dessinés par William Morris, et, Gertrude au centre du cercle, les conversations fusaient entre les murs sombres tendus de soie qui semblaient en recueillir l'écho, avant qu'il ne franchisse les hautes fenêtres en ogive et n'aille se perdre dans le jardin. Dans ces discussions qui concernaient le monde entier, on évoquait aussi bien la capacité commerciale du Japon de supplanter les Européens grâce au faible coût de ses produits, la situation désespérée de l'économie russe et la probabilité d'une révolution contre le tsar, les dangers de la politique de l'empereur d'Allemagne et la menace économique que ferait courir à l'Angleterre la ligne de chemin de fer Berlin-Bagdad.

Par une délicieuse après-midi d'été, autour de la table du jardin sur laquelle le thé venait d'être servi, Franck Swettenham dévoila l'un des secrets d'une carrière diplomatique exceptionnelle. « Tous les succès que j'ai remportés dans ma vie, confia-t-il à Gertrude, qui l'écoutait, tout ouïe, je les dois à ma faculté de tirer mes informations des sources les plus diverses. Cela implique qu'on accepte de se laisser déranger un tant soit peu, qu'on se montre aimable avec les gens, qu'on les écoute poliment quand ils apportent des nouvelles, et qu'on leur offre quelque récompense lorsqu'elles en valent la peine. Le gouvernement n'accepte ses informations que des sources officielles. Je connais des centaines de personnes en Extrême-Orient qui pourraient fournir des renseignements de première importance, mais on ne prend pas la peine de les entendre. »

Gertrude nota avec soin chacun de ses mots. Pour sa part, elle n'hésitait jamais à adresser la parole à qui que ce soit, boutiquiers, cheikhs ou personnalités anglaises, et savait inspirer confiance. Aussi talentueuse qu'un diplomate chevronné, elle avait l'art d'engager la conversation, de sortir ses lettres de créance à la vitesse de l'éclair et de retenir les noms importants, tout cela en se servant adroitement de ses connaissances, en accommodant les derniers ragots, en faisant assaut d'esprit dans ses jugements, en saupoudrant généreusement la conversation d'informations ; mais elle se débrouillait toujours pour en recevoir plus qu'elle n'en donnait. Elle agissait avec un art consommé, qu'elle se trouvât dans le salon le plus huppé ou sous une tente battue par les vents du désert.

Après ce séjour de deux ans en Europe, elle brûlait de repartir pour l'Orient. Au cours d'une brève visite qu'elle rendit à Salomon Reinach, pour lui soumettre des écrits qu'elle souhaitait faire paraître dans la *Revue archéologique*, elle retrouva René Dussaud. Il lui montra des inscriptions nabatéennes et safawides, et ils discutèrent tous deux de ce que pouvait bien receler le Nedjd, le désert arabe d'Ibn Rachid.

Cependant, l'époque n'était toujours pas propice ; le désert restait dangereux, et le gouvernement britannique lui refuserait l'autorisation de voyager dans une telle région. Au lieu de cela, elle proposa une expédition à William Ramsay, s'offrant hardiment à couvrir ses frais s'ils parvenaient à travailler ensemble en Turquie et à faire paraître sous leurs deux noms un livre sur leurs fouilles. Les assistants de Ramsay étaient, d'habitude, beaucoup plus expérimentés qu'elle, mais il accepta et, en mars 1907, Gertrude partit le rejoindre en Asie mineure.

Elle quitta l'Angleterre, réchauffée par les critiques enthousiastes que suscitait dans la presse *Le désert et les semailles*, qui venait juste de paraître. Son style flamboyant et ses analyses soignées, ses nombreuses illustrations photographiques, son frontispice en couleur signé Sargent et intitulé « Bédouins du désert de Syrie », en avaient fait un succès immédiat. David Hogarth le rangeait « parmi les douze meilleurs livres de voyage en Orient », et lui attribuait une importance égale à *Arabia Deserta*, l'ouvrage de Charles Doughty, devenu désormais un classique. Le *Times* le jugeait « brillant », et son supplément littéraire « fascinant » ; le journaliste de ce dernier notait : « Les femmes font peut-être les meilleurs voyageurs, car, pour peu qu'elles soient douées d'un véritable esprit d'aventure, elles se révèlent plus endurantes et, si curieux que cela puisse paraître, plus capables que les hommes de supporter des conditions difficiles et inconfortables. Elles sont, sans conteste possible, plus attentives aux détails et plus promptes à saisir des impressions. Elles sont plus immédiatement tournées vers autrui, et entrent en contact plus aisément avec des étrangers. » Le *New York Times* signalait, pour sa part : « Les Anglaises sont déroutantes. Ce sont sans doute les femmes les plus conventionnelles du monde, mais quand elles décident de rompre avec les traditions, elles le font dans un esprit de revanche. »

C'est, sinon dans un esprit de revanche, du moins avec détermination, que Gertrude se plongea dans son travail avec Ramsay, consciente que cette collaboration lui permettrait d'asseoir sa réputation d'archéologue.

Elle arriva au consulat britannique de Konya, s'arrêta un moment pour prendre son courrier et régler quelques affaires courantes, avant de faire la connaissance du major Charles Richard Doughty-Wylie, qui était chargé du poste consulaire. Elle écrivit presque aussitôt à Domnul : « Savez-vous qu'il y a à présent un vice-consul anglais à Konya ; c'est un jeune soldat tout à fait délicieux et doté d'une petite épouse charmante. C'est lui le plus intéressant des deux, un Anglais fait du meilleur bois, vif et au courant des affaires, soucieux de voir et d'apprendre. Transmettez à Willie T. – William Tyrell du Foreign Office – mes félicitations pour ce choix. »

Après qu'elle eut achevé son travail avec Ramsay, elle retourna à Konya séjourner chez les Doughty-Wylie. Mrs Wylie, sa charmante hôtesse, la conduisit au bazar acheter des *kilim* et l'accompagna dans une église pour l'aider à prendre les mesures au sol. De retour à la résidence consulaire, Gertrude passa de longues heures avec le major Doughty-Wylie, officier du régiment royal des fusiliers gallois, bel homme aux yeux bleus et à la prestance séduisante. Très vite, une amitié naquit entre eux. Ce vice-consul si sympathique était le neveu de Charles Doughty, dont l'*Arabia Deserta* était la bible de Gertrude. Rencontrer son neveu était plus qu'une bonne fortune, c'était un don du ciel. Ce garçon délicieux, viril, drôle et chevaleresque, la tenait en haleine avec les histoires de son oncle et le récit de ses propres exploits de soldat et de diplomate. Assis sous les arbres du grand jardin, ils échangeaient leurs pensées sur les Turcs, les Arabes et l'Orient tout en buvant leur thé à petites gorgées. En quittant Konya, elle trouvait les Doughty-Wylie « chers à son cœur, l'un comme l'autre ».

8

Les droits de la femme

On s'étonnera sans doute, non sans y voir une certaine ironie de l'histoire, que Gertrude Bell, femme instruite, cultivée et moderne, qui passait son temps à relever de nouveaux défis, ait milité contre le féminisme. Et pourtant, l'année 1908 constitua une ligne de démarcation entre elle et les femmes anglaises.

Depuis plus de soixante ans, les femmes gagnaient, petit à petit, le droit de s'exprimer aux urnes : d'abord dans les associations locales de bienfaisance, puis dans les comités scolaires, les sections urbaines, les conseils de province. Dans les faits, elles choisissaient les élus qui défendaient leurs intérêts d'épouses et de mères, à une échelle locale. C'était assez, semblait-il. Les pétitions pour le suffrage universel furent soudain retirées de l'ordre du jour. La reine Victoria écrivait elle-même en 1870 : « Cette lubie déplacée et pernicieuse des droits de la femme [...] est un tel sujet de fureur pour la reine qu'il la met hors d'elle. »

En pratique, tout un courant politique féminin se battait contre le droit des femmes à voter aux élections nationales. Sous la houlette de Mrs Humphrey Ward, qui avait milité, paradoxalement, pour l'entrée des femmes dans le système universitaire d'Oxford, elles n'hésitaient pas à affirmer en 1889 : « Les progrès de l'émancipation ont aujourd'hui atteint la limite définie par la constitution physique de la femme et par la différence fondamentale qu'il nous faut maintenir entre leurs occupations naturelles et celles de l'homme. » Jamais les femmes ne pourront émettre un jugement sain pour décider de « politique étrangère ou coloniale, voire de changements constitutionnels d'importance », prétendait Mrs Ward. Ces questions ne relevaient pas des « expériences nécessaires et normales » qui étaient les leurs.

Cependant, les suffragettes voyaient leur mouvement gagner en ampleur. Emmeline Goulden Pankhurst fonda en 1903 l'Union politique et sociale des femmes, organisation qui militait pour le suffrage universel. Mrs Pankhurst lutta vainement pendant cinq ans, avant de se mettre, en 1908, à des méthodes plus agressives. Soutenue par sa fille Christabel, elle dirigea de violentes manifestations : les suffragettes incendièrent plus d'une centaine d'édifices publics, mirent le feu à des hôtels et à des églises, brisèrent des vitrines, jetèrent des bombes dans les lieux publics et assiégèrent le Parlement. « Le droit de vote pour les femmes ! » hurlaient-elles, en s'enchaînant aux corniches métalliques de la tribune réservée à leur sexe.

Mais ces cris produisirent un effet de boomerang : la conduite des suffragettes heurta le public et tout spécialement ceux qui, à l'instar de Gertrude Bell, attachaient de la valeur aux traditions. À ses yeux, harasser les hauts fonctionnaires n'était rien moins qu'une hérésie : ne comptaient-ils pas, après tout, parmi ses proches et ses meilleurs amis ?

La première réunion de la Ligue féminine contre le droit de vote eut lieu à Londres pendant l'été 1908. Gertrude, heureuse de pouvoir apporter son soutien, écrivit à sa mère que « tout s'était bien passé ». Mais elle accueillit avec beaucoup moins de plaisir les empiétements que cela impliquait sur son emploi du temps. « Lady Jersey est notre présidente », confiait-elle, avant de poursuivre : « Il m'a fallu accepter le poste de secrétaire honoraire, ce qui est tout à fait déplaisant. »

Quoi qu'il en soit, elle se rallia à la cause. Cette position n'est étrange qu'en apparence ; Gertrude, qui menait une vie des moins conventionnelles, adoptait, sans aucun doute, des points de vue qui l'étaient beaucoup plus : son indépendance masquait en réalité un attachement profond à ses origines. Elle était fille de l'ère victorienne et avait grandi dans un monde dominé par des hommes qui n'avaient d'autre souci que d'agrandir l'Empire britannique, tandis que les femmes étaient tenues pour les gardiennes de la race anglaise. Elle avait beau se comporter avec audace en Orient, en Angleterre elle demeurait néanmoins dans les limites que lui fixaient les usages, en l'occurrence ceux de la haute bourgeoisie privilégiée, laquelle était bien résolue à éviter toute provocation de la part de la classe ouvrière, appauvrie et inculte.

Avec Florence, Gertrude avait consacré de longs moments à secourir les femmes et les mères des métallurgistes employés par les usines des frères Bell. Ces activités l'avaient confirmée dans son opinion que, si les femmes avaient le droit de participer à la vie politique locale, elles n'étaient pas encore mûres pour gouverner le pays. Pendant des matinées entières, dans la ville industrielle de Clarence, elle avait fait la lecture à haute voix aux adhérentes du club de la presse, se déplaçant parfois jusque dans l'un ou l'autre de ces pavillons minables qui se ressemblaient tous. Elle frappait à la porte et, bien souvent, c'était une femme qui lui ouvrait : paraissant le double de son âge alors qu'elle devait avoir une trentaine d'années, son visage hagard marqué par des années de travail abrutissant, elle était d'une maigreur effroyable et semblait ravagée par les successions de naissances et de fausses couches ; les bras chargés d'enfants qui réclamaient à manger, elle enjambait d'autres petits marchant à quatre pattes sur le plancher, braillant eux aussi, en attendant d'être envoyés, quelques années plus tard, dans les mines de charbon. Ces logements sordides et surpeuplés exhalaient une odeur prégnante de maladie, et la suie grasse des usines s'y déposait partout, des couvertures à la table de cuisine. L'existence quotidienne de ces femmes était un combat. À bout de forces et illettrées, elles avaient sans doute besoin, comme des dizaines de milliers d'autres dans leur situation, de quelques rudiments d'instruction pour améliorer leur vie domestique ; mais elles étaient en tout cas, au dire des antisuffragettes, fort peu aptes à prendre des décisions d'intérêt national.

Gertrude, qui se considérait comme l'égale de n'importe quel homme, était convaincue que ce n'était pas le cas de la plupart des autres femmes. Leur vote serait sans aucun doute sujet à caution, s'il ne se révélait pas dangereux. Elle reprenait les arguments de sa mère, Florence, de son père, Hugh, de ses amis, lord Curzon, lord Cromer et lord Robert Cecil : le rôle de la femme était fondamentalement différent de celui de l'homme ; les femmes étaient faites pour élever les enfants, les hommes pour gouverner le pays. Qui plus est, ils croyaient tous fermement que seuls les hommes avaient un jugement assez sain pour diriger les colonies, pour décider d'une politique étrangère et pour s'occuper de problèmes constitutionnels ; c'est pourquoi eux seuls pouvaient avoir accès aux urnes. Rares étaient les femmes qui avaient les connaissances suffisantes pour contribuer aux affaires de l'État. Tout en militant pour les actions de la Ligue antisuffrage, Gertrude continuait cependant de travailler à son livre sur l'Anatolie byzantine et brûlait de pouvoir accéder aux régions mystérieuses du désert d'Arabie.

9

Lawrence

« Quand on est depuis peu en Orient, il arrive un moment où l'on s'aperçoit que le monde a rétréci d'un côté et grandi de l'autre, au point que les repères de la vie courante en sont modifiés », note Gertrude au cours de l'hiver 1909, avant de partir pour sa première expédition en Mésopotamie. « L'existence paraît soudain une chose très simple, et l'on se demande à quoi bon faire des projets et des plans, alors qu'il suffit de vivre et de s'assurer d'une descendance. »

Sa propre contribution aux générations futures devenait de plus en plus improbable à mesure que la possibilité d'un mariage s'éloignait. Mais, pour ce qui était d'élaborer des projets et des plans, c'était une autre affaire, et elle s'y livra avec bonheur, s'écartant parfois sur des chemins périlleux ou s'immergeant dans des tourbillons politiques. À peine, ou presque, était-elle arrivée en Syrie qu'elle se débattait dans des intrigues locales ; elle se promit d'écrire à Domnul pour le tenir informé des dernières nouvelles, dans l'espoir qu'il en ferait un article pour le *Times*. C'était l'époque où, à Constantinople, un groupe de réformateurs appelés les Jeunes Turcs menaçait le pouvoir sultan en promouvant des idées nationalistes ; le vent du changement s'était également levé en Syrie. Cependant, la raison de son voyage était autre : encouragée par le succès de son livre *Le désert et les semailles*, elle avait décidé de mener des recherches en vue d'écrire le suivant.

L'hiver précédent, elle avait pris le temps d'aller à l'Institut royal de géographie, pour y étudier la topographie, l'astronomie et les techniques de cartographie. Elle espérait mettre son savoir en pratique en Arabie centrale, mais une entrevue avec Percy Cox, à Londres, l'avait persuadée de repousser son voyage. Le résident britannique dans le Golfe lui avait confirmé que, outre les habituelles razzias meurtrières et le brigandage éhonté qui y sévissait, la guerre avait éclaté entre les différentes tribus ; traverser le désert était beaucoup trop risqué.

Elle modifia ses projets initiaux et décida de procéder au relevé cartographique des régions désertiques de Mésopotamie, qui n'avaient pas été encore répertoriées. C'est donc en Syrie, pays bien connu d'elle, que débuta son voyage ; elle s'y livra à l'étude des églises romanes et byzantines et y rejoignit David Hogarth, qu'elle aida à faire des moulages de stèles hittites ; cet ancien peuple de forgerons n'était pas sans lui rappeler les métallurgistes anglais. De Syrie, elle souhaitait passer en Irak.

Munie de pistolets et du fusil que Maurice avait rapportés de la guerre des Boers – emballés comme précédemment dans sa malle –, ses sacoches pleines à craquer de livres et d'appareils photo, Gertrude, alors âgée de quarante ans, s'apprêtait à rejoindre Alep : de là, elle traverserait le désert syrien jusqu'en Irak, pour descendre ensuite l'Euphrate à huit cents kilomètres au sud-est de Bagdad, d'où elle repartirait pour le nord, en suivant le Tigre jusqu'en Turquie.

À Alep, elle retrouva Fattuh, ce domestique si dévoué et si efficace, et fit quelques acquisitions : des tentes, un lit pliant, des moustiquaires, une baignoire et une chaise de tente, des couvertures, une table, des ustensiles de cuisine, des provisions pour au moins un mois, du linge, de la porcelaine, un service à thé, des verres de cristal et de l'argenterie pour les bons dîners. Outre sept animaux de bât, une douzaine de chevaux et trois muletiers – Haj Amr, Selim et Habib –, elle avait engagé deux serviteurs, Fattuh et son jeune beau-frère Youssef, ainsi que deux soldats. Elle chevaucha à travers les plaines fertiles pendant deux jours entiers, de l'aube au crépuscule, impatiente de retrouver le désert, indompté et béant. Là, les contraintes sociales n'avaient plus cours, là elle se sentait libre d'agir et de parler à sa guise. Elle écrivit à Florence qu'elle « arrivait à peine à croire que cela fût vrai ».

Elle rejoignit l'Euphrate à un point étroit et peu profond, qui avait nourri autrefois la civilisation à son berceau et qui séparait à présent la Syrie de la Mésopotamie, « pays des deux rivières », selon le nom que les Arabes donnaient à l'Irak. Elle décrivit l'Euphrate comme « un fleuve majestueux, aussi large que la Tamise à Chelsea, mais plein d'une eau infecte », grouillante d'insectes et de bactéries, dans laquelle la vase se mêlait aux herbes. Elle exigeait que Fattuh fît bouillir son eau, et il obéissait sans rechigner.

Sur les berges du fleuve l'attendait une embarcation étroite à haute proue, moyen de transport qui devait remonter aux temps bibliques ; elle s'installa à bord et observa le nautonier qui, suivant le modèle des Anciens, s'aidait d'une longue gaffe pour faire avancer le bateau jusqu'à l'autre rive ; elle entrait au pays des Hittites, dans leur cité de Karkemish. Elle repéra les monticules rocheux que David Hogarth lui avait demandé d'examiner et s'y attaqua, travaillant plusieurs heures d'affilée, ses hommes l'aidant à déterrer les plus grosses pierres à grand renfort de pics et de pelles. Elle fit un moulage des inscriptions puis, tard dans l'après-midi, retourna à la petite colline en surplomb du fleuve où elle avait établi son camp. Fattuh mit de l'eau à bouillir et prépara le thé. Elle s'installa à l'extérieur de sa tente et, tout en sirotant le plus anglais des viatiques, griffonna, ravie, aux siens : « L'Euphrate s'écoule lentement devant le *tell* ; je viens d'assister au coucher du soleil au-dessus des falaises blanches qui sont sur la rive opposée. Je doute que l'on puisse être aussi heureux que je le suis. »

Quelques jours plus tard, elle laissait derrière elle les villages des plaines et entrait dans l'étendue désolée des sables, où des bandes d'Arabes félons s'attaquaient aux troupeaux des autres tribus. « Le pays entier, écrit-elle à sa famille, est rançonné depuis bientôt quatre mille ans par des tribus d'Arabes sans foi ni loi. » Aucun gouvernement n'avait encore réussi à les mater. Quand elle demanda à ses hommes de l'accompagner pour une expédition nocturne, la perspective d'éventuelles représailles les emplit d'une telle frayeur que chacun refusa de venir seul. Si les Bédouins se craignaient entre eux, elle n'avait peur d'aucun. Elle se lança dans ces étendues sauvages, menant ses hommes par une chaleur qui brûlait jusqu'à l'air du soir, au travers de terres si sèches que les oasis n'avaient rien d'autre à offrir aux bêtes que leur terre craquelée. Sa gorge était desséchée et son corps tout entier recouvert de poussière.

Elle avait parcouru plus de douze cents kilomètres en direction de Bagdad quand elle atteignit, à la mi-mars, la ville de Hit, connue depuis la plus haute antiquité pour ses gisements de pétrole. Les habitants de Babylone, les Assyriens et d'autres employaient ce carburant noir et poisseux pour alimenter leurs lampes et faire marcher leurs fours. Hit était une ville laide, polluée par les fumées et jonchée de déchets, assez semblable en fait à la sinistre cité industrielle qui abritait les entreprises métallurgiques des frères Bell. « Mis à part les palmiers, confia-t-elle, il y a très peu de différences entre Hit et Clarence. » Le pétrole suintait du sol et rendait l'air insalubre : avec ses hommes, elle continua sa route, le fusil en bandoulière, et traversa des puisards bitumeux essaimés sur une terre noire et fendillée.

Ils avançaient avec prudence, à la recherche d'un campement arabe près duquel ils auraient pu s'installer. La loi du désert était en vigueur – « Tout homme est un ennemi jusqu'à ce qu'il devienne ton ami. » S'ils dressaient leur camp dans un endroit isolé, ils risquaient de se faire assassiner, au mieux détrousser. Mais s'ils parvenaient à trouver une tribu accueillante, leurs hôtes les protégeraient exactement comme s'ils avaient été leurs invités. Ils se trouvaient sur le territoire des Dulaim, réputés pour leurs hauts faits de guerre et, en apercevant leurs tentes noires, ses hommes ralentirent leurs chevaux. Gertrude s'approcha prudemment et les salua. Le chef de la tribu, le cheikh Muhammad el Abdullah – qu'elle qualifia de « bel homme » –, l'invita sous sa tente, où ils s'assirent tous deux face au feu pour boire le café. Quelques heures plus tard, elle le convia à son tour et lui offrit du thé. « Les liens de l'amitié entre nous sont étroitement noués », affirma-t-elle aux siens. La nuit venue, après le dîner qu'avait préparé Fattuh, elle s'enroula dans ses couvertures et dormit du sommeil du juste.

Vers la fin du mois de mars, elle envoya chez elle une lettre dans laquelle se lisait son excitation : elle était tombée sur une ruine imposante, sans doute le vestige le plus important de son époque. « Au moment même où j'en fis la découverte, je sus que je tenais là la chance de ma vie. » Rien n'avait été écrit à son sujet, et c'était à elle qu'il revenait de révéler son existence au monde entier. Les Arabes le désignaient sous le nom d'« Ukhaidir », ce qui signifie petit coin verdoyant, bien qu'il ne fût ni petit ni vert. Il s'agissait d'un immense château fort de pierre et de bois, surmonté de tours rondes et protégé par d'immenses murailles ; à l'intérieur, les cours se succédaient en enfilade, et l'on passait de salle en salle, dont les voûtes s'ouvraient parfois sur un dôme et dont les murs s'ornaient de gypseries somptueuses, avant d'atteindre les chambres secrètes garnies de niches circulaires qu'encadraient de hautes colonnes. Ce palais lui en apprit plus sur l'art oriental que tous les livres parus sur le sujet.

Elle travailla d'arrache-pied, photographia le château sous tous ses angles, dessina des croquis et un plan à l'échelle. Avec son corsage de coton blanc, ses jupons que recouvrait une longue jupe aux multiples poches, ses bas noirs et ses bottines lacées, un *keffieh* noir drapé autour de son casque colonial, elle parcourait l'édifice, faisait le tour des murs qui tenaient encore debout et n'hésitait pas à s'allonger sur les sols froids et durs pour prendre les mesures. Ses hommes se tenaient à ses côtés, prêts à l'aider mais toujours sur le qui-vive, dans l'éventualité d'une razzia. Elle se plaignit qu'il n'y eût « rien à faire pour qu'ils laissent leurs fusils dans les tentes. Ils sont gênants à un point inimaginable ; le mètre se retrouve en permanence enroulé autour d'un canon ou pris dans un fusil, mais je ne parviens pas à leur faire déposer ces engins de malheur, ne fût-ce qu'un instant ». Une nuit, alors qu'elle ne dormait toujours pas, elle entendit des détonations au-dessus de sa tente. Ses hommes sortirent pour riposter, mais les assaillants se fondirent dans l'obscurité.

Au fur et à mesure qu'avançait son travail sur Ukhaidir, elle prenait conscience que cette découverte archéologique ferait impression, même auprès de ceux qui faisaient autorité en la matière. « C'est la plus grande chance de ma vie. Je publierai tout cela dans une grande monographie qui lui sera entièrement consacrée ; ce sera un véritable pavé dans la mare [1] », écrivit-elle aux siens. Grâce à cette aubaine, sa réputation d'archéologue serait définitivement assurée.

Gertrude quitta le château le dernier jour du mois de mars 1909 ; les courants d'air des immenses pièces d'Ukhaidir lui laissaient en souvenir une toux et un bon rhume. Tandis qu'elle avançait lentement dans le désert battu par les vents et la poussière, ravagé par la sécheresse, où elle croisait de temps en temps le cadavre d'un mouton, d'une chèvre, voire d'un homme, une vague de tristesse la recouvrit.

Son voyage la mena ensuite à Babylone, que fouillait une équipe d'archéologues allemands. Entre l'époque des Amorites, mille huit cents ans avant notre ère, et celle des Chaldéens, douze cents ans plus tard, la ville s'était élevée et effondrée comme un château de sable entre les mains de ses rois. Elle avait atteint son apogée au VIe siècle avant Jésus Christ, quand Nabuchodonosor en avait fait la capitale du nouvel empire babylonien. Il avait entouré la cité d'épaisses murailles, assez larges pour permettre à deux chariots d'avancer de front sur le chemin de ronde, et ordonné la construction de temples et de palais majestueux.

C'était « un endroit absolument extraordinaire » selon Gertrude, qui venait de découvrir les travaux du Dr Koldewey et de son équipe. « J'ai rarement senti une telle proximité avec le monde antique [2] », affirme-t-elle. Les archéologues ayant mis à jour la plus grande partie du palais de Nabuchodonosor, elle visita la « grande salle du festin de Balthasar [...], les vestiges de la terrasse où se tenait Nabuchodonosor pendant les grosses chaleurs [...], ses appartements privés et la minuscule issue de secours par où le roi pouvait fuir jusqu'au fleuve si ses ennemis venaient à l'encercler ».

Avec l'aide des Allemands, elle mit au point la suite de son voyage : de Babylone, elle se rendit à Séleucie et de là, en suivant le Tigre, à Ctésiphon, ancienne capitale sassanide (perse) conquise par les Arabes. En avril 1909, elle arriva à Bagdad. Le consul britannique, le colonel Ramsay, l'accueillit à la résidence, symbole somptueux de la puissance anglaise : véritable « palais » selon les termes de Gertrude, elle était entourée de murailles, au pied desquelles des soldats des Indes montaient la garde, et logeait douze caravanes de chameaux, trente cipayes, et d'innombrables domestiques. Plus tard, elle se plaignit d'avoir eu à leur glisser à chacun un pourboire en partant. Elle jugea la femme du consul exécrable : « une morne créature, le type parfait de l'Anglaise rigide, étroite d'esprit, attachée aux usages, et qui s'épouvante à l'idée de perdre le contrôle de soi ou d'agir en s'écartant un tant soit peu de son devoir et de sa dignité de femme et fille d'officiers de l'Empire des Indes ». Précisément le genre de femme qu'elle ne devait plus cesser de croiser en Orient. Quant au consul, elle sut vaincre sa réserve au point qu'il lui montra les rapports confidentiels qu'il expédiait à Whitehall, au Foreign Office. Munie de ces informations, elle écrivit au *Times* pour insister sur la nécessité d'une ligne de chemin de fer allant de Bassora à Bagdad qui serait – c'était là le point décisif – financée par les Britanniques.

Elle resta peu de temps à Bagdad, mais avec les noms et les introductions que lui avait fournis Friedrich Rosen, elle s'arrangea pour rencontrer quelques notables et pour être présentée à la plus importante autorité islamique de la ville. Le *Naqib*, chef religieux sunnite respecté aussi des chiites, était une personnalité capitale pour qui voulait entrer en contact avec la nombreuse communauté des riches musulmans. Rencontrer un tel personnage la rendait, selon ses dires « plutôt nerveuse ; nos relations politiques avec lui sont si délicates, et il est l'objet d'une telle vénération ! » Il était l'obligé des Turcs alors en place et, qui pis est, c'était un homme qui parlait rarement aux femmes. Il la reçut malgré tout, vêtu de sa longue robe et de son turban, et l'accueillit « avec effusion, parlant sans s'arrêter, une heure et demie durant ». Elle parvint cependant à lui poser les questions qui l'intéressaient. Il lui fit un cours sur l'histoire de la Mésopotamie, du déluge à nos jours, et l'invita dans sa résidence personnelle au bord du fleuve.

En quittant Bagdad, elle entra dans le territoire des Shammar, la grande tribu qui contrôlait le nord de la région. « Ils administrent le pays avec une poigne de fer, écrivait-elle alors ; pas une caravane, entre Tikrit et Mossoul, qui ne leur paie un droit de passage sur chaque animal, à moins, bien sûr, d'avoir comme moi la chance d'être sous la protection du gouvernement. » Les Shammar devaient leur puissance en partie aux Turcs. Humeidi Beg ibn Farhan, un des fils du « cheikh des cheikhs » régnant, était, selon les mots de Gertrude, « particulièrement dans leurs bonnes grâces ; en contact avec le monde officiel ottoman, il faisait figure d'intermédiaire pour le compte de sa tribu ». Pour l'heure en tout cas, elle discutait avec le séduisant jeune homme dans sa tente ; charmée par ce cheikh doux et nonchalant, elle l'entretenait de la vie dans le désert. À la fin de la conversation, la femme du monde reprit ses droits, et elle lui tendit sa carte de visite. En retour, il lui souhaita la bienvenue dans toutes les tentes des Shammar. « Je profiterai de l'invitation un jour ou l'autre, note-t-elle ; j'aime faire connaissance avec ces seigneurs du désert, cela peut toujours se révéler utile. »

Elle s'enfonça ensuite vers le nord et atteignit Mossoul avant de poursuivre sa route vers la terre de Yezdi, où demeuraient les adorateurs du Malin ; ces derniers lui proposèrent une chambre, mais les grappes de mouches qui voletaient çà et là l'incitèrent à reprendre le chemin de sa tente. Dans les montagnes kurdes, elle traversa des vallées florissantes, où poussaient en abondance oliviers, grenadiers, mûriers, figuiers et amandiers ; elle y visita d'anciens châteaux forts, des monastères et des églises. Au village de Khakh, les églises l'intriguèrent au point qu'elle décida de s'y accorder une journée supplémentaire.

Au milieu de la nuit, un bruit la réveilla et, s'étant dressée sur sa couche, elle aperçut un homme qui rampait sur le sol.

Elle ouvrit brutalement sa moustiquaire et bondit hors de son lit de camp pour lui sauter dessus, mais il ne lui en laissa pas le temps et s'enfuit. Vêtue d'une simple chemise de nuit, elle sortit pour appeler ses serviteurs en renfort – les soldats, qui étaient censés faire la garde, étaient profondément endormis – puis, reprenant ses esprits, elle essaya de voir si on lui avait volé quelque chose. Tout ce qui traînait avait été raflé – ses vêtements, ses sacoches, ses bottes – ainsi que le contenu entier d'une de ses malles, y compris l'argent. Le plus grave était sans doute le vol de la sacoche qui contenait ses carnets et ses photographies. Quatre mois de travail venaient de se volatiliser. Elle était effondrée.

« À dire vrai, admit-elle plus tard, nous avions tous plus ou moins perdu le sens commun à force de voyager sans encombre dans des régions dangereuses, et nous avions besoin d'une bonne leçon. Mais celle-là était amère. » Après une semaine d'inquiétude, alors qu'elle avait mobilisé la police locale, le gouverneur turc et le consul britannique le plus proche, on retrouva le voleur. Elle recouvra tout sauf l'argent. Gênée de sa propre négligence, elle s'excusa auprès des villageois de leur avoir causé tous ces troubles, puis elle partit. Son humiliation atteignit son comble quand elle s'aperçut que ses mésaventures n'étaient pas passées inaperçues en Angleterre, où elles avaient été relatées par le *Times* et d'autres journaux. Elle avait toujours voulu se tenir à l'écart de toute forme de publicité, procédé qui lui paraissait des plus vulgaires, et, même si elle souhaitait être reconnue professionnellement, elle pensait que la chose se ferait naturellement, grâce au jugement de ses supérieurs et de ses pairs.

Quelques semaines plus tard, après avoir vainement tenté de revoir Richard Doughty-Wylie qui, en mission à Adana, déployait des efforts héroïques pour arrêter le massacre des Arméniens par les Turcs, elle arriva au terme de ce voyage de sept mois. L'ensemble se révéla un grand succès, ce dont elle ne pouvait que se réjouir : « Nous avons moissonné beaucoup plus que mon imagination, même dans ses débordements les plus excessifs, ne me l'avait laissé prévoir. J'ai l'impression d'avoir découvert tout un nouveau monde et appris de nombreux chapitres d'histoire que j'ignorais. » Toutefois, lors de sa dernière étape à Constantinople, elle reçut une sérieuse douche froide. À un dîner donné à l'ambassade de France, elle apprit en effet qu'elle avait été devancée dans sa découverte d'Ukhaidir, et qu'il n'était plus temps de publier ses recherches ; en effet, l'archéologue français M. Massignon avait fait paraître dans la *Gazette des Beaux-Arts* une série d'études sur le sujet. Tout le prestige et la gloire dont elle avait rêvé s'évanouissaient d'un seul coup.

Pendant les dix-huit mois qu'elle passa ensuite en Angleterre, Gertrude travailla à un ouvrage consacré à son voyage en Mésopotamie. *D'Amurath à Amurath* se présentait comme une chronique dans laquelle elle décrivait les personnalités et les archéologues qu'elle avait rencontrés. Ukhaidir continuait cependant à occuper son esprit ; en dépit de sa déception, elle restait la seule à avoir dessiné les plans du château. En juin 1911, elle repartit pour l'Orient, sans se préoccuper des critiques mitigées que la presse réservait à *D'Amurath à Amurath* – tel le *Times*, dans lequel on pouvait lire : « Les lecteurs qui attendent les scènes colorées et les dialogues pittoresques de l'auteur qui a fait preuve d'un talent remarquable dans *Le désert et les semailles* pourront être un peu déçus par ce nouvel ouvrage ; cependant, *Amurath* est, pour le dire vite, une contribution de poids à la découverte de la Mésopotamie. »

Chevauchant depuis Damas, son fusil en bandoulière, elle avait hâte de revoir les ruines qu'elle avait découvertes deux ans plus tôt. Une fois de plus, elle serpenta au travers du désert syrien, traversant sous le soleil des dunes douces mais affrontant aussi la boue, la fange et des rafales de pluie hivernale, et parcourant des kilomètres de terre désolée et aride ou de vastes plaines peuplées de brigands et de cheikhs accueillants. Montée sur sa jument, humant l'air sec et coupant de février, serrant contre elle son manteau de fourrure tout en songeant au bain qu'elle prendrait une fois arrivée, elle retrouvait une énergie nouvelle. « Je crois, confie-t-elle joyeusement aux siens, que chaque jour passé dans le désert syrien prolonge l'existence d'environ deux ans. »

Elle arriva au château fortifié d'Ukhaidir au début du mois de mars 1911 et constata de nouveau que « c'était un exemple du plus pur art sassanide ». Elle resta une journée à prendre des mesures, à reporter les anciens plans du château et à s'assurer que son travail précédent avait été assez précis ; en quittant le site, le lendemain, elle se sentit envahie en même temps par l'enthousiasme et une vague de nostalgie. « Je me demande si je reverrai jamais cet endroit, et si je retrouverai un édifice aussi passionnant et un travail qui me procure un plaisir aussi intense », note-t-elle, pensive.

Son voyage en Mésopotamie suivait son cours : elle passa par Najaf, la ville sainte chiite où les pèlerins affluaient de Perse comme d'Irak, elle vit Kalkhu, où un monticule signalait la capitale de l'antique Assyrie, et Harran, où vivaient les tribus hébraïques primitives avant qu'elles n'émigrent vers Canaan. En ce jour du 1er mai, la solitude lui pesait et elle regrettait « les jonquilles et les premières feuilles des hêtres à Rounton ; voyager n'est pas toujours tout rose, et je ressens toujours ce désir irrépressible de voir les miens ».

Elle se rapprochait avec plaisir de Karkemish, la capitale hittite où David Hogarth menait toujours des fouilles. Il y avait plus de trente ans que l'on avait découvert les ruines de cette cité jadis florissante, mais l'intérêt s'était rallumé quand les travaux de la voie de chemin de fer Berlin-Bagdad avaient atteint cette zone en aval de l'Euphrate. Financé par l'Allemagne, ce projet constituait une menace patente pour l'influence et les échanges britanniques dans le golfe Persique tout entier. La position de Karkemish, à moins de cinq cents mètres de l'endroit où les Allemands bâtissaient un pont ferroviaire sur le fleuve, offrait aux archéologues anglais un poste d'observation rêvé et leur fournissait l'occasion de prendre photographies et notes, qu'ils envoyaient ensuite chez eux. Savant réputé, Hogarth travaillait pour le compte du *British Museum,* mais, comme d'autres Anglais qui résidaient dans la région, il fournissait sur les Allemands des informations appréciées par le gouvernement de Sa Gracieuse Majesté.

La veille du jour où Gertrude devait le revoir, les autorités locales l'avertirent que Hogarth avait dû quitter les fouilles. Ils lui signalèrent par ailleurs que son assistant, Mr Campbell Thompson, travaillait toujours sur le site. Après quatre mois de voyage, elle avait hâte de retrouver des collègues britanniques et était curieuse, en tout état de cause, de revoir ces ruines hittites qu'elle avait évoquées dans *Amurath*.

Précédée de sa réputation et accompagnée de son serviteur Fattuh, Gertrude, qui avait alors quarante-deux ans, prit la route de bonne heure en ce matin du 19 mai 1911. Vêtue de son costume de désert – une longue jupe-culotte, une veste en lin et son *keffieh* drapé autour de son chapeau de voyage –, elle fit le trajet à cheval jusqu'à Karkemish. L'air hautain, sûre d'elle-même, elle rejoignit dans le village deux archéologues débutants, Thompson et « un jeune homme du nom de Lawrence – un garçon intéressant, qui fera un bon voyageur –, qui attendaient mon arrivée depuis un certain temps ».

Grand, d'humeur calme, Campbell Thompson, l'assistant de Hogarth à l'Ashmolean Museum, était un universitaire, qui enseignait la linguistique et adorait décrypter des alphabets antiques ; il devait bientôt se marier. Son jeune collègue, Thomas Edward Lawrence, appelé à vivre une existence aventureuse et qui deviendrait une figure de légende, était un licencié de vingt-trois ans, spécialisé en poterie médiévale. En l'examinant de plus près, Gertrude vit un jeune homme de petite taille, solidement bâti, avec des cheveux blonds, de profonds yeux bleus, le front haut et un nez droit. Habillé avec extravagance, il affichait un goût marqué pour l'Orient : attifé d'un veston de flanelle grise bordé de rose, d'une culotte courte de flanelle blanche qui descendait sur des chaussettes grises, il avait aux pieds des babouches rouges et autour de sa taille une ceinture arabe à pompons d'un rouge vif, qui signalaient son état de célibataire. Les villageois avaient d'ailleurs pris sa cause en main et s'affairaient pour lui trouver une femme ; quand ils entendirent parler de l'arrivée imminente de Gertrude, ils pensèrent qu'elle venait à lui pour l'épouser.

Thompson et Lawrence ne s'étaient pas contentés de l'attendre ; ils avaient préparé anxieusement son arrivée. Ses aventures et les propos qui circulaient sur elle l'avaient rendue célèbre, et les deux hommes l'accueillirent avec une certaine appréhension ; c'était la première fois qu'ils se lançaient dans des fouilles et, comme leurs trouvailles se bornaient à quelques menues pièces, ils craignaient qu'elle envoie à Londres un rapport défavorable. Avec une politesse appuyée, ils l'invitèrent à entrer dans leur maison, un ancien entrepôt de réglisse, dont le plafond fuyait et dont les murs de boue séchée suintaient l'humidité. Malgré la vétusté de l'endroit, ils surent la charmer. Ils lui servirent le café dans d'anciennes tasses d'argile fine et sans engobe, tout en la comblant d'anecdotes diverses et en se lamentant de l'absence de découvertes significatives. Jusqu'à présent, ils n'avaient trouvé qu'une pierre tombale collective de guerriers, sur laquelle étaient gravées les silhouettes de prisonniers décapités, un bas-relief de basalte d'un mètre cinquante de haut, et quelques coupes enfouies dans des tombes hittites.

Après avoir déjeuné, ils marchèrent tous trois jusqu'au *tell* pour jeter un œil au chantier. Dans *Amurath*, Gertrude évoquait le monticule nord de Karkemish qu'elle décrivait de la manière suivante : « Recouvert par les ruines des cités romaine et byzantine, on y découvre des colonnes et des stylobates moulurés, des vestiges de murs entourant des cours pavées et la trace d'une allée à colonnade courant à travers les ruines en amont. [...] L'endroit est depuis bien longtemps désolé, mais la splendeur de la ville, que protégeait ce monticule imposant, ne fait guère de doute. »

En atteignant le sommet de la colline, elle vit que l'on avait creusé des tranchées ; sous les décombres romains émergeaient des fondations remontant à l'époque préhistorique. Elle maintint cependant qu'il n'y avait « pas grand-chose à sauver » et que le travail n'était « pas satisfaisant ». Elle avait assisté, quelques semaines plus tôt, aux fouilles rigoureuses et aux élégantes reconstitutions des archéologues allemands ; et elle voyait à présent quatre-vingts autochtones creusant le sol à grand renfort de pelles sous les directives de l'équipe anglaise et massacrant les vestiges d'une antique civilisation, dans l'espoir de découvrir un quelconque trésor et de recevoir les gages promis. Elle fut atterrée, et ne put s'empêcher de lancer en guise de commentaire un sec : « préhistorique ! » avant d'aller chapitrer les deux jeunes gens en leur expliquant les méthodes de fouille modernes. Mais ces derniers s'étaient bien préparés à l'assaut. Lawrence écrivit le lendemain à sa mère :

Il nous a fallu l'écraser par notre érudition. Nous l'avons promenée (en cinq minutes) de l'architecture byzantine à celle des Croisés, puis au roman, aux constructions hittites et françaises (ce fut mon travail), avant d'effectuer un passage du côté des traditions grecques, de l'architecture assyrienne et de l'ethnologie mésopotamienne (Thompson à l'œuvre cette fois-ci) ; et encore, la céramique préhistorique, les téléobjectifs, la métallurgie à l'âge du bronze, Meredith, Anatole France et les Octobristes (moi) ; le mouvement Jeunes Turcs, la syntaxe arabe, le prix des chameaux de monture, les coutumes funéraires assyriennes et les méthodes de fouille allemandes près du chemin de fer de Bagdad (Thompson). Ce n'était que le hors-d'œuvre ; quand il fut fini (elle commençait à être impressionnée), nous nous sommes répartis sept ou huit sujets sur lesquels nous l'avons interrogée tour à tour. Elle fut toute contente qu'on lui offrît du thé une heure et demie plus tard, et confia en partant à Thompson qu'il lui paraissait prodigieux d'avoir tenu les délais pour les fouilles ; elle pensait, par ailleurs, que *nous* avions retiré du site tout ce qu'il était possible d'y retirer et admira tout particulièrement la précision des notes que nous avions prises.

Voilà ce que nous avons fait. Débarquant des fouilles allemandes de Kalkhu, elle chicanait vraiment trop au début. J'espère que nos recherches, si elles sont moins parfaites que les leurs, sont cependant plus exactes. Elles ne débouchent pas sur des reconstructions dans lesquelles s'absorbent tous ces Teutons. Nous les lui avons montrées et l'avons laissée lessivée mais impressionnée. Elle est agréable ; environ trente-six ans, sans beauté (sauf, peut-être, sous un voile). Il aurait été extrêmement ennuyeux qu'elle vilipende nos méthodes dans la presse. Je ne pense pas qu'elle le fasse cependant.

Effectivement, Gertrude était impressionnée. Ils poursuivirent une conversation animée pendant tout le dîner, et elle enchanta Lawrence au-delà de toute expression en évoquant deux romans de Meredith qu'elle avait déjà fini de lire ; après quoi elle décida de passer la nuit à Karkemish. Elle se réveilla avant l'aube et sortit du camp à cinq heures et demie, abasourdie de voir les villageois la huer sur son passage : elle ne se doutait pas que Lawrence, espérant les calmer, leur avait dit qu'il la trouvait trop laide pour l'épouser. Des années plus tard, elle éclatera de rire en apprenant, par la bouche de Hogarth, que Lawrence leur avait fourni une telle excuse afin de préserver son célibat.

La nuit suivant son départ de Karkemish, Lawrence envoya un mot à Hogarth, beaucoup plus bienveillant que celui qu'il avait écrit à sa mère : « Thompson s'est habillé ce soir, et quelque chose de la tristesse de la dernière soirée l'envahit maintenant que Gertry est partie se coucher. Sa visite a été un succès pour nous, ce qui n'était pas joué d'avance. Elle n'a pu s'empêcher de le traiter de “ préhistorique ! ” (Par comparaison avec vos méthodes de fouille, dont elle n'a pas vu encore les résultats – enthousiasme... un peu frais, à mon sens.) »

À peu près au même moment, Gertrude écrivait à Florence sans faire allusion ni à la rivalité ni à la toute neuve amitié liée avec T. E. Lawrence : « Ils m'ont montré leurs fouilles et leurs découvertes ; j'ai passé en leur compagnie une journée très agréable. »

10

Dick

Gertrude revint de nouveau en Angleterre en 1911 et 1912 et travailla à son livre sur Ukhaidir ; elle trouva également le temps d'écrire des articles d'archéologie pour des publications savantes et des notes de lecture pour le *Times,* d'assister au couronnement de George V à Londres et de prononcer des discours pour la Ligue antisuffrages. C'était à présent à la Turquie d'Asie qu'elle s'intéressait. L'État ottoman subissait un déclin accéléré : il s'écroulait, de l'intérieur, sous les coups des Jeunes Turcs nationalistes, et reculait en Europe devant la ferveur indépendantiste qui agitait les Balkans. La guerre ruineuse qui s'y déroula en 1912 coûta au Grand Sultan son emprise sur la Serbie, une partie de la Grèce, de la Bulgarie et du Monténégro. Qu'en serait-il des positions ottomanes en Asie ? s'inquiétait Gertrude. La Syrie, la Mésopotamie et l'Arabie seraient bientôt toutes à l'encan. « Je ne serais pas surprise si nous assistions, dans les dix années à venir, à la dissolution de l'Empire ottoman en Asie et à l'apparition des premières régions arabes autonomes », écrivait-elle de manière prophétique vers la fin de 1912 à Domnul, qui venait d'être anobli et voyageait aux Indes après avoir pris sa retraite du *Times.*

Richard Doughty-Wylie, qui vivait à présent à Constantinople, avait beaucoup appris à Gertrude sur la Turquie. Ils échangeaient une abondante correspondance, sa femme Judith, elle et lui : elle les informait de ses pérégrinations et de la parution de ses ouvrages et félicita Richard de ses tentatives héroïques pour arrêter le massacre des Arméniens à Adana ; de leur côté, ils lui racontaient les derniers événements qui s'étaient déroulés en Anatolie et à Constantinople, d'où ils avaient suivi la guerre dans les Balkans. Gertrude avait revu Richard en Angleterre lors d'une brève visite au pays en 1908, puis à nouveau en 1912, lorsqu'on l'avait rappelé à Londres pour une nouvelle affectation. Mais il ne tarda pas à repartir avec la mission de coordonner les initiatives humanitaires de la Croix-Rouge en territoire turc, où les états balkaniques s'étaient coalisés pour arracher la Macédoine au joug turc. Le jour de Noël, en 1912, il lui écrivit une lettre depuis la capitale ottomane et, au début de l'automne 1913, Doughty-Wylie et sa femme arrivèrent à Londres. Gertrude prit le thé avec eux un après-midi, puis dîna un soir en leur compagnie pour bavarder des événements qui s'étaient déroulés récemment en Orient.

Plus elle le voyait, plus il l'attirait. Personne, parmi ses connaissances, ne la fascinait autant que Doughty-Wylie. Il était le parfait représentant de l'Empire britannique : un soldat et un haut fonctionnaire bardé de décorations, un érudit cultivé et sensible qui aimait à citer des vers, un analyste politique perspicace, un homme sensuel qui éveillait ses plus profonds désirs. Elle l'invita en juillet dans sa maison du Yorkshire et, dans un moment d'abandon, sa femme étant absente, il répondit à son invitation. C'était là une initiative audacieuse de la part de Gertrude : en l'invitant à Rounton, elle le faisait entrer dans son monde le plus intime, source de ses émotions les plus chères, se dévoilant elle-même comme jamais elle ne l'aurait fait à Londres.

Elle le présenta à sa famille, lui fit découvrir la maison de son enfance, les parterres auxquels elle avait accordé ses plus grands soins, le jardin lapidaire qu'elle avait créé, la bibliothèque où, petite fille, elle lisait avec voracité. Ils parlèrent et parlèrent encore, elle de la solitude du célibat, lui de la solitude d'être mal marié ; elle du plaisir que lui offrait l'indépendance, lui de celui qu'il trouvait à faire l'amour. Elle devinait la violence de son désir et l'ardeur de sa passion. Ils se retrouvèrent dans sa chambre, à quelques centimètres l'un de l'autre, immobiles. Le cœur de Gertrude battait la chamade, le rouge lui montait aux joues et, tandis qu'elle vit ses yeux s'enflammer soudain, il la prit dans ses bras. Il la désirait mais elle se refusa à lui.

Quelques jours plus tard, il lui écrivit de Londres pour la remercier de son invitation. C'était la première lettre d'un échange qui devait en comporter plusieurs dizaines et où s'exprimerait à chaque fois leur ardeur passionnée. Elle devait confier plus tard à un ami que jamais un couple n'avait échangé des lettres d'amour si profondes, si pleines de douleur et de beauté. Dick lui disait, dans ce premier essai de leur correspondance, combien il aimait la voir dans son « cadre de vie », entourée des gens, des lieux, des jardins qui lui étaient si chers. Il adorait lui parler et l'écouter parler de ce qui comptait le plus à ses yeux. Il voulait devenir un de ses amis intimes depuis toujours, depuis le moment même, disait-il, où ils s'étaient rencontrés en Anatolie. « J'ai à présent le sentiment que nous nous sommes rapprochés l'un de l'autre et que nous sommes devenus des amis vraiment intimes. [...] Je ne puis m'empêcher d'écrire, de vous écrire pour vous dire combien je suis fier d'être votre ami ; pour vous dire aussi que, même si elle ne peut s'épanouir, cette affection a un sens profond, ma chérie, tout comme ma gratitude, mon admiration, ma confiance et ce désir irrésistible de vous voir le plus souvent possible. [...] Toujours vôtre, R. »

Mais il détruisit ses espoirs aussi vite qu'il les avait fait naître. Le lendemain, elle reçut un mot lui apprenant qu'une fois de plus il avait été envoyé en poste à l'étranger. Elle se réfugia dans sa chambre à Rounton pour lui écrire et lui parler du plaisir qu'elle éprouvait au petit matin à se promener dans son jardin, de la joie qu'elle avait sentie à se trouver près de lui. Elle lui fit parvenir cette lettre et les suivantes à sa garçonnière londonienne, où il prenait ses quartiers quand Judith se rendait au Pays de Galles.

« Tant que je suis seul, restons seuls ensemble, lui répondit-il, gentiment taquin ; oui, ma chérie, ce que j'ai dit de la solitude est vrai : sur chaque colline, dans chaque forêt je l'ai appelée et accueillie avec bonheur [...] et vous aussi, vous êtes une fervente de cette divinité, car seule l'une de ses adoratrices aurait pu écrire ce que vous avez écrit du silence crépusculaire des jardins. Et c'est pourquoi nous continuerons de nous voir sans rien dire et vivrons comme avant. »

Un rêve revenait le hanter : « Les fantômes de Rounton me sont encore apparus la nuit dernière. Y a-t-il des histoires qui courent à leur sujet ? [...] La silhouette sombre d'une femme m'inquiéta au point que j'ai allumé la lumière. Ce n'était pas votre ombre, ni rien qui s'en rapprochât, mais une présence hostile et menaçante. » Sa lettre était signée « Dick ».

Elle était à présent une vieille fille solitaire de quarante-cinq ans et elle souhaitait ardemment un mari et des enfants. Lui était un homme marié, lié à une femme riche qui appartenait à la meilleure société anglaise. Situation inextricable s'il en était et que venaient peupler des revenants, témoins de leur culpabilité réciproque. Et pourtant son désir grandissait à mesure même que Dick évoquait son impossibilité. Elle tenait à savoir quand il devait partir. Qu'adviendrait-il d'eux alors ? Pourrait-elle continuer de lui écrire après son départ ? Faudrait-il également adresser ses lettres à Judith ?

Il lui répondit avec calme qu'il jugeait préférable qu'elle leur écrivît à tous deux. Ayant lu précédemment les lettres de Gertrude, son épouse ne manquerait pas de trouver étrange ce soudain revirement de situation. Après tout, « à l'étranger, on vit les uns sur les autres – chose que je n'apprécie guère, même si cela devait être avec vous, enfin pas en permanence, juste aux moments où nous le souhaiterions. [...] Mais à quoi bon écrire tout cela ? »

Son départ pour les Balkans était imminent, et il s'était préparé à prendre congé de Gertrude, emportant avec lui tout espoir de retrouvailles. Il continuait de lui faire battre le cœur, cependant, quand il lui écrivait : « Nous nous rencontrerons encore dans nos pensées et dans nos rêves » ; il la blessait aussi, lui racontant ses aventures à la fin de cette lettre : « La nuit dernière une de ces pauvres créatures m'a interpellé – c'est toujours la même histoire –, je lui ai donné l'argent et l'ai renvoyée chez elle. [...] Tant d'hommes sont comme moi, ou comme ce que j'étais, et je les plains. [...] Ces appétits charnels, normaux et naturels et qui ne sont, le plus souvent, rien de plus qu'un simple besoin, peuvent aussi devenir le support du feu de l'esprit, et ce n'est qu'alors qu'ils acquièrent une grandeur et qu'ils méritent d'être satisfaits. »

Puis vint l'heure de son départ. Il la supplia de lui écrire : elle l'appellerait Dick et lui, Gertrude, et, quand bien même sa femme tomberait sur leurs lettres, leur intimité lui paraîtrait sans importance. Après tout, l'assurait-il, beaucoup de gens s'appellent par leur prénom. Il n'en allait pas de même des mots passionnés qu'elle lui avait écrits ces dernières semaines : « Je détruirai vos lettres ce soir, lui jura-t-il, car même si cette idée me fait horreur, cela me semble plus sage. On peut toujours mourir ou avoir un accident, et ce que vous m'avez écrit ne regarde que mon âme. J'ai beau me retirer au plus profond de moi-même, elles me poursuivent. Au revoir, ma chérie, je vous baise les mains. »

Ces quelques semaines avaient été les plus intenses, les plus extraordinaires de toute sa vie. Elle avait enfin rencontré un homme beau, intelligent, raffiné, qui partageait sa passion pour l'Orient, le désert, le peuple arabe, l'Antiquité, la politique contemporaine, la poésie, la littérature et la solitude. Plus que tout autre, il comprenait ces choses et les appréciait comme elle. À présent qu'il était parti, elle se retrouvait seule avec ses souvenirs douloureux.

Elle projeta de repartir dans le désert. D'après ses sources d'information à Damas, la période n'avait jamais été aussi faste pour voyager en Arabie. Elle y arriva le 27 novembre 1913, impatiente d'en juger par elle-même. Un peu fatiguée par son périple – la traversée d'Angleterre en France avait été suivie d'une semaine de paquebot en Méditerranée, puis du voyage en train depuis Beyrouth –, c'est une Miss Bell un peu fébrile qui descendit vivement de son fiacre, rangea les mèches rousses qui s'échappaient de son chapeau à aigrettes, rajusta sa longue jupe droite et s'avança d'un pas assuré dans le vestibule du

Damas Palace Hotel. Cet hôtel situé en plein centre-ville n'appartenait pas, malgré son confort, à la catégorie grand luxe, mais elle en appréciait les tarifs avantageux, la diligence du service et le directeur plein de sollicitude qui se souvenait d'elle, bien évidemment. Du reste, s'il avait oublié l'éclat de ses yeux verts ou son nez pointu, le ton autoritaire de sa voix et son allure décidée lui seraient aussitôt revenus en mémoire. Tout ému de l'arrivée de cette célèbre cliente – personne à Damas n'ignorait cette Anglaise intrépide qui avait voyagé seule dans le désert –, il l'accueillit avec profusion de courbettes et de *salaam*, auxquels elle répondit d'un air quelque peu désabusé.

Gertrude signa le registre et, la tête haute, elle gagna sa chambre. Derrière elle, des gamins arabes en cafetans se bousculaient pour porter son énorme malle dans laquelle Mary, sa femme de chambre, avait rangé ses robes de marques françaises, ses jupes à pinces, ses manteaux de fourrure, ses vestes de tweed, ses châles à frange, ses corsages à volants, ses chapeaux à plumes, ses ombrelles et ses tenues d'équitation en lin. Un domestique portait son nécessaire de toilette, rempli de brosses en argent et de flacons de verre taillé, dont les bouchons polis avaient été profondément enfoncés pour éviter que les lotions ne répandent leur contenu. Deux autres garçons transportaient sa valise, bourrée à craquer de linge de corps en dentelle et de jupons, camouflage idéal pour ses cartes, ses appareils photo, ses films, ses jumelles, ses théodolites et autres carabines.

La suite de ses bagages était constituée de caisses remplies de Wedgwood, de cristaux, d'argenterie, de linge de table, de couvertures, de carnets encore vierges, d'éditions de Shakespeare, d'ouvrages d'archéologie de Voguë et Stryzgowski, de livres d'histoire, qu'elle amassait depuis ses années d'études à Oxford ; elle y avait joint *Arabia Deserta* de Doughty, le livre de Hogarth et *Le pèlerinage dans le Nedjd* de Blunt, ainsi que des guides, de la quinine, de l'alcool camphré, des solutions d'acide borique, un remède contre la diarrhée, des pansements, des savons et des poudres antipuces. Deux semaines à Damas ne seraient pas de trop pour faire ses préparatifs avant de se lancer dans le désert.

Aussitôt installée dans sa chambre, qui était sobre mais pratique, elle envoya chercher un petit Arabe. Le gratifiant d'un *bakchich*, elle lui tendit des cartes de visite en lui donnant pour mission de les porter non pas aux autorités turques – elle insista là-dessus –, mais à quelques-unes de ses connaissances européennes, comme Lütticke, directeur de la célèbre banque, et Loytved, le consul allemand, ainsi qu'à des notables arabes en qui elle avait confiance.

Elle rangea ses vêtements avec le plus grand soin, et un sourire lui échappa quand elle sentit sous le cuir de ses chaussures les cartouches qu'elle y avait dissimulées. Elle écrivit aux siens : « J'aurais pu me passer de cacher des munitions dans mes bottes ; nous avons franchi les douanes sans qu'on nous demande d'ouvrir un seul bagage. » Une fois de plus, elle s'était jouée des Turcs.

Le soleil descendait sur les montagnes syriennes ; l'heure du dîner approchant, elle se recoiffa, passa une robe habillée et s'assura avant de descendre que son étui à cigarettes se trouvait bien dans sa pochette de soirée. On l'accueillit chaleureusement au restaurant de l'hôtel, où la pension complète, à l'exception du vin, était incluse dans les dix francs qu'elle versait pour la nuit. Les garçons tournoyaient autour d'elle, attentifs à ses moindres besoins, et lui servaient une nourriture qui, à défaut d'être excellente, présentait selon le guide Murray toutes les garanties d'hygiène. Après le café, elle s'excusa auprès des Burton, un couple anglais qui partageait sa table, et se retira dans sa chambre. Elle griffonna quelques notes sur son carnet recouvert de cuir, puis elle alla se coucher.

Excitée par cette première nuit à Damas, elle ne pouvait s'empêcher de penser au voyage qui l'attendait en Arabie centrale. Elle caressait l'espoir de cette expédition depuis plus de douze ans. Bien souvent elle avait essayé de mettre ce voyage sur pied, mais elle en avait été empêchée par sir Louis Mallet, au Foreign Office, et le secrétaire d'État Willie Tyrrell. Quatre ans plus tôt, Percy Cox, résident anglais dans le Golfe qui travaillait pour les services secrets de l'Administration des Indes, l'avait à nouveau mise en garde.

Jamais elle n'avait renoncé à son projet de percer les mystères de l'Arabie centrale. Pourtant elle n'ignorait pas que le Nedjd, ce désert immense et implacable, était truffé de périls ; elle savait qu'elle passerait des journées interminables à souffrir de la soif, et d'autres où elle serait trempée comme une souche par les fortes averses qui s'abattaient parfois sur la terre imperméable. On était en hiver, et il y aurait des semaines entières où la température descendrait la nuit au-dessous de zéro, d'autres où le soleil la brûlerait effroyablement en plein midi. Elle savait aussi qu'elle aurait à se battre contre les hordes de puces qui tournoyaient autour des chameaux, et qu'elle tomberait sur des serpents et des scorpions à l'affût dans les dunes. Et puis surtout, il y aurait ces étendues de sable qui se dérouleraient à perte de vue, parfois noires et sinistres, parfois amassées en larges monticules jaunes, parfois agglomérées en roches dures, grises et sans pitié.

Et cependant elle aimait le désert. Il satisfaisait en elle son désir d'évasion. Des années plus tôt, elle avait écrit : « Ceux qui ont été élevés selon des préceptes rigides connaissent peu de joies aussi fortes que celle qu'on éprouve au seuil d'un voyage dans le désert. Les portes du jardin secret sont grandes ouvertes, la chaîne qui barrait l'entrée du sanctuaire est détachée, [...] et, comme dans un conte, on sent tomber les liens qui enserraient le cœur. » Mais, bien plus que des obstacles dressés par la société anglaise, elle se sentait prisonnière de l'amour qu'elle vouait à un homme marié. Le voyage lui permettrait de se libérer de ses fers.

La journée commença par de bonnes nouvelles : Fattuh, cet Arménien loyal qui l'avait suivie dans le désert pendant ces dix dernières années venait tout juste d'arriver d'Alep. Elle avait beaucoup à faire avant de quitter Damas, et ils sortirent ensemble pour rendre visite au cheikh Muhammad Bassam, qu'elle avait rencontré dans le désert, longtemps auparavant, et qui pourrait lui être d'un grand secours. Riche et doté de nombreuses relations, Bassam avait la confiance des cheikhs bédouins comme celle des notables de la ville. Il la conseillerait dans le choix d'un guide, lui indiquerait où trouver les meilleurs chameaux au meilleur prix et lui permettrait de se frayer un chemin dans les sables mouvants du désert arabe.

Par un temps qu'elle trouva « divin », elle se hâtait dans les rues, avec une simple veste jetée sur ses épaules, un feutre sur la tête. Elle arriva devant une façade lépreuse, toute de briques, qui formait un mur d'enceinte autour de la maison de Bassam ; derrière se cachait un vaste patio orné de fontaines et de mosaïques. Le bruit de ses pas résonna sur le marbre de la cour, et elle s'arrêta un moment pour respirer les parfums mêlés des orangers, des citronniers et des grenadiers en fleurs. Qu'il était bon de se retrouver en Orient !

Bassam la reçut dans son salon en compagnie de son épouse, une femme d'une grande beauté qui était née dans le Nedjd et qui s'éclipsa après l'échange des salutations. Un serviteur apporta à l'invitée un café épais et délicieusement amer. Gertrude s'exprimait dans un arabe classique et fleuri, s'efforçant de soutenir le rythme de la conversation. Elle lui demanda poliment des nouvelles de son père et de ses fils, puis s'enquit de ses vergers, de ses troupeaux, de leurs relations communes. Qu'advenait-il de la Turquie ? Qu'en pensaient ses amis damascènes et quels étaient les sentiments des Arabes du désert ? Quant à Bassam, il voulut connaître son jugement sur l'État ottoman, maintenant en pleine révolution, et lui fit remarquer qu'à Basra, en Mésopotamie, où la Grande-Bretagne tenait une citadelle, la population avait demandé la protection des Anglais. La discussion arriva ensuite à ses projets de traversée du désert.

Elle tenait à rencontrer les chefs des deux clans arabes les plus importants, Ibn Rachid et Ibn Saoud, qui se disputaient avec acharnement le contrôle de l'Arabie centrale. L'Empire ottoman partant en déliquescence, il y avait toutes les raisons de croire que les deux hommes seraient heureux de l'accueillir pour connaître les évolutions politiques récentes. Ce déplacement, par ailleurs, pourrait se révéler tout à fait déterminant pour le gouvernement anglais : si une guerre éclatait, l'Arabie pèserait lourd dans la balance, et les Britanniques avaient tout intérêt à savoir quels alliés ils pourraient trouver chez les Arabes pour contrer les Turcs.

Elle interrogea son hôte sur ce qui lui tenait à cœur : pensait-il qu'il était risqué de s'aventurer en Arabie centrale ? Ceux à qui elle s'était adressée lui avaient donné les avis les plus contradictoires et elle voulait entendre son opinion. Il apaisa ses inquiétudes : cette année, le Nedjd était parfaitement tranquille, les combats avaient cessé entre les Rachid et les Saoud. Ravie de cette nouvelle, elle écrivit plus tard à sa mère qu'elle arrivait à « un moment excessivement favorable », poursuivant : « Tout le monde est en paix. Des tribus qui se faisaient la guerre depuis des générations ont déposé les armes et un calme presque étrange règne dans le désert. »

Son fume-cigarette d'ivoire aux lèvres, elle discutait avec son hôte tandis que la brise leur parvenait du jardin ; elle retraça avec lui son itinéraire : elle emprunterait une route bien connue d'elle, à l'est de Damas, et s'enfoncerait au sud, vers le grand Nedjd. Seuls trois ou quatre Européens avaient survécu au périple, mais Gertrude espérait échapper aux razzias meurtrières et aux voleurs qui sillonnaient le Nedjd, en joignant à son équipe un ou deux guides expérimentés et une escorte de *rafiqs*, mercenaires qui assuraient la sécurité des voyageurs sur le territoire de leur propre tribu. Elle pensait se rendre d'abord à Hayil, où Ibn Rachid, l'allié des Turcs, avait installé au XIXe siècle ses quartiers généraux. De là, elle descendrait plus au sud, pour rencontrer son rival Ibn Saoud.

Mais elle convint avec Bassam d'éviter la ligne de chemin de fer du Hedjaz. L'Empire ottoman étant en pleine déroute, son gouvernement soupçonnait les Anglais d'encourager les Arabes à la rébellion : des agents de l'État sourcilleux et des policiers indélicats ne manqueraient pas de l'assaillir de questions et d'exiger qu'elle leur explique précisément ce qu'elle faisait dans la région. Naturellement, elle pourrait leur répondre sans trop s'écarter de la vérité qu'elle menait des recherches archéologiques, ou qu'elle amassait des informations pour son prochain livre, ou qu'elle établissait des relevés topographiques pour le compte de la Société royale de géographie, mais rien ne l'assurait qu'ils prendraient sa parole pour argent comptant.

Peut-être même décèleraient-ils une nuance de tristesse dans sa voix, qui trahirait malgré elle la souffrance d'une déception sentimentale. Mais jamais cet aveu ne franchirait le seuil de ses lèvres. Jusqu'à présent elle avait toujours échappé aux investigations des Turcs et elle était fermement convaincue qu'elle y parviendrait encore. Toutefois, à la simple idée du risque qu'elle allait prendre, elle frissonnait des pieds à la tête.

Le serviteur rapporta un café qu'elle avala rapidement avant de remercier Bassam de son aide. Puis elle éteignit sa cigarette et prit congé de son hôte.

Les dix jours nécessaires pour acheminer le courrier jusqu'en Angleterre représentaient un délai trop long ; elle préféra télégraphier à Rounton depuis la poste la plus proche de son hôtel. Elle demandait de l'argent supplémentaire et expliquait qu'elle avait déjà dépensé dans le voyage toutes ses rentes de l'année ; en outre, elle promettait à son père de le rembourser avec les droits qu'elle toucherait sur son prochain livre. Hugh Bell était un esprit économe, et Gertrude lui rendait compte de ses dépenses comme une épouse soumise même s'il ne lui avait jamais rien refusé dans le passé. Elle lui écrivit, non sans une certaine puérilité : « Le désert est tout à fait paisible et je ne devrais y rencontrer aucune difficulté. [...] J'espère que vous ne me direz pas non, mais cela est peu probable : vous êtes un père trop aimé pour refuser fût-ce les requêtes les plus extravagantes. [...] Mon cher père adoré, ne croyez pas que je sois complètement folle ou déraisonnable, et rappelez-vous toujours que je vous chéris au-delà des mots. »

Munie de la liste qu'elle avait établie sur les suggestions de Bassam, Gertrude dépassa la grande mosquée des Omeyades et s'engouffra dans le souk animé de Damas. Tout ce qu'elle cherchait – nourriture, vêtements et jusqu'aux chameaux – était à vendre dans ce bazar couvert. Vêtue d'un tailleur parisien flambant neuf et flanquée du serviable Fattuh, elle cheminait au travers de ce dédale crasseux, croisant sur son passage des pachas en tuniques brodées d'or, des cheikhs en manteaux agrémentés de franges dorées, des Turcs enveloppés de soie et portant des turbans bariolés, des chrétiens en redingotes, leur chapelet à la main, des juifs en longs pardessus noirs, leurs longues boucles s'échappant de leurs chapeaux en castor, des Arméniens et des Grecs dont les tuniques brodées affichaient des couleurs vives, des vieillards arborant fièrement le turban vert qui signalait qu'ils avaient effectué le pèlerinage à La Mecque, des Bédouins, tout juste arrivés du désert, dans leur *abbas* bleu, leur *keffieh* autour de la tête, avec leurs femmes tatouées d'indigo et voilées de bleu nuit, et les gamins du cru qui, eux, étaient à peine vêtus.

Elle marchait tout en évitant les tas de fiente laissés par les chameaux et les mules qui défilaient eux aussi dans ce labyrinthe. Dans ses ruelles étroites, des diseuses de bonne aventure, des scribes, des graveurs de sceaux proposaient leurs services, tandis que des marchands de tout poil vociféraient pour attirer l'attention sur leurs articles. C'était une véritable cacophonie qui mêlait les plaintes des mendiants en haillons, les cris des marchands ambulants dégoulinant de sueur et la mélopée gutturale des muezzins. Les odeurs des sucreries orientales l'attiraient ; devant elle s'amoncelaient pistaches, noix, pois chiches, pâtisseries damascènes, rouleaux de réglisse, biscuits et pains d'une variété infinie. À plusieurs reprises, elle faillit écraser le bord de son chapeau en esquivant des vendeurs de sorbets, des bouchers portant des carcasses entières sur leurs épaules et des limonadiers qui traînaient d'énormes jarres à deux anses.

À l'entrée des galeries couvertes, tout près de la mosquée des Omeyades, le parfum des épices s'exhalait depuis le souk d'Ali Pacha ; elle jeta un œil aux étals de tabac, aux marchands de café et goûta quelques dattes fraîches cueillies dans le désert. Puis, elle rendit visite à son ami Bahai, reconnaissable entre tous à sa barbe rousse, qui tenait là un salon de thé. Il l'accueillit, comme à l'accoutumée, avec une tasse d'un mélange parfumé de thés persans. La première fois qu'elle s'était rendue chez lui, des années auparavant, il lui avait immédiatement annoncé : « Nous connaissons bien Votre Excellence » et, comme elle s'apprêtait à sortir son argent, il avait ajouté : « Pour vous, ce sera toujours gratuit. »

Fattuh la devança au souk El Jamal, où les caravaniers

venaient vendre et acheter des chameaux. Sans prêter la moindre attention à la puanteur fétide qui y régnait, il marchanda des dromadaires et, à son grand bonheur, il les obtint au prix de cent trente francs par tête. À côté, il trouva de grandes selles de cuir et des sacoches de tissu. Gertrude se fraya un chemin dans le souk Al Arwam, où les marchands grecs, assis à même le sol de leurs boutiques, l'interpellaient pour lui proposer des armes, des armures, des châles, des tapis ou des narghilés. Elle négocia habilement dans les boutiques de vêtements et se retrouva les bras chargés de manteaux bon marché, de *keffieh*, de cotonnades et de foulards qu'elle offrirait au cours de son périple. Aux halles, ils achetèrent du pain, du beurre, de la viande, des œufs, du fromage et de l'eau pour trois ou quatre semaines. Mais le plus important restait encore à faire : il fallait trouver des chameliers. Grâce aux recommandations du cheikh Bassam, elle engagea Muhammad Mourawi, un vieux guide réputé qui comptait des amis dans chaque tribu arabe qu'ils rencontreraient en chemin.

Le désert était infesté de brigands : sans merci pour leurs coreligionnaires, plus impitoyables encore avec les Européens, ils lui déroberaient son argent à la première occasion ; elle ne pouvait pas prendre le risque d'emporter l'argent liquide nécessaire au réapprovisionnement de l'expédition. Accompagnée de son guide Muhammad, elle prit le tramway qui menait à Maidan, juste à la sortie de la ville, pour aller trouver un agent d'Ibn Rachid. Moyennant deux cents livres sterling, elle recevrait une lettre de change qu'elle pourrait tirer à Hayil.

L'homme en question l'attendait dans un restaurant local, accompagné d'une suite nombreuse : à peu près une douzaine d'autochtones et des visiteurs du Sud, tous curieux de rencontrer la « dame », *Al Sitt*. La tête entourée de tissus galonnés, ils portaient de longues robes et l'accueillirent par le traditionnel *salaam aleikhum*, à quoi elle répondit par le non moins classique *aleikhum salaam*. Puis ils lui firent place autour d'une des tables en bois qui remplissaient la salle, dans un décor qui finissait par lui être familier – mosaïques sur le sol de tommettes et calligraphies islamiques sur les murs chaulés de blancs. On disposa devant elle un assortiment de hors-d'œuvre : assiettes de *lebeneh* – fromage frais –, accompagné d'huile d'olive et de menthe séchée, taboulé, olives, *baba ganoush*, etc. Elle plongea un morceau de pain azyme dans un plat d'*homos*, savoura la purée de pois chiches, puis se pencha en avant pour entamer la conversation. Avec science, elle évoqua l'Antiquité, répondit aux questions de ses interlocuteurs sur les monnaies anciennes et écrivit pour eux les lettres de l'alphabet coufique.

Puis elle orienta la conversation sur les sujets qui la préoccupaient : l'état d'esprit des Turcs, les terrains et les oasis du désert, sans oublier les *ghazus*, ces razzias meurtrières qui constituaient le jeu de vie et de mort des Bédouins ; elle se renseigna aussi sur la politique des tribus et leurs guerres intestines. Elle les interrogeait avec animation, scrutant leurs visages barbus, s'efforçant de découvrir la vérité. Ils opinèrent du chef l'un après l'autre et lui assurèrent que tout était devenu calme ; les tribus avaient déposé les armes et la paix était descendue sur le désert.

L'un d'eux murmura qu'en dépit d'anciennes querelles entre les tribus d'Ibn Rachid et celles d'Ibn Saoud, tout était à présent rentré dans l'ordre. Incrédule, elle lui demanda si les vieilles inimitiés étaient réellement oubliées et s'il croyait que l'on pourrait enfin donner une forme aux sables du désert. Un jeune homme d'aspect étrange prit la parole et elle l'observa, intriguée, tandis qu'il parlait. Abd al Aziz était l'agent d'Ibn Rachid, celui précisément qui devait lui fournir sa lettre de change. Grand, mince, le visage étroit, il portait une barbe noire et peu fournie ; sa silhouette élancée était drapée dans une gandoura brodée d'or, sur laquelle il avait jeté un immense manteau à capuche en poil de chameau aux attaches d'or. Il y avait quelque chose de bizarre dans la façon dont il se reculait sur les coussins sans faire pratiquement aucun mouvement, soulevant à peine les paupières, tandis qu'il s'exprimait d'une voix douce dans un arabe des plus classiques. Elle remarqua ensuite un changement d'humeur et le vit s'animer ; agitant ses mains fines, il parlait d'Hayil, de joyaux étranges qui auraient été transférés dans la ville médiévale, de trésors cachés dans les mosquées de Karbala, d'écrits mystérieux qui gisaient en Arabie centrale. Les autres l'écoutaient attentivement, laissant échapper des murmures d'admiration : « *Ya Satir ! Ya manjud* » (Ô protecteur, ô toi sauveur !).

Ces histoires la laissèrent quelque peu sceptique, ce qui ne l'empêcha pas d'observer attentivement ce Bédouin au regard oblique. Un peu plus tard, quand il eut achevé ses récits, elle rompit le pain avec lui en gage d'amitié et ils partagèrent le sel, symbole de la protection que lui apporterait sa tribu. Elle soutint son regard sournois, espérant de toutes ses forces qu'il tiendrait parole.

La veille du départ, Fattuh se plaignit d'être malade. Sa température montait jusqu'à le faire délirer ; le médecin diagnostiqua la malaria. En dépit de sa nature impatiente, Gertrude retarda son départ et remplit les heures vides en jouant sans trêve au bridge et en se gavant nerveusement de yaourts. « À force de manger la meilleure nourriture du monde, j'ai fini par engraisser », écrit-elle aux siens. Quelques jours plus tard, on lui apprit que Fattuh avait la typhoïde. L'attente était devenue trop longue. Elle se décida à engager un autre serviteur et prit le risque de voyager en longeant la ligne de chemin de fer. D'ici une semaine, Fattuh pourrait prendre le train pour la rejoindre.

La nuit, dans sa chambre d'hôtel, elle écrivit fébrilement : elle jeta des notes sur son journal, mit un soin tout particulier aux longues descriptions qu'elle adressa à ses parents et amis, et griffonna un mot à son confrère archéologue T. E. Lawrence, par lequel elle lui apprenait qu'elle comptait le revoir à Karkemish, sur le chemin de retour au printemps. Puis, après avoir sorti un bloc de papier vierge de son sac de cuir, elle plongea l'extrémité métallique de son porte-plume dans l'encrier pour écrire une nouvelle lettre. Le désespoir au cœur, empêtrée dans sa solitude, elle désirait toujours aussi douloureusement se trouver au côté de Dick. Elle ne savait que trop, cependant, que là n'était pas son destin, et c'est vers Domnul qu'elle se tourna pour exprimer ses sentiments :

« J'aimerais couper tous les liens qui me rattachent au monde ; c'est l'attitude, me semble-t-il, la meilleure et la plus sage. Oh, Domnul, si vous saviez combien j'ai goûté à l'enfer ces derniers mois, vous estimeriez que j'ai raison d'explorer toutes les issues. J'ignore s'il s'agit là d'une solution ultime, mais elle mérite d'être tentée. Je vous l'ai déjà dit, c'est surtout ma faute, ce qui n'empêche pas la situation d'être irréparable pour nous deux. Je m'efforce aujourd'hui de tourner la page, et le temps qui émousse le souvenir des choses les plus chères, me viendra peut-être en aide. »

Un paquet postal lui arriva d'Angleterre. Elle parcourut les enveloppes et aperçut une lettre en provenance des Balkans, du capitaine Doughty-Wylie. Elle l'ouvrit hâtivement. Elle ne l'avait pas vu depuis quatre mois ! Elle se jeta sur les pages, dévorant littéralement ces précieuses lignes :

Il est tard et je suis seul, songeant à bien des choses, la philosophie, l'amour, la vie – cette soirée à Rounton, et tout ce qu'elle signifiait. Je vous avais confié alors que j'étais un homme de la terre, un terrien. [...] Vous êtes dans le désert, je me trouve dans les montagnes, et il y aurait beaucoup à dire de ces espaces qui s'étendent sous les nuages. L'interdit qui nous sépare est-il une absurdité, aurions-nous dû nous comporter comme un homme et une femme, tels que Dieu nous a faits, et nous contenter d'être heureux ? [...] Je me réponds à moi-même que cette question est un mensonge. Si j'avais été votre amant, si nous avions mêlé ces corps mortels qui sont les nôtres, cela nous aurait-il rendus différents ? Sûrement non. Nous ne pouvions pas rester longtemps ensemble, et il nous faut parfois craindre les conséquences de nos actes.

Vous arrive-t-il de penser comme moi ? Je l'ignore – non, probablement. Comme je vous l'ai déjà dit, je suis un homme de la terre. Et c'est pourtant une chose grande et belle que ce droit à l'épanouissement que possède chacun, homme et femme, et dont si peu comprennent la divine simplicité. J'ai toujours affirmé que cette étrange et puissante attraction sexuelle est un phénomène sain, naturel et à encourager... sinon, quoi ? Sommes-nous pires que les autres ? Je n'en sais rien.

Cette nuit-là, elle eut du mal à trouver le sommeil, elle entendait ses mots résonner à ses oreilles. Elle pensait à son voyage et à la rupture qu'il lui fallait accomplir avec le monde. Ses chameaux étaient prêts, ses hommes sur le départ et ses bagages faits ; d'ici une journée, elle serait en route pour le Nedjd et cette immense terre arabe inconnue.

11

Vers Hayil

Le ciel se couvrait de nuages gris quand Gertrude prit à Damas la route de l'est ; elle abandonnait derrière elle un monde coloré, où l'anglais était encore d'usage, et partait sans l'autorisation des Turcs. Il lui faudrait trois mois pour atteindre Hayil, où Ibn Rachid avait établi ses quartiers généraux ; de là, elle souhaitait rejoindre Ibn Saoud, *Inch Allah !* « J'ai l'impression d'être un cheikh arabe », écrit-elle, et il est vrai qu'elle en avait tout l'air, à la tête d'une caravane de vingt chameaux chargés de marchandises, entourée de ses trois chameliers – Ali, Abdullah et Fellah –, de son cuisinier Selim, de l'aîné de ses guides, Muhammad Mourawi, et de son *rafiq*, Hamad. Haut perchée sur la selle de son chameau, elle tenait dans ses mains gantées les longues rênes du harnais et caressait l'animal de sa badine pour le faire aller à droite ou à gauche selon les méandres du terrain marécageux. À ses pieds, des poignées de champignons parsemaient le sol et, de temps en temps, elle voyait des perdrix sauvages s'envoler devant elle ou des sangliers qui traversaient son chemin en courant. Elle s'arrêta pour camper une heure après avoir passé Dumeir, dernier avant-poste de la civilisation entre Damas et l'Euphrate.

Ses hommes n'avaient encore jamais voyagé avec une Européenne, et c'est avec impatience qu'elle les observa dresser les tentes – une petite pour elle, deux plus grandes pour eux et une quatrième pour la cuisine – et se débattre avec les montants et les meubles. Ils parvinrent malgré tout à installer la table en bois sur laquelle elle dînait et à monter tant bien que mal les chaises pliantes, la baignoire de tente et le lit pliant. Tout cet attirail leur semblait des plus étranges à côté des tentes des Bédouins, faites de poil de chèvre, meublées de coussins et de tapis tissés. Fattuh avait rangé ses affaires, et elle eut quelque peine, sans son aide, à faire le tri dans les paquets et à trouver des draps de lit, des cuvettes et des éponges pour son bain. Mais le comble fut atteint lorsqu'elle découvrit au petit déjeuner que son nouveau cuisinier ne savait même pas préparer un œuf à la coque.

Quoi qu'il en soit, ses hommes semblaient pleins de bonne volonté, et elle trouva « correct » le dîner qu'ils lui préparèrent ce soir-là avec les provisions achetées à Damas.

Elle était soulagée d'être enfin en route et elle dormit d'un bon sommeil. Mais le vent se leva au cours de la nuit, et des averses tombèrent toute la journée du lendemain, transformant le sol en un bourbier où les chameaux ne parvenaient plus à avancer. Elle n'eut donc d'autre choix que de rester au camp, grelottant sous sa veste de laine et son manteau de fourrure.

L'idée que les autorités turques la suivaient peut-être depuis Damas la faisait trembler un peu plus et, bien qu'elle tentât de se concentrer sur la dernière édition du *Weekly Times* qu'on lui avait expédiée, elle ne pouvait s'empêcher de laisser son esprit vagabonder du côté des Balkans et de Dick.

Le travail était le seul remède, elle le savait bien et, tandis que ses hommes partaient couper du bois pour le feu et ramasser du foin pour les chameaux, elle se mit à des travaux d'aiguille ; suivant les conseils de son ancienne gouvernante, elle cousait avec application des sacs de coton où elle serrerait les provisions. Le ciel s'éclaircit enfin, deux jours plus tard, mais le sol était si détrempé que les bêtes dérapaient et s'affalaient dans la boue en poussant des gémissements. Au bout de quelques heures, cependant, la caravane atteignit le plein désert.

Elle progressa sur cette terre noire et volcanique, qui fournissait aux sabots de sa monture un appui solide et dont le crissement la ravissait.

Le cuisinier prépara des champignons à la poêle ce soir-là et, accompagnée par les dernières lueurs d'un splendide coucher de soleil, Gertrude alla rejoindre ses hommes sous leur tente, où elle partagea avec eux café et cigarettes. Plus tard, alors qu'un calme mystérieux recouvrait le vaste désert, elle alla se pelotonner au fond de son lit, munie d'une bouillotte pour réchauffer ses draps et ses couvertures tirées sur elle. À la lumière vacillante d'une bougie, elle écrivit à sa famille : « Je me retrouve plongée dans le désert comme si j'y étais déjà chez moi ; le silence et la solitude qui vous entourent y forment comme un voile impénétrable ; rien n'y est réel en dehors des longues heures de chevauchée dans les matinées glaciales, des après-midi somnolents, de l'agitation au moment d'installer le campement, des bavardages autour du café que sert Muhammad après le dîner, du sommeil profond que la civilisation serait bien en peine d'offrir, et puis, encore, de la route. Et, comme toujours, on se sent aussi tranquille et confiant dans ce pays sans foi ni loi que si l'on était dans son propre village. » Pendant cinq jours, elle se laissa bercer par ce rythme routinier et apaisant qui la mena jusqu'au premier de ses objectifs, le djebel Saïs, un vaste volcan éteint. « La paix règne dans mon campement, et tout se passe en douceur », écrit-elle alors.

Le lendemain, ils quittèrent les montagnes noires pour des plaines dorées. Bientôt, ses hommes aperçurent une fumée et un troupeau de chameaux qui signalaient le djebel Druze. Gertrude repéra alors un cavalier qui galopait vers eux en tirant des coups de feu en l'air. Faisant tourner sa monture autour d'eux, il leur cria qu'ils étaient ses ennemis et, tout en menaçant Gertrude de son fusil, il leur interdit de se servir de leurs armes. Puis il exigea qu'Ali, son serviteur, lui tendît sa carabine et sa veste fourrée.

En quelques secondes, d'autres membres de la tribu apparurent. Gertrude, terrifiée, se retrouva entourée par une douzaine de Druzes, hurlant comme des déments, leurs visages balayés par leurs nattes noires tandis qu'ils bondissaient à demi nus, à l'exception d'un seul qui était dépourvu de tout vêtement. Poussant des cris de possédé, l'un d'eux attrapa le chameau de Muhammad, retira le sabre accroché derrière la selle et se mit à gesticuler en fendant l'air de son épée, puis en frappant au cou le chameau de Gertrude, pour le forcer à s'agenouiller. L'animal tentait vainement de rester debout, tandis que Gertrude, impuissante, voyait ses hommes se faire dépouiller de leurs revolvers, de leurs cartouchières et de leurs manteaux. Après seulement une semaine, ses espoirs se trouvaient sérieusement compromis. Ils ne pouvaient poursuivre leur voyage sans armes ni munitions ; il leur faudrait retourner à Damas.

Mais la situation se retourna brusquement : l'un des bandits reconnut un des hommes de Gertrude et, sur ces entrefaites, deux cheikhs qui connaissaient Muhammad et Ali arrivèrent à la hauteur du groupe. C'est avec un grand soulagement que Gertrude les invita à prendre le café sous sa tente, et qu'elle les remercia d'un généreux bakchich quand ses biens lui furent retournés. La caravane ne tarda pas à reprendre sa route, mais ses bagages étaient alourdis du poids des mauvais présages.

« Comment s'est passé Noël ? demande-t-elle un peu plus tard à ses parents. Je vous ai tous imaginés en train d'ouvrir vos cadeaux dans le grand salon et jouant avec les enfants. » Elle se représentait sa famille réunie à Rounton : dans la grande salle, garnie de meubles signés William Morris et tendue de chintz imprimé à la main, un immense sapin se dressait, décoré jusqu'au sommet ; les aiguilles de pin et les bûches se consumaient dans la cheminée et embaumaient l'air. Les tout-petits, qui étaient venus sur la pointe des pieds depuis leur nursery, gazouillaient d'excitation en découvrant les friandises déposées dans leurs chaussettes.

Elle voyait son père, sir Hugh, grand et mince avec ses cheveux roux bouclés, son nez droit et pointu, ses yeux bleu gris ; muni de ses binocles dont la monture jetait des éclairs dorés sur son beau visage, il racontait une anecdote amusante à propos de son dernier discours pour le parti travailliste. Sa mère, Florence, les cheveux ramassés en un haut chignon, vêtue d'une longue robe de dentelle noire faite à Paris, gardait un œil attentif sur les manières de ses petits-enfants. Son frère Maurice devait parler de chasse, de tir ou de pêche, ses trois passe-temps favoris ; ses sœurs Molly et Elsa, aussi charmantes que dans les descriptions de Virginia Woolf, au temps où elle convoitait les mêmes jeunes gens, étaient aujourd'hui mariées, avec des enfants ; quant à son dernier frère, Hugo, il avait fait la bêtise selon elle de devenir pasteur, et il se trouvait en mission en Afrique du Sud.

Comme d'habitude, les six étages de la maison devaient être remplis d'invités, qui animaient la grande bâtisse et donnaient aux conversations ce tour spirituel qu'aimait tant Florence. Parmi eux, des diplomates, des hommes politiques, des journalistes, des écrivains et des comédiens ; certains dans les étages jouaient au billard ou s'entretenaient familièrement dans le bureau tendu de rouge du maître de maison, les autres devaient se trouver sur les courts de tennis ou prenaient le frais sous les arbres.

Pendant que les domestiques préparaient le dîner, sa famille et ses amis marchaient jusqu'à l'église du village, quelques-uns entonnant les cantiques de Noël, les autres conversant avec Hugh qui leur signalait ici un arbre, là des fleurs fraîchement plantées. De retour pour le déjeuner, ils prendraient place dans la salle à manger, admireraient la grande tapisserie pendue au mur, se récrieraient devant les mets succulents : dinde rôtie, *plum pudding* chaud et tourtes aux fruits. Plus tard dans la journée, des hordes de cousins débarqueraient pour le thé et, laissant les adultes à leurs commérages, Hugh offrirait des cadeaux aux enfants : un étui de cuir garni de ciseaux de trois tailles différentes pour sa petite-fille Valentine (nommée ainsi en hommage à Domnul, vieil ami de la famille), un cahier d'esquisses pour celui-ci, un carnet pour celle-là. Tout cela, Gertrude l'imaginait sans peine, elle qui gardait encore ses carnets d'enfance.

À des milliers de kilomètres de l'Angleterre, à Burqa, Gertrude se leva de bon matin ce jour de Noël et, tandis que la température grimpait pour atteindre vingt-huit degrés, elle déjeuna dehors, à côté de sa tente. Elle se trouvait dans un avant-poste byzantin et passa la journée à des travaux d'archéologie : elle chercha des preuves de l'occupation romaine, fit des copies d'inscriptions grecques, prémusulmanes et coufiques, mesura l'ancienne forteresse et en établit les plans, pour procéder ensuite à sa reconstitution. Après le thé, elle retourna sur le site pour le photographier et prendre de nouvelles mesures. « Ma journée a été utile, écrivit-elle aux siens, et je n'ai pas eu le temps de me demander si elle avait été heureuse. »

Elle passa le réveillon du nouvel an dans le château en ruine de Qasr Azraq. « Qui vivait ici, Hamad ? » demanda-t-elle. « C'est à vous de nous le dire, répondit-il. Qui sait ? » Tandis que ses parents donnaient un grand bal chez eux en Angleterre, elle était assise au milieu de ses Arabes, à boire lentement un café amer, le cœur lourd. Faris, son nouveau *rafiq*, racontait des histoires des *Mille et Une Nuits* et elle en profitait pour observer ses hommes : dans la lueur vacillante du feu, elle discernait le regard rêveur de l'un, le visage rieur d'un autre, les dents éclatantes de blancheur du troisième. Enfin elle se leva pour se retirer, et tous se mirent debout et lui souhaitèrent bonne nuit en la bénissant. Dehors, un mince croissant de lune brillait, éclairant les chameaux, les palmiers et les pans de roche noire. « C'est ainsi que s'achève l'année, écrivit-elle dans son journal, au milieu des Arabes, des Druzes et des ombres des empereurs romains et des mameluks. Dieu fasse que la prochaine soit meilleure. »

Mais la nouvelle année lui réserva une mauvaise surprise : elle découvrit, en ce matin du 1er janvier 1914, que la réserve d'eau était insuffisante pour qu'elle puisse prendre un bain, et la situation se prolongea plusieurs jours. Couverte de poussière des pieds à la tête, elle avait l'impression qu'elle ne pourrait jamais s'en débarrasser. À la fin de la première semaine de janvier, cependant, elle s'estima satisfaite du déroulement de l'expédition : ses études archéologiques avaient bien avancé, en particulier celle qu'elle avait consacrée à un château important à Kharaneh ; elle avait effectué des relevés pour les cartes qu'elle destinait à la Société royale de géographie ; elle avait déjà parcouru près de cinq cents kilomètres et rejoint la ligne de chemin de fer à Ziza. À son arrivée, elle eut la joie de découvrir, en même temps qu'un paquet de lettres que lui avait envoyées sa famille, un Fattuh pâle et amaigri. Elle le salua avec effusion, il lui « avait terriblement manqué », dit-elle, tandis qu'il l'assurait de son côté qu'il se réjouissait lui aussi de ces retrouvailles.

Les provisions s'épuisaient. Quelques heures plus tôt, Gertrude avait envoyé quatre de ses hommes acheter en ville de la nourriture, de l'eau et tout ce dont ils avaient besoin. Ils n'étaient pas encore revenus et elle commença à s'inquiéter ; l'excellent déjeuner que Fattuh avait apporté de Damas lui fit oublier momentanément ses soucis. Elle partit ensuite à dos de chameau avec Ali et arriva après une heure de course à Machetta, où elle souhaitait jeter un œil sur les ruines du palais d'hiver que s'était fait construire au VIIe siècle le roi perse Cosroès II. Sur le chemin du retour, son guide aperçut au loin des points qui se déplaçaient dans le paysage désolé. Il lui demanda : « Est-ce que ce sont des cavaliers ou des chameliers qui se dirigent vers nos tentes ? » Gertrude prit ses jumelles et scruta l'horizon : « Des cavaliers », lui répondit-elle inquiète, en distinguant à présent l'uniforme des soldats.

Elle talonna son chameau pour le faire accélérer, mais quand elle rejoignit le campement, dix soldats entouraient déjà ses tentes avec leurs chevaux. Le militaire qui les commandait était soûl ; il lui dit avec hargne qu'elle était recherchée par les autorités turques depuis son départ de Damas et qu'elle ferait mieux de lever le camp. Elle l'écouta poliment, se reprochant intérieurement les troubles provoqués par son inconscience. « Zut ! écrit-elle à ses parents, vexée de s'être fait prendre. J'ai été stupide d'aller aussi près de la ligne de chemin de fer. »

Aussitôt les soldats turcs partis, elle rédigea quelques télégrammes pour des amis – le consul britannique de Beyrouth et celui de Damas – et les remit à Abdullah pour qu'il les porte en ville. Mais il se fit arrêter en route, les télégrammes furent confisqués et le pauvre garçon jeté en prison dans la citadelle de Ziza. Fattuh l'y rejoignit quelques heures plus tard. Sous les yeux de Gertrude impuissante, les soldats revinrent fouiller tous ses bagages, réclamèrent la totalité des armes et postèrent sept des leurs autour de sa tente. Ulcérée et fatiguée, elle refusa cependant de céder. « Je n'ai pas encore perdu la partie », écrivit-elle le lendemain matin, comme si toute cette affaire se résumait à une simple controverse. Il lui serait toujours possible de retourner à Damas avec ses hommes et d'en repartir en passant par Palmyre. Fattuh lui déclara d'un ton plaisant : « J'ai passé la première nuit du voyage à la gare, la deuxième en prison, je me demande où je vais finir la suivante. » « Tout cela est plutôt comique », confia-t-elle à ses parents. Mais, en réalité, elle n'avait guère envie de rire.

Elle avait reçu par la poste des lettres de Doughty-Wylie lui apprenant qu'il était de retour à Londres où il essaierait de rencontrer Florence. Combien elle regrettait de ne pouvoir se trouver là-bas avec lui ! Dans une autre lettre, il évoquait avec tendresse un journal qu'elle lui avait envoyé. « C'est quelque chose de tout à fait extraordinaire, et je l'aime autant que je vous aime. Je vous baise les mains et les pieds, amie si chère à mon cœur. Je ne saurais vous dire combien je suis ému de vous entendre dire – non, plutôt de lire ces lignes écrites par vous – et dans lesquelles vous me dites que vous auriez pu m'épouser, me donner des enfants, être ma femme aussi bien que ma maîtresse. Oui, je reconnais que j'ai rêvé à tout cela : vous et moi libres, indépendants, désireux de ne faire plus qu'un. »

Ce fut la dernière lettre qu'elle lut avant de repartir dans le désert. Désespérée, elle se récitait inlassablement les paroles de Dick :

Jamais je ne pourrai être votre amant, ma chérie, jamais. J'ai lu votre journal, si beau et si passionné, et j'en ai la certitude à présent, jamais je ne serai votre amant, ni ne vous connaîtrai charnellement. [...] Mais gardons et chérissons ce qui nous est donné. Nous serons, commes vous le dites, sages et doux.

Je vous aime, mais jamais vous ne serez à moi ; du moins me sera-t-il donné dans ce monde-ci, de rester votre amoureux, votre serviteur dévoué, votre ami loyal. [...] Et je m'efforcerai de ressembler à celui qu'aurait pu être votre amant, ce qui me sera parfois difficile car je ne suis qu'un homme ordinaire et désireux de vous procurer de grandes joies.

L'esprit de Gertrude s'égarait. Que se serait-il passé si elle avait cédé à ses désirs ? Si, dans un moment de passion, elle s'était donnée à lui ? Les choses auraient-elles pris une tournure différente ? Serait-elle à son côté à présent ? Quoi qu'il en soit, elle refusait de faire l'amour avec lui tant qu'il était marié à une autre femme. C'était une conduite indigne et, qui pis est, elle aurait pu tomber enceinte. Dans sa tente cette nuit-là, elle se laissa aller à son désespoir dans une lettre adressée à Domnul : « J'ai éprouvé pour la première fois l'isolement de la solitude. [...] Il m'est arrivé d'aller me coucher le cœur si lourd que je ne pensais pas pouvoir supporter cela le lendemain. Puis vient l'aube. [...] Et je marche, réconfortée par la lumière du soleil. [...] La solitude m'aura du moins donné un peu de sa sagesse, elle m'aura aussi appris la soumission et à endurer la souffrance sans un cri. »

Elle fit déplacer son campement et vint s'installer aux environs d'Amman, ancienne capitale des Ammonites, qui devint la Philadelphie des Grecs et où se regroupaient alors les Circassiens ; ces musulmans du Nord aux cheveux roux et à la peau claire avaient été chassés de leurs montagnes natales par les Russes et installés dans la région par les Turcs. C'était la première fois depuis trois semaines qu'elle voyait de l'herbe, des collines vertes et des champs moissonnés ; elle retrouva des amis et des notables qu'elle n'avait pas revus depuis son premier voyage dans le désert, quatorze ans plus tôt. Ses amis circassiens l'invitèrent à un mariage, et les quinze familles protestantes de la ville offrirent un thé en son honneur.

Mais cette joie fut de courte durée. Elle apprit que les télégrammes s'étaient multipliés depuis le 17 décembre ; l'ambassadeur britannique à Constantinople, sir Louis Mallet, avait fait savoir au consul en poste à Damas que le gouvernement turc ne souhaitait pas la voir traverser l'Arabie centrale. « À mon humble avis, disait-il dans son message, elle serait bien avisée de renoncer à son voyage au pays d'Ibn Saoud et d'Ibn Rachid. » Mallet télégraphia également au Foreign Office : « Des troubles considérables sont survenus parmi les Arabes. [...] Le gouvernement décline toute responsabilité en ce qui concerne Miss Bell. » On prévint Gertrude que, si elle décidait de poursuivre son périple vers le Nedjd, son propre pays se laverait les mains de son sort.

Mais ce n'était pas tout. Mallet avait prévenu les autorités ottomanes de son voyage, et les Turcs, refusant de prendre le moindre engagement pour garantir sa sécurité, insistèrent pour qu'elle signe une lettre dans laquelle elle reconnaissait voyager à ses risques et périls. Elle tira une bouffée sur sa cigarette et lut le message du Vali turc, le gouverneur de Damas. Puis elle prit la plume et inscrivit bravement son nom au bas du document. Lors de sa dernière nuit à Amman, elle ne parvint pas à trouver le sommeil, torturée par l'idée qu'elle s'était délibérément mise hors la loi. « Le désert paraît terrifiant vu de l'extérieur », griffonna-t-elle dans son journal.

Le lendemain, elle quitta Amman et se dirigea vers une propriété agricole que possédaient des amis arabes chrétiens, à trois heures de route. Elle ne les avait pas vus depuis 1905, mais les hommes lui réservèrent un accueil chaleureux et l'invitèrent à passer la nuit chez eux. Grands et trapus, ils avaient le cœur large ; ils abattirent un mouton en signe d'hospitalité et préparèrent des plateaux entiers de riz en son honneur. Comme trois de ses équipiers l'avaient abandonnée par crainte du voyage à Amman, ils lui promirent de lui fournir de nouveaux chameliers ainsi qu'un autre *rafiq,* qui assurerait sa protection entre les territoires des deux tribus. Réchauffée par leur amitié, elle reprit courage. Dans le nouveau journal qu'elle destinait à Doughty-Wylie, elle écrit : « Le désert s'est revêtu une fois de plus d'une immuable sérénité. C'est ainsi que nous nous dirigeons vers le Nedjd, désavoués par tous les pouvoirs du monde, *Inch Allah* ; le seul lien qui ne soit pas rompu est celui qui court au travers de ce petit cahier que je tiens pour vous. »

« Il faut à présent que je vous présente les membres de l'expédition », nota Gertrude dans son journal le dimanche 18 janvier 1914, tandis que sa caravane se dirigeait vers l'Arabie. Il y avait tout d'abord Muhammad Mourawi, qui avait chevauché en compagnie d'Ibn Rachid ; puis son neveu Salim, un homme à tout faire ; Fattuh, toujours aussi plaisant, « l'alpha et l'oméga de l'organisation, qui garde l'œil sur tout, bien qu'il semble ne jamais me lâcher du regard ». Ensuite venait Ali, « un type un peu paresseux » mais « courageux comme un lion » ; Saïd, un autre neveu de Muhammad, qui commandait les chameliers et, sous ses ordres, Meskin, de la tribu des Agail ; Mustafa, un paysan de la région de Jérusalem, et Fellah, un Noir qui travaillait dans la tente des hommes et qui « recueillait les suffrages de tous ».

Gertrude quitta les hauts plateaux avec ses huit hommes et deux *rafiqs* et chevaucha, de six à huit heures par jour, le territoire des Beni Sakhr, une terre couverte de silex, où ils croisaient de temps à autre des troupeaux de chameaux et de moutons. Le voyage était monotone et, tout en avançant, les hommes se racontaient des histoires de razzias sanglantes. En soirée, Gertrude, assise sous sa tente, écrivait des lettres rassurantes à sa famille, consignait quelques observations sur son journal et se laissait aller à des récits plus longs, plus intimes, dans le cahier qu'elle tenait pour Dick. Elle omit de signaler à ses parents qu'elle avait vu son premier scorpion ; quant à Dick, elle lui confia : « Je commence vraiment à m'amuser », et lui avoua avoir été si malheureuse dans la première partie de son voyage qu'elle avait sérieusement pensé faire demi-tour. « Mais du moment où j'ai coupé avec toute forme de civilisation, il y a maintenant deux jours, j'ai eu l'impression que toutes mes chaînes tombaient. »

Des années auparavant, un jeune garçon arabe lui avait appris à voir au-delà du paysage, à « lire le désert ». Elle observa les couches que se fabriquaient les jeunes Arabes, des enclos carrés faits de grosses pierres, ainsi que les nids en demi-lune que creusaient dans le sol les chamelles pour leurs petits. Elle connaissait le nom des plantes et leurs arômes : l'*utrufan* que les Arabes employaient pour parfumer le beurre, le *krusa'aneh* épineux, qui faisait une excellente salade, les tiges sèches de *billan*, qui servaient de fourrage aux chameaux, et le *gali*, que l'on accommodait en potage.

Elle s'arrêta à Toubah pour photographier le palais des Omeyades et, quelques jours après, elle prenait les mesures de la forteresse située près de Bair. Elle se trouvait à présent sur la terre des Anazeh, la plus puissante des tribus bédouines. La route qu'empruntait sa caravane passait à proximité des puits, ce qui en faisait une proie toute désignée pour les bandes de pillards qui se retrouvaient autour des points d'eau. Le soir, ses hommes craignaient d'aller se coucher, mais Gertrude balayait le danger d'un revers de main : « Je ne dormirais pas beaucoup dans les semaines à venir si je me laissais déranger par de telles broutilles. »

Toutefois, les inquiétudes de ses hommes n'étaient pas sans fondement. Au matin du 21 janvier, ils découvrirent le corps d'un Bédouin. « Il a été tué », observa son *rafiq* Sayyah. En regardant plus attentivement le cadavre, elle constata que son *keffieh* était couvert de sang. « Je me demande parfois si je sortirai vivante de cette aventure », commente-t-elle dans une lettre adressée à Dick, avant d'ajouter, abattue : « Mais cette incertitude ne s'accompagne d'aucune angoisse – tout cela me laisse si profondément indifférente. »

La terre avait noirci et s'était desséchée ; les silex avaient beau la faire miroiter, elle restait désolée et peu engageante. Le thermomètre de Gertrude enregistrait des températures qui allaient de zéro au matin jusqu'à vingt-cinq degrés en milieu d'après-midi. Elle aperçut un géranium qui poussait sur le sol, isolé, ce qu'elle jugea courageux. Le jour suivant, l'eau commença à se faire rare. Cela faisait des jours qu'ils ne s'étaient ni baignés, ni même lavés. C'est alors que, sortant d'une large vallée, ils distinguèrent des empreintes de chameaux toutes fraîches dans le sable. Ali déclara qu'il devait y avoir des Arabes à proximité et annonça : « Ce soir, nous entendrons leurs chiens. »

Ils dressèrent le camp, puis Gertrude partit en reconnaissance sur les collines avec ses *rafiqs* ; l'expédition lui rappelait ses jeux d'enfance avec Maurice, quand ils déambulaient tout autour de la maison, montant et descendant les escaliers, et se cachant des femmes de chambre.

« Il y a de la fumée ! » s'exclama Sayyah. Le panache noir qui s'enroulait au-dessus de la montagne indiquait un camp, qui servait sans doute de base à une razzia quelconque. Ils examinèrent l'endroit avec une certaine nervosité et aperçurent des troupeaux de moutons et quelques bergers de la tribu des Howeitat. Leurs effroyables *ghazus*, dont ils tiraient richesse et puissance, les avaient rendus célèbres par-delà l'Euphrate, de l'Arabie à la Mésopotamie et jusqu'en Syrie. Hommes et garçons étaient enrôlés dans ces grandes expéditions, et l'on voyait parfois rassemblés jusqu'à cinq mille cavaliers sur leurs chameaux. Ils voyageaient des jours entiers, dormant et mangeant peu. Lorsqu'ils avaient atteint leur destination, ils s'abattaient comme une tornade sur le camp ennemi, hurlant leurs cris de guerre et plongeant leurs adversaires dans la plus grande confusion. Les tentes étaient mises à sac, les moutons et les chèvres, pris de panique, partaient à la débandade, et ils égorgeaient impitoyablement tous ceux qui passaient à leur portée.

Gertrude savait qu'il n'y avait qu'une issue : demander aux Howeitat leur protection avant qu'ils ne la découvrent et ne provoquent un carnage.

Le lendemain matin, montée sur son chameau, elle pénétrait dans leur camp. Elle repéra la plus vaste des tentes noires, et s'approcha de la demeure du cheikh. Elle força sa monture à s'agenouiller en la frappant doucement au cou, puis attendit qu'un domestique l'invite à pénétrer à l'intérieur. Elle le suivit sous la tente du cheikh Harb, où les tapis s'accumulaient au sol avec les selles de chameau recouvertes de peaux de mouton, pour que l'on puisse s'y accouder. En vrai Bédouin du désert, Harb souhaita la bienvenue à celle qui l'honorait de sa visite, lui offrit un café qui fut servi dans de petites coupes et l'invita à revenir plus tard pour partager son dîner.

Au coucher du soleil, Gertrude achevait juste de prendre un bain avec l'eau qu'elle avait tirée du puits des Howeitat, et elle se sentait propre comme un sou neuf, ce qui ne lui était pas arrivé depuis bien longtemps. Elle enfila sa robe du soir et retourna à la tente du cheikh munie d'un présent qu'elle lui destinait. Harb, Gertrude et les hommes qui les suivaient s'assirent en tailleur, formant un cercle autour d'un grand plateau de cuivre couvert de monceaux de riz, cuit dans la graisse du lait de brebis ; on avait posé par-dessus un mouton rôti, abattu en son honneur, accompagné de raisins, d'amandes et d'oignons. Avant que le repas commence, on lui offrit le morceau de choix, l'œil du mouton. Balbutiant des remerciements, elle le goba le plus vite possible, puis avança la main pour se servir de viande. Les restes du festin seraient servis, plus tard, au reste de la troupe.

Au cours du dîner un nouvel invité survint : Muhammad Abu Tayyi, un cousin d'Audah, le plus puissant cheikh des Howeitat. Gertrude le décrit comme un personnage « splendide, grand et fort, avec un regard perçant ; la réputation de témérité des Howeitat se lisait sur son visage ». À l'instar de son célèbre cousin, pour l'heure en train de razzier les Shammar et tenant le compte des hommes qu'il avait tués, Muhammad Abu Tayyi avait la peau sombre, des pommettes hautes, une moustache noire et un petit bouc. Il servait d'intermédiaire aux Ottomans pour la collecte de l'impôt sur les chameaux et avait également des responsabilités dans une partie de la ligne de chemin de fer d'Hedjaz.

Ils dégustèrent ensemble le dessert, des dattes et de la crème fraîche, mais, au moment du café, la conversation vira à l'aigre. Était-elle venue avec la permission des Turcs ? lui demanda l'agent turc. Mal à l'aise, Gertrude se leva pour se retirer, laissant à ses hommes le soin de détendre l'atmosphère. Quand elle s'allongea dans sa tente, elle entendit des coups de feu et des éclats de voix. Elle fut soulagée d'apprendre, le lendemain matin, qu'il s'agissait de querelles privées.

Se conformant à la coutume bédouine, elle demeura trois jours avec Harb. Puis, accompagnée d'un nouveau *rafiq* et de Muhammad Abu Tayyi, elle se remit en route vers le territoire de la tribu des Ruwallah. Le fier Muhammad dormait dans la tente de ses hommes et dînait à sa table, à la lueur des chandelles. Il lui offrit une peau d'autruche et un agneau vivant. « J'ai du mal à supporter l'idée de le faire égorger, confia-t-elle, mais je ne peux tout de même pas me promener avec lui comme Byron avec son oie. »

Ils se dirigèrent vers les montagnes du djebel Tubaiq et s'arrêtèrent, sur les conseils de Muhammad, pour photographier une ruine qu'il leur indiqua. Ils arrivèrent ensuite au camp d'Audah Abu Tayyi. Il était absent, mais Muhammad, qui avait lui aussi un rang élevé, leur offrit son hospitalité. Elle brûlait de l'envie de rejoindre Hayil, mais ce camp, le plus grand qu'elle eût jamais vu, l'intriguait et, impressionnée par le charme de son hôte, elle accepta de rester. Il lui montra son harem et la présenta à ses femmes, entièrement vêtues de bleu, leur visage sombre tatoué d'indigo comme leurs lèvres. En privé, elles se plaignirent à Gertrude des « corvées de la femme », liées à la vie nomade. Les femmes des Bédouins étaient censées se lever aux premières lueurs du jour et se mettre aussitôt au travail pour nourrir les moutons, traire les chamelles, cuire le pain, réparer les tentes, filer la laine et tisser les poils de chameau tout en prenant soin de leurs enfants. Au moment de lever le camp, elles devaient plier les tentes, emballer les affaires et, leurs petits étroitement serrés contre elles, prendre la tête du convoi. Gertrude écouta attentivement leurs complaintes et les photographia pendant qu'elles lui parlaient.

Le soir, elle dîna avec Muhammad. Elle était assise sur les tapis finement tissés que l'on avait étendus sur le sable, en robe du soir haute couture, avec son manteau de fourrure sur les épaules, tirant quelques bouffées de son fume-cigarette d'ivoire. En face d'elle, Muhammad, drapé dans un manteau en peau de mouton, son *keffieh* de lin blanc tombant sur ses sourcils noirs, fumait son narghilé qu'il serrait entre ses lèvres épaisses. Des hommes de tout âge vinrent les rejoindre autour du grand feu ; ils parlèrent pendant des heures de la politique à mener dans le désert ou des exploits d'Audah Abu Tayyi, tandis que l'air se saturait de fumées âcres. Les yeux de Muhammad s'illuminèrent quand il lui raconta les aventures sentimentales des princes du Nedjd.

Longtemps après le coucher du soleil, une fois que les *nagas,* les chamelles, furent rentrées, Muhammad se leva, jeta son manteau sur ses épaules et s'enfonça dans la nuit profonde pour remplir à ras bord de lait de chamelle un immense bol en bois. Il le rapporta à Gertrude, qui le but avec délices. Elle écrivit à ce sujet à Dick : « J'imagine que boire du lait de *naga* auprès du feu de camp d'Abu Tayyi, équivaut à un baptême du désert et qu'il n'y a plus désormais de salut hors de lui. » Quand elle revint à sa tente, dans la nuit glaciale, une étoile filante traversa le ciel.

Cependant, il lui fallait repartir le lendemain matin ; Muhammad Abu Tayyi lui offrit une demi-mesure de blé et elle lui remit une paire de jumelles Zeiss. « C'est un vrai homme, et des plus respectables », remarque-t-elle après l'avoir vu trancher en juge dans les affaires de sa tribu. « On peut se coucher sous sa tente et y dormir toute une nuit sans rien redouter. J'ai beaucoup appris sur le désert et sur ses habitants. Les Howeitat sont un grand peuple. » Il l'avait comblée d'attentions et, en l'espace de trois jours, Muhammad et elle étaient devenus « de grands amis ». Cette amitié prendrait toute son importance quand elle collaborerait, plus tard, avec T. E. Lawrence pour coordonner la révolte contre les Turcs.

Hayil était à vingt jours de route. La terre sablonneuse tournait au rouge avec des reflets dorés, les buissons gris-vert du désert se couvraient de fleurs pâles. Gertrude fit la rencontre d'une riche famille de la tribu Shammar qui souhaitait retourner dans le Nedjd. Ils lui proposèrent leur protection vis-à-vis des Shammar, en échange de quoi ses hommes les défendraient des peuplades qu'ils pourraient rencontrer en route. Outre ses propres équipiers, sa caravane comprenait désormais des aristocrates arabes avec leurs chameaux et leurs troupeaux de moutons ainsi que des membres de la tribu Sherarat. Tous ils avançaient dans « un monde incroyablement désolé, abandonné de Dieu et des hommes ». Dans le journal qu'elle tenait pour Doughty-Wylie, elle écrivit :

« Je ne pense pas que l'on puisse sortir indemne d'un tel voyage. Il vous marque profondément, pour le meilleur comme pour le pire. [...] J'aimerais que vous puissiez voir ce paysage vide et désolé et respirer cet air qui est comme un souffle jailli de la source même de la vie. » C'était là le vrai désert, celui des sables entassés en longues dunes basses ou se creusant en vallées peu profondes, et toujours instables. « Malgré le vide, c'est magnifique ; à moins que ce ne soit magnifique en partie grâce au vide. Quoi qu'il en soit, j'adore ça et ne ressens ni impatience, en dépit des chameaux qui avancent si lentement, s'arrêtant pour brouter en chemin, ni désir de me trouver ailleurs. »

Les ruines devenaient rares à présent, et avec elles les séances de photographie, mais elle poursuivait son travail de relevé cartographique, marchant à l'arrière de la caravane pour prendre des mesures avec son compas. Au cours du voyage, elle apprit d'un Howeitat de passage que le cheikh Sayyah, un brigand bien connu du Wad Soliman, était basé à quelques heures à l'est. Mieux valait se rapprocher de lui et lui demander sa protection plutôt que de risquer d'être dévalisé en cherchant à l'éviter. Elle alla jusqu'à sa tente. Le cheikh, qui était borgne, la reçut cordialement et lui offrit du café et des dattes, mais la méfiance de Gertrude fut éveillée lorsqu'il lui demanda pourquoi elle était venue jusqu'ici. Quand, un peu plus tard, il vint inspecter son camp, toute trace de courtoisie avait disparu. Le gredin renversa ses affaires, examina tout ce qu'elle possédait et exigea que le tout lui fût remis. Bouillant de colère, elle refusa ; il sortit et se dirigea vers la tente des hommes. Il revint quelques minutes après – Muhammad sur les talons –, jura férocement qu'aucune chrétienne n'avait jamais encore foulé ce territoire, et qu'elle n'avait pas le droit de rester là. Il exigea qu'elle lui donne ses jumelles et son revolver. La nuit tombait, et de guerre lasse elle accepta de lui remettre le revolver contre la promesse d'un *rafiq*.

Il revint le lendemain matin, menaçant cette fois de les renvoyer sans escorte si elle ne lui donnait pas ses jumelles. Un vent glacial soufflait, et elle s'assit, tremblant de froid et d'inquiétude, tandis que ses hommes négociaient la rançon. Des bribes de conversation lui parvenaient et l'attente devint plus effrayante encore quand elle entendit le borgne dire à ses hommes qu'il comptait la tuer : s'ils l'aidaient, ils se partageraient le butin. Ses serviteurs refusèrent mais, au bout du compte, elle dut lui abandonner ses jumelles – un objet de valeur – ainsi que son fusil. Au moment de partir, une fois montée sur son chameau, elle lança un regard de mépris au pillard. Ce dernier était revenu à des manières plus amicales : « Pourquoi ne me dis-tu pas au revoir, que se passe-t-il ? » lui demanda-t-il avec un sourire. « Je n'ai rien à te dire », répliqua-t-elle, rageuse. Dans son journal, elle écrivit : « Puisse Dieu lui ôter l'œil qui lui reste ! »

Elle était encore à une semaine du Nedjd, le désert le plus aride du monde, mais elle se sentait à présent en parfaite sécurité. Elle s'arrêta pour abreuver ses chameaux aux puits des Haizan, où elle apprit de mauvaises nouvelles. L'émir Ibn Rachid ne se trouvait pas à Hayil. Il était parti dans le désert du nord, le Nafud, pour opérer un raid à la tête des Shammar. L'émir avait prévenu ses hommes de son arrivée imminente, mais elle aurait préféré avoir affaire au bon Dieu plutôt qu'à ses saints.

Soudain, l'un de ses chameaux refusa d'avancer. Pensant qu'il était fatigué, elle lui apporta du fourrage et tenta de l'amadouer. Mais la bête était secouée par les frissons de l'agonie. « Elle est perdue, dit Muhammad. Dois-je l'achever ? » Depuis toujours, les bêtes comptaient beaucoup pour Gertrude. Enfant, elle avait pleuré la disparition de ses animaux de compagnie, organisant leurs funérailles et les portant en terre au terme de longues processions ; elle frémissait à présent à la vue de cet animal en train de mourir. « C'est le mieux que l'on puisse faire », répondit-elle à Muhammad, qui trancha la gorge du chameau.

Ils progressaient maintenant au travers du désert vide du Nafud ; les journées étaient monotones, les nuits infiniment solitaires. À l'exception des histoires poignantes que racontaient ses hommes le soir autour du feu, la conversation était maigre. Le manque de travail lui pesait presque autant que le manque de compagnie amicale. La répétition infinie des heures lui pesait et elle se trouvait encore à neuf jours de trajet d'Hayil quand elle écrivit à Dick qu'elle souffrait des symptômes d'une profonde dépression. Elle se demandait surtout :

> [si le jeu] en valait la chandelle. Non pas tant à cause du danger – il m'indiffère –, mais parce que je me demande ce que tout cela, au fond, va bien pouvoir m'apporter. Des relevés topographiques dans un pays qui était déjà plus ou moins bien connu, quelques noms de plus sur une carte. [...] Ce qui ressort, en réalité, c'est que je me rendrais beaucoup plus utile en travaillant dans des pays plus civilisés, où je sais quoi chercher et comment le répertorier. Ici, à supposer qu'il y ait quelque chose à répertorier, la probabilité de le trouver ou de l'atteindre est pratiquement nulle, parce qu'une tribu ennemie

barre la route, ou parce qu'il n'y a pas de point d'eau sur la route, ou pour tout autre motif de ce genre. [...] En arrivant au terme de mon périple, j'ai bien peur de dire : « Ce ne fut qu'une perte de temps. » C'est fait à présent, et il n'y a pas moyen de revenir en arrière, mais je crois que j'ai été stupide de venir. [...]

La distance qui me sépare de ces lettres ou même du reste du monde est immense, et je n'ai absolument pas l'impression d'être cette fille de rois qu'ils croient voir en moi. Quel fardeau d'être une femme en Arabie !

Le ciel se fendit, répandant orage, grêle et pluie. Gertrude restait assise sous sa tente à lire *Hamlet*, et au fur et à mesure qu'elle avançait dans cette histoire tragique, où la cupidité rejoint la tromperie, si proche des rivalités sans merci du désert, le monde où elle se trouvait s'éclaircissait. « Les princes et les puissants d'Arabie sont descendus rejoindre leur place, écrit-elle à Dick, et ce n'est qu'alors que l'âme humaine s'éleva au-dessus d'eux, consciente et responsable. »

Après quelques jours de voyage, elle atteignit les bornes ultimes du Nafud ; arrivée au sommet du dernier banc de sable, elle observa le spectacle qui se découvrait. Le paysage désolé était terrifiant : des étendues de sable noir, balayées par un vent mordant, où l'on n'apercevait pas trace de vie. C'était le Nedjd, ce désert menaçant d'Arabie centrale. « *Subhan Allah !* s'écria l'un de ses hommes. Nous voici au *Jehannum*, nous sommes en Enfer. »

12

Prisonnière en Arabie

Le Nedjd était vide et un silence presque irréel planait sur ces plateaux pierreux qui s'étendaient à perte de vue ; mais le 24 février 1914, Gertrude et ses hommes aperçurent Hayil. Cette ville fort ancienne avait été au Moyen Âge un centre d'échanges commerciaux et constituait, par sa position géographique, un point de jonction sur la route de l'encens qui reliait le golfe Arabique aux rivages du Levant. Pendant des siècles, les Persans qui se rendaient en pèlerinage à La Mecque s'y étaient arrêtés. C'est au milieu du XIXe siècle que Hayil était devenu le quartier général d'Ibn Rachid, de la tribu des Shammar, et, depuis lors, les conflits avec Ibn Saoud, de la tribu des Anazeh, n'avaient plus cessé.

Dix ans plus tôt, Ibn Saoud avait mis un terme à l'exil qu'Ibn Rachid avait imposé à son père. Dans la nuit noire, aidé d'une quinzaine d'hommes, il avait escaladé les murs de Riyad, résolu à s'emparer de la ville dès que ses portes s'ouvriraient, au petit matin. Son entreprise téméraire fut couronnée de succès et lui gagna une réputation de guerrier du désert. Ce qu'ignorait Gertrude alors qu'elle s'apprêtait à rentrer à Hayil, c'est que les Saoud et leur armée de wahhabites – des intégristes musulmans – étaient sur le pied de guerre et méditaient une revanche sanglante pour prix des années qu'il leur avait fallu passer en exil. Les Rachid s'étaient, quant à eux, singulièrement affaiblis, défaits par des querelles intestines si violentes que l'émir actuel, le plus âgé de la famille régnante, n'était qu'un jeune homme de seize ans.

Gertrude passa la nuit du 24 février sur un plateau granitique, où poussaient çà et là des acacias épineux et des herbes odoriférantes. Il était plus sûr, en effet, de ne pas pénétrer dans cette ville fortifiée sans être annoncée, et elle préféra attendre que ses envoyés, munis de présents, aient répandu la nouvelle de son arrivée. Elle se leva avec le soleil et, vêtue de son tailleur de lin, son large chapeau couvert d'un *keffieh* de soie sur la tête, elle dirigea son chameau vers Hayil. En chemin, elle rencontra son guide Ali ; il lui apprit avoir vu Ibrahim, l'oncle de l'émir qui assurait le pouvoir en attendant le retour de ce dernier. Il avait envoyé trois esclaves à cheval pour escorter Gertrude dans la ville.

Flanquée de ces cavaliers armés d'épées et de ses hommes bardés de fusils, Gertrude s'avança comme une reine vers les remparts de Hayil. Puis, abandonnant sa monture, elle contourna les murs de terre crue et entra dans la cité par la porte du Midi. À la toute première maison, on la conduisit par une rampe qui n'en finissait pas jusqu'à une cour en plein air, et de là dans une salle garnie de colonnes d'une hauteur prodigieuse. Le sol était entièrement tapissé, des inscriptions coraniques couraient sur les murs, et des divans étaient disposés tout le long de la pièce. C'était le *rochan*, la salle de réception du palais d'été que s'était fait construire feu Muhammad ibn Rachid. On demanda à Gertrude d'attendre là avec ses nouveaux esclaves.

Ayant avisé un escabeau, elle y monta pour avoir une vue sur la ville, mais avant qu'elle ait eu le temps de regarder par-delà les jardins et les champs de blé, l'arrivée de deux femmes la contraignit à descendre. Il s'agissait d'une vieille veuve tenant lieu de servante, et d'une Circassienne très vive, voilée d'un tissu violet foncé, enveloppée dans une superbe gandoura rouge et mauve, et portant des rangs de perles autour du cou.

Le sultan de Constantinople l'avait offerte en cadeau, il y avait des années de cela, à Muhammad ibn Rachid. Répondant au nom de Turkiyyeh, elle avait été sollicitée pour distraire l'Anglaise.

Elle s'enquit des projets de Gertrude, qui dut admettre qu'elle espérait descendre plus au sud pour rencontrer Ibn Saoud, ennemi bien connu d'Ibn Rachid. Il ne faisait guère de doute que Turkiyyeh était là pour l'espionner, et Gertrude en eut bientôt la certitude. Mais les bavardages de sa compagne, qui lui fit part de tous les ragots de la région, se révélèrent extrêmement précieux : les murs d'Hayil bruissaient de conspirations, de secrets et de complots meurtriers. En l'espace de huit ans, trois émirs avaient été assassinés, et avec eux leurs esclaves et leurs eunuques, dont on avait jeté les corps au fond des puits du château. Les femmes du palais servaient alors d'épouses au premier assassin, puis au suivant et, en dépit de la régence ponctuelle d'Ibrahim, c'était Fatima, la grand-mère du jeune émir, qui, à l'ombre du trône, tenait le pouvoir réel.

Après le déjeuner, le parfum entêtant de l'essence de rose répandue dans le *rochan* et un défilé d'esclaves annoncèrent l'arrivée de l'oncle de l'émir. Tout sourires, revêtu de soieries indiennes et une épée au pommeau d'or lui battant le flanc, Ibrahim fit son entrée dans la pièce, précédé d'effluves parfumés. Il prit place au côté de Gertrude et lui parla des aventuriers européens qui avaient visité Hayil longtemps auparavant. Il paraissait intelligent et avait visiblement reçu une solide éducation, mais ses clins d'œil nerveux mettaient Gertrude mal à l'aise, et son trouble se renforça encore quand il lui exposa la série d'assassinats familiaux qui avaient permis à l'émir d'accéder au trône. Ils continuèrent encore un peu à discuter, puis Ibrahim se leva pour aller faire sa prière de l'après-midi ; il prit à part son serviteur et murmura à son oreille : les chefs religieux de la ville suspectaient les motifs de déplacement de Gertrude ; elle ne devait pas quitter le *rochan* sans en avoir reçu l'autorisation.

Elle ne vit personne d'autre de la journée ni de la nuit, et il en alla de même les deux jours et les deux nuits qui suivirent. Elle faisait les cent pas, s'asseyait, refaisait les cent pas, puis s'asseyait de nouveau dans l'attente qu'un événement se produisît. Mais il ne se passait rien. Elle était prisonnière dans Hayil.

Enfin, le quatrième soir, elle fut autorisée à voir Ibrahim. Bien après le coucher du soleil, au seul moment où les femmes d'Hayil avaient le droit de sortir dans les rues, des esclaves l'escortèrent au travers de la ville sombre et silencieuse. Une ombre ou deux croisèrent son chemin, serrant de près les hauts murs menaçants. Quand, sur la jument qu'on lui avait prêtée, elle s'approcha des portes du palais fortifié, une multitude d'esclaves se porta à sa rencontre. Elle entra dans la grande salle de réception et, franchissant les sols de pierre polie, se dirigea droit sur Ibrahim, assis avec d'autres hommes dans le fond de la pièce. Ils se levèrent pour la saluer, et elle offrit à son hôte les cadeaux qu'elle lui destinait, avant qu'il ne l'invite d'un geste à s'asseoir à sa droite. Un esclave lui servit du café et, adossée aux coussins, elle se détendit un peu en sirotant la boisson amère, tandis que tous évoquaient l'histoire des Shammar, et celle des Rachid en particulier. Avant même qu'elle ait pu soulever la question de sa détention, un autre esclave arriva avec un encensoir qu'il agita trois fois devant chaque invité. La vapeur de l'encens donna le signal du départ. Plus tard, Ibrahim lui fit retourner ses présents.

Les jours se succédaient, mornes. Elle était réveillée tous les matins par la plainte monocorde de son gardien : « *Allahu akhbar*, *Allahu akhbar* ; Dieu est grand, Dieu est grand. Il n'est pas d'autre Dieu que Lui ; Dieu est grand. » L'après-midi, elle attendait de recevoir un mot lui annonçant sa libération, mais en vain. Il n'y avait rien à faire, ses nerfs étaient à cran, le silence hurlait à ses oreilles et les hauts murs du *rochan* se refermaient sur elle.

Le sixième matin, on lui permit d'aller se promener à cheval, accompagnée d'une escorte, dans les jardins d'Ibrahim ; ce même soir, il la convoqua pour une audience privée. Lui rapportant ses cadeaux, elle lui expliqua qu'elle avait dépensé tout son argent : en dehors de celui qu'elle avait tiré de la vente de quelques chameaux en arrivant à Hayil, elle n'avait plus un sou ; et le reste de son troupeau était dans quelque pâturage lointain. Tandis qu'Ibrahim l'écoutait, elle plaidait sa cause : elle désirait continuer sa route, mais ne possédait ni moyens de transport, ni fonds pour payer ses *rafiqs* ; elle lui demandait donc si elle pouvait tirer sa lettre de crédit. Ibrahim prit enfin la parole : la lettre de crédit ne pouvait être encaissée avant le retour de l'émir. Quand reviendrait-il ? demanda-t-elle. Pas avant un mois, fut la réponse. Son angoisse grandit tandis qu'elle s'allumait une cigarette.

« Je n'avais pas la moindre idée des plans que formaient leurs esprits obscurs à mon sujet », écrit-elle. Elle avait eu la stupidité de raconter aux Rachid qu'elle projetait d'aller rencontrer leur ennemi, Ibn Saoud, et ils devaient redouter qu'elle ne lui livre des renseignements utiles. Ce que feraient d'elle les Rachid à présent était une question en suspens. Son sort reposait entre leurs mains. « Où et comment tout cela finira-t-il, Dieu seul le sait. » Sa seule occupation était de rester dans sa chambre avec Turkiyyeh, à écouter des histoires de massacres, de rapts et de vengeances. La cité avait des odeurs de sang et bruissait des rumeurs d'assassinats. « À Hayil, nota-t-elle, le meurtre ressemble au lait qui monte. »

Cela faisait une semaine qu'elle se trouvait à Hayil quand ses hommes lui rapportèrent des nouvelles glanées dans la ville. La paix garantie par Damas était un mensonge ; la guerre les encerclait. L'émir était parti razzier le nord, et Ibn Saoud rassemblait ses troupes. Les routes étaient coupées, il n'était plus question de descendre dans le sud. Ibn Saoud se préparait à attaquer Hayil : si la ville était assiégée, elle avait peu de chances d'en sortir vivante.

Elle fit parvenir un message à Ibrahim, dans lequel elle lui demandait instamment l'argent dont elle avait besoin. Le chef des eunuques, personnage important dans le palais, vint lui apporter la réponse : elle ne pouvait quitter Hayil sans la permission de l'émir. Elle le supplia : « Je n'ai pas d'argent, et il faut que je m'en aille. » Il lui répondit froidement : « Les allées et venues ne sont pas de notre ressort. »

On la pria, cette nuit-là, d'aller rendre visite à la jeune mère de l'émir. Elle se retrouva dans l'obscurité mystérieuse, suivant des esclaves jusqu'à l'immense palais. Quand elle entra dans le harem, elle trouva l'endroit moyenâgeux : « On se serait cru, plus que jamais, dans les *Mille et Une Nuits.* » Les vastes salles hypostyles étaient emplies de femmes vêtues de brocarts indiens et de bijoux, d'enfants couverts de lourdes amulettes ; des esclaves et des eunuques se trouvaient postés un peu partout. Elle écouta les récits des femmes qui lui racontaient comment elles étaient passées de main en main. « Le vainqueur les prend [...] les mains encore tachées du sang de leur mari et de leurs enfants ! » rapporte Gertrude. On la reconduisit chez elle au terme de la soirée. Les portes se refermèrent derrière elle et, de nouveau, elle se retrouva prisonnière.

Au bout de ces neuf jours, le silence paraissait s'être appesanti et les murs s'être encore rapprochés. Elle pria encore une fois qu'on lui rendît la liberté, mais on lui permit seulement d'aller dans les jardins rendre visite à deux princes enveloppés de leurs parfums. Revêtus de longues gandouras brodées d'or, les deux jeunes hommes ouvrirent à peine la bouche, se bornant à la fixer d'un air solennel. Plus tard dans la journée, l'eunuque Saïd revint la voir et lui répéta les consignes : rien ne pouvait se faire sans l'aval de l'émir. Gertrude avait tout essayé, implorant Turkiyyeh et Saïd, envoyant des messages à Fatima et Ibrahim, mais rien n'y faisait.

Tôt dans la soirée, on l'appela sous la tente des hommes que présidait Saïd. Renonçant aux formules d'usage et frémissante de colère, elle exigea qu'on lui remît ses chameaux et son argent et déclara qu'elle quitterait Hayil aussitôt après. Puis elle se leva brusquement, consciente de commettre un acte que seuls les plus grands cheikhs pouvaient s'autoriser. Mais sa fureur était telle qu'elle ne s'attarda pas sur les conséquences que cela pouvait entraîner.

Ses chameaux arrivèrent au crépuscule. À la nuit noire, Saïd lui apporta une bourse de pièces d'or d'une valeur de deux cents livres, somme qu'elle avait laissée en échange de sa lettre de crédit. Il ne lui présenta ni explications ni excuses, lui annonçant seulement qu'elle était libre de partir où et quand bon lui semblerait. « Je vous suis très obligée », répliqua-t-elle dignement. Toutefois, elle lui rappela qu'elle avait été détenue à

Hayil pendant près de deux semaines et déclara audacieusement qu'elle souhaitait visiter le palais fortifié et la ville en plein jour.

Le lendemain matin, le 7 mars, on l'emmena faire un tour de la cité, en lui accordant l'autorisation de photographier tout ce qui lui plairait, bâtiments, place du marché, habitants. Après quoi, Turkiyyeh l'invita à venir prendre le thé. Une foule de mendiants sourds ou aveugles s'était attroupée à sa porte, et elle leur lança un sac de piécettes. Elle rassembla ensuite ses hommes et, bien calée sur son chameau, elle donna le signal du départ.

« À présent, je vais vous confier mon opinion sur la politique arabe en général, écrit-elle à Dick. Hayil m'a fait une impression sinistre. Je n'apprécie guère le pouvoir des femmes et des eunuques. [...] Quant aux Rachid, ils me paraissent sur le déclin. Il n'y a pas un adulte de leur famille qui soit aujourd'hui vivant ; l'émir n'a que seize ou dix-sept ans et les autres ne sont guère que des nourrissons. C'est là la conséquence de leurs querelles intestines. » De manière prémonitoire, elle ajoutait : « J'irai jusqu'à dire que l'avenir est du côté d'Ibn Saoud et j'aurais bien du mal à faire des vœux sincères pour le bien des Rachid. Leur histoire n'est qu'une longue suite de trahisons et de meurtres, que je vous raconterai un jour ou l'autre. J'ignore à quoi ressemble Ibn Saoud, mais il pourrait difficilement être pire. Et voilà pourquoi ma prochaine destination en Arabie me conduira à lui. J'ai bâti tous mes projets en ce sens. »

Cependant, son espoir de descendre par le Sud lui avait été retiré. Le chemin le plus rapide passait par Bagdad et, le 8 mars, Gertrude se mit en route. Épuisée nerveusement par sa détention, profondément déçue de n'avoir pu achever son périple, elle devait à présent affronter huit à dix heures de marche par jour à travers le Nafud, où des pillards se tenaient à l'affût, tandis que les tribus chiites y combattaient les troupes turques. Elle passa saine et sauve au travers de ces embûches et, au bout de trois semaines, elle rejoignit Karbala, la ville sainte des chiites. Elle alla directement chez un homme qui était une vieille connaissance et ils discutèrent des heures de religion, de politique et de l'avenir, avant qu'il ne lui apprenne qu'il comptait venir en Angleterre faire des études. « Que ferez-vous de votre famille ? » lui demanda-t-elle. « Oh, répondit-il, je les laisserai ici et j'aurai certainement divorcé de ma femme avant mon départ. »

« Et, écrivit-elle, il se mettra sans doute en quête d'une épouse en arrivant en Angleterre. J'aimerais assez lui en trouver une qui soit plaisante. Ce petit bonhomme me plaît vraiment beaucoup. » Mais ce qui lui avait peut-être plu davantage encore, c'est qu'ils avaient parlé en anglais, ce qui ne lui était pas arrivé depuis trois mois.

Elle quitta Karbala le lendemain et arriva quelques heures plus tard à Bagdad. « La fin d'une aventure, confie-t-elle à Dick, a toujours un goût amer, comme s'il ne s'était rien produit, [...] et l'on s'en éloigne en soupirant et en tâchant de fixer son regard sur un nouveau projet. Cette expédition, elle non plus, n'a pas été un succès. Je n'ai pas accompli ce que j'avais l'intention de faire. Mais j'ai surmonté ce sentiment. [...] Je sens qu'il faut que je mette un terme à cette histoire. »

Elle arriva à Bagdad et passa par la résidence du consul britannique, où du courrier l'attendait : des liasses d'enveloppes envoyées par sa famille ou ses amis. Son cœur battit plus vite quand elle ouvrit celles de Dick, qui lui confiait que lui aussi se sentait seul et à bout de forces.

« Où êtes-vous, lui demandait-il, j'ai l'impression d'écrire à une idée, à un rêve. Est-ce l'obscurité qui est si profonde ce soir ? Ou est-ce le regret des choses évanouies, celui des splendeurs que je découvre dans votre livre, de vous corps et âme, et de cet amour si cher que je vous porte, tout cela, perdu. [...] Aimeriez-vous que je vous écrive une lettre d'amour pour vous livrer dans un fragile murmure ce que mon âme hurle à tous vents, pour vous dire, ma chérie, combien je me sens heureux, favorisé et humble quand je pense à vous. » Blessée et transportée à la fois, elle replia la lettre et la rangea à part.

Gertrude avait beaucoup à faire en ville : revendre ses chameaux, rencontrer les notables locaux, arranger la suite de son voyage. Le nouveau consul britannique à Bagdad, le colonel Ramsay, qu'elle trouva parfaitement inculte, ne lui fut d'aucune aide. Elle écrivit avec mépris qu'il passait la moitié de sa journée à dormir et l'autre à jouer aux cartes dans sa chambre. Non content de ne parler aucune langue étrangère, pas même le français, il ne comprenait visiblement rien à la Turquie comme à l'Arabie. « Et voilà l'homme que nous trouvons le moyen d'envoyer ici au moment où le chemin de fer de Bagdad et nos projets d'irrigation vont se concrétiser. [...] À Dieu ne plaise ! »

Contrairement à ce diplomate indolent, le chef religieux de la région, le *Naqib*, était un homme d'un grand savoir et d'une autorité reconnue, doublé d'un loyal sujet des Turcs. Gertrude l'avait rencontré auparavant ; elle passa cette fois-ci deux heures en sa compagnie, et confessa, après coup, s'être « beaucoup amusée, comme d'habitude, à l'écouter parler ».

Entre deux rendez-vous, elle parcourait les lettres de Dick. Il lui disait qu'il avait reçu un autre volume de son journal et qu'il avait passé la journée à le lire. « Je le trouve absolument merveilleux et l'apprécie presque autant que je vous apprécie. [...] Laissez-moi un moment et j'y répondrai par de nombreuses pensées, de nombreuses heures, peut-être de nombreuses vies. » Il avait parlé d'elle à son oncle Charles Doughty, le célèbre explorateur, qui l'avait chargé de lui transmettre ses salutations. Il continuait sa lettre, d'un ton passionné :

« Le désert vous possède, lui, avec votre magnifique audace, ma reine du désert, et mon cœur est auprès de vous. [...] Un amour si parfait me rend humble, ma chérie, comme quelque chose que l'on aurait rêvé, un songe de gloire éclatante, une sorte d'enchantement. Je ne mérite pas un tel présent. Si j'étais jeune, libre et gentilhomme accompli, j'oserais vous serrer dans mes bras et vous embrasser. Mais je suis vieux, fatigué, et mon cœur est lourd de fautes. Ah, ma chérie, ma chérie, ces choses que vous écrivez, comme elles me touchent au cœur, et comme vous savez répondre à mon âme ! »

De nouveau, il lui parlait de ses désirs : « Vous avez raison – il n'en ira pas ainsi pour vous et moi –, non parce que ce serait mal ou contre nature, mais parce que nous sommes esclaves de la passion du corps quand elle brûle et se fond dans celle de l'esprit, dans ces rêves extatiques que les hommes ont tant de peine à atteindre, et qui appartiennent à ceux, comme vous le dites, que Dieu a *réellement* unis. Lors d'une étreinte divine, nous aurions pu la connaître, l'extase. Cela ne sera jamais le cas. Mais il nous reste tant. Et, comme vous l'avez dit, ma chère et sage reine, ce qui nous reste, nous le prendrons. »

Les lettres de Dick redonnaient un sens au moindre de ses actes. Il faisait d'elle un être brave, fort, courageux, et, plus que tout, il faisait d'elle une femme. Il n'avait cessé de lui écrire alors qu'elle se trouvait dans le désert, lui racontant comment il avait retrouvé Hugh à Londres, en quoi consistait sa nouvelle mission en Éthiopie, lui redisant aussi l'amour passionné qu'il nourrissait pour elle et la joie qu'il éprouvait à lire le journal qu'elle tenait spécialement pour lui :

Dans votre cahier, vous dites que vous voulez m'entendre dire que je vous aime, vous voulez que cela soit une évidence pour vos yeux comme pour vos oreilles. Et vous-même, vous l'avez couché par écrit sur ce cahier pour que je le serre sur mon cœur.

Je vous aime. Cela vous apporte-t-il quoi que ce soit là-bas, dans votre désert ? En est-il moins vaste, moins désolé, tel l'extrême horizon de la vie ? Un jour, peut-être, dans un souffle, dans un baiser, je vous dirai...

Vous m'offrez un monde neuf, Gertrude. Souvent j'ai aimé des femmes comme les aime un homme de ma trempe : à la fois bien et mal, peu et beaucoup, selon l'urgence de mon désir, selon le moment ou l'occasion, ou, tout simplement, par goût de l'aventure, pour voir ce qui se passerait. Mais tout cela est bien révolu.

« Où êtes-vous à présent ? » demandait-il avec désespoir, avant de poursuivre presque cruellement : « J'aime à vous imaginer seule et me désirant. »

Elle lui avait écrit pour lui dire son dégoût de l'infidélité et lui avouer son désir de mariage. Il lui répondait : « Le vrai mariage est la fidélité de l'esprit que rien ne peut entamer ; la fidélité du corps n'est qu'un mot, celle de l'esprit en est l'essence. Il n'y a rien à penser de la première, tandis que le monde repose sur la seconde. La chasteté n'a rien d'une vertu, si ce n'est que, lorsqu'on aime, il faut l'exprimer par chacun des battements de son cœur. J'ignore pourquoi je viens de vous écrire cela. Je suis sorti de mon jardin secret, sans possibilité de retour. Mais jamais je ne serai votre amant, ma chérie, jamais. J'ai lu votre journal, si plein de beauté et de fougue, et j'en ai la certitude à présent. Jamais je ne serai votre amant, à la manière des hommes s'entend, ce qui d'ailleurs n'est pas la chose la moins admirable. Mais nous garderons et chérirons ce qui nous est donné. Oui, pour reprendre vos paroles, nous serons sages et doux. »

Pour l'instant, elle devait se contenter de lire ces lignes en rêvant de lui : Dick avait quitté l'Angleterre pour un poste en Éthiopie. Il leur était impossible de se voir.

Au début du mois d'avril 1914, Gertrude quitta Bagdad et prit le chemin de Damas jusqu'à Constantinople, où elle espérait rencontrer l'ambassadeur Louis Mallet. Il avait tenté, quatre mois plus tôt, d'empêcher son voyage, mais, à l'heure qu'il était, elle détenait de précieuses informations sur l'Arabie, Ibn Rachid et Ibn Saoud.

Avant de partir, elle écrivit à Domnul :

Vous allez me prendre pour une sauvage ; c'est que j'ai vu et entendu d'étranges choses, et qu'elles finissent par imprégner l'esprit. Il faudra que vous tentiez de me civiliser un tantinet, très cher Domnul. Je sais bien que pour vous je serai toujours la même, et que vous parviendrez à me supporter, mais je me demande parfois si je pourrai, de mon côté, supporter à nouveau l'Angleterre, revenir aux mêmes activités et les reprendre comme si de rien n'était. Il est vrai qu'elles ne seront plus tout à fait les mêmes, puisque je reviens dans un état d'esprit radicalement différent. J'ai beaucoup appris et tâcherai de ne rien oublier.

Je n'ai pas de plaisir particulier à retrouver Londres. [...] C'est Bagdad et l'Irak que j'aime. Là se trouve l'Orient véritable et là je suis attirée ; des choses s'y passent et cette aventure me touche et me captive à la fois.

13

Le grondement des canons

Au bout de trois semaines, Gertrude quitta Bagdad pour s'enfoncer vers l'ouest et gagner Damas à travers le désert, sans se soucier des difficultés qui retenaient la plupart des voyageurs. Sa caravane était maintenant plus modeste et plus facile à transporter : deux petites tentes indigènes pour le camping, un matelas qu'elle jetait à même le sol pour dormir, et seulement Fattuh, Sayyah et Fellah comme équipiers. Ils étaient maintenant sur le territoire des Anazeh, un peuple de chameliers qui se déplaçait sans cesse dans le désert. Pour elle, eux seuls étaient de « vrais Bédouins » ; les autres n'étaient que de « simples Arabes ». Elle était ravie de se trouver parmi eux, de s'asseoir avec leurs cheikhs pour boire le café auprès du feu, mais elle se rappelait aussi ce que l'un de ses *rafiqs* avait dit un soir devant un semblable feu de camp : « Pendant des années et des années, lorsque nous viendrons ici, nous dirons : " C'est ici que nous sommes venus avec elle ; c'est ici qu'elle a campé. " Ce sera un sujet de discussions infinies, votre *ghazai.* On nous demandera de raconter, et nous en parlerons et nous conterons comment vous êtes venue. » Songer à ce qu'ils diraient la rendait anxieuse. « Ils jugeront de ma race à travers moi », pensait-elle.

Elle n'avait pas de guide pour se diriger à travers le désert de Syrie et c'était « une joie de [se] débrouiller seule ».

Ils allaient vite, montant parfois onze heures par jour, et pour la première fois elle réussit à s'endormir à dos de chameau. Mais il était dangereux de se reposer. Peu après leur départ, ils avaient remarqué sur le sol les traces d'une troupe armée pour la razzia. Après avoir traversé des étendues « terriblement plates », ils s'arrêtèrent près d'un puits et apprirent qu'il s'agissait des Shammar, qui avaient volé quarante chameaux à la tribu des Anazeh. Les victimes de ce larcin avaient poursuivi leurs voleurs et, d'après un jeune garçon, ils avaient capturé dix juments. Ils avaient tué l'un des chefs. « Ses compagnons ont-ils pris le temps de l'enterrer ? » demanda Gertrude, qui imaginait le cadavre de l'homme, abandonné en plein désert. « Non, *Wallah*, répondit le garçon, et les chiens l'ont mangé. » L'image était macabre. « Je n'ai cessé d'y penser, écrivit-elle à Dick, cet homme mort gisant dans les grandes plaines jusqu'à ce que les chiens viennent lui faire son affaire. »

Tiraillés entre la crainte et la fascination à la vue d'une constellation de petits points noirs au loin, Gertrude et ses hommes s'avancèrent vers les tentes noires des Anazeh. Ils passèrent la nuit sur une petite étendue d'herbe, tout près du troupeau de chameaux, et dans le froid du petit matin ils découvrirent enfin le campement qui s'étendait sous leurs yeux. Ils comptèrent cent cinquante tentes en peau de chèvre et il y en avait encore bien plus derrière les pâturages qui s'étendaient au pied d'une immense colline. Lorsqu'elle parvint au centre du camp, Gertrude s'avança vers les plus grandes tentes – elle savait qu'elles appartenaient au cheikh. Elle descendit de chameau, forçant sa monture à s'agenouiller devant la tente où les Bédouins prenaient le café. Elle s'efforça de cacher sa nervosité et se dirigea d'un air résolu vers les quartiers de Fahad Bey ibn Hadhdhal, chef suprême des Anazeh.

Fahad Bey, le grand chef de la tribu la plus aristocratique du désert, était un vieil homme réputé pour sa rudesse et qui arborait tous les signes de la brutalité. Il affectait un air très digne qui lui venait de son pouvoir sur les Anazeh, de la palmeraie qu'il possédait près de Karbala et du titre envié que son père avait gagné contre les Turcs. C'était un homme petit et mince, avec une barbe presque blanche et une peau brunie par près de soixante-dix ans passés au soleil. Sous ses vêtements, il arborait les cicatrices d'un raid de jeunesse. Une lance ennemie en le transperçant avait laissé un gros trou dans sa poitrine. « Seul un Arabe du désert a pu survivre à pareille blessure », écrivit plus tard Gertrude.

Il étendit de minces tapis sur le sol et lui fit signe de s'asseoir. Elle prit place, calant son dos contre une selle de chameau en bois, sous le regard attentif du faucon perché derrière Fahad Bey et du lévrier étendu à son côté. Elle parla avec l'Arabe tandis que des serviteurs apportaient du café épais et des dattes. L'homme lui demanda si l'Irak était calme, elle lui répondit que non et l'informa des tensions avec les Turcs. Ils discutèrent de Bassora, la cité au sud de l'Irak, et de son chef politique, l'illustre Sayid Talib à la rudesse légendaire. Fahad Bey lui posa ensuite des questions plus personnelles. Pourquoi avait-elle souhaité voyager ? « Les musulmans sont parfois menteurs, dit-il, mais pas les Anglais. Dites-moi la vérité. Pourquoi tant de voyageurs viennent-ils dans le désert ? Pour l'argent, pour les richesses ? » Elle lui répondit qu'elle était venue pour s'instruire et par curiosité. Il ne voulait pas le croire. Un voyageur pouvait mourir ; c'était dangereux ; c'était pénible. Elle lui répéta que les Anglais ne cherchaient pas le profit en venant dans le désert ; c'étaient simplement des voyageurs qui n'aimaient pas rester chez eux.

« *Sadeq*, lui dit-elle, croyez-moi.

– *Sadeq*, lui répondit-il, je vous crois. »

Il lui fit visiter son harem, la longue tente où vivaient ses femmes, et lui présenta sa dernière épouse et les enfants qu'il avait eus d'elle. Ils posèrent et elle les prit en photo. Ensuite, elle rejoignit ses serviteurs et partit explorer un ancien site. Comme ils revenaient vers le camp, le ciel devint noir, il se mit à tomber des trombes d'eau. Une fois l'orage passé, Fahad Bey vint lui rendre visite au camp et fit préparer le meilleur repas qu'un cheikh arabe lui ait jamais servi. Ils se régalèrent d'agneau rôti, farci de riz au curry, et de boulettes de pain, de yaourt et de viande, servies sur une montagne de riz.

Ensuite, ils burent le café et fumèrent. Elle lui donna des nouvelles du *Naqib* et de quelques autres connaissances de Bagdad et de Bassora. Elle lui décrivit l'atmosphère qui régnait dans ces villes et les sentiments qu'on y nourrissait à l'égard des Turcs. Elle lui parla longuement de la vie des capitales européennes et l'amusa en commettant quelques indiscrétions sur les salons de Constantinople ou le palais de Hayil. Quand elle partit le lendemain, il la pressa d'accepter une escorte. Elle fut touchée par son attention. Elle ne savait pas encore combien cette alliance devait lui être précieuse.

Quelques jours plus tard, un nouvel orage, très violent, s'abattait sur le désert. « Te souviens-tu, demandait-elle à Dick dans son journal, de la chanson de Shelley :

I love snow and all those forms of the radiant frost
I love wind and rain storms, anything almost
That is Nature's and may be
Untouched by man's misery *. »

Le 1er mai au matin, elle arriva à Damas, si fatiguée qu'elle resta insensible au spectacle des vergers et des vignobles qui s'étendaient sous ses yeux. Elle ne s'était jamais sentie si lasse. Elle se coucha tôt, dormit une heure ou deux, vit des chameaux déambuler dans ses rêves. Pendant son séjour, elle apprit d'effrayantes nouvelles de Hayil : l'oncle de l'émir, Ibrahim, avait été découvert assassiné, la gorge tranchée d'un coup d'épée.

Un message de Constantinople l'informa que sir Louis Mallet souhaitait faire sa connaissance et s'entretenir avec elle de ce qu'elle avait appris en Arabie.

Elle prit le bateau de Beyrouth à Constantinople et arriva quatre jours plus tard. La capitale ottomane était en effervescence. Les Jeunes Turcs – les étudiants et les jeunes officiers

* « J'aime la neige, tous aspects / De la gelée étincelante ; / J'aime les flots, le vent, l'orage ; / J'aime presque tout ce qui vient / De la Nature, et peut rester / Incontaminé par notre misère. » (Traduction française par A. Koszul, Paris, Sorlot, 1943.)

qui s'étaient unis en 1908 pour obliger Abdul Hamid à rétablir la constitution avant de le déposer peu après – venaient d'écarter le ministre de la Guerre et de prendre la tête du gouvernement. Vieux de sept cents ans, l'Empire ottoman, qui s'étendait autrefois en Asie, en Europe et en Afrique, avait aussi enregistré de lourdes pertes territoriales.

La Turquie, minée par la corruption, se trouvait dans une situation économique difficile. Il lui avait fallu emprunter de l'argent pour lutter dans les Balkans, et sa survie financière dépendait des prêts consentis par les pays européens. L'Allemagne avait été particulièrement généreuse, construisant à ses frais la ligne de chemin de fer qui reliait Berlin à Bagdad. Cette présence allemande dans les Balkans constituait une menace pour les Anglais, toujours soucieux de protéger la route du commerce avec l'Inde.

L'intérêt de la Grande-Bretagne pour cette région s'était accru pour une autre raison. Première puissance maritime, la flotte britannique approvisionnait le monde entier et fournissait à l'Angleterre les trois quarts de ses denrées alimentaires. Pour maintenir cette supériorité, le premier lord de l'Amirauté, Winston Churchill, avait décidé en 1911 de procéder à un changement majeur et de renoncer au charbon pour la chauffe au mazout. La nouvelle flotte de guerre allait plus vite, avait une plus grande autonomie et pouvait être réapprovisionnée en pleine mer, sans que l'équipage soit mis à trop rude épreuve par cette opération.

Mais la Grande-Bretagne, premier producteur de charbon, ne possédait pas de pétrole. En 1912, Churchill avait donc signé un accord préférentiel avec l'Anglo-Persian Oil Company, dont les puits de pétrole se trouvaient dans le sud de la Perse et les raffineries à Abadan, près de Bassora. Il devenait donc vital pour la Grande-Bretagne de protéger cette région, rendue très vulnérable par l'affaiblissement de l'Empire ottoman, en particulier face aux menées allemandes.

Gertrude était impatiente de rencontrer l'ambassadeur britannique à Constantinople et de lui rapporter ce qu'elle avait observé chez les Arabes du désert. La Grande-Bretagne espérait qu'en cas de guerre, la Turquie resterait neutre, mais elle vivait en fait dans la crainte d'une possible alliance entre la Turquie et l'Allemagne. Gertrude, qui avait pu constater combien le contrôle ottoman sur les tribus arabes s'était relâché, estimait que les Britanniques pouvaient en tirer parti. Des amis bien informés l'avaient convaincue que les Arabes de Syrie étaient favorables à une tutelle britannique. Elle avait aussi entendu dire qu'Ibn Saoud, dont le pouvoir ne cessait de grandir en Arabie et qui avait passé plusieurs années en exil au Koweït, une région amie de la Grande-Bretagne, était désireux de s'allier à l'Angleterre.

Sir Louis Mallet l'écouta avec attention. Il envoya immédiatement un rapport au ministre des Affaires étrangères, sir Edward Grey, dans lequel il décrivait le voyage de Gertrude, ses impressions sur Ibn Rachid, ce qu'elle avait appris sur Ibn Saoud, l'affaiblissement de la tutelle turque. Il n'y avait plus l'ombre d'une autorité, écrivait-il, « les tribus placées sous domination ottomane étaient livrées à elles-mêmes. Le voyage de Miss Bell, qui constitue un exploit remarquable à tout point de vue, a suscité ici le plus vif intérêt ».

Le bruit des exploits de Gertrude s'amplifiait dans la ville. Nombreux étaient ceux qui, l'ayant rencontrée lors de précédents voyages, souhaitaient l'entendre raconter ses dernières aventures. Son séjour à Constantinople fut bref, mais elle dîna chez Philip Graves, correspondant au *Times* – dont l'épouse resta bouche bée en voyant Gertrude tirer sur sa cigarette –, et rencontra le jeune diplomate Harold Nicolson et sa femme, Vita Sackville-West, qui attendait un enfant.

Les mondanités n'intéressaient pas Gertrude, qui rentra le 24 mai 1914 à Londres. Après avoir été décorée d'une prestigieuse médaille d'or par la Société royale de géographie, elle gagna Rounton, en quête d'un peu de tranquillité après les émotions et les fatigues du voyage. Mais, même en Angleterre, la vie changeait ; la société britannique se transformait. Pendant son absence, plusieurs livres sulfureux avaient paru. Proust avait écrit *Du côté de chez Swann* ; D. H. Lawrence, publié *Amants et fils* ; James Joyce, *Dedalus, portrait de l'artiste par lui-même*. Malgré sa virulence, *Pygmalion*, la pièce de George Bernard Shaw, était jouée au théâtre de Sa Majesté depuis le mois d'avril 1914, et tout le pays avait entendu parler de cette satire féroce. Les suffragettes continuaient de revendiquer ; les femmes qui s'étaient affranchies du corset goûtaient à la liberté des premiers soutiens-gorge. Une note plus sombre venait toutefois obscurcir ce tableau : le monde était au bord du gouffre, à deux mois seulement de la guerre.

Tandis que Gertrude se reposait chez elle, on apprit la terrible nouvelle de l'assassinat de l'archiduc François-Ferdinand, héritier du trône des Habsbourg. L'assassinat avait été commis le 28 juin 1914 dans la capitale serbe de Sarajevo. Le meurtrier était un Bosniaque, sympathisant de la cause indépendantiste serbe. Cet incident était précisément le genre d'étincelle dont le chancelier allemand Otto von Bismarck avait prédit qu'elle suffirait à déclencher un conflit mondial. Il entraînait l'application de tout un jeu d'alliances signées par les premières puissances d'Europe.

La France et l'Angleterre s'étaient alliées contre les menées offensives de l'Allemagne lors de l'Entente cordiale de 1904. Ce rapprochement avait été suivi peu de temps après par un accord anglo-russe de 1907 unissant deux États qui se défiaient l'un de l'autre, mais qui redoutaient plus encore une hégémonie allemande. La conclusion de cette Triple-Entente entre l'Angleterre, la France et la Russie était motivée par de justes craintes. Le général Friedrich von Bernhardi, l'une des têtes pensantes de l'état-major allemand, avait déclaré que la guerre était une « nécessité biologique ». L'Allemagne possédait désormais la deuxième flotte mondiale, juste derrière la Grande-Bretagne. Le milieu des affaires et la classe politique se frottaient les mains à l'idée de marchés plus étendus, de territoires plus vastes et d'une première place mondiale. Britanniques, Français, Russes, tous craignaient le bellicisme d'une Allemagne en marche à l'est et à l'ouest de l'Europe, bien décidée à conquérir le monde.

L'assassinat de l'archiduc provoqua immédiatement des réactions. L'Autriche-Hongrie, qui espérait annexer la Serbie comme elle avait annexé la Bosnie et l'Herzégovine, déclara la guerre à la Serbie. La Russie, pays slave, refusa que les Serbes puissent un jour devenir les sujets de l'Empire austro-hongrois.

L'Allemagne, qui avait promis son aide à l'Autriche-Hongrie, entra dans le conflit après la déclaration de guerre de la Russie. La mobilisation allemande, les forces allemandes massées aux frontières françaises, la flotte allemande prête à entrer dans le canal de la Manche, tout cela provoqua la colère de la France et de l'Angleterre, qui mobilisèrent leurs troupes et entrèrent en guerre contre l'Allemagne. Le 1er août 1914, les premières salves des fusils et des canons retentissaient en Europe.

Sur le front Est, les Turcs s'allièrent bien vite aux Allemands, suscitant la vive inquiétude du gouvernement britannique, soucieux de protéger la route des Indes et les champs pétrolifères du golfe Persique, cibles éventuelles pour l'ennemi. Naguère mise au ban par Londres, Gertrude devenait une mine de renseignements pour les affaires d'Orient. On lui demanda de bien vouloir rédiger un rapport exhaustif sur ce qu'elle avait appris en Syrie, en Irak et en Arabie. Le 5 septembre 1914, elle fit connaître son appréciation de la situation au chef des affaires militaires du Caire, lequel transmit immédiatement le document au ministre des Affaires étrangères, sir Edward Grey.

La Syrie, écrivit-elle, surtout au sud où la prospérité de l'Égypte est bien connue, a des sentiments pro-anglais extrêmement forts. L'hiver dernier, un homme très intelligent du nom de Loytved – un vieil ami à moi d'origine allemande qui vit désormais à Haïfa – m'a assuré qu'on ne pouvait se tromper sur l'authenticité du désir syrien de passer sous juridiction britannique. Et je le crois. [...]

En conclusion, je dirais que l'Irak verra d'un mauvais œil l'intervention turque contre nous mais ne prendra aucune part active au conflit. Les Turcs vont sans doute tenter de se rapprocher des chefs arabes qui ont reçu notre protection. Une telle action sera très impopulaire parmi les Arabes unionistes qui considèrent Sayid Talib de Bassora, [cheikh] du Koweït, et Ibn Saoud comme des acteurs de premier plan. Sayid Talib est orgueilleux, il n'a reçu aucune aide de notre part, mais les Britanniques [les commerçants] entretiennent d'excellentes relations avec lui. La survie du Koweït dépend de notre aide et il le sait. Ibn Saoud souhaite vivement obtenir de nous un statut précis et il serait facile de le rassurer en en faisant un allié. Je crois que nous pourrions rendre la situation dans le Golfe assez brûlante pour les Turcs.

Le rapport de Gertrude fut étudié et commenté à Londres, aux ministères de la Défense et des Affaires étrangères, et au Caire par les services secrets de l'armée. En Europe, les combats faisaient déjà rage. Dans quelques semaines, la Grande-Bretagne, la France et la Russie seraient en guerre contre la Turquie. En septembre 1914, avant même que le gouvernement n'ait décidé de sa politique envers l'Empire ottoman, Gertrude le pressait d'organiser la révolte arabe contre les Turcs. Souhaitant être présente sur le terrain, elle sollicita l'autorisation de partir. Pendant plus d'un an, sa demande fut rejetée. La région était jugée trop dangereuse pour une femme. Ne pas être un homme était décidément un obstacle.

14

Une fin tragique

Dans la ville portuaire de Boulogne, en France, Gertrude loua une chambre dans un petit hôtel et s'installa dans la routine. Tous les matins, elle faisait une courte promenade près du bord de mer, puis se hâtait à travers les rues pavées jusqu'au 36 bis de la rue Victor-Hugo. Elle y travaillait pour la Croix-Rouge. Les cris de la guerre avaient remplacé les appels des suffragettes. Comme beaucoup d'autres, Gertrude s'était engagée comme volontaire et avait suivi son amie Flora Russell en France.

Le service dans lequel elle travaillait était lugubre, noyé sous la paperasserie. Elle essaya, du mieux qu'elle put, de cacher la tristesse des murs en les recouvrant de chintz. Elle voulut égayer un peu les bureaux en plaçant de grosses jarres de lilas et de narcisses. Le travail en lui-même était trop sinistre pour autoriser à plus de gaieté. Chaque jour, il fallait se battre pour retrouver des soldats blessés ou disparus pendant les combats. De neuf heures du matin à neuf heures du soir, parfois plus tard, elle faisait du classement, indexait des noms, correspondait avec les familles de soldats. Des lettres déchirantes lui parvenaient tous les jours et l'amenaient à enquêter pour le compte de proches inquiets. Le travail de recherche était souvent impossible, les fils chéris ayant disparu ou étant tombés au combat. Elle écrivait aux familles, trouvait des mots gentils, s'efforçait d'offrir quelque nouvelle rassurante. Quand vint la Noël 1914, elle avait pris la direction du service et réorganisait le fichier.

C'était aussi pour elle une façon de tuer le temps. Elle souffrait toujours d'être éloignée de Dick, et aucun travail, si abrutissant fût-il, ne parvenait à faire taire la douleur de la séparation. Dick était resté à son poste en Éthiopie et, bien que sa famille la pressât de revenir à Rounton, Gertrude refusait de rentrer au pays sans lui. « Je ne rentre pas en Angleterre pour le moment, écrivait-elle à Domnul. Je puis passer ici la journée à travailler – petite planche de salut au-dessus de l'abîme de tristesse où je me tiens depuis si longtemps. Et qui parfois manque de se briser. »

S'il y avait un seul endroit au monde où elle aurait souhaité se trouver, c'était en Orient. La Turquie était désormais l'alliée de l'Allemagne (malgré les efforts britanniques pour la neutraliser) et, en décembre 1914, les troupes britanniques établies en Égypte se préparaient à répondre à une attaque turque sur le canal de Suez. En Mésopotamie, une flotte de quarante-sept navires de transport, la plus importante jamais envoyée, était arrivée des Indes et avait pris la ville de Bassora aux Turcs ; l'armée britannique était désormais en marche pour essayer de s'emparer de Bagdad. Alors que, quelques mois plus tôt, Gertrude se sentait parfaitement chez elle en Irak, il lui semblait maintenant qu'elle n'avait plus sa place là-bas. Elle écrivit à Domnul, qui voyageait en Orient : « Si seulement je pouvais à cette minute précise être sur le point de mettre le pied en Mésopotamie ! J'attends avec impatience des nouvelles de l'occupation de Bagdad. Vous verrez qu'il n'y aura pas beaucoup d'opposition. [...] Je veux tous les détails. »

En attendant, les détails qui lui parvenaient composaient les macabres fragments d'un sanglant carnage, la guerre. Dans son sinistre bureau ou, à l'heure du déjeuner, dans les cafés de la ville où certains soldats se retrouvaient, Gertrude entendait les histoires du front. Les hommes ont « de l'eau jusqu'aux genoux dans les tranchées, écrivit-elle, la boue est partout. Ils s'y enfoncent jusqu'aux genoux, jusqu'à la taille. Quand ils se couchent pour mettre en joue, ils ne peuvent tirer : leur coude reste englué jusqu'au poignet. » Les femmes qui travaillaient pour la Croix-Rouge n'étaient pas admises à l'hôpital, mais Gertrude parlementa et parvint à entrer. Elle y découvrit l'horreur : des soldats à peine sortis de l'adolescence, trop naïfs pour saisir ce que l'obus avait arraché, ayant perdu un bras, une jambe, ou aveuglés par l'éclat d'un obus. « J'espère que la nouvelle année sera meilleure », écrivit-elle à ses parents le 1er janvier 1915. Elle passa la soirée du 31 décembre dans son bureau, ne s'arrêtant que pour manger quelques chocolats.

Dans sa petite chambre de l'hôtel Meurice, à quelques pas de son travail, elle passait la plupart de ses nuits à lire des lettres, à bout de nerfs. Une note de Dick arriva qui l'emplit de fièvre. Elle y répondit par une lettre passionnée : « Très cher, si cher Dick, je t'offre cette année et toutes celles qui suivront. Acceptes-tu ? Acceptes-tu ce maigre présent, cette année, moi, mes pensées, mon amour... Tu emplis cette coupe peu profonde qui s'est creusée pour contenir ton amour et le mien. Mon amour, quand tu m'écris que tu m'aimes et que tu me voudrais sereine, mon cœur se met à chanter, et puis il pleure de ton absence. Mon désir pour toi comble toutes les vallées du monde. Il s'épand et enfle pour gagner les hautes montagnes où tu es. Quand tu marches au milieu de ton jardin, il est là, je pense, qui frôle ton pied. Non, ne me remercie pas. Prends ce qui est tien, prends-le et conserve-le. Prends-moi dans ton cœur. »

Si les lettres de Gertrude étaient empreintes de sentiments poétiques, celles de Dick témoignaient d'un désir brûlant. Dans des termes un peu crus, il tentait de calmer ses craintes. « Est-ce que le sexe est vraiment important ? demandait-il, et les sens et le contact physique et tout ce qui égare l'âme. Tout cela peut beaucoup compter, mais ce n'est pas l'essentiel... ce n'est que le paysage, et il y a aussi le soleil, qui permet de le voir. Tu m'as dit un jour que tu continuerais de m'aimer quand bien même j'aurais douze femmes, qu'elles ne compteraient pas, et c'est vrai, ma chérie, ce que tu savais de la lumière du soleil...

Ce n'est pas très important, le sexe, pas vraiment, on en exagère toujours énormément l'importance comme de la chasteté, qui n'est qu'une pâle esquisse de la vertu... [1] »

« Ah ! Dick ! Donne-moi ton amour ! répondait-elle. Je ne vis que pour toi. »

Et puis soudain, comme un enfant affamé à qui on présente tout à coup une boîte de chocolats, elle passa du désespoir à la joie. Dick rentrait d'Éthiopie. Il s'arrêterait probablement en France, lui écrivait-il, avant de regagner l'Angleterre où il recevrait de nouvelles instructions, mais c'était sa femme qu'il verrait à Boulogne (par une ironie du sort, Judith travaillait à Boulogne comme infirmière). C'était sans importance : il n'y avait aucune raison de s'inquiéter ; Judith ne quitterait pas son travail, lui disait-il pour la rassurer, et il la pressait de venir le rejoindre à Londres.

Bouleversée, elle partit pour l'Angleterre au milieu du mois de février pour qu'ils puissent passer ensemble quatre journées d'ivresse. À le voir, le toucher, elle fut émerveillée, et plus sûre que jamais de ses sentiments : il était tout ce qu'elle avait attendu, l'intelligence et la compréhension, la gentillesse et l'attention, la protection et la force. Elle trouva refuge dans ses bras. Comme ils s'embrassaient, ses rêves de l'an passé éclatèrent en un grand feu ardent. Ses lèvres se pressèrent contre les siennes, et elle sentit qu'elle fondait contre son corps musclé de soldat. Il lui dit qu'elle était la vie, le feu brûlant de la passion. Il avait besoin d'elle. Il avait faim d'elle. Elle l'écoutait dans le plus grand ravissement, souhaitant plus que tout se donner à lui. Elle voulut s'abandonner, mais une force obscure, plus forte que le désir qui la dévorait, la retint. Dans un mouvement de panique, elle recula. Le désir et les sens l'emportèrent de nouveau et ils s'embrassèrent, tendrement enlacés. Mais la même force se réveilla et la retint. Lorsque vint la fin de leur idylle, leur amour n'était toujours pas consommé.

Elle lui écrivit quelques jours plus tard, au supplice.

Un jour je te dirai, un jour j'essaierai de t'expliquer – la peur, la terreur que j'en ai – toi qui pensais que j'étais brave. Comprends-moi ; ce n'est pas la peur des conséquences – je n'y ai pas pensé une seule seconde. C'est la peur de quelque chose que je ne connais pas, une peur qu'aucun homme ne peut vraiment comprendre, dont il faudra que je te parle pour que tu puisses comprendre. À chaque fois, elle s'est emparée de moi, et j'ai attendu que tu la chasses – c'est juste un fantôme, l'ombre d'un fantôme. Mais je ne pouvais te le dire, te dire de l'exorciser. Je n'ai pas pu. Cela, je n'ai jamais pu le dire. Il faut que toi tu le dises et que tu brises ce charme malfaisant. La peur est un sentiment affreux – ne me laisse pas vivre avec cette ombre. C'est une ombre – je sais que ce n'est rien... Toi seul peux m'en affranchir – m'en délivrer –, je le sais maintenant, mais jusqu'au dernier moment, je ne le savais pas très bien – me croiras-tu ? J'avais terriblement peur. Et puis j'ai fini par comprendre que c'était une ombre. Maintenant, j'ai compris [2].

Elle continuait, toujours en proie aux tourments.

« Je ne dors pas – je ne dors pas. Il est une heure du matin, c'est dimanche. J'ai cherché le sommeil, chaque nuit cela devient plus difficile. Tu es entre moi et le reste, mais il n'y a pas de reste sorti de tes bras. La vie, le feu, c'est ainsi que tu m'appelles. Je brûle, je vis, mais je me consume. Dick, ce n'est pas possible de vivre ainsi. Quand tout sera fini, il faudra que tu prennes une décision. Il faudra que tu te lances – mon soldat, est-ce à moi de t'insuffler du courage ? Avant que le monde ne me réclame, ne me prenne et ne me garde pour toujours... Je hais le mensonge – je finirai par y céder, je me détesterai, j'en mourrai. Mais venir à toi au grand jour, cela je peux le faire et le vivre, qu'aurais-je à y perdre ? Rien ; je respire, je pense, je bouge en toi. Le peux-tu ? Oseras-tu ? Quand tout sera fini, ton travail fait et bien fait, est-ce que tu prendras ce risque pour moi ? C'est cela ou rien. Je ne peux vivre sans toi...

J'aurais alors le soutien de ceux qui m'aiment – je les connais. Mais pas si j'agis autrement. Pas s'il [me] faut tromper, mentir, tricher et au bout du compte être découverte, ce qui ne manquera pas de se produire. Mais cela aussi, je suis prête à le faire, à employer tous les artifices, à courir au-devant de l'inévitable dénouement... Si c'est à l'honneur que tu penses, c'est cela l'honneur ; autrement, le déshonneur. Si c'est à la fidélité que tu penses, c'est cela la fidélité – avoir foi en l'amour... Parce que j'aurai gardé la tête haute et refusé tous les chemins de traverse, peut-être pourrons-nous nous marier un jour.

Je n'y compte guère, mais ce serait mieux, tellement mieux pour moi...

Maintenant, écoute-moi – je ne t'en reparlerai plus dans mes prochaines lettres... J'ai tout dit. Si tu m'aimes, prends-moi ainsi – si tu me désires pour une heure, alors prends cette heure, je l'accepte et j'en paierai seule les conséquences. Je t'en ai dit le prix. Quoi qu'il se passe, quoi que tu décides, je viendrai à toi – je n'ai pas peur de cette autre traversée... Mais vois le feu qui illumine cette lettre – la flamme claire, vive, nourrie de ma vie.

Horrifiée, Gertrude se retrouva face à la seule personne qu'elle ne souhaitait pas rencontrer ; l'épouse de Dick se présenta à son bureau à Boulogne. Les deux femmes s'écrivaient depuis la Turquie. Elles déjeunèrent ensemble et parlèrent très naturellement de leur travail. Judith ne dit rien qui pût laisser penser qu'elle était au courant de la liaison de son mari avec son amie, mais l'entrevue produisit un terrible effet sur Gertrude. Elle supplia Dick de dissuader sa femme de revenir la voir. « C'était horrible, lui écrivit-elle, épargne-moi cela [3]. » Elle était déchirée par le regret, le désir, la faute. « Ne m'oublie pas – tu ne m'abandonneras pas ? Ce n'est pas possible. C'est un supplice, un supplice sans fin, mais adouci. Ô mon amour, c'est peut-être l'extase [4]. »

Elle repensait sans cesse à leurs retrouvailles en Angleterre, à ces quatre jours d'une atrocité exquise. Elle s'interrogeait sur ce qu'elle avait fait, tentait de concilier ses sentiments et ses actes. Avoir un enfant lui avait fait peur jadis, elle y voyait maintenant une bénédiction. Gertrude, qui pendant des années avait été athée, semblait devenue dévote : « Et imagine que l'autre chose se soit produite, cette chose que tu redoutais – et que je craignais à demi – t'aurait ramené à moi. Si j'étais maintenant telle que tu craignais, je chanterais les louanges du Seigneur et je n'aurais plus aucune crainte. Ce serait le plus beau cadeau que je puisse te faire – plus beau encore que l'amour – et aussi, pour moi, le gage divin de l'accomplissement, le produit de l'extase, le don de la vie dans le feu, qui demande à être aimé, adoré... avec une égale ardeur à celle qui porte à aimer et à adorer le Créateur. »

Dick reçut ses lettres alors qu'il partait à la guerre. La Grande-Bretagne avait riposté dès que la Turquie avait fait connaître son alliance avec l'Allemagne. Winston Churchill, premier lord de l'Amirauté, dressa un plan de campagne pour arrêter les Turcs qui marchaient vers Bagdad : trente mille soldats australiens furent dépêchés par surprise à Gallipoli. Le but de l'opération était d'ouvrir le détroit des Dardanelles à la flotte britannique, de prendre Constantinople, de fournir du renfort aux troupes russes, tout en coupant les Turcs du soutien allemand. Dick Doughty-Wylie, familier de la Turquie depuis l'époque de son vice-consulat en Anatolie, décoré pour l'aide héroïque qu'il avait apportée aux Arméniens lors du massacre perpétré par les Turcs, fut l'un des officiers britanniques chargés de mener l'attaque.

Au milieu du mois de mars 1915, comme Dick faisait route vers les Dardanelles, le cabinet de guerre demanda à Gertrude de bien vouloir lui communiquer les cartes qu'elle avait dressées de la Syrie et qui n'avaient jamais été publiées. À la fin du mois, elle fut appelée à Londres une seconde fois pour faire partager ses connaissances de l'Orient aux membres du cabinet. Sur la requête de son ami lord Robert Cecil, président de la Croix-Rouge, elle fut chargée de la direction de l'organisation en Angleterre. Les journées étaient longues et épuisantes, et lorsqu'elle quittait la grisaille de son hôtel particulier du 95, Sloane Street pour se rendre à son bureau de Norfolk House, juste en face de Piccadilly, elle était hantée par le souvenir de Dick.

Une lettre de Doughty-Wylie arriva juste au moment où il s'apprêtait à embarquer avec ses hommes pour Gallipoli. Elle sut qu'il était toujours très épris d'elle : « Tant de souvenirs de toi, ma chérie, ma reine, de ton amour si beau, de tes baisers, de ton courage et des lettres merveilleuses que tu as écrites avec ton cœur et dont j'ai conservé certaines, comme autant de gouttes de ton sang. »

Pour Gertrude, leur amour était une renaissance. Le 21 avril, elle lui écrivait : « Il y a un secret qui nous lie à jamais, toi et moi. Personne ne connaît, personne ne connaîtra jamais la femme qui t'aime. Corps et âme, c'est une autre que celle qui foule la terre commune aux autres hommes – une femme tout juste née, tout juste éclose de notre amour. Seul toi la connais et l'as vue... tu lui as donné vie ; moi, je l'ai façonnée... ; tu l'as engendrée et tu peux l'aimer sans crainte. Et tu l'aimeras [5]. »

Les nouvelles du front étaient rares. Le cabinet de guerre censurait les informations et retenait toutes celles qui pouvaient être rapprochées d'événements précis. Les lettres qui arrivaient en Angleterre étaient à ce point noircies par l'encre que, en dehors des salutations et de la signature, il était presque impossible de les déchiffrer. Lors d'un dîner avec des amis, le 1er mai 1915, Gertrude eut un terrible choc en apprenant ce qui s'était passé à Gallipoli. Le débarquement avait mal tourné. Les Britanniques n'avaient pu mener à bien l'attaque surprise qu'ils prévoyaient ; comme ils débarquaient dans une crique, ils avaient été accueillis par les mitrailleuses et les fusils de l'armée turque. Dans le bain de sang qui avait suivi, Dick Doughty-Wylie avait été tué d'une balle dans la tête.

Gertrude fut abasourdie. Rapidement, sans perdre son calme, elle quitta la table et se rendit chez sa sœur Elsa. Plusieurs mois auparavant, Elsa l'avait réconfortée en l'assurant qu'elle n'avait pas perdu sa dignité dans cette affaire compliquée, qu'elle avait agi comme il le fallait. Dans la douceur de la maison d'Elsa, Gertrude put pleurer tout son soûl.

Après un moment, les pleurs cessèrent, le calme sembla revenir, mais quelques minutes plus tard elle secouait la tête et perdait de nouveau le contrôle d'elle-même. Elle avait déjà affronté la mort : à trois ans, elle avait perdu sa mère ; à vingt-cinq ans, son fiancé, Henry Cadogan ; à trente ans, la tante qu'elle préférait, Mary Lascelles, et sa meilleure amie d'école, Mary Talbot. Mais la mort de Dick Doughty-Wylie était tout bonnement insupportable : elle perdait le plus beau cadeau que la vie lui avait fait. Elle aurait voulu parler de Dick tout le temps. Domnul, lord Robert, ses sœurs Elsa et Molly, sa grande amie Elizabeth Robins, tous étaient dans la confidence. Aucun ne l'avait trahie. Mais personne, ni dans sa famille ni parmi ses amis, ne pouvait la consoler. Pendant des jours et des jours, elle refusa de voir quiconque, à l'exception de Domnul. « Je ne puis supporter cette peine, je ne puis la supporter que seule [6] », écrivit-elle à Lisa Robins.

Gertrude se réfugia quelques jours à Rounton. Elle trouvait toujours dans sa tanière du nord-est de l'Angleterre le répit nécessaire ; lorsqu'elle se promenait dans les jardins, elle se sentait revivre. C'était son Angleterre à elle, un rempart de taillis feuillus, de poiriers en fleurs. C'était sa maison et, comme John Ruskin, l'ami de son grand-père, l'avait écrit, « un lieu de paix ; un abri contre l'infortune, et aussi la terreur, le doute, la division ». Dans son enfance, Rounton avait été la maison de ses grands-parents, un endroit douillet pour une enfant obligée de porter du noir à l'âge de trois ans.

Avec Hugh et Florence pour la consoler, Gertrude essayait de reprendre des forces. Elle semblait un peu mieux, annonça Florence à Lisa Robins, mais elle continuait de « parler inutilement de la situation [7] ». Florence s'en irritait : « À quoi bon ? En Angleterre, le devoir des femmes est d'empêcher qu'on parle jamais de la mort et de dire, pour soutenir le moral du pays : " Oui, cela va très mal – mais les choses vont s'arranger. " » Mais Gertrude était bien trop malheureuse pour de pareilles platitudes.

Un jour qu'elle se promenait à travers les landes en compagnie de Lisa, en visite à Rounton, elle confia à son amie combien Dick avait souhaité qu'ils partent ensemble. Son plus grand regret était d'avoir refusé de vivre avec lui tant qu'il était marié à Judith. Gertrude s'arrêta un moment, marqua une pause. Une écharpe rose autour de la gorge, les bras croisés, le visage tendu, elle releva la tête et décrivit l'un de ses derniers rêves : « Je tombais dans ce puits d'obscurité, pressant une épée contre ma poitrine – et je tombais, je tombais, et l'épée avec moi [8]... »

15

Fuir à l'Est

À l'automne 1915, le ciel londonien fut plus gris encore qu'à l'accoutumée, assombri par l'aviation ennemie, éclaboussé par les bombes. Un jour de septembre, alors que Gertrude se trouvait chez sa sœur Elsa, le bruit assourdissant des avions allemands au-dessus de Hampstead l'attira sur le balcon : « Nous n'avons rien vu, sauf des obus qui éclataient, écrivit-elle à Florence. Je ne pense pas que les dégâts soient importants [1]. »

Dans ces quelques mots hâtivement griffonnés, nulle trace de peur ou de soulagement : Gertrude, qui auparavant aimait les longues lettres pittoresques, semblait désormais incapable d'exprimer le moindre sentiment. La mort de Dick l'avait anéantie. « Sa vie est finie, écrivit sa sœur Molly dans son journal – elle n'a plus aucune raison de continuer, [...] on voit mal comment elle pourrait construire quoi que ce soit à partir des ruines qui lui ont été laissées. Ce n'est pas une nature heureuse ou douce, et le chagrin, au lieu de la mûrir et de l'attendrir, a tari en elle toute bienveillance [2]. »

Ses amis ne pouvaient lui apporter qu'un maigre réconfort, et Gertrude souffrait de ce sentiment d'isolement autant qu'elle avait naguère goûté la solitude. « C'est insupportable, écrivit-elle à Florence, de ne plus aimer être seule comme avant, mais je reviens toujours à mes pensées, et elles [me] sont d'autant plus insupportables. » L'Angleterre était devenue une terre de souffrance, humide et froide.

En novembre 1915, la guerre contre la Turquie s'étendit à l'est et gagna la Mésopotamie. Gertrude voulait plus que jamais retourner en Orient. Les gens, le climat, le sentiment d'urgence attaché à cette région, tout l'y poussait, mais le gouvernement avait refusé de la laisser partir en mission, estimant que c'était trop dangereux pour une femme. Au milieu du mois de novembre, elle se rendit en toute hâte à son bureau de Norfolk House, s'engouffra précipitamment à l'intérieur, saisit son amie Janet Hogarth par le bras et l'emmena à l'écart : « J'ai des nouvelles de David, expliqua-t-elle tout excitée, il dit que n'importe qui est capable de retrouver la trace de soldats disparus, mais que je suis la seule à pouvoir dresser la carte du nord de l'Arabie. Je pars la semaine prochaine. »

David Hogarth lui avait écrit du Caire où il travaillait pour le compte des services secrets de l'armée. Ce modeste bureau d'espionnage, vieux d'un an à peine, avait recruté une poignée de fonctionnaires, d'archéologues et de journalistes. Tous, comme Gertrude, avaient précédemment fourni au ministère des Affaires étrangères de précieuses informations qu'ils devaient à leurs activités dans la région. Depuis, le rythme des opérations militaires s'était accéléré, le besoin d'informations sur l'Arabie avait grandi, et Hogarth en avait profité pour presser Reginald Hall, le chef des services secrets de la marine, de faire venir Gertrude au Caire et de l'utiliser comme espionne.

Elle avait attendu avec impatience ce moment. Cela faisait près d'un an qu'elle piaffait, occupant ses journées à s'abrutir dans un bureau. Enfin, elle retournait là où elle avait été accueillie et traitée dignement. Qui plus est, elle n'irait pas en observateur, mais prendrait part aux opérations ; elle n'était plus la voyageuse gênante que le gouvernement britannique avait tenté, deux ans plus tôt, d'empêcher de partir, mais un envoyé officiel, attendu et écouté. Ses frais de voyage seraient payés, elle recevrait une allocation de logement : « Je pense que je puis accepter, qu'en pensez-vous ? » écrivit-elle à son père.

Dans sa maison de Sloane Street, sa femme de chambre Marie empila dans une grande malle les tuniques, les jupes, les robes de satin, les knickers, les combinaisons, les bas de soie. Elle y mit aussi des capes et des manteaux pour la fraîcheur des soirées du Caire et quelques ombrelles contre les brûlures du soleil égyptien. Gertrude fit ses adieux à Florence et Hugh, ignorant combien de temps elle serait partie ou si elle resterait en Égypte.

Le cœur léger, elle monta le 19 novembre 1915 à bord du *SS Arabia*, qui partait de Southampton. La tempête fit rage pendant toute la traversée entre Marseille et Port-Saïd. La mer était démontée, le bateau tanguait jour et nuit, manquant de se coucher, la plupart des passagers étaient livides. La traversée fut « horrible », avoua Gertrude, qui survécut « triomphalement ». Cinq jours plus tard, dans la nuit du jeudi 25 novembre 1915, le bateau amarrait à Port-Saïd. L'après-midi suivant, elle était au Caire, où elle retrouva avec joie son mentor, David Hogarth. À son côté se tenait son subordonné, un jeune homme aux cheveux blonds et aux yeux bleus, T. E. Lawrence.

« Getty ! cria le jeune homme.

– Mon petit ! » répondit Gertrude.

Lawrence était venu la chercher et lui souhaiter la bienvenue. Il était vêtu avec négligence, comme toujours, avait oublié de passer une ceinture et d'astiquer les boutons de sa vareuse. Ils parcoururent les rues poussiéreuses où se mêlaient les Bédouins, les marchands turcs, les commerçants juifs, les domestiques soudanais, les fonctionnaires britanniques et les soldats rescapés de Gallipoli. Ils atteignirent le quartier huppé d'Ismailiya et pénétrèrent dans l'hôtel Continental, où Hogarth et Lawrence étaient logés.

Gertrude admira les jardins luxuriants et la somptueuse décoration, curieux mariage de style tarabiscoté anglais et d'élégance orientale ; elle remarqua, sous la véranda couverte, des clients qui buvaient délicatement leur thé à la menthe. Des porteurs égyptiens, vêtus d'une longue tunique, s'occupèrent de ses bagages et la conduisirent à sa chambre. C'était une suite moderne, agréablement conçue, avec une salle de bains et un balcon couvert. Elle passa une robe longue et descendit prendre son premier dîner d'officier d'état-major des services secrets. La conversation alla bon train. Gertrude parla de la situation en Angleterre, fumant et buvant du café turc ; Hogarth résuma le travail qui l'attendait ; Lawrence l'égaya par son bavardage.

Quand vint le matin, elle envoya un télégramme urgent à ses parents : « Me faire parvenir au plus vite ma jupe blanche toute neuve et ma robe de mousseline violette. » Elle pouvait maintenant attaquer sa première journée de travail.

Au Caire, les services secrets de l'armée, le futur Bureau arabe, s'étaient installés au Savoy où ils avaient réquisitionné trois chambres. Avant la guerre, l'hôtel était devenu un lieu de rencontre pour les gens de la haute société, rivalisant en cela avec le Shepheard's. Depuis qu'il était devenu le quartier général du cabinet de guerre, il grouillait d'officiers britanniques, en uniformes kaki et en hautes bottes de daim, battant l'air de leurs minces cravaches. Gertrude traversa le vestibule, droite et fière, son chapeau de plumes sur la tête, débordant d'assurance. Son entrain reçut un accueil glacial. « Les officiers passent leur temps à s'interroger sur la façon dont ils devront la traiter et l'accepter, avait écrit Hogarth quelques jours avant l'arrivée de Gertrude. Je leur ai répondu qu'elle s'occuperait *elle-même* de tout cela et qu'ils pouvaient dormir tranquilles [3]. »

Et il avait raison. Imperturbable, Gertrude ignora leur défiance et sut leur faire baisser les yeux. Elle se lança à corps perdu dans le travail. Après des mois de dépression sévère, son vieil enthousiasme revenait. Elle retrouvait son élément : dans cet univers d'hommes, elle travaillait comme une écolière consciencieuse et s'acquittait de sa tâche à la perfection. Ce n'était plus un ballon dégonflé, gisant sur le sol, mais une bulle légère s'élevant toujours plus haut au-dessus de la tête des convives. Le 30 novembre 1915, quelques jours après son arrivée, elle confiait sa joie à Florence : « Ce que je m'amuse ! » écrivait-elle. Le même jour, Hogarth envoyait une seconde lettre à sa femme : « Gertrude est en train de prendre possession des lieux [4]. »

Si les militaires l'accueillirent par des regards en coin, d'autres surent lui réserver un accueil plus chaleureux. L'essentiel de l'équipe des services secrets était composé de vieilles connaissances, arrivées au Caire en décembre 1914 pour s'acquitter de leur nouvelle mission, tels Lawrence, qui avait abandonné ses fouilles à Karkemish pour venir dresser des cartes et s'occuper de topographie, et Leonard Woolley, un autre archéologue d'Oxford, qui avait également travaillé à Karkemish et était maintenant responsable en chef de la propagande. Certains étaient ses amis depuis l'époque de son voyage à Constantinople : Wyndham Deedes, le spécialiste de la Turquie à qui elle avait fait parvenir son rapport après l'épisode de Hayil ; George Lloyd, un vieil ami des Bell, qui s'était spécialisé dans les questions financières et qui lui avait présenté son très fidèle domestique, l'Arménien Fattuh ; Philip Graves, le correspondant du *Times,* qui faisait autorité sur la Turquie et qui l'avait plusieurs fois invitée à dîner lorsqu'elle était à Constantinople. D'autres étaient d'anciennes relations datant de ses tout premiers voyages : le brillant Aubrey Herbert, qui parlait au moins sept langues et avec qui elle avait déjeuné au Japon en 1903 quand elle faisait le tour du monde ; le pragmatique Mark Sykes, un aventurier comme elle, qu'elle avait rencontré pour la première fois à Jérusalem, en 1905, et qui enquêtait maintenant pour le compte du cabinet de guerre ; le très savant Ronald Storrs qui avait été secrétaire aux Affaires orientales en Égypte, un poste qu'il décrivait comme « l'œil [...] et le cerveau [...] de l'agent britannique ». Toute cette équipe était sous les ordres du très paternel Gilbert Clayton, un général convaincu de la nécessité d'une révolte arabe depuis novembre 1914, date à laquelle il avait encouragé le chef de la région de l'Asir, aux frontières du Yémen, à se soulever contre les Turcs.

Dans le bureau régnait une atmosphère studieuse et agitée. Les portes claquaient, le téléphone sonnait : l'air était électrique.

À l'est, la guerre avait débuté par la bataille de Gallipoli, sinistre tentative pour écarter le danger turc et prévenir deux graves attaques : l'une en Égypte, sur le canal de Suez ; l'autre en Mésopotamie (Iran), contre les raffineries d'Abadan dans le golfe Persique. Le souci des services secrets du Caire s'était d'abord concentré sur Gallipoli : il leur fallait connaître l'importance et la situation de l'armée turque aux Dardanelles, l'emplacement des régiments, le nom des commandants militaires, le nombre de munitions. Après la défaite de Gallipoli, leur intérêt s'était déplacé vers la Mésopotamie, l'Arabie et le Golfe.

Le succès britannique dépendait de l'aide arabe. Des années plus tôt, Gertrude avait balayé toute idée d'unité arabe et nié l'existence d'un mouvement nationaliste. Depuis, un certain nombre de facteurs étaient venus modifier l'attitude des Arabes, provoquant l'émergence d'un courant nationaliste. La fragilité croissante de l'Empire ottoman avait conduit le sultan à réaffirmer son rôle de calife, de premier chef religieux des musulmans, et à menacer les autres chefs en Arabie. Et, comme il craignait une rivalité arabe, il avait même fait exiler à Constantinople le chérif Hussein, le gardien de Médine et de La Mecque qui présidait au grand pèlerinage. S'ajoutait à cela l'état catastrophique de l'économie ottomane, lequel avait entraîné l'augmentation des impôts et une forte hausse de l'inflation pour la population arabe. Dans le même temps, l'armée turque, engagée dans de nombreuses et coûteuses guerres côtières, avait procédé à enrôler de force les Arabes. Les réformistes de Constantinople avaient aussi imposé la « turquification » du monde ottoman : le turc était devenu la langue officielle, ce qui avait provoqué dans tout l'Empire le mécontentement des masses – qui parlaient arabe –, des étudiants et des universitaires – qui apprenaient et enseignaient en arabe –, des musulmans – pour qui l'arabe était la langue du Prophète. Ces mêmes réformistes avaient interdit la création de toute organisation politique et ethnique et fait fermer les clubs existants lorsqu'ils n'étaient pas turcs, accroissant par ces mesures la rancœur de la population et reléguant les activistes dans la clandestinité. Maintenant que l'Angleterre était en guerre contre la Turquie, les nationalistes arabes pouvaient devenir des alliés contre les Ottomans.

Mais, à vrai dire, les tribus hésitaient encore entre s'allier aux Turcs (impopulaire, l'occupant n'en était pas moins musulman) ou aux Britanniques (symbole d'un nouveau type d'administration, la Grande-Bretagne demeurait un pays d'infidèles, puisque chrétien). Il était même à craindre que les Arabes n'en appellent à une guerre sainte contre les Britanniques et les Français. Mais si les services secrets parvenaient à trouver les bons interlocuteurs – des chefs arabes puissants, partisans de l'indépendance et bien disposés envers la Grande-Bretagne –, on pouvait aussi compter sur une révolte arabe contre les Turcs.

L'idée était dans l'air depuis un moment. En février 1914, le fils de Hussein, chérif de La Mecque, était venu au Caire pour s'entretenir avec lord Kitchener, l'agent britannique, et mesurer son éventuel soutien. Kitchener n'avait rien promis, mais cette même année, au mois de septembre, Gertrude, qui revenait de Hayil, avait rédigé le rapport dans lequel elle soulignait l'importance d'un soulèvement arabe : « Je crois, avait-elle écrit à cette occasion, que nous pourrions rendre la situation dans le Golfe assez brûlante pour les Turcs. »

L'information était la base du succès.

Dans un premier temps, Lawrence avait été chargé de se renseigner sur les tribus arabes. Les services secrets connaissaient bien les Arabes de l'ouest et du Hedjaz, où le chérif Hussein dirigeait la confédération des Harb, forte de six cent mille membres. En revanche, ils manquaient d'informations sur les tribus d'Irak, du Golfe ou du Nedjd. Or, Gertrude était une spécialiste de ces régions. Elle connaissait mieux que quiconque les chefs et la situation politique dans le nord et le centre de l'Arabie. Elle était d'ailleurs le dernier voyageur européen à s'y être rendu. Elle connaissait aussi, grâce aux six longues marches qu'elle avait effectuées dans le désert, les tribus de Syrie et de Mésopotamie. Lorimer, le délégué britannique à Bagdad, avait très justement dit à son sujet qu'il ne connaissait personne « qui fût davantage dans la confidence ».

Elle commença par travailler dans le bureau de Hogarth et par compléter les dossiers existants. En l'espace de quelques semaines, elle obtint son propre bureau et fut seule chargée du travail de renseignement sur les tribus. Lawrence « passait le plus clair de son temps à rédiger des notes sur les réseaux ferrés, & les mouvements de troupes, & la topographie, & le climat, & le nombre de chevaux, de chameaux, de moutons, ou de puces... et à établir les cartes où devaient figurer ces différents renseignements [5] ».

Des papiers jonchaient le sol, le cendrier était plein à ras bords : Gertrude travaillait jusqu'à sept heures du soir au recensement des tribus. Sa mémoire des détails se révéla extrêmement précieuse. Elle rapportait tout ce qu'elle savait des tribus du désert, se rappelant les campements, les puits, les lignes de chemin de fer, la topographie, le terrain ; elle numérotait les tribus, dressait leur arbre généalogique, inscrivait le nom des cheikhs ; elle analysait aussi la personnalité des chefs arabes et se gardait bien d'omettre les alliances politiques des uns et des autres. Certains étaient ennemis, d'autres amis mais rivaux ; certains étaient dignes de confiance, d'autres sans parole ; certains avaient perdu une grande part de leur autorité, d'autres étaient en train d'affermir leur pouvoir. Il y en avait dont la puissance déclinait, comme Ibn Rachid, dont le territoire était situé aux confins de la Mésopotamie : ses caisses étaient alimentées par la générosité turque et son quartier général, Hayil, avait naguère servi de base pour asseoir l'influence ottomane en Arabie. Et puis, bien sûr, il y avait Ibn Saoud et le chérif Hussein, « les [deux] plus puissants chefs d'Arabie » du moment, mais leur autorité était personnelle, fluctuante, jamais assurée, et leurs relations teintées d'une « jalousie inquiète ».

Gertrude puisait dans son expérience personnelle pour rédiger ses notes. Lorsqu'elle ignorait certains points, elle questionnait les nationalistes arabes qui venaient dans son bureau quêter un appui britannique. « Ils viennent et restent avec moi environ une heure », expliqua-t-elle à lord Robert Cecil, le délégué au Parlement pour les Affaires étrangères, dans une lettre qui échappa à la censure. Grâce à leur aide, elle corrigeait les noms de lieux, de peuples ou de tribus qui étaient erronés. Elle découvrait aussi, dans le cours de la discussion, l'existence d'hommes très actifs dans telle ou telle région du Proche-Orient. Certains nationalistes venaient d'Arabie et suivaient fidèlement le chérif Hussein ; d'autres, comme Aziz al Masri, vivaient en Égypte et constituaient de farouches opposants au régime turc ; d'autres encore, comme le rusé Sayid Talib de Bassora, le téméraire chérif Muhammad al Faroki, le très distingué Nouri Saïd, le martial Jafar al Askari, étaient des officiers de l'armée turque, originaires de Mésopotamie, qui avaient monté une société secrète contre les Turcs. Gertrude retrouvait, quand elle parlait avec ces hommes, le parfum de ses voyages passés ; elle adorait ces discussions : « C'est très amusant », écrivait-elle.

Tous les matins, un professeur d'arabe, « un charmant petit homme », venait lui rendre visite. Ils s'asseyaient sur le balcon, lisaient, parlaient, discutaient des gens et des endroits qu'ils connaissaient. Elle passait ensuite le restant de la journée enfermée dans son bureau. Une semaine après son arrivée au Caire, elle écrivit un peu tristement à Florence : « Hogarth s'en va demain, à mon grand regret. Tout au long, il m'aura apporté son très amical soutien. » Elle aimait les réunions paisibles avec ses collègues et dînait tous les soirs à l'hôtel avec ses confrères, en particulier T. E. Lawrence. « D'ordinaire, je dîne avec le col. Wright, Mister Lawrence et un petit groupe de personnes », écrivit-elle dans la première lettre qu'elle envoya à ses parents. « Nous partageons tous la même table. »

Bien qu'ils fussent de milieux opposés – elle descendait de l'une des plus grandes familles d'Angleterre ; lui était un bâtard issu d'un milieu plutôt populaire –, Gertrude et Lawrence se ressemblaient beaucoup. C'était deux originaux, deux excentriques, plus à l'aise dans les solitudes du désert qu'au milieu d'une réception. Quelques années plus tôt, Gertrude avait écrit : « On trouve en Orient [...] une plus grande tolérance, qui est le fruit d'une plus grande diversité, [...] un Européen peut arriver dans un endroit très reculé et ne susciter qu'une maigre curiosité, et encore moins de médisances. On écoutera avec attention les nouvelles qu'il apporte, on entendra avec intérêt ses opinions, mais il ne passera ni pour un excentrique ni pour un fou, ni même pour un dévoyé, s'il se distingue par son comportement ou sa façon de pensée [...]. » Ces lignes traçaient le portrait de Lawrence et d'elle-même.

Les deux protégés de Hogarth voyaient les affaires d'Orient d'un même œil. À table, le soir, ils complotaient pour maintenir le chérif Hussein dans le droit chemin ; réfléchissaient aux moyens de limiter en Syrie l'influence des Français, qu'ils détestaient ; s'inquiétaient de savoir comment ils allaient convaincre le gouvernement des Indes de soutenir le soulèvement des Arabes du désert ; commentaient les rivalités acharnées qui opposaient le ministère des Affaires étrangères, le gouvernement des Indes et le Bureau arabe du Caire, dont ils dépendaient. En raison de la censure, leurs discussions n'avaient que peu d'échos en Angleterre.

Malgré le désastre de Gallipoli, la guerre qui se poursuivait en Mésopotamie, la constante menace d'une attaque turque sur le canal de Suez, la ville du Caire baignait dans une sombre atmosphère de liesse. Ses habitants s'amusaient comme des enfants sourds aux appels angoissés des adultes. De riches civils et de beaux officiers jouaient au tennis, au polo ou s'entraînaient sur les champs de course du Sporting Club. On se retrouvait tous les mercredis au Majestic pour danser ; on se rendait aux somptueuses réceptions organisées tous les soirs au Shepheard's ou à quelque soirée privée très mondaine. Le Caire s'enivrait. Henry McMahon, le résident britannique, et « sa charmante [et] plaisante » femme invitèrent même Gertrude à se joindre à eux pour le dîner.

De visite chez sir Henry, Gertrude discuta franchement de l'éventualité d'une révolte arabe contre les Turcs. Six mois après son arrivée au Caire en remplacement de lord Kitchener, sir Henry McMahon, aidé par le Bureau arabe, avait pris contact avec Hussein, le chérif de La Mecque. Leur correspondance se poursuivait ainsi depuis juin 1915. Le chérif était l'un des trois chefs arabes les plus puissants, les deux autres étant Ibn Rachid et Ibn Saoud. Son territoire du Hedjaz, à l'ouest de l'Arabie, comprenait les villes saintes de La Mecque et de Médine, le port très dynamique de Djeddah et la station de Tayf, sur les hauteurs. Descendant du prophète Mahomet, le chérif Hussein, qui était aussi le gardien de La Mecque, possédait une autorité religieuse supérieure à celle des deux autres chefs arabes. Il constituait, pour cette raison, un précieux allié pour les Britanniques. L'échange de lettres et de messages au beau milieu du désert avait commencé à l'époque de Kitchener ; McMahon avait pris le relais et s'occupait de négocier les termes d'une alliance assez hasardeuse : moyennant l'aide financière et le soutien de la Grande-Bretagne, le chérif Hussein devait se révolter contre les Turcs ; en contrepartie, les Britanniques avaient vaguement promis qu'un royaume arabe serait créé après la guerre. Sir Henry avait déjà envoyé au chérif un acompte de vingt mille livres en gage de bonne foi.

« Les négociations avec le chérif [...] ont été menées avec une grande habileté », écrivit perfidement Gertrude à lord Robert Cecil. De fait, la portée exacte des promesses britanniques au chérif allait pendant longtemps être au centre d'une âpre controverse entre nationalistes arabes et colonialistes britanniques. Pour sa part, Gertrude n'était pas tout à fait sûre du chérif Hussein : « D'après les informations qui nous parviennent, il semblerait qu'il ait gagné une position exceptionnelle en Arabie, mais sa force est morale, non militaire. » Aussi suggérait-elle que la Grande-Bretagne se rapproche également de l'ennemi de Hussein, Ibn Saoud. Sur son insistance et sur le conseil de quelques autres, Londres décida de verser une somme mensuelle d'environ dix mille livres à Ibn Saoud. Ce dernier devait, la guerre finie, triompher d'Ibn Rachid à Hayil, avant de détrôner en 1925 le chérif Hussein et de devenir roi de toute l'Arabie...

Nourrie par ses *nannies* britanniques du Caire, la révolte arabe prenait corps, mais il y avait encore deux obstacles : le contrôle par les Français d'une grande partie de la Syrie et l'opposition du vice-roi des Indes, qui dirigeait les forces britanniques en Mésopotamie et dans le Golfe, et qui ne voulait pas d'une guerre en Arabie.

Dans ses lettres, McMahon laissait entendre que le chérif Hussein recevrait un royaume comprenant les régions d'Arabie qu'il possédait déjà, la Mésopotamie et la quasi-totalité de la Grande Syrie avec, notamment, la Transjordanie et un morceau de la Palestine. Or, les Britanniques savaient parfaitement qu'ils ne pouvaient concéder ces territoires sans l'approbation des Français. Depuis l'époque des croisades, la France était liée politiquement et commercialement avec les *vilayets* syriens d'Alep, de Damas et de Beyrouth.

Tandis que sir Henry McMahon dessinait les vagues contours du futur royaume arabe, Mark Sykes s'occupait d'aplanir les différends franco-britanniques en vue de parvenir à un accord. À l'été 1915, le ministère des Affaires étrangères l'envoya six mois en France pour savoir ce qu'on y pensait de l'éventuelle création d'un État arabe après la guerre. Gertrude et Lawrence tentèrent alors de convaincre le délégué britannique de la nécessité de céder à la France le moins de territoires possible.

Revenu d'un voyage au Proche-Orient et aux Indes, Sykes discuta pendant plusieurs heures avec Gertrude des sentiments arabes envers la France et la Grande-Bretagne. Il reconnaissait que « les Arabes ne pouvaient se gouverner seuls, écrivit-elle à lord Robert ; [et] je le sais mieux que personne ». Mais elle pensait personnellement que les Arabes auraient besoin des Britanniques et qu'ils n'hésiteraient pas, après la guerre, à leur demander conseil sur la façon d'administrer leur nouvel État. C'étaient surtout les Français qui l'inquiétaient : ils ne tiendraient pas compte, selon elle, des revendications arabes et risquaient, par leurs provocations, de déclencher une guerre contre les puissances occidentales. Elle batailla dur pour le convaincre qu'il fallait, après la victoire, n'accorder à la France qu'une partie de la Syrie du Nord et la région très fortement christianisée du Liban. Ses efforts restèrent vains : quand il retourna en Angleterre en décembre 1915, Sykes était décidé à s'entendre avec le délégué français, François-Georges Picot. Or, Picot exigeait que la Syrie soit placée sous juridiction française, depuis la Méditerranée jusqu'au Tigre.

En revanche, Sykes et Gertrude tombèrent d'accord sur la Mésopotamie, notamment sur Bassora et sur Bagdad. Là, les nationalistes arabes pouvaient aider à battre les Turcs. Malheureusement, la Mésopotamie et l'Arabie dépendaient politiquement et militairement du gouvernement des Indes, et non des Britanniques d'Égypte...

En novembre 1914, le corps expéditionnaire des Indes avait été dépêché pour reprendre la ville de Bassora aux Turcs.

L'opération avait été un succès. Depuis, les combats se poursuivaient sous le commandement du général Townshend pour gagner Bagdad. Envoyé en mission à Delhi, Sykes avait essayé de convaincre le vice-roi, lord Hardinge, de soutenir financièrement une révolte arabe qui déboucherait sur la création d'un royaume arabe comprenant la Mésopotamie. Hardinge avait jugé l'idée dangereuse : la Grande-Bretagne était à la tête du plus grand empire musulman du monde ; les dix millions de sunnites qui vivaient aux Indes n'étaient pas des Arabes et reconnaissaient l'autorité religieuse du calife ottoman. Craignant leur opposition en cas de soulèvement arabe contre les sunnites turcs, et leur colère si des troubles éclataient près des lieux saints de l'Islam, il refusa d'appuyer la révolte.

La promesse de McMahon d'accorder la Mésopotamie au chérif Hussein l'irrita plus encore. Le port de Bassora était vital pour la Grande-Bretagne : c'était un emplacement stratégique pour le contrôle des champs pétrolifères perses et du complexe d'Abadan, où se trouvaient les plus grandes raffineries au monde ; c'était aussi un point stratégique sur la route des Indes. Quant à la ville de Bagdad, où les Britanniques étaient établis depuis le début du XVIIe siècle, c'était une grande place marchande et la plaque tournante des échanges de la Grande-Bretagne dans le Golfe. Pour les Britanniques des Indes, les arabianistes du Caire étaient tout simplement en train de façonner une créature aussi monstrueuse que celle de Frankenstein.

Le gouvernement des Indes avait aussi l'ambition d'annexer la Mésopotamie. Furieux contre ses collègues du Caire, le vice-roi rédigea une lettre cinglante à l'attention du ministère des Affaires étrangères : « J'espère vivement que cet État arabe, dont la création a été proposée, volera en éclats, s'il voit jamais le jour. On ne pouvait imaginer de plan plus néfaste aux intérêts britanniques dans le Proche-Orient. Administration désastreuse, chaos, corruption, voilà en quelques mots ce qu'il [nous] réserve, car il n'existe pas, et il n'a jamais pu exister, d'accord ou d'union entre tribus arabes, [...] je ne saurais dire combien l'interférence et l'action du Caire ont, selon moi, été nuisibles. »

À la fin de l'année 1915, le Bureau arabe était au désespoir. Les Britanniques du Caire et des Indes se considéraient comme rivaux. Les premiers étaient chargés de l'administration de l'Égypte et du Soudan ; les seconds surveillaient les royaumes des cheikhs et des émirs du Golfe. Des deux côtés, on caressait l'espoir d'imposer ses vues sur le futur Proche-Orient. Le gouvernement des Indes souhaitait maintenir son autorité en Arabie et annexer l'Irak, tandis que les services du Caire entendaient créer un royaume arabe s'étendant de l'Arabie à l'Irak, où les Britanniques auraient une certaine influence, mais moins de contrôle et, sans aucun doute, encore moins de frais.

Il y avait très peu de liaisons entre les services du Caire et ceux de Delhi. Les télégrammes envoyés de part et d'autre n'étaient guère plus que de simples formalités. Dans une lettre qu'elle écrivit à son père et qui partit par la valise diplomatique, Gertrude notait : « La question arabe est à l'origine de frictions assez sérieuses entre les Indes et l'Égypte, ce qui explique le manque notoire de coopération entre les services secrets établis dans ces deux pays, et cette situation ne fera qu'empirer si elle perdure. »

Or, les services du Caire ne pouvaient faire avancer leur projet de révolte arabe sans le soutien de Hardinge : seul le vice-roi disposait des hommes, de l'argent, des armes nécessaires. Et la seule personne qui pût éventuellement le faire changer d'avis était Gertrude, qui l'avait rencontré lorsqu'elle était plus jeune : c'était lors d'un séjour à Bucarest, chez son oncle, l'ambassadeur Franck Lascelles, que Hardinge et Domnul étaient venus saluer. Le général Clayton l'encouragea à rendre visite au vice-roi, en compagnie de Domnul, qui avait été envoyé aux Indes pour une mission spéciale.

« Voilà, je pars, écrivit-elle à son père. Qu'une telle affaire m'incombe me rend un peu nerveuse... mais une mission si peu officielle est importante dans la mesure où un échec [de ma part] signifierait que personne ne peut y arriver. »

« Je pars enfin... et vais embarquer à Suez sur un navire de guerre », nota-t-elle le 24 janvier 1916, dissimulant son inquiétude. « Je fais vraiment un drôle de travail. » Elle prit place à bord du *SS Euripides* avec deux bataillons de soldats qui partaient pour les Indes. « Le chat et moi-même sommes les seuls à ne pas porter d'uniforme », écrivit-elle à Florence. La traversée dura cinq jours jusqu'à Karachi. Elle prit ensuite le train pour Delhi, où elle arriva, couverte de poussière, par une matinée glaciale. Domnul l'attendait sur le quai, toujours aussi roux, mais un peu plus grassouillet.

Il la conduisit dans sa voiture de fonction jusqu'à ses quartiers, une tente luxueuse comprenant un salon, une chambre et une salle de bains. Il resta avec elle pour discuter tandis qu'elle prenait son petit déjeuner. Peu après, le vice-roi parut. Gertrude fit la révérence, et vida son sac. « Il souhaite vivement que je retourne quelque part, pas très loin des anciennes terres où je chassais autrefois », écrivit-elle tout excitée, faisant allusion à l'Irak.

Après un déjeuner à la résidence du vice-roi, elle présenta le mémorandum où elle avait consigné tout ce qu'elle estimait pouvoir faire pour améliorer les relations entre les Indes et l'Égypte. Malgré son pouvoir à la tête des Indes, Hardinge était mal informé : les mesures politiques se prenaient au Caire, sans qu'il fût consulté, et l'absence de communication lui pesait. Avec son appui, elle se mit au travail, rencontra les membres des services secrets des Indes qui étaient établis à Simla, éplucha certains dossiers confidentiels qui lui permirent de compléter ses informations sur les tribus arabes, travailla avec le ministère des Affaires étrangères des Indes et fit feu de tout bois pour défendre la cause de la révolte arabe. Elle trouva ces différents interlocuteurs « étrangement désireux de parler – bien plus que je ne m'y attendais ». Les services secrets des Indes la chargèrent de s'occuper de l'index géographique qu'ils avaient entrepris de dresser sur l'Arabie. Trois semaines après, elle estimait que sa visite était un succès et pouvait écrire fièrement à son père : « Je crois que j'ai mis les choses un peu au clair entre Delhi et Le Caire. » Elle ajoutait ailleurs : « Il est essentiel que les Indes et l'Égypte restent en étroites relations, car elles s'occupent des deux faces d'un même problème. »

Mais c'était surtout la situation en Mésopotamie qui la préoccupait. Dans une note adressée au capitaine Hall, le directeur des services secrets de la marine, elle écrivit : « Je me souviens du jour où vous avez désigné du doigt un point qui se trouvait à l'extrémité de la carte, Bagdad, et où vous avez affirmé que le succès de la guerre dépendrait en fin de compte de ce que nous ferions là-bas. Vous êtes l'un de ceux qui ont parfaitement saisi l'importance des questions qui nous occupent. »

Quoi qu'il advînt, la Grande-Bretagne ne pouvait se passer de l'Irak. Ses immenses greniers à grains pouvaient nourrir l'armée ; la proximité du pétrole permettait d'approvisionner la marine ; sa position en faisait un nœud vital sur la route des Indes. La Mésopotamie, c'était du moins ce qu'on espérait, était la région où les Britanniques pourraient se débarrasser des Turcs en soulevant les Arabes contre l'armée ottomane. À la fin du mois de février 1916, Gertrude fit ses adieux à Domnul et à Hardinge et, après avoir rétabli la communication entre les Indes et l'Égypte, prit le bateau pour Bassora, avec la bénédiction du vice-roi.

En raison de sa position à la pointe du Golfe et de sa très grande proximité avec le Koweït, l'Arabie et la Perse, Bassora était un excellent poste d'écoute, et peu de personnes étaient aussi bien placées pour écouter que Gertrude. La mission de quelques semaines dont Hardinge l'avait chargée consistait à s'informer auprès des Arabes et à servir de liaison entre les services secrets britanniques au Caire et à Delhi.

Elle serait l'œil, la bouche, le bras de la Grande-Bretagne auprès des Arabes d'Irak. Son travail consisterait à convaincre les tribus de coopérer avec les Britanniques, mais elle allait devoir procéder dans l'ombre.

16

Une femme remarquablement habile

Le transporteur britannique traversait l'océan Indien, laissant derrière lui la lourde chaleur humide de Karachi, poursuivant sa route vers le nord, en direction du golfe Persique au climat plus tempéré. Il dépassa les côtes alliées du Koweït et le port où le cheikh avait signé en 1899 un traité de protectorat avec la Grande-Bretagne ; il dépassa Abadan et les raffineries de l'Anglo-Persian Oil Company, dont le pétrole servait principalement à approvisionner la flotte de guerre britannique ; il dépassa Muhammara, saluant le royaume ami du cheikh, à l'est. Puis le vapeur pénétra dans les eaux jaunes du Chatt al-Arab, le fleuve étroit unissant le Tigre et l'Euphrate, reliant le Golfe au premier port de Mésopotamie, Bassora.

Depuis le bastingage, Gertrude regardait défiler la côte, les plantations de dattiers, les cabanes, les jardins aux murs de boue et plantés d'abricotiers. Des hommes vivaient sur les rives du fleuve depuis des milliers d'années, ayant appris à domestiquer les crues, cultivant le riz, l'orge, le blé, le maïs, les dattes et le coton qui prospéraient sur cette terre fertile. « Nul doute, c'est à la fertilité du pays que les premières civilisations doivent d'avoir survécu », écrivit Gertrude lorsqu'elle explora pour la première fois les rives du fleuve. Non loin de là, Adam et Ève avaient vécu dans les jardins d'Éden, Noé avait construit son arche, la tour de Babel s'était dressée vers les cieux, Babylone avait fleuri et prospéré, les Sumériens avaient inventé la première forme d'écriture. Au Moyen Âge, les conquérants s'y étaient succédé, dispersant leurs troupes en armes sur les terres des *Mille et Une Nuits* : il y avait eu, d'abord, les premiers musulmans, puis les Abbassides, puis des Seldjoukides écrasés en 1258 par Hulagu, le Mongol fou, petit-fils de Gengis Khan, qui avait détruit Bagdad, massacré les lettrés, supprimé le califat d'Orient, ravagé les terres, anéanti le système d'irrigation. Trois cents ans plus tard, en 1534, Soliman le Magnifique avait rendu l'Irak aux Ottomans.

Pour Gertrude, l'Irak était le pays du romantisme. « Il y en a partout, où que se porte votre esprit. Les fleuves jumeaux, au nom glorieux, aux eaux impétueuses ; les immenses plaines babyloniennes, aujourd'hui stériles, autrefois nourricières du monde ; les histoires des temps obscurs, tout est romantique. »

Le 3 mars 1916 au matin, Gertrude mit prudemment le pied sur le sol de Bassora, tenant sa longue jupe d'une main, son chapeau de l'autre, esquivant les mouches noires et les moustiques qui bourdonnaient en essaim autour d'elle. Depuis le quai, elle reconnut les maisons si typiques de Bassora, les briques jaunes cuites au four, le bois des balcons à claire-voie qui semblaient se pencher au-dehors pour espionner les rues boueuses, grouillant d'Arabes. Elle était heureuse de revoir cette ville et écrivit très vite après son arrivée un petit mot à son père : « C'est comme si je revenais dans mon pays, tout heureuse de le saluer malgré sa grande laideur. » Elle était inquiète toutefois, ignorant quel serait son poste, craignant l'accueil qu'on lui réserverait. Allait-on lui fournir un travail ou la renvoyer une nouvelle fois ? « Tout reste encore à décider », écrivit-elle sans cacher son appréhension.

À la différence de Delhi et du Caire, où la Grande Guerre paraissait très lointaine, la ville de Bassora avait souffert du conflit. Pris à l'ennemi en novembre 1914, le *vilayet* turc, qui comptait trente-trois mille Arabes, était désormais un territoire occupé par l'armée britannique, forte de plusieurs milliers d'hommes, et administré par décrets. Sir Percy Cox, le premier conseiller politique – « une personne très imposante », écrivit Gertrude à son père –, était parti au siège du gouvernement des Indes. L'accueil fut néanmoins chaleureux. Gertrude fut reçue par la femme du dignitaire, qu'elle avait précédemment rencontrée. Lady Cox, qui devait se contenter des quelques épouses britanniques vivant à Bassora, souffrait de ne pouvoir bavarder davantage ; elle s'empressa de lui faire visiter la vieille demeure arabe où elle résidait avec son époux et l'invita à s'y établir.

Quand vint le matin, Gertrude enfila sa combinaison, ses bas et sa robe, mit son chapeau et se rendit au quartier général, traversant les palmeraies et les canaux. Dans le grand bâtiment en briques qui longeait un canal, elle se présenta au colonel Beach, qui dirigeait les services secrets de l'armée, et retrouva avec plaisir Campbell Thompson, qu'elle avait vu pour la dernière fois à Karkemish. Celui-ci était devenu l'assistant de Beach et s'occupait de déchiffrer les télégrammes turcs. Les deux hommes la saluèrent cordialement, ce que Gertrude rapporta dans une lettre à Florence, mais le reste de l'équipe cachait mal son mépris.

Hardinge l'avait envoyée à Bassora avec une mission assez floue. Elle n'avait aucune tâche, aucune fonction précise, elle ne figurait même pas sur la liste du personnel employé par l'armée. Pour les hommes du corps expéditionnaire des Indes, aux mœurs raidies, Miss Bell – c'est ainsi qu'on devait l'appeler – était une touche-à-tout, qu'il fallait impérativement tenir à l'écart. On lui rappela très longuement le règlement militaire ; on lui fit savoir que son courrier serait ouvert, lu et censuré, qu'elle n'était libre ni de se déplacer là où elle le souhaitait, ni de faire ce que bon lui semblait ; et la femme qui s'était assise sous la tente des plus grands cheikhs du désert reçut l'ordre de n'entrer dans aucune maison arabe sans un chaperon. Gertrude écrasa sa cigarette et faillit perdre patience.

Elle devait servir de liaison entre les services d'information de Delhi et du Caire, participant, du côté indien, à l'élaboration de l'index arabe, essayant, du côté égyptien, de gagner des soutiens à la révolte arabe. Mais les militaires de Bassora (liés à l'armée des Indes) avaient déjà fait connaître leur mépris pour les idées du Caire. « J'attends qu'on annonce que la Mésopotamie est rattachée aux Indes, comme colonie des Indes [...], avait écrit dès novembre 1914 le capitaine Arnold T. Wilson, et que le gouvernement des Indes en reçoit l'administration et peut développer petit à petit la culture de ces grandes plaines, qui sont désertes et inhabitées, en y installant les races guerrières du Penjab. » Wilson, l'adjoint de sir Percy Cox, était une tête de mule, bien décidé à ne tenir aucun compte de la présence de Miss Bell ou des idées qu'elle apportait avec elle du Caire.

Le colonel Beach, en revanche, se montra coopératif. Grâce à son aide, Gertrude put accéder aux dossiers confidentiels dont elle avait besoin pour l'index. Mais le personnel employé par l'armée était si important à Bassora qu'il n'y avait nulle place pour un éventuel bureau. Les premiers jours, on lui remit les dossiers où figuraient le nom et l'emplacement géographique des tribus et on la relégua en compagnie de Mr Thompson dans la chambre à coucher du colonel Beach – « une solution, écrivit-elle sèchement, qui n'est guère convenable, ni pour nous ni pour lui ».

À l'heure du thé, elle rejoignit l'équipe des conseillers politiques – notamment St John Philby, un bel homme distingué, et A. T. Wilson, une grande carcasse aux yeux sombres. Elle les abreuva de nouvelles fraîches, leur parla du Caire et de ce qui s'y passait, et les régala de quelques détails croustillants sur les négociations entre sir Henry McMahon et le chérif Hussein.

Le soir, de retour dans sa chambre chez les Cox, Gertrude envoya une petite lettre rassurante à son père : « Je pense que cela va être très intéressant, écrivait-elle toute joyeuse. Je suis maintenant à la recherche d'un domestique – non, c'est Fattuh que je veux ! Le climat est très agréable, mais Bassora... Des grenouilles et de la boue, c'est tout pour mes impressions générales ; des mares de boue stagnante et des milliers d'Arabes – mais je m'y plais ! »

Pendant quelques jours, elle suivit la même routine. Le 8 mars, sir Percy Cox était de retour. Elle l'avait déjà rencontré en 1902 en Inde, et en 1909 chez les Ritchie, des amis communs. À cette occasion, sir Percy lui avait fortement déconseillé d'aller en Arabie pour y rencontrer Ibn Rachid ou Ibn Saoud. Elle l'avait écouté et avait décidé, à la place, de traverser le désert de Syrie jusqu'à Ukhaidir. Revoir Cox était à peine plus rassurant maintenant que sept ans plus tôt, quand il l'avait totalement démoralisée.

Cox portait l'uniforme d'officier et l'insigne blanc sur le col qui distinguait les conseillers politiques. Il avait cinquante et un ans, soit quatre ans de plus que Gertrude. C'était un homme grand, mince, délicat, avec des cheveux gris qui ondulaient, une mâchoire décidée, un nez large et crochu, et des yeux bleus qui cherchèrent immédiatement ceux de Gertrude. Cet ancien élève de Harrow et de Sandhurst était connu pour son calme et sa placidité en politique comme à l'armée. Il avait servi pendant près de dix ans dans la région comme agent du gouvernement des Indes et avait gagné à la fois le respect des Britanniques et celui des Arabes. Il connaissait, bien sûr, Gertrude de réputation, mais il ne lui prodigua aucun des encouragements paternels que lui avaient dispensés Chirol, Hogarth ou même Hardinge. Il cachait mal sa méfiance envers ses collègues du Caire, et les promesses de McMahon au chérif Hussein lui paraissaient déraisonnables, pour ne pas dire extravagantes. Envoyer une femme à Bassora n'était pas de nature à le rassurer sur leur compte. Dans la lettre qu'il lui avait écrite, le vice-roi Hardinge lui avait toutefois déconseillé de traiter Gertrude de haut : « C'est une femme remarquablement habile, avec une intelligence d'homme. »

En tant que premier conseiller politique, sir Percy présidait à la nouvelle administration de la Mésopotamie. Il lui fallait prioritairement établir de bonnes relations avec les tribus arabes : celles-ci pouvaient faire plus que fournir des vivres et un cantonnement ; elles pouvaient aider l'armée britannique à vaincre les Turcs. Mais les cheikhs, dont beaucoup devaient leur opulence aux Ottomans, étaient tout aussi prêts à s'allier aux Turcs qu'aux puissances de l'Entente, et une alliance avec la Turquie conduirait la Grande-Bretagne au désastre. Les Arabes pouvaient bloquer les voies de communication, rompre les oléoducs, cesser de fournir les vivres et l'eau, et offrir une aide importante – des dizaines de milliers d'hommes et de fusils – à l'armée ottomane.

Il y avait déjà eu une première série de refus pénibles. Approché par un Américain qui servait d'intermédiaire aux Britanniques, un chef arabe avait déclaré : « Les Turcs m'ont proposé cent vingt-cinq mille dollars si nous nous joignons à eux. » Mais, avait-il poursuivi, si « les Britanniques m'offrent deux cent mille dollars, nous irons avec eux et nous refuserons les Turcs ». Quand ils avaient eu connaissance de ses exigences, les Britanniques avaient refusé le marché. Déçu, le cheikh avait secoué la tête, pris un air désolé et répliqué : « Je suis triste. Je pense que les Britanniques vont gagner, et je voudrais être du côté des gagnants. »

Un entretien avec Ajaimi Sadun avait également été sollicité. Le puissant Arabe, qui détenait quatre mille fusils turcs, avait tergiversé, craignant pour sa réputation s'il abandonnait les Turcs sans raison ; mais on pouvait trouver un prétexte, avait-il ajouté. Il reconnaissait qu'il se méfiait des Turcs, mais ceux-ci lui avaient promis les terres du royaume ottoman dans le *vilayet* de Bassora. D'un autre côté, si les Britanniques pouvaient lui garantir leur victoire, il était prêt à changer de camp. Mais, d'un autre côté encore, le gouvernement britannique était une donnée inconnue et instable. Il hésita longuement, puis prit finalement la décision d'aller avec les Turcs.

De telles dissensions renforçaient le mépris déjà grand des généraux britanniques pour les Arabes de la région, qui attaquaient souvent les entrepôts militaires de Bassora et se fichaient d'aider une armée, qui les regardait de haut, à rallier les tribus. Cox incriminait l'ineptie du haut commandement. Depuis trois mois, le corps expéditionnaire des Indes s'enlisait dans un bourbier ottoman, au nord de Bagdad, manquant de transporteurs, d'avions, de médecins, de médicaments, de vivres. Et pour empirer le tout, comme Gertrude le nota plus tard, les Arabes « soutenaient le vainqueur », croyant qu'il s'agirait des Turcs, et « tournaient autour de nos troupes comme des chacals, pillaient nos campements, tuaient nos blessés, dépouillaient nos morts ». Cox ne se contenait plus, accusant le commandement militaire et, plus particulièrement, son responsable en chef, le général Lake. Estimant que Gertrude pouvait un jour être un allié précieux, sir Percy se montrait poli et promettait de lui adresser tous les Arabes qui présenteraient un intérêt.

Le lendemain de son entrevue avec Cox, Gertrude déjeunait avec le haut commandement. Quand elle pénétra dans la cantine des officiers, les généraux Lake, Cowper, Money et Offley Shaw, du corps expéditionnaire des Indes, se levèrent d'un pas raide. Tous portaient un uniforme kaki soigneusement amidonné et une moustache taillée en pointe. La tête haute et la démarche altière, Gertrude marcha jusqu'à la table, levant très délicatement ses jupes au-dessus du sol. Elle retrouvait tous ses réflexes d'oxfordienne affrontant des examinateurs. Elle prit place, s'assit bien droite sur sa chaise, se mit en garde et regarda franchement les quatre généraux au masque de fer.

Au-dessus de la nappe de damas, ils levèrent leur verre et burent quelques gorgées d'un vin du Rhin qu'ils avaient saisi dans la cave d'un résident allemand. Sous des sourcils broussailleux, le visage émacié du général Lake l'observait sans ménagement. Puis, avec une politesse exquise, les officiers ouvrirent le feu et commencèrent à la mitrailler de questions. Ils l'interrogèrent sur le Bureau arabe. Tout comme leurs collègues de Delhi, ils étaient contre un mouvement des nationalistes arabes, contre une révolte arabe contre les Turcs, contre le chérif de La Mecque, contre la perte du contrôle de la Mésopotamie. Ils omirent courtoisement d'indiquer qu'ils étaient surtout contre le fait qu'une femme vienne s'immiscer dans leurs affaires.

Mais ils avaient besoin d'elle. Tout en combattant contre les Turcs, dont les forces égalaient les leurs, les Britanniques progressaient vers Bagdad sans rien connaître de la région qu'ils traversaient, aucune carte n'indiquant l'emplacement du désert, des marécages ou des palmeraies. Il leur fallait s'assurer que les Arabes ne leur tendraient pas d'embuscade et, pour cela, ils avaient besoin de guides arabes connaissant parfaitement le pays, d'hommes fiables et redoutés pour que les populations n'osent pas les attaquer. Ils avaient aussi besoin de cartes pour se repérer.

Les yeux verts de Gertrude fixèrent un point précis de la pièce. Elle parla ensuite d'une voix profonde et assurée, qui fit voler en éclats le discours froid et lisse des généraux. Ils avaient besoin d'aide, elle pourrait leur être utile : elle savait combien il était important d'établir de bonnes relations avec les Arabes et elle avait aussi appris que les tentatives de rapprochement avaient jusqu'ici été infructueuses. Gertrude était en très bons termes avec les cheikhs et les notables arabes : non seulement elle en connaissait beaucoup par leur nom ; mais elle connaissait aussi leurs fils et leurs frères, s'était assise sous leur tente ou dans leur salon, avait bu le café et partagé le pain avec eux. Avec son aide, il serait possible de convaincre les chefs arabes de prêter main-forte ; avec son aide, il serait possible d'obtenir des vivres et un logement pour les soldats britanniques ; avec son aide, il serait possible d'établir les cartes permettant à l'armée de trouver son chemin jusqu'à Bagdad.

La réponse des généraux vint avec le pudding. Plus tard dans l'après-midi, Gertrude écrivit à sa belle-mère : « Ils m'ont installée avec mes cartes et mes livres sous une magnifique véranda qui donnait sur une pièce fraîche et calme où j'ai travaillé toute la journée. » Avec beaucoup d'enthousiasme et un soupçon de naïveté, elle ajoutait : « Tout le monde se montre incroyablement gentil avec moi. »

La guerre avait coupé Gertrude des siens. Elle attendait des nouvelles de son frère Maurice, qui avait dû quitter le front pour cause de mauvaise santé, mais le courrier mettait plus d'un mois pour arriver d'Angleterre, et l'ennemi coulait tant de navires que les lettres disparaissaient souvent en mer. « On vit avec le sentiment d'être affreusement loin, écrivit-elle à son père, ce qui correspond à la réalité de la situation ; vous devez être abasourdis par le bruit de la guerre en France, mais ici on ne l'entend presque pas, il est recouvert par celui de la Mésopotamie. »

En raison de la censure, Gertrude parlait peu de la situation en Orient. Elle fit quelques brèves allusions à Kut. Tandis qu'ils avançaient, centimètre par centimètre, vers Bagdad, livrant bataille dans la boue des marais, plusieurs milliers de soldats britanniques avaient été encerclés, suite à des erreurs répétées de commandement. Forcés de s'enfuir après la bataille de Ctésiphon, à une soixantaine de kilomètres de leur but, ils s'étaient retranchés à Kut. Là, dans cette ville sur les bords du Tigre, livrée à la boue, ils avaient été pris au piège ; manquant de vivres, de médicaments et de munitions, ils n'avaient pas pu briser le siège. Depuis trois mois, les soldats – beaucoup étaient blessés ou souffraient de dysenterie et de malaria – attendaient désespérément des renforts. Mais l'avance des secours était toujours stoppée par l'armée turque, composée d'Arabes dix fois plus nombreux. Chaque fois que des soldats britanniques remontaient le fleuve pour aider à relâcher l'étau, ils devaient reculer, repoussés par les péniches ennemies. Malgré tout, le bruit courait que les Turcs pourraient céder.

Aux questions de sa mère, Gertrude répondit qu'elle ignorait combien de temps elle demeurerait à Bassora, quelle serait sa prochaine destination ou sa prochaine mission. Il semblait toutefois qu'elle devrait rester en Mésopotamie bien plus longtemps qu'elle ne l'avait escompté. La perspective d'un été humide arrivant dans deux mois déclencha une avalanche de besoins : il lui fallait des vêtements pour la saison chaude, qu'elle pourrait laver facilement ; des combinaisons, des chemises en crêpe de Chine, des bas, une très longue robe du soir en dentelle crème, un ruban de velours noir qu'elle passerait autour de son cou ; une paire de knickers en tussor et deux tenues légères. Il lui fallait des lunettes et des jumelles, plus fortes que celles qu'elle avait emportées : dresser des cartes fatiguait la vue.

Comme prévu, les pluies de printemps s'abattirent en déluge sur la ville, transformant les chaussées en une mare de boue. Un matin, après d'abondantes averses, elle se rendit à pied de la maison des Cox jusqu'au quartier général et dut, tel un coureur de haies, sauter toutes les flaques de gadoue. Elle marcha périlleusement sur les troncs des palmiers qui avaient été couchés, persuadée à chaque instant qu'elle allait trébucher et être engloutie dans une mer de boue.

Une note arriva, lui signifiant que le colonel Beach souhaitait la voir. Le colonel lui apprit qu'il avait reçu certaines informations : les forces britanniques dans le Nord étaient sur le point de marcher sur Bagdad et, si c'était bien le cas, elles allaient immédiatement se heurter aux tribus de la région. Beach faisait souvent appel à Gertrude lorsqu'il voulait qu'elle rencontre des Arabes ou qu'elle l'aide à dresser des cartes et à recenser des tribus. Une cinquantaine de tribus vivaient entre le Tigre et l'Euphrate : il y avait celle d'Abu Muhammad qui cultivait le riz, celle du nomade Bani Lam qui élevait des chevaux de race et des chameaux, celle du turbulent Bani Rabiah à Kut ; il y avait aussi les quelque deux cent mille hommes, dont les Sadun, qui formaient la libre confédération des Muntafik ; les deux cent cinquante mille Bédouins Anazeh qui parcouraient le désert de Syrie, d'Alep jusqu'à l'Arabie centrale ; et, vers l'Euphrate, au-dessus de Ramadi, il y avait la grande tribu des bergers Dulaim. L'organisation tribale était restée inchangée depuis des générations, depuis le temps où les tribus nomades avaient remonté vers le nord de l'Arabie ; le pouvoir des cheikhs demeurait profondément ancré ; les lois et les coutumes tribales conservaient toute leur emprise ; les vendettas fournissaient le prétexte à de continuelles et cruelles représailles.

Cette fois-là, Beach demanda à Gertrude de bien vouloir envoyer un message secret au-delà des lignes ennemies : il fallait faire parvenir un « mot d'amitié » à Nouri Saïd, l'officier mésopotamien employé dans l'armée ottomane qui avait monté une organisation secrète contre les Turcs, et à Fahad Bey, le chef tout-puissant des Anazeh, pour encourager l'un et l'autre à s'affranchir de la tutelle ottomane. Il souhaitait vivement faire « ce coup d'essai ». Il connaissait aussi, ajouta-t-il, quelques difficultés avec le cheikh des Dulaim. « Pourquoi ne pas lui faire parvenir un message par l'intermédiaire de Fahad Bey ? proposa Gertrude. Ils campent ensemble à cette période de l'année. » Deux ans plus tôt, comme elle revenait de Hayil, elle avait séjourné au campement de Fahad Bey près de Karbala et, bien avant, bu le café sous la tente des Dulaim.

Quand venait le soir, Gertrude regagnait la résidence des

Cox, marchant dans la boue. Elle recevait très peu d'invitations à dîner, si ce n'est de sir Percy et de sa femme. Même au réfectoire, à l'heure du déjeuner, ses collègues l'évitaient, la regardaient avec mépris ou ricanaient : presque tous continuaient à se méfier d'elle. Seuls Henry Dobbs, un ami de famille, devenu conseiller politique, et Reader Bullard, son adjoint, lui proposaient des promenades dans les palmeraies. C'est aussi grâce à eux qu'elle fit la connaissance de Dorothy et John Van Ess. Ce couple de missionnaires américains allait compter parmi ses plus proches amis.

John Van Ess, qui avait abondamment voyagé dans la zone des marais, avait fini par connaître parfaitement les villages et les tribus de cette région. Depuis que les Britanniques avaient pris Bassora, il les renseignait ou bien leur indiquait le nom d'Arabes susceptibles de servir d'informateurs au-delà des lignes turques. Malgré le prosélytisme de l'un et l'athéisme de l'autre, John et Gertrude avaient beaucoup de points communs, et très vite elle se mit à le consulter et à rechercher son aide. Un jour, il composa un petit poème sur elle :

G est pour Gertrude, des Arabes elle est reine,
C'est pourquoi ils l'appellent Um el Mumineen,
Si elle monte au ciel (c'est sûr, je serai là)
À Allah elle dira, ta tribu montre-la.

Fascinée par les Arabes, Gertrude était plus réservée sur leurs femmes. Elle pénétrait rarement dans leurs harems et les évitait lorsqu'elles venaient en ville. Il en allait de même pour l'islam, qui l'intéressait aussi peu que la religion chrétienne. Sa désinvolture irritait Dorothy Van Ess, qui soutenait qu'il fallait connaître la vie des femmes de harem pour comprendre le caractère et la psychologie des hommes. En outre, on ne pouvait, assurait-elle, ignorer l'influence profonde de l'islam sur la politique et la société. Gertrude protesta, Dorothy s'emporta :

« J'ai suffisamment de respect pour vos capacités intellectuelles, s'écria-t-elle, pour penser que, si vous connaissiez un tant soit peu l'un ou l'autre sujet, vous changeriez d'avis.

– Touché ! » dit Gertrude en éclatant de rire.

Les deux femmes étaient devenues bonnes amies. « Je suis un peu fatiguée de la compagnie des hommes, se plaignit Gertrude à sa mère. Lady Cox n'est d'aucun réconfort pour personne – elle est trop bête... Très gentille, vraiment, mais on ne peut discuter de rien avec elle. Mon plus grand soutien, c'est Mrs Van Ess [1]. » Les femmes arabes restaient pour Gertrude un objet de peu de curiosité. Elle reconnaissait leur influence discrète, mais seule la force pure, brutale des hommes en politique et ses répercussions directes sur la société l'intéressaient vraiment.

« Heureusement, il y a le courrier ! » écrivit-elle à Hugh avec une pointe de mélancolie. Depuis qu'elle était à Bassora, Gertrude souffrait de la solitude, guettant l'arrivée du courrier avec une impatience fébrile, s'empressant de répondre aussitôt. Elle se maintint ainsi en relation avec quelques amis haut placés, correspondant avec lord Cromer, avec Montagu, le secrétaire d'État aux Indes, avec le Premier ministre Asquith. Elle les informait de ses activités en Mésopotamie. Dans une longue lettre qu'elle écrivit au chef des services secrets, le capitaine Hall, elle rapporta brièvement la façon dont on voyait à Delhi et à Bassora l'avenir de l'Irak – on préférait une administration conjointe avec l'Égypte à une administration par l'Inde. Juste après, elle écrivit à son père : « Peut-être pourriez-vous parvenir discrètement à savoir s'il apprécie les lettres que je lui envoie. Je ne me permets de lui écrire que lorsque je juge qu'il doit être informé de certaines choses. »

Elle correspondait aussi avec T. E. Lawrence. Les thèses de ses collègues du Caire rencontraient depuis peu un certain succès. Le 9 mars 1916, le conseil des ministres avait voté la subvention au chérif Hussein [2] : une somme de cent vingt-cinq mille livres par mois, payables en souverains, lui serait versée pendant plus d'un an. On échafaudait aussi des plans pour lui faire parvenir cinq mille fusils et deux cent cinquante mille munitions dans le but de garantir son succès contre les Turcs.

En Mésopotamie aussi, la situation se dégradait ; comme l'avait indiqué le colonel Beach, les troupes étaient sur le point de marcher sur Bagdad. « Il devrait y avoir beaucoup de travail, et cela pourrait être très intéressant de voir comment les choses vont tourner, écrivit Gertrude à T. E. Lawrence. Mon seul regret est que vous ne soyez pas là, mais pour pallier cette absence, n'hésitez pas, je vous en prie, à me faire part de vos conseils ou de vos suggestions, quels qu'ils soient... Et prenez, je vous en conjure, quelques minutes sur vos nuits pour me donner, en quelques mots, de vos nouvelles. »

L'absence de vraie communication entre les Indes et l'Égypte continuait de la préoccuper : « J'ai toujours pensé, poursuivit-elle, qu'il serait extrêmement avantageux pour les différents services d'échanger leur personnel [...] et j'y suis d'autant plus favorable si cela permet votre venue ici. »

« C'est assez », griffonna-t-elle, juste avant de conclure en confiant à Lawrence son abattement : « À me lire, vous pourriez croire que je suis une personne de chair et d'os, examinant avec sérieux la situation actuelle ; or je me sens n'être rien... – tout juste une épave... portée çà et là par les flots, flottant sans but d'un tourbillon à l'autre, jusqu'à ce que j'atteigne, j'imagine, toujours portée par les flots, quelque destination finale ; repensant alors à ces mois écoulés, je me demanderai ce que j'ai pu faire pendant ce temps. Sans trouver la moindre réponse. Je déteste la guerre ; et j'en suis tellement lasse – de la guerre, de la vie. Pas de Bassora en particulier : j'y suis aussi bien qu'ailleurs – et ailleurs aussi bien, excepté en Angleterre. Là, non, je ne pourrais pas. »

Deuxième partie

La Khatun

17

En plein imbroglio

Londres avait réorganisé le service des renseignements militaires du Caire, qui s'appelait désormais le Bureau arabe, et David Hogarth, qui avait été propulsé à sa tête, souhaitait vivement que Gertrude rentre de Bassora. Pour ses supérieurs du Caire, qui travaillaient ouvertement au succès de la future révolte arabe, elle était une mine de renseignements irremplaçable. Aussi, dans la semaine qui suivit la nomination de Hogarth, Lawrence fut-il envoyé en Irak pour trouver un remplaçant à Gertrude et la ramener au Caire.

La mission de Lawrence comportait aussi une partie secrète. Peu de temps avant, le général Clayton avait proposé de sauver les soldats britanniques encerclés à Kut en envoyant sur place l'ancien officier de l'armée ottomane Aziz al Masri, dans l'espoir qu'il puisse profiter du mécontentement des Arabes enrôlés par les Turcs et les persuader de faire défection. Ce plan avait été jugé peu réaliste par le haut commandement de Bassora, qui l'avait rejeté. Depuis, la situation paraissait chaque jour plus désespérée. À l'insu de Gertrude, un autre plan secret et d'un plus mauvais goût encore avait été échafaudé par le général Townshend. Le commandant qui luttait contre la terrible armée turque à Kut avait proposé que Londres corrompe les chefs de l'armée ennemie ; le gouvernement avait accepté et il avait été convenu qu'une somme d'un million de livres serait versée en échange de la libération des troupes britanniques. Et Lawrence était l'homme qui devait remettre l'argent.

Au début du mois de mars 1916, Lawrence avait griffonné une petite lettre à l'attention de sa mère, dont il savait pertinemment qu'elle serait lue par la censure : « Je pars pour un mois ou six semaines, je vais consulter certaines personnes et faire certaines suggestions. Est-ce assez vague ? J'espère voir Miss Bell rapidement, car nous sommes sur la même piste [1]. »

À la fin du mois, il écrivit de nouveau à sa mère depuis le bateau qui l'emmenait en Irak, l'informant qu'il ne pourrait lui envoyer de nouvelles de Bassora. Il y serait « très occupé » par des affaires dont il ne pouvait parler et ajoutait : « Je veux ramener Gertrude avec moi, car notre bureau [...] sera ainsi au grand complet. » L'utilisation, rare chez lui, d'un prénom féminin témoignait de la nature très particulière de leur relation.

Il était tard et il pleuvait à verse la nuit du 5 avril 1916, lorsque Lawrence fit son entrée dans le bureau de Gertrude Bell et de Campbell Thompson, au service des renseignements militaires de Bassora. Depuis le quai, il avait trouvé son chemin tout seul, glissant pendant trois cents mètres « sur une mare de pommade et de caramel ». Gertrude et Thompson furent ravis de revoir leur ancien camarade et l'emmenèrent immédiatement au quartier général pour rencontrer sir Percy Cox. Lawrence tendit au dignitaire britannique une lettre de sir Henry McMahon, expliquant qu'il était « envoyé par le ministère de la Défense pour le concours qu'il pouvait apporter à la question arabe ».

Sir Percy Cox avait déjà eu connaissance du projet visant à soudoyer les Turcs, et trouvait la proposition tentante. Le très honorable conseiller déclara toutefois qu'il n'avait reçu aucune instruction concernant Lawrence. Comme il le fit savoir avec aigreur au colonel Beach, il ne tenait absolument pas à ce que son nom fût mêlé à cette affaire. « Voyez-vous, je ne suis pas en détachement temporaire ici – je suis conseiller permanent dans le Golfe, et je puis raisonnablement envisager de rester ici un bon moment après la fin des hostilités. Le projet en vue, c'est presque sûr, sera un jour ou l'autre dévoilé, surtout s'il échoue, et je ne puis me permettre, en tant que conseiller politique du gouvernement des Indes, d'y être assimilé. »

Avant d'entamer son expédition de trois cent vingt kilomètres en direction de Kut – soutenu par d'abondantes provisions de biscuits, de bœuf en conserve, de confitures et de pain de mie en tranches –, Lawrence passa quelque temps avec Gertrude, rencontrant les personnes qu'elle admirait, et notamment Reader Bullard, discutant longuement du Bureau arabe et de l'avenir du Proche-Orient, questionnant les Arabes de la région qui pouvaient, selon lui, être intéressés par le déclenchement d'une révolte. Un parti panarabe avait été formé à Bassora, mais son chef, Sayid Taleb, un nationaliste influent et sans morale, était en visite « officielle » aux Indes sur une initiative de Cox. Les autres Arabes qu'il rencontra ne manifestèrent aucun intérêt pour le projet, et Lawrence les surnomma les « chacals ».

La semaine de Gertrude fut « égayée par l'apparition de Mr Lawrence », qui quitta Bassora le 10 avril. « Nous avons merveilleusement discuté, écrivit-elle juste après son départ, et nous avons conçu de vastes projets politiques pour les pays du monde entier. Il remonte la rivière demain, où la bataille fait rage depuis quelque temps. Difficile de décrire l'anxiété avec laquelle nous guettons l'arrivée des nouvelles. »

Lawrence parti, elle se retrouva de nouveau sans beaucoup d'alliés. Son ami, le linguiste Aubrey Herbert, qui était aussi un ami de la famille, allait venir à Bassora, mais il ne resterait qu'un jour et rejoindrait Lawrence dans le Nord pour négocier avec les Turcs. Un an plus tôt, Herbert, qui travaillait pour le compte des services secrets en Égypte, avait dîné avec Doughty-Wylie, peu avant que ce dernier parte pour Gallipoli. Sa visite à Bassora donnerait à Gertrude l'occasion de parler de Dick. « Que je serais heureuse de le voir, écrivit-elle. On est incroyablement seul quand on est sans personne. Voilà pourquoi Mr Lawrence a été un tel don du ciel. Quoi qu'il en soit par ailleurs, nous parlons la même langue [2]. » Lawrence n'était pas de son rang, mais ils avaient les mêmes vues.

Gertrude, qui regardait par la fenêtre de son nouvel appartement, se sentit réconfortée. Les pluies de printemps avaient cessé, la ville avait quitté son manteau de boue, les fleurs, ces fleurs qui lui manquaient tant, commençaient à éclore. « Même Bassora a un sursaut de noblesse en avril, écrivit-elle à son père. Les palmeraies développent une végétation luxuriante, les grenadiers sont en fleurs, les mûriers ont déjà des fruits, et je n'ai pas de mot pour décrire la beauté des roses qui poussent dans le jardin de la maison où je vis à présent. C'est l'unique jardin de Bassora, j'ai beaucoup de chance. »

Elle se levait désormais à cinq heures et demie tous les matins pour pouvoir monter à cheval. C'était l'exercice qu'elle avait toujours préféré. Elle chevauchait à travers les palmeraies, puis poussait jusqu'à la pointe du désert, dépassant « des soldats britanniques, des soldats des Indes, avec leurs chariots tirés par des buffles, leurs mulets, leurs tongas, leurs voitures et leurs camions tout récents, leurs chameaux », dépassant « des cabanes en roseau et des poteaux téléphoniques ». À huit heures trente, elle avait pris son bain, déjeuné, et travaillait dans son bureau. Elle n'avait à se plaindre de rien, sinon de la chaleur. Son travail d'indexation était presque terminé, mais il restait beaucoup à faire par ailleurs ; toute la journée, elle recevait les Arabes qui venaient au quartier général et l'informaient de la situation dans la région, corrigeait des cartes, ou transmettait des informations entre Le Caire et Delhi. Ces différentes tâches, Hogarth avait espéré que quelqu'un d'autre pourrait s'en acquitter quand Gertrude serait rentrée en Égypte.

Mais, à dire vrai, Gertrude préférait ce travail à celui qui l'attendait au Caire. En Égypte, il lui faudrait rester assise derrière un bureau et elle serait submergée par la paperasse. Ici, elle disposait d'une matière brute, fraîche et de première main. Parlant et lisant couramment l'arabe, connaissant parfaitement la situation politique de la région, elle était seule qualifiée pour ce poste. Personne d'autre dans le service des renseignements ne pouvait vraiment convenir, expliqua-t-elle à Hogarth. Elle avait bien proposé Mr Bullard pour la remplacer et Lawrence, à qui elle l'avait présenté, avait approuvé son choix ; mais elle n'avait en fait aucune envie d'abandonner son travail. Elle s'en confia à Hogarth : « Tant que je reste ici, je puis être informée des derniers événements en date ; nombre de mes informations, je les dois aux deux mètres [de chair] qui débarquent dans mon bureau, sous la forme d'un cheikh venu de Nasseriyya ou d'ailleurs ; quand je ne serai plus ici, personne ne recueillera ces informations. »

Campbell Thompson était le second remplaçant envisagé, mais Gertrude le jugeait incapable. Elle en informa franchement son chef : « Il n'est, si je puis dire, d'aucune fichue utilité – je crois bien n'avoir jamais rencontré quelqu'un d'aussi aimable et d'aussi [...] futile. » Elle passait beaucoup de temps à dresser de nouvelles cartes. Ce travail, Campbell Thompson aurait pu le faire mais, ajoutait-elle, « il déteste les cartes et ne sait pas les lire ! ».

Le bruit courait qu'un grand nombre d'Arabes abandonnaient leur poste dans l'armée turque. Elle en avisa Hogarth, mais elle ne reçut pas l'autorisation de partir dans le Nord pour enquêter sur place : il fallait attendre que la situation à Kut fût réglée. Cette décision l'exaspéra. Fort heureusement, elle avait développé son propre réseau d'informateurs arabes. Depuis bien longtemps, elle s'était débarrassée de ses chaperons officiels et voletait, tel un oisillon au printemps, d'une maison arabe à l'autre. Elle envoyait ses rapports à Hogarth : « Je pars à Zubayr demain, je vais rencontrer les cheikhs et quelques autres notables. »

Elle roula dans la boue et l'eau, et atteignit le sable dur qui marquait l'entrée du désert. À une dizaine de kilomètres à l'ouest, il y avait l'oasis de Zubayr, la ville originelle de Bassora, le pays de Sindbâd le marin, l'ultime demeure d'Ali le Barmécide. Depuis, l'Euphrate avait changé son cours et Zubayr était devenu un petit endroit « très curieux, un peu comme Hayil ». Avec l'aide du conseiller politique local, Gertrude put installer, sur le sol boueux du bureau de poste, son lit de camp, sa chaise, et la baignoire qu'elle avait emportée avec elle.

Depuis plusieurs siècles, la cité servait de place marchande aux Bédouins et les caravanes d'Arabie y affluaient. Dans les échoppes, on pouvait voir les hommes d'Ibn Rachid marchander les vêtements, les ustensiles ménagers, les fusils, le maïs, l'huile, le café, le thé, le sucre qui, bien souvent, avaient été promis aux Turcs. Les voix arabes bourdonnaient comme des abeilles au travail dans un jardin de roses.

Le cheikh de Zubayr, qui contrôlait la vie politique locale, recevait les voyageurs en visite dans son palais, au milieu des plants de café. L'homme était riche, et mesurait sa fortune au nombre de dattiers et de troupeaux de chameaux qu'il possédait, ainsi qu'au montant du tribut que ses gens lui versaient. Il avait fait la paix avec les Britanniques et avait plusieurs fois invité Gertrude à dîner. Elle visita le palais, passant sous l'arche basse qui menait à la cour, et prit place à côté du cheikh, sous l'une des vérandas au sol couvert de tapis persans. Des faucons au capuchon brun ornaient les murs de la pièce. Vêtu d'une longue robe brodée de fils d'or, le cheikh barbu était élégamment assis sur l'un des longs sofas. Ils mangèrent le repas traditionnel des Bédouins : un mouton entier, grillé et servi avec une abondance de riz, des légumes enveloppés dans des feuilles de salade, du poulet et des œufs durs. Le chef arabe servit à son hôte honorée l'œil du mouton et la mit au courant des dernières nouvelles. Gertrude fut informée de la situation de l'armée turque et découvrit qu'un groupe assez actif de Hayil s'était détaché d'Ibn Rachid et avait posté ses chameaux et ses tentes tout près de la frontière mésopotamienne.

Avant l'arrivée de Gertrude à Bassora, le cheikh de Zubayr servait déjà de relais d'informations. Dans un message qu'il avait ainsi été chargé de transmettre, Percy Cox tendait « une main amicale » à Ibn Rachid, comme Gertrude le rapporta plus tard à Lawrence, et l'avertissait aussi des « ennuis » qu'il allait rencontrer s'il ne s'entendait pas avec les Britanniques qui contrôlaient ses villes marchandes. « Ce mot lui a été remis avant que j'arrive, précisait Gertrude, déposé par une petite caravane shammar qui passait par Zubayr. »

Au cours de cette visite, elle en apprit plus long sur Ibn Rachid. « Ses intentions sont [...] suspectes, devait-elle affirmer, mais je ne pense pas qu'il soit en mesure de nous faire beaucoup de mal. En revanche, je suis absolument certaine d'une chose : nous serons bien plus tranquilles si nous maintenons le contact avec lui. » Elle voulait d'ailleurs écrire personnellement au jeune chef arabe et expliqua à Hogarth qu'il était temps de faire la paix avec Ibn Rachid et Ibn Saoud. Le seul problème était la fourniture d'armes, qui les plaçait devant un dilemme. « Nous ne pouvons les armer tous deux, ce serait évidemment absurde ; mais nous ne pouvons n'en armer qu'un, si nous sommes amis des deux ; ce qui nous conduit à la solution que j'ai toujours préconisée et ne nous laisse pas d'autre choix que de n'en armer aucun. »

Après une visite de courtoisie dans le harem du cheikh Ibrahim, où les femmes, tatouées et têtes nues, fumaient le narghilé et lui offrirent du café tout en bavardant, Gertrude s'en retourna au quartier général et à son courrier, laissant derrière elle l'air pur et sec du désert. Deux lettres de ses parents étaient arrivées en son absence ; une troisième, écrite par son père, s'était perdue. « Je crains que [la lettre] du 23 mars ne soit partie dans le Sussex, écrivit-elle à Florence ; de même, j'imagine, pour les vêtements que vous m'avez envoyés. Espérons que nous aurons plus de chance la prochaine fois. »

Une chaleur humide, torride, imprégnait la ville. Gertrude s'asseyait à son bureau, seule dans sa chambre, portes fermées et volets soigneusement clos. Les hélices du ventilateur électrique tournaient en permanence. Cela faisait maintenant trois ans qu'elle avait vu pour la dernière fois les jonquilles de Rounton fleurir au printemps. « Je me demande comment vont les miens, j'attends de leurs nouvelles, écrivait-elle avec un soupir presque perceptible. À vivre si loin, on finit par tomber dans une sorte de coma ; de temps en temps, on se réveille, avec un sursaut. »

Ce n'était pas la chaleur qui la gênait, affirmait-elle, mais ses vêtements. À la différence de ses collègues masculins, qui pouvaient à tout moment exiger un uniforme frais, personne ne se souciait de lui faire de nouvelles robes. Celles qu'elle portait commençaient à tomber en lambeaux. « On s'habille avec presque rien, c'est une chance ; mais que ce presque rien ne soit pas tout troué en est d'autant plus indispensable. » Elle n'avait toujours pas d'amis ; Aubrey et Lawrence n'étaient pas rentrés : « Ils ont remonté la rivière et ont disparu. Que j'aimerais voir arriver quelqu'un que je connaisse et qui me renseigne sur ce qui se passe ; nous sommes si mal informés. »

La nouvelle du siège de Kut était parvenue en Angleterre, et son père joignit aux lettres qu'il lui expédia un article de l'*Economist* qui tenait le gouvernement des Indes pour responsable du désastre. Peut-être Gertrude ignorait-elle alors que le général Townshend avait pris seul la décision prématurée de marcher sur Bagdad et que Londres n'avait fait qu'avaliser, bon gré mal gré, sa décision. La lecture de l'article la mit en fureur. Sachant que Hugh transmettrait sa réponse à quelques amis influents de Whitehall, elle prit un papier et un crayon, et écrivit une lettre courroucée où elle affirmait que le gouvernement des Indes ne pouvait être considéré comme seul responsable du désastre militaire.

Politiquement aussi, nous avons agi avec précipitation, négligeant, comme toujours, d'élaborer les plans d'ensemble. Nous avons considéré que la Mésop. était une entité distincte, alors qu'elle fait partie de l'Arabie et qu'elle ne peut politiquement être dissociée de l'Arabie [...], laquelle présente, évidemment, différentes facettes selon qu'on examine tel ou tel aspect, mais qui demeure, quoi qu'il en soit, une et indivisible. La coordination des opérations en Arabie et la mise au point d'une politique pour l'Arabie auraient dû se faire chez nous [à Londres] – cela ne pouvait être fait, et bien fait, que là. Mais il n'y a eu personne pour s'en charger, personne pour y penser, et les Britanniques d'Égypte n'ont eu d'autre choix, face à la vive opposition [du gouvernement] des Indes et de Londres, que de renoncer à ce qui constituait une sorte de plan cadre, lequel définira au bout du compte, j'en suis sûre, la base de nos relations avec les Arabes. En attendant, le combat contre l'ignorance et l'indifférence [des gens de Londres] continue – et il n'est pas encore gagné. J'ai si souvent à l'esprit le sonnet de Milton.

Assez parlé de politique. Mais quand j'entends dire que nous nous tirons d'affaire tant bien que mal, cela me met en fureur. Nous nous tirons d'affaire tant bien que mal ! Eh bien oui, c'est le cas.

Deux jours avant qu'elle n'écrive cette lettre, le général Townshend rencontrait le haut commandement turc et demandait à ce que Lawrence et Herbert fussent autorisés à parler au général Khalil. Plus de vingt-trois mille Britanniques, envoyés en renfort, avaient déjà péri. Mais les Turcs refusèrent catégoriquement et exigèrent la libération de Kut et la capitulation immédiate des soldats. Le 29 avril 1916, la radio de Kut émettait un ultime message, un message d'adieu. Plus de treize mille soldats furent faits prisonniers et entamèrent une marche forcée qui devait les conduire presque tous à la mort. La chute de Kut fut l'une des plus grandes défaites de l'histoire britannique.

Ignorant tout de la reddition, Lawrence, Herbert et le colonel Beach quittaient leur retranchement en brandissant le drapeau blanc. Ils avancèrent une centaine de mètres en direction du camp turc. Un soldat de l'armée ennemie, envoyé en éclaireur, leur banda les yeux et les conduisit jusqu'au général Khalil. Apprenant avec étonnement que les soldats britanniques s'étaient rendus, les trois hommes voulurent procéder à l'échange de prisonniers, mais un arrangement avait déjà été conclu aux termes duquel seuls les Britanniques malades ou blessés seraient livrés contre les prisonniers de guerre turcs. Hormis un dîner turc assez agréable, l'opération avait été un fiasco complet, et tous les journaux se firent l'écho de l'humiliante tentative de corruption et de son échec. Le 8 mai, Lawrence et Beach étaient de retour à Bassora.

Lawrence, scandalisé par ce qui s'était passé à Kut, rédigea un rapport accablant qu'il transmit aux autorités du Caire. L'Irak était un « sac de nœuds », écrivait-il, excepté sir Percy Cox, qui était « délicieux », et Miss Bell, qui était remarquable. Mais Gertrude était attendue en Égypte, et il fallait bien trouver quelqu'un pour représenter le Bureau arabe à Bassora. Il en parla à sir Percy Cox, qui voulut s'en décharger sur le colonel Beach.

Lawrence insista, lui expliquant que le Bureau arabe relevait du ministère des Affaires étrangères et qu'il fallait que son représentant fût « au courant des affaires politiques ». Dans l'immédiat, et Cox approuva, Miss Bell continuerait de s'occuper des tribus et du travail topographique tandis qu'ils lui chercheraient un successeur. Deux personnes ne seraient pas de trop pour la remplacer. « J'ai comme l'impression, écrivit Lawrence, que nous ne trouverons nulle part quelqu'un qui nous satisfasse entièrement. » Seule Gertrude, avec son charme et sa féminité, était capable de soutirer les informations nécessaires : « Je pense que Miss Bell, par son sexe, son énergie et son audace, sait convaincre les conseillers politiques de lui envoyer ce qu'elle demande. »

On ne s'en disputait pas moins âprement son poste. Le choix du Caire s'était porté sur George Lloyd tandis que le gouvernement des Indes avait dépêché son propre candidat. Mais le premier ne parlait pas l'arabe et le second n'était jamais venu en Orient. Le 14 mai, Gertrude écrivit une lettre à Hogarth et insista sur l'importance de connaître l'arabe. La maîtrise de la langue, affirmait-elle, était indispensable « même pour les informations fournies par les conseillers politiques ; les noms des clans, les noms des hommes, les noms des tribus sont communiqués sous des orthographes très différentes, ce qui rend d'abord perplexe, et puis on découvre finalement que deux mots qui n'ont presque rien en commun sont en fait identiques. Sans parler des discussions avec les Arabes (et j'en reçois maintenant un grand nombre) qui exigent la maîtrise de l'arabe ».

Malgré toutes les difficultés qu'elle pouvait rencontrer, Gertrude ne voulait pas quitter l'Irak.

Beaucoup de travail restait à faire à Bassora. Il fallait notamment trouver le moyen de « ligoter » et de neutraliser Ibn Rachid. Quand ses hommes vinrent la voir dans son bureau, Gertrude leur remit une longue lettre pour l'émir. Elle était désormais seule chargée des relations entre Bassora et Le Caire et espérait se rapprocher ainsi de sir Percy Cox. « C'est quelqu'un que j'aime beaucoup, écrivit-elle à son père, c'est vraiment un grand monsieur, et je suis très heureuse de travailler avec lui. »

Ses différents rapports avaient paru dans l'*Arab Bulletin*, une publication secrète sur la politique et les hommes du Moyen-Orient, lancée par le Bureau arabe du Caire et destinée aux membres les plus importants des services de renseignements. Comme elle l'écrivit à son père, elle tenait ses informations de la population locale et des réfugiés qui maintenant « arrivaient en masse de Bagdad, fuyant l'oppression turque ». Elle en connaissait un grand nombre et, lorsqu'elle ne les connaissait pas personnellement, elle connaissait leurs amis. De leur côté, presque tous avaient entendu parler d'elle. Ils se rencontraient ainsi sur « un pied d'égalité ». C'était très amusant, écrivit-elle. « C'est aussi parfois très utile, ils vous fournissent des pistes pour vous retrouver dans le dédale des opinions orientales. »

L'un des rapports qui avaient paru contenait une analyse prudente de l'avenir : « De la part d'hommes qui vivent sous des tentes ou dans des cabanes de roseaux, presque aussi précaires, [...] qui n'ont jamais connu d'autre forme de contrôle que la fiction creuse de la tutelle turque, [...] qui sont indépendants par tradition, [...] qui ignorent tout du monde, au-delà de leurs marécages et de leurs pâturages, et [...] qui se moquent de ses intérêts et des possibilités qu'il offre, on ne peut attendre qu'ils acceptent du jour au lendemain de faire le jeu des ambitions européennes ou qu'ils approuvent les méthodes européennes. Vouloir les presser est inutile. Que ce que nous avons à leur apprendre ajoute à leur bonheur, ou que les inévitables leçons de cet apprentissage réveillent leur proverbiale sagesse, cette éducation doit, pour être utile, se faire lentement, patiemment. »

Gertrude dut attendre les beaux jours et la fin du siège de Kut pour remonter l'Euphrate. Tout excitée par sa mission, elle en oublia presque le soleil qui lui brûlait les reins et les morsures du vent sur son visage. Elle prit le vapeur avec son ami le général MacMunn et traversa les marais. Après avoir dépassé un groupement d'îles artificielles – villages de roseaux flottants, montant et descendant au gré des crues du fleuve –, ils gagnèrent Nasseriyya, où certaines tribus avaient accepté de travailler pour les Britanniques. Elle y resta plusieurs jours, au début du mois de juin, explorant la ville, rédigeant des rapports, complétant ses dossiers, rendant visite aux notables le soir, récoltant des informations secrètes sur les Turcs.

Sur le chemin du retour, pendant une étape, elle fit la connaissance du capitaine Dickson qui était l'agent du fisc de Suq al Shuyuh. Pour financer le coût de l'occupation, les Britanniques, comme les Turcs avant eux, mettaient à contribution les populations et avaient chargé les cheikhs de ramasser l'argent, moyennant une dîme qu'ils prélevaient au passage. Comme tous ses collègues, Dickson était continuellement mis au défi par l'ingéniosité des Arabes et racontait avec plaisir l'histoire du vieux cheikh. Aucun registre n'indiquant la somme que les précédents occupants turcs percevaient, il avait demandé au premier cheikh qu'il avait rencontré le nombre des dattiers qui étaient taxés par l'administration ottomane.

« Sur Dieu, Ô Dickson, je l'ignore, dit l'Arabe.

– C'est une plaisanterie, répliqua Dickson, vous le savez parfaitement bien. Je vous repose la question : combien de vos arbres étaient taxés en 1914 ?

– Sur votre tête, sur la prunelle de mes yeux, je l'ignore, répéta le cheikh. Mais écrivez mille cinq cents. »

Dickson inscrivit ce chiffre sur son cahier et perçut la taxe correspondante.

Quelques jours plus tard, un informateur lui montra un vieux reçu établi par les Turcs, qui attestait que le cheikh possédait cinq mille arbres. Dickson convoqua l'homme dans son bureau et le somma de s'expliquer.

« Cinq mille, dites-vous, très cher ? Par Dieu, cela est très curieux, fit le cheikh avant d'ajouter avec un geste généreux de la main : Par Allah ! Écrivez six mille, mon ami. Ne nous disputons pas. »

Quelques mois plus tard, Dickson, qui était devenu l'ami du cheikh, lui demanda de lui dire le nombre d'arbres qu'il possédait vraiment.

« Dieu seul le sait, répondit le cheikh, mais pas moins de quatre-vingt-dix mille. »

Quand elle s'en revint à Bassora, après son voyage sur l'Euphrate, Gertrude fut de nouveau en butte au mépris de ses collègues. L'absence de statut officiel l'humiliait. Elle savait pertinemment qu'elle n'aurait pu poursuivre son travail sans la gentillesse de sir Percy Cox, et son dévouement pour le conseiller politique grandissait à mesure que faiblissait son attachement à Hogarth, son ami et son supérieur hiérarchique du Caire, qui refusait de lui accorder un titre et de lui verser un salaire. Embarrassée et irritée par un certain nombre d'incidents, elle mit de côté sa réserve habituelle et, le 15 juin, écrivit à son vieux mentor pour lui faire part de sa colère.

« Je souhaiterais, avec votre permission, porter à votre connaissance certains sentiments assez vifs que je nourris. Vous m'informez dans votre [dernier] courrier que vous allez, en partie, reprendre dans l'*Arab Bulletin* l'une des lettres que je vous ai envoyées à titre personnel, et j'ai appris que vous aviez déjà agi ainsi à plusieurs reprises [3]. » Cox avait télégraphié à Hogarth pour lui dire de ne pas publier ces informations, et elle en était d'accord. « Vous n'aimeriez pas, je pense, trouver certains passages de la correspondance privée que vous m'adressez dans les bulletins d'information de Bassora. Les deux positions sont strictement parallèles. »

Autre point plus pénible encore : le travail qu'elle faisait pour les services du Caire relevait davantage de services rendus à Hogarth qu'il ne s'inscrivait dans le cadre d'une mission officielle.

Je n'ai aucun statut officiel ici par rapport au Caire ; vous ne m'en avez donné aucun. Je ne suis pas votre correspondante ; si j'estime que quelque chose est susceptible de vous intéresser, je dois demander, comme un service, qu'il vous soit communiqué. Je n'ai pas même été envoyée ici par vous [point qu'elle ne manqua pas de lui rappeler] ; j'ai été envoyé par le vice-roi qui a demandé à ce que je sois autorisée à consulter tous les documents secrets relatifs aux tribus et que tout soit fait pour que je puisse étudier l'histoire tribale. D'ailleurs, même si j'étais officiellement votre correspondante, rien de ce que je vous envoie ne saurait être utilisé officiellement, en dehors des documents avalisés par col. Beach et sir P. C. Une correspondance privée reste une correspondance privée. Elle n'a aucun poids officiel. J'ai aujourd'hui le sentiment que vous m'avez placée dans une position très délicate. [...] J'espère que vous préciserez très vite la nature de mes fonctions. Il y a une infinité de choses dont je sais qu'elles vous intéresseraient et que je ne vous communique pas pour la bonne raison qu'il n'y a personne dont la mission soit de vous les communiquer.

Il y avait en particulier certaines informations qu'elle voulait transmettre à Hogarth, mais elle avait besoin pour cela de l'autorisation de sir Percy. « Il se montre d'une très grande bonté dans ce genre d'affaires et ne fait aucune difficulté ; mais il serait vraiment plus simple, pour l'un et pour l'autre, que je n'aie pas à vous transmettre de telles notes par faveur spéciale. »

« J'ai également fini de dresser la liste des personnalités de la région de l'Euphrate et je vous la ferai parvenir dès que j'aurai une dactylo. Là encore, cette affaire sera réglée grâce la gentillesse de sir Percy – je n'ai aucunement le *droit* d'avoir une dactylo. J'ai également fait part à Mr Lawrence des difficultés que je rencontrais à me loger. » Comme elle n'était pas payée, ses hôtes l'hébergeaient gratuitement, « mais ils reconnaissent qu'une allocation de logement serait la bienvenue [...] ». Cox lui avait dit que Le Caire ne pouvait lui reconnaître de statut officiel sans lui verser de solde. Elle ne demandait pas grand-chose, assurait-elle, juste « de quoi me loger et me nourrir ».

Ces différentes questions, poursuivait-elle, ont été discutées avec Lawrence. Mais « Mr Lawrence est parti en laissant tout en plan et voilà bientôt deux mois que nous n'avons pas vraiment progressé en vue d'une solution ».

Deux jours plus tard, toujours contrariée, elle envoyait une petite lettre à Domnul, qui était rentré à Londres après sa mission aux Indes : « Vous n'imaginez pas combien mon travail ici est difficile ; mais je ne regrette pas d'y être. » Plus c'était difficile, et plus elle pensait qu'il était de son devoir d'y rester.

Quinze jours plus tard, son humeur avait changé du tout au tout. Son obstination et son stoïcisme avaient payé. Son statut avait été officiellement revalorisé. Gertrude Bell avait été nommée conseiller permanent de sir Percy Cox, rattaché au corps expéditionnaire des Indes. Avec une solde mensuelle de trois cents roupies et le titre d'officier de liaison et de correspondant au Caire, Miss Bell devenait la seule femme conseiller politique des forces britanniques.

18

Une femme indépendante

Entre autres fonctions, sir Percy était tenu d'informer le gouvernement des Indes des sentiments arabes dans le Golfe, de suivre chacun des mouvements d'Ibn Saoud et d'Ibn Rachid et de surveiller les activités des services d'espionnage allemands. Pour ce faire, il avait besoin d'être renseigné sur les tribus qui vivaient en Mésopotamie, entre Bassora et Bagdad, et en Perse, et aussi sur les cheikhs et leurs humeurs. Comme il appartenait au grand quartier général des services secrets, il devait également, ainsi qu'il l'écrivit plus tard, « assister à l'interrogatoire des prisonniers et des espions, filtrer les informations et trouver les informateurs et les interprètes nécessaires ».

Personne dans l'équipe de sir Percy n'était plus qualifié pour ce travail que Gertrude. Mais elle devait affronter l'hostilité d'une clique de conseillers qui valait largement celle de ses anciens « collègues » des services secrets de l'armée : le colonel Leachman la toisait ; Herbert Young la snobait ; et A. T. Wilson, le brillant adjoint de Cox, qui avait un goût très prononcé pour les longs rapports truffés d'allusions bibliques et de citations empruntées à Bacon, Milton ou Shakespeare, voyait d'un mauvais œil les relations amicales qu'elle entretenait avec quelques personnalités haut placées du Caire, de Delhi ou de Londres.

Un jour qu'elle déjeunait face à lui dans la cantine des conseillers politiques, elle dut, aux quelques allusions perfides qu'il fit à St John Philby et à quelques autres, deviner la teneur des messages dont il régalait les autorités de Delhi et de Londres. Comme il redoutait son plan pour l'avenir de l'Irak, il s'arrangea pour la faire exclure des discussions et des décisions. Il refusa aussi de lui communiquer les informations qui étaient envoyées à l'extérieur, comme il refusa de lui transmettre les codes secrets utilisés dans les télégrammes ou les messages secrets qui arrivaient. Récompensé pour sa distinction dans le cadre de son travail, Wilson ne montrait rien à Gertrude de sa célèbre galanterie. Heureusement, George Lloyd avait été envoyé en détachement temporaire et sa présence dans l'équipe de sir Percy l'aidait à se sentir moins seule. Quelques promenades à cheval, le matin, leur donneraient l'occasion de s'expliquer.

Son travail avait beau l'intéresser, elle souffrait du manque d'amis et de la solitude. « Je me sens comme coupée de vous, écrivit-elle à son père. J'aimerais, à raison d'une ou deux fois par semaine, pouvoir vous retrouver quelque part, à mi-chemin, m'asseoir et discuter avec vous. » Le « bon » et « généreux » Sir Percy Cox, conseiller politique en chef, restait aussi distant, timide et réservé qu'au début. Elle le voyait maintenant plusieurs fois par semaine, mais il était inimaginable de penser lui demander un conseil comme de songer à bavarder.

Chaque journée apportait son cortège de nouvelles, grandes ou petites, qui la faisaient chanceler et passer alternativement de la joie à la déconvenue. Le lundi 5 juin 1916, dans la région du Hedjaz, le chérif Hussein faisait hisser l'étendard et levait ses hommes contre les Turcs. Si les combats à La Mecque n'étaient qu'un début, notait triomphalement Gertrude quelques semaines plus tard, « on se rapproche de l'Égypte et de mes chefs chéris [...], la révolte des lieux saints nous confère un immense avantage, moral et politique ». Hugh questionna sa fille pour savoir si elle était à l'origine de la révolte. « Non, avoua-t-elle, je n'ai pas poussé le chérif à se soulever, il s'est soulevé tout seul. Mais c'est en partie à cause de toute cette histoire que je suis allée aux Indes. »

L'excitation de juin retomba vite, quand le vice-roi des Indes fit ouvertement savoir qu'il s'opposait à la révolte arabe. Il craignait que les mahométans des Indes ne voient dans cette « désagréable surprise » – ce furent ses termes – une « ingérence des chrétiens » dans la religion musulmane.

De nouveaux motifs d'agacement vinrent en juillet. À Amara, les Turcs continuaient d'empêcher la progression des troupes britanniques vers Bagdad. De retour du front et de son brasier, George Lloyd rapporta des histoires consternantes où la confusion le disputait à l'incompétence, où les soldats souffraient cruellement du manque de glace et du peu de vivres. « Cette capacité qu'ont les hommes à s'organiser et à anticiper aura rarement reçu publicité plus déplorable que pendant cette campagne », accusait Gertrude dans une lettre qu'elle écrivit à ses parents. « Un jour, je vous en ferai le récit complet – mais vous ne me croirez pas. Personne ne saurait le croire, à moins d'avoir été sur place. Je ne pense pas que le gouvernement des Indes puisse éviter le blâme – je ne crois d'ailleurs pas qu'il le mérite. » Elle s'en prenait également au gouvernement de Londres pour avoir trop peu réfléchi à une politique d'ensemble : « Nous avons payé cher cette négligence et cette imprévoyance, en sang versé, en souffrances, et en vies humaines irremplaçables. »

Elle était soulagée de savoir que son frère était sain et sauf en Angleterre et bénissait le ciel qu'il ne fût pas en train de combattre en Mésopotamie. « Le vrai problème, reconnaissait-elle, est que nous ne savons pas clairement ce que nous voulons faire dans ce pays. Quels peuples pouvez-vous espérer convaincre de vous apporter leur soutien si vous n'êtes même pas sûr d'être encore là, le moment venu, pour leur apporter le vôtre ? Rien d'étonnant à ce qu'ils hésitent ; il faudrait une très grande dose de persuasion pour les convaincre de la compatibilité de nos intérêts et des leurs. » Ni le gouvernement de Londres ni celui des Indes n'avait de plan arrêté pour l'avenir. De plus, à la consternation d'un grand nombre d'Arabes, le chérif Hussein, qui comptait s'appuyer sur un soulèvement en

Syrie, venait de rédiger une déclaration où il se proclamait roi de tous les Arabes.

Pis que tout, les différents moyens mis en œuvre par Gertrude et sir Percy pour essayer de neutraliser Ibn Rachid avaient échoué. « Nous n'avons pas réussi à ligoter Ibn Rachid », rapporte-t-elle mécontente. « Je ne pense pas aux problèmes immédiats de la guerre, ajoute-t-elle, mais à ceux qui se poseront après la guerre, et je me demande la part que nous pourrons prendre dans leur règlement. Cela n'est pas mauvais d'y penser, et c'est ce que je fais. Et ce que j'écris aussi. J'ai rédigé des dizaines d'introductions officielles sur le sujet. »

Peu après, Percy Cox repartit dans le Nord, laissant Gertrude aux bons soins de son contrariant adjoint, A. T. Wilson. L'été avançait, et tous ceux qui pouvaient fuir la canicule de Bassora partaient : au mois d'août, Dobbs qui souffrait d'épuisement s'en alla se reposer en Inde et George Lloyd rentra au Caire. « J'ai de nombreuses relations, expliquait Gertrude aux siens, mais aucun ami, en dehors de Mr Dobbs et du gén. MacMunn. » L'inspecteur général des communications MacMunn, qui débordait de « vitalité et d'énergie [1] », était devenu son allié. Ils allaient souvent se promener en bateau sur le fleuve. Mais « je ne puis vous dire, ajoutait-elle plaintivement, combien il me coûte d'être sans personne, sans quelqu'un que j'aurais connu avant ou qui m'aurait connu avant ». Sa seule amie, Dorothy Van Ess, était également partie se reposer aux Indes. Gertrude lui avait demandé de lui rapporter quelques robes légères. Mrs Van Ess se rappelait en avoir vu dans une boutique assez chic près du Taj Mahal, mais elles risquaient d'être très coûteuses. « Ma chère, avait répondu Gertrude, payez le prix demandé ; il me *faut* des vêtements. »

La chaleur était devenue insupportable, et la ville étouffait sous cette couverture lourde et humide. Tout Bassora avait pris l'habitude de dormir sur les toits. Dehors, au milieu de la nuit, par près de quarante degrés, Gertrude se réveillait en nage, sa chemise de nuit en soie bonne à tordre. « Tout ce qu'on touche est chaud, tous les objets, les cheveux, si tant est que ce soit un objet, le biscuit qu'on mange, les vêtements qu'on enfile. »

La malaria et la typhoïde faisaient des ravages et les employés, les dactylos, les domestiques tombaient comme des mouches. Pendant les mois de juillet et d'août, Gertrude eut des poussées de fièvre ; en septembre, elle fut clouée par une jaunisse.

Elle resta couchée deux semaines, totalement inerte, se reposant dans une maison de santé réservée aux gradés, qui se trouvait près du fleuve. Elle n'avait jamais été aussi malade. Le 20 septembre, elle se sentit suffisamment forte pour aller s'asseoir dehors, sous la véranda de l'hôpital, et nota qu'elle n'avait rien fait sinon manger, dormir et lire. Ses lectures allaient du roman du XIXe siècle au conte philosophique, d'Anthony Hope à *The Crock of Gold*. Elle demanda à son libraire préféré de Londres de lui envoyer quatre à six livres par mois.

Deux semaines plus tard, toujours dans la maison de santé, elle passa avec plaisir une robe de laine. La chaleur était tombée : il ne faisait plus que trente degrés, elle frissonnait. Des journées plus fraîches se préparaient et, naturellement, elle se mit de nouveau à penser à sa garde-robe. Elle commanda un chapeau de feutre mauve pour l'hiver, une robe noire en satin, des jupes de soie lourde, un manteau de laine pourpre, un manteau de serge blanche pour la voiture et un long peignoir de soie orné de broderies pour le soir. Elle fut heureuse de pouvoir annoncer à son père qu'elle recevait enfin *The Times*, mais, pour des raisons mystérieuses, Smith & Sons oubliait toutes les semaines de lui faire parvenir le supplément littéraire. « Pourriez-vous leur demander ce que diable cela signifie ? » s'emportait-elle.

Elle n'était pas revenue dans son bureau depuis exactement un mois. Quand elle reprit le travail au début du mois d'octobre, elle apprit que ses rapports avaient été appréciés en haut lieu à Londres. Quelques semaines plus tard, elle notait fièrement qu'elle avait reçu plusieurs lettres de félicitations et, notamment, une d'Austin Chamberlain. Peu après, le 16 décembre, sir Henry McMahon, qui s'apprêtait à quitter l'Égypte, devait la couvrir d'éloges : « Je suis heureux de pouvoir à cette occasion [...] féliciter [...] Miss Gertrude Bell. [...] Sa connaissance très approfondie de l'Arabie, son savoir-faire, son énergie font tout le prix de ses services. La façon dont elle se consacre depuis si longtemps au Bureau arabe, dans des conditions très éprouvantes, qu'il s'agisse du pays ou du climat, mérite d'être relevée. »

Il entrait maintenant dans les fonctions de Gertrude de servir d'intermédiaire entre sir Percy Cox et les Arabes. C'était la partie de son travail qu'elle préférait. « Je suis tout doucement, expliquait-elle, en train de devenir une sorte de coussin entre des cheikhs perplexes, et très souvent incrédules, et l'autorité suprême. » Elle repensa quelques instants à Doughty-Wylie et ajouta, songeuse : « Oui, ce fut un cadeau du ciel. Je ne sais ce que j'aurais fait autrement. Et cela peut déboucher sur quelque chose à l'avenir – mais je ne pense pas à l'avenir ; vivre au jour le jour et dormir, c'est assez [2]. »

Elle espérait que la lettre qu'elle écrivait pour Fahad Bey aurait porté ses fruits dans quelque temps. Le chef tout-puissant des Anazeh, qui contrôlait la région à l'ouest de l'Euphrate, n'avait pas répondu aux avances amicales de la Grande-Bretagne. Quand un émissaire était venu défendre la cause britannique, il s'était obstiné à ne pas le recevoir ; ses sympathies allaient aux Turcs, comme toujours. Les Ottomans s'étaient acquis sa loyauté du jour où ils avaient fait de son grand-père un *Kaimmakan*, ce qui lui donnait le droit de prélever une dîme dès qu'une caravane traversait son territoire. Néanmoins, comme il disposait de cinq mille fusiliers qui lui obéissaient au doigt et à l'œil, Gertrude jugeait utile d'essayer d'apprivoiser le cheikh et elle lui envoya une lettre à l'automne 1916. Elle allait devoir attendre plusieurs mois avant de recevoir une réponse.

Les fortes chaleurs et les tourments de la guerre avaient laissé leurs marques. Ses cheveux commençaient à grisonner ; pis, ils tombaient par poignées quand elle les lavait. Elle avait commandé deux flacons de lotions capillaires chez Rudolfe sur Sloane Street, mais elle craignait que sa lettre n'ait sombré avec le *SS Arabia* : « Il faudrait voir avec Rudolfe s'il a bien reçu la lettre ; autrement, je vais devenir chauve [3]. »

Chauve ou pas, au milieu du mois de novembre, elle avait recouvré suffisamment de forces pour recommencer à voyager.

Elle emporta des vivres, des vêtements, des accessoires et prit le train pour Qurna, dînant dans un wagon vide, mangeant de la langue et des poires en conserve. Le lendemain, elle déjeunait avec le cheikh pour obtenir certaines informations. La semaine suivante, elle partait sur les bords de l'Euphrate, à l'ouest de Nasseriyya, et visitait le site archéologique d'Ur en Chaldée. Les ruines de l'ancienne cité d'où Abraham s'était enfui étaient menacées par les ingénieurs des chemins de fer et les généraux de l'armée, et elle se chargea d'arrêter leurs ravages. C'est alors qu'elle fut rappelée d'urgence au quartier général : Ibn Saoud, le cheikh qu'elle voulait rencontrer depuis si longtemps, était en route pour Bassora.

Abdul Aziz ibn Saoud était un personnage de légende, marié soixante-cinq fois, magnifié par toutes sortes d'exploits rocambolesques, comme son évasion du Koweït, sa prise de Riyad ou sa victoire sur les Turcs dans le Hasa en 1914. Il y avait gagné le titre de seigneur et maître du désert. Âgé de quarante ans, imposant avec son mètre quatre-vingt-dix et sa constitution massive, il était toujours enveloppé de longues robes blanches et d'un *keffieh* ; il avait la peau mate, les cheveux noirs, une barbe en pointe, un nez droit et des narines toujours en éveil. Il gagna Bassora dans la nuit du 26 avril 1916.

Le chef wahhabite, qui commandait aux Bédouins fondamentalistes, arrivait du Koweït, où il venait de signer un traité avec la Grande-Bretagne et d'être décoré du titre de chevalier commandant de l'Empire des Indes, en présence de sir Percy Cox. On lui avait promis trois mille fusils, quatre mitrailleuses et une somme de cinq mille livres par mois pour le dissuader d'attaquer le nouvel allié de la Grande-Bretagne, le chérif Hussein, gardien de La Mecque, qui avait pris la tête de la révolte contre les Turcs. L'hostilité entre les deux émirs grandissait chaque fois que le pouvoir de Hussein se renforçait et, depuis que le chérif s'était proclamé roi des Arabes, Ibn Saoud était furieux.

Le lendemain, au matin, on remit au seigneur du désert, flanqué d'une cour de notables, une épée sertie de pierres précieuses de la part du nouveau commandant de l'armée britannique, le général Maude. On avait naguère espéré qu'Ibn Saoud prendrait la tête de la révolte arabe, mais cet espoir avait péri avec le capitaine Shakespear, l'agent britannique tué au cours de l'hiver 1915 lors d'un échange de tirs, tandis qu'il se rendait en mission auprès d'Ibn Saoud, et aucun traité n'avait été signé entre l'émir et la Grande-Bretagne. Pour sir Percy et le gouvernement des Indes, Ibn Saoud était la meilleure arme contre les Turcs. Une victoire sur les Ottomans lui aurait donné le contrôle immédiat de toute l'Arabie ; elle aurait aussi permis que la Mésopotamie reste sous la tutelle des Indes. Mais il était trop tard. Londres et Le Caire avait choisi de dresser le chérif Hussein contre les Turcs. Le traité signé au Koweït permettrait, dans le meilleur des cas, d'éviter qu'Ibn Saoud n'attaque le chérif. Et s'il s'occupait d'Ibn Rachid, ce serait encore mieux.

Une visite assez particulière de Bassora fut organisée en son honneur. Pour éblouir son hôte, la Grande-Bretagne fit montre de ses techniques les plus modernes. En l'espace de quelques heures, Ibn Saoud assista au défilé des forces britanniques, au lancement d'explosifs depuis une tranchée improvisée et au tir d'obus antiaériens. On l'emmena devant la ligne de chemin de fer qui venait d'être construite ; on le conduisit en voiture dans le désert ; on lui montra, dans le palais loué au cheikh de Muhammara et transformé en hôpital, la radiographie de sa longue main fine qu'on avait passée aux rayons X ; on lui fit ensuite admirer les chandelles d'un avion. Vêtue d'un élégant tailleur, un chapeau au liseré de soie sur la tête, un appareil photo en bandoulière, Gertrude se tenait près de lui. Elle parlait un arabe classique, qui sonnait étrangement aux oreilles du cheikh. « Abdul Aziz, criait-elle, regardez ceci ! Abdul Aziz, faisait-elle, que dites-vous de cela ? »

Si époustouflante que fût la démonstration britannique, ce ne fut rien en comparaison de l'effet que produisit Gertrude sur le cheikh. Il n'avait jamais vu d'Européenne et, s'il avait été averti de l'existence de Miss Bell, il n'avait pas imaginé que cette femme qui ne portait pas le voile serait autorisée à se montrer en sa présence, aurait droit à certains égards, ou serait admise à participer aux discussions politiques sur l'Arabie et aux cérémonies offertes en son honneur. Il garda ses lourdes paupières baissées, épouvanté par cette Anglaise qui semblait avoir le don d'ubiquité.

Pour Gertrude, Ibn Saoud était « l'une des personnalités les plus marquantes » qu'elle ait jamais rencontrées, « s'émerveillant de tout sans jamais paraître stupide. Il a posé d'innombrables questions et fait des commentaires intelligents. [...] C'est un grand homme », observa-t-elle avant d'ajouter malicieusement : « Si seulement nous pouvions lui apprendre l'art de la paix, mais nous devons d'abord en finir avec cette guerre et croire que le meilleur viendra ensuite. Est-ce que cela sera le cas ? On peut se demander si nous ne faisons pas plus de mal que de bien à ces peuples, et on est d'autant moins assuré aujourd'hui que notre civilisation s'est totalement effondrée. Mais nous ne pouvons pas les laisser seuls, on ne les laissera pas seuls de toute façon ; quels que soient nos sentiments, le monde est train de changer, y compris en Arabie. »

« Homme politique, souverain, soldat, aventurier, Ibn Saoud est l'incarnation d'un type historique, écrivit Gertrude dans un communiqué pour le ministère des Affaires étrangères et dans l'*Arab Bulletin.* Des hommes comme lui sont l'exception dans toute communauté, mais la race arabe en produit régulièrement, [...] ils répondent à ses besoins. [...] La source ultime du pouvoir ici et dans toute l'histoire arabe est la personnalité du chef. Qu'il soit calife abbasside ou émir du Nedjd, c'est grâce à lui que l'unité politique se maintient ; et quand il meurt, elle éclate. » Ses mots devaient continuer de résonner tout au long du siècle dans cette partie du monde, avec des hommes comme Gamal Abdel Nasser, Yasser Arafat ou Saddam Hussein.

Au cours de la première semaine de décembre 1916, elle acheva le compte rendu détaillé des relations entre Ibn Saoud, la Grande-Bretagne et l'Arabie, et l'envoya à Londres, au Caire et à Delhi. L'importance qu'on attachait à son rapport ne parvenait pas à dissiper son impression d'étouffer ; un mois plus tôt, T. E. Lawrence était parti pour sa première aventure en Arabie avec les hommes du chérif. Parce qu'elle était une femme, Gertrude devait surtout rester dans son bureau. Avec un sentiment aigu de frustration, elle écrivit : « Une personne de mon sexe ne peut pas faire grand-chose, sinon des comptes rendus [sagement] assise [dans un bureau] ! Que le diable les emporte ! On peut faire correctement un compte rendu, ce qui veut dire, je l'espère, que, sans le savoir, les gens jugeront des événements comme il est bon, selon vous, qu'ils les jugent. Mais c'est de la menue monnaie en guise d'action ; trois fois rien, comme il m'arrive de le penser. »

« Vous savez, confia-t-elle à son père dix jours avant la Noël 1916, rédigeant, assise dans sa chambre, sa lettre de la semaine, je m'interrogeais hier sur les moments les plus heureux de ma vie, et je suis parvenue à la conclusion que, s'il fallait choisir, je choisirais nos vieilles promenades en Italie, ces promenades d'autrefois qui furent un tel délice. J'ai été très malheureuse dans les grandes choses et très heureuse dans les petites, [...] exception faite de cette très grande chose, l'amour absolu et la confiance totale des miens – cela, je l'ai toujours eu et je l'aurai toujours. Et vous en êtes le socle. »

Son père était la source de sa force. Son amour intact, indéfectible la portait depuis qu'elle était petite, et elle y puisait l'estime qu'elle avait pour elle-même et l'aplomb qui lui permettait d'avancer si loin. Comme sa belle-mère devait l'écrire plus tard, « sa relation avec son père » fut la seule « influence constante » de sa vie. « Le dévouement qu'elle avait pour lui, son admiration sans réserve, leur proximité et la richesse de leur entente, la profonde affection qui les unissait – tout cela fut, pour l'un et pour l'autre, le fondement même de l'existence. »

L'affection de son père agissait à la manière d'un puissant élixir, balayant ses chagrins, décuplant son énergie. Il croyait en elle, et elle lui faisait toute confiance : ses avis valaient autorité ; quand il avait refusé Henry Cadogan pour gendre, même alors, en dépit de son chagrin, elle s'était rangée à sa décision. Il était l'ami de sa fille, elle était l'amie de son père. Leur amitié remontait aux années de jeunesse de Gertrude ; elle était tantôt l'enfant, tantôt le compagnon de Hugh, mais, quel que soit le rôle qu'elle jouait, il était toujours son ange gardien.

En Irak, elle se fit un autre compagnon en la personne du charmant St John Philby. Ils avaient la même aversion pour

A. T. Wilson, que Philby jugeait « autoritaire », et le même goût pour la cartographie des tribus et la généalogie des cheikhs. Ils devinrent vite de bons amis. Le 21 décembre 1916, Gertrude informa sa famille qu'elle partait avec St John remonter le Tigre. Cox avait chargé Philby de rédiger un rapport sur les tribus établies un peu plus haut sur le fleuve, où régnait une certaine agitation. Gertrude, qui ne tenait pas à rester à Bassora pour les fêtes de Noël, fut heureuse de pouvoir prendre place à bord du bateau de Philby. Ce serait son quatrième Noël à l'étranger : « L'Arabie, Boulogne, Le Caire, Qalat Salih. C'est là que je serai sans doute le jour de Noël, si tout va bien, et je suis profondément soulagée de n'avoir pas à faire semblant de festoyer ici. » Les fêtes n'auraient que trop souligné l'absence d'un époux et d'une famille.

Par une journée chaude et ensoleillée, ils remontèrent le cours sinueux du Tigre, dépassèrent des villages de roseaux, s'arrêtèrent pour voir le prétendu tombeau du prophète Ezra, et débarquèrent à Qalat Salih, où leur ami Bullard leur avait prêté son cottage. Gertrude et le beau Philby passèrent des heures à discuter et elle évoqua leur séjour avec enthousiasme : « Nous avons pris possession de sa minuscule maison et avons envoyé chercher des vivres. Nous nous apprêtions à mener une misérable existence à base de boîtes de conserve, mais, stupeur, mon camarade s'est découvert un véritable don pour la cuisine et nous avons vécu comme des coqs en pâte pendant cinq jours. »

L'exploration des marécages donna à Gertrude l'occasion de découvrir une région qu'elle ne connaissait pas, composée tout entière de villages de roseau et de rizières irriguées par des canaux raccordés au Tigre. Ils y passèrent la semaine, rencontrant les Arabes des marais, dînant avec leurs cheikhs. Philby rentra ensuite au quartier général pour accueillir sa femme qui venait d'arriver des Indes. Gertrude resta quelques jours de plus et se renseigna sur les tribus et les familles qui l'avait intriguée à Bassora. Elle revint seule. Personne ne l'attendait pour fêter son retour ; seules quelques lettres étaient arrivées d'Angleterre.

Le début de l'année 1917 fut pluvieux, boueux et hasardeux pour quiconque prenait le risque de se rendre à pied à son travail. Malgré tout, la vie semblait plus facile à Gertrude. Elle avait maintenant deux domestiques et, grâce à Percy Cox, avait pu emménager dans un deux-pièces, à l'intérieur du bâtiment réservé aux conseillers politiques. Son appartement comportait un grand salon et un dressing habilement dissimulé près du lit. C'était « une bénédiction » pour elle qui avait tant souffert de ne pouvoir travailler nulle part la nuit. Bien sûr, les petits sujets d'irritation étaient toujours là : le beurre et le lait en conserve étaient devenus presque insipides et elle préférait même s'en passer ; son stylo s'était cassé et elle avait dû commander un bic à pointe épaisse en Angleterre ; ses cheveux continuaient à tomber ; la caisse de vêtements que lui avait envoyée Thomas Cook & Sons avait été interceptée à Bombay.

Quand la malle arriva enfin à Bassora, Gertrude se précipita pour l'ouvrir. Impatiente d'essayer la robe de satin noir qu'elle contenait, elle fouilla à l'intérieur, écartant de la main les papiers d'emballage à la recherche de la douce et précieuse étoffe. Mais tout ce qu'elle trouva fut une petite boîte en carton avec un manteau noir, une fleur d'or et une résille. Elle écrivit à Florence et lui apprit, au bord des larmes, que la caisse avait été ouverte aux Indes. « On [m'] a volé [ma] robe, gémit-elle. N'est-ce pas exaspérant ? » Dix jours plus tard, elle y pensait toujours : « Quelle tragédie. [...] Il a évidemment fallu que ce soit la robe la plus convoitée [...]. » Plus terrible encore que la perte de sa robe, il y avait ses cheveux qui continuaient de tomber. « Je me vois obligée de vous demander de me faire parvenir une belle perruque, grognait-elle. Je n'ai plus assez de cheveux pour épingler mon chapeau. »

Mais toutes ces agaceries comptaient peu en regard des félicitations qu'elle recevait pour son travail. « Je suis heureuse de pouvoir vous annoncer que Londres accorde, à ce que j'entends dire, une attention vraiment grotesque à mes déclarations », déclara-t-elle fièrement à ses parents le 13 janvier 1917. La semaine suivante, c'était au tour du bureau des Indes de faire son éloge : « On l'a sermonnée [sur le devoir de confidentialité attaché aux renseignements des Indes] et on a bel et bien censuré ses lettres. Pour une femme de son rang, la situation a dû être incroyablement humiliante, mais elle n'a pas protesté, et c'est, j'imagine, en grande partie grâce à son travail que l'attitude politique de Bassora envers Le Caire et le HMG [His Majesty's Government] a changé, pour le meilleur. »

Politiquement, Gertrude se sentait maintenant plus proche des Britanniques des Indes qui vivaient à Bassora que de ses collègues du Caire. Elle écrivit à Hogarth une lettre qui témoignait de son soutien à la politique menée par le Bureau arabe, mais montrait aussi qu'elle faisait partie de l'équipe de sir Percy. « Je crois que nous allons continuer à engraisser le chérif, écrivait-elle. Ses affaires ont l'air de prendre bonne tournure et, si tel est le cas, nous aurons conclu un bon marché. » Elle n'en soutenait pas moins, comme Percy Cox, Ibn Saoud dont elle espérait qu'il se joindrait au chérif dans sa lutte contre les Turcs. « Il faut le lui demander, c'est vraiment le moment. » Elle espérait aussi être vengée d'Ibn Rachid, dont la cruelle famille l'avait tenue prisonnière à Hayil : de récents rapports indiquaient que son beau-frère, qui était son vizir, complotait pour l'assassiner.

Il se trouvait que son rapport sur Ibn Saoud était sur le point d'être publié. « Vous allez pouvoir lire dans les journaux ce que j'ai écrit sur Ibn Saoud », annonça-t-elle à ses parents, avant d'ajouter avec un brin de cynisme : « J'imagine que le Bureau des Indes va le publier. En fait, non, vous ne lirez rien du tout, car ils ont pour habitude de publier ce genre de choses dans des journaux que personne ne lit. »

Au milieu du mois de février 1917, ce qu'elle avait écrit sur les tribus était également sur le point de paraître, et elle relut avec fierté les épreuves. De tous ses travaux, c'était, écrivit-elle à son père, celui qui lui avait apporté le plus de satisfaction. *The Arab of Mesopotamia* fournirait à la classe politique et aux militaires un tableau complet et détaillé des tribus de la région.

Dans le courant de l'hiver, les troupes britanniques, placées sous le commandement victorieux du général Maude, prirent enfin la ville de Kut et approchèrent de Bagdad. Son travail à Bassora était presque fini et, le 2 mars 1917, un an après son arrivée, elle informa ses parents que les services secrets lui avaient demandé de retracer les grandes lignes de l'histoire de l'Arabie moderne, « [le genre de choses que j'aime vraiment faire], voilà à quoi je m'occupe maintenant. Le nombre de pages que j'aurai écrites en un an est effrayant. [...] Un gros tome de bric et de broc. [...] Mais il est parfois exaspérant d'être obligé de s'enfermer dans un bureau alors que je meurs d'envie d'être dehors dans le désert [et] de voir [par moi-même] les endroits dont j'entends parler [...] ».

L'idée de n'avoir plus rien à faire à Bassora était plus pénible encore, mais Gertrude, à la grande déception de Lawrence et de Hogarth, ne souhaitait pas rentrer travailler au Caire. Son attachement pour la Mésopotamie se renforçait, tout comme son dévouement pour sir Percy Cox. « Je reçois des nouvelles de Gertrude Bell assez fréquemment, écrivit Hogarth à sa sœur. Elle travaille toujours beaucoup et, comme à son habitude, se sent pour son supérieur un dévouement croissant. Ses dispositions ont apparemment changé, ce qui ne m'étonne pas. [...] Toutefois, quand on travaille dans l'ombre, comme elle le fait, les choses ne sont pas toujours aussi appétissantes qu'elles en ont l'air [...] et sa joie sera retombée, j'imagine, dans l'une des lettres qu'elle m'enverra prochainement. Elle a eu plusieurs poussées de fièvre [...], elle devrait venir se reposer quelque temps aux Indes ou ici [...] mais elle n'abandonnera pas son nouveau Dieu [4]. »

Les Britanniques occupaient maintenant Bagdad, et Gertrude attendait de pouvoir y retrouver sir Percy. Le 10 mars 1917, peu avant que l'armée ne déclare officiellement la prise de la ville, elle écrivit qu'elle espérait être appelée là-bas très bientôt. La prise de Bagdad mettait fin au rêve allemand de domination du Proche-Orient et constituait le premier grand succès militaire des Britanniques. « Nous en ferons, j'en suis sûre, un très grand centre de civilisation arabe et un foyer de prospérité ; ce sera, je l'espère, en partie mon travail, et je ne cesse d'y penser. » Elle parlait de Bagdad avec nostalgie et brûlait d'impatience de savoir à quoi la ville ressemblait. Trois ans plus tôt, elle avait quitté l'Arabie pour s'y rendre ; trois ans et « trois vies, c'est du moins ce qu'il m'apparaît quand je regarde en arrière ».

Si quelqu'un de sa famille jugeait, en dépit des apparences, qu'elle avait le mal du pays, elle le rassurait, affirmant que, malgré les désavantages, elle préférait de loin être en Orient,

Gertrude Bell, âgée de trois ans, peu de temps après la mort de sa mère en 1871 (université de Newcastle).

Gertrude, huit ans, faisant la lecture à son frère Maurice qui semble y goûter un plaisir modéré (université de Newcastle).

Gertrude, quatre ans, avec Hugh Bell, son père chéri (université de Newcastle).

Gertrude, neuf ans, son frère Maurice et leur belle-mère, Florence Bell (université de Newcastle).

Gertrude à l'âge de seize ans,
juste avant son entrée au Queen's College à Londres
(université de Newcastle).

Billy Lascelles, qui fut
le premier amour de Gertrude
(université de Newcastle).

Gertrude entourée de sa famille et d'amis à Rounton, après une partie de tennis.
Au centre : Gertrude, Hugh Bell. Sur leur gauche : Molly Bell, Maurice Bell, Valentine « Domnul »
Chirol, Gérard Lascelles, Florence Bell (université de Newcastle).

Le vice-consul Dick Doughty-Wylie avec sa femme
Judith, dans leur jardin à Konia (Turquie, juillet 1907).
Quelques années plus tard,
Dick et Gertrude deviendront plus que de bons amis
(université de Newcastle).

Dick Doughty-Wylie, 1914.
Soldat, poète, aventurier,
il représentait tout ce que Gertrude
aimait chez un homme
(université de Newcastle).

Gertrude vêtue d'une robe de coton, debout devant sa tente avec son fidèle serviteur Fattuh (Turquie, juin 1907 ; université de Newcastle).

Gertrude prenant des mesures sur le site qui fut sa grande découverte archéologique, Ukhaidir (Irak, 1909 ; université de Newcastle).

Le pavillon des invités
où Gertrude
fut retenue
prisonnière à
Hayil en 1914
(université de Newcastle).

La caravane de Gertrude sur le départ, devant la cité fortifiée de Hayil, où Ibn Rachid avait installé ses quartiers généraux (université de Newcastle).

Gertrude Bell et Percy Cox escortent le guerrier Ibn Saoud lors de sa visite princière à Bassora (novembre 1916).

Hugh Bell lisant le journal dans le salon de la maison de Gertrude (Bagdad, 1920).

Arnold T. Wilson, 1920.
Principal adversaire de
Gertrude, il lui rendit la vie
difficile à Bagdad.

Percy Cox et Ibn Saoud en 1920, lors
de leurs négociations sur la frontière
entre l'Irak et le Koweit.

Les domestiques
de Gertrude et
ses sloughi
dans l'enceinte
de son jardin
(Bagdad, 1920 ;
université de
Newcastle).

Gertrude en chapeau à plume et boa
(université de Newcastle).

Gertrude Bell devant les pyramides, encadrée par Winston Churchill (à sa droite) et T. E. Lawrence (à sa gauche), lors de la conférence du Caire, en 1921. Churchill vient tout juste de se remettre d'aplomb pour la photo après être tombé de son chameau (université de Newcastle).

Gertrude Bell et T. E. Lawrence au Caire en 1921 (université de Newcastle).

La conférence du Caire, 1921. Gertrude Bell était la seule femme parmi les quarante délégués invités par Winston Churchill à la conférence. En partant du centre de la première rangée : Winston Churchill ; sur sa gauche, Sir Percy Cox ; seconde rangée, deuxième en partant de la gauche : Gertrude Bell ; deuxième et quatrième en partant de la droite : Arnold Wilson et T. E. Lawrence (université de Newcastle).

Le chérif Hussein, descendant du prophète Mahomet, gardien de la Mecque, père du roi Faysal d'Irak.

Faysal (à droite) marchant dans les rues du Caire avec son conseiller en chef, Nouri Said (1921). Faysal était à l'époque sans royaume puisque les Français l'avaient déchu de son trône à Damas.

Sayid Talib, le rival de Faysal (Kerim, Bagdad).

Le roi Faysal,
peu après son
couronnement
à Bagdad
en 1921
(université de
Newcastle).

Le couronnement du roi Faysal à Bagdad, le 23 août 1921.
De gauche à droite : Sir Percy Cox, Kinahan Cornwallis,
Faysal, le général Aylmer (Kerim, Bagdad).

Dîner dans un jardin de Bagdad en 1921.
Lady Cox (avec un chapeau enveloppé d'une moustiquaire), entourée de Gertrude Bell et du roi Faysal (Kerim, Bagdad).

Gertrude à l'âge de cinquante-trois ans (université de Newcastle).

Gertrude en 1921, lors d'un pique-nique avec Faysal (devant sur la droite), près de Ctésiphon (Irak), où les Arabes remportèrent une grande bataille au XVIIe siècle (université de Newcastle).

Le Naquib de Bagdad, l'homme saint de la communauté sunnite (1921). Gertrude était la seule femme autorisée à lui rendre visite sans voile (Kerim, Bagdad).

Gertrude et son père, Hugh Bell. Derrière eux, le biplaneur emprunté par Gertrude pour aller de Bagdad à Ziza (1922 ; université de Newcastle).

Réception donnée pour le départ de Sir Percy Cox. Gertrude est à gauche, Lady Cox, entourée de sa moustiquaire, bavarde avec un invité, tandis que Sir Percy tient ses fleurs (Bagdad, 1923 ; université de Newcastle).

Garden-party à Bagdad en 1923 (Kerim, Bagdad).

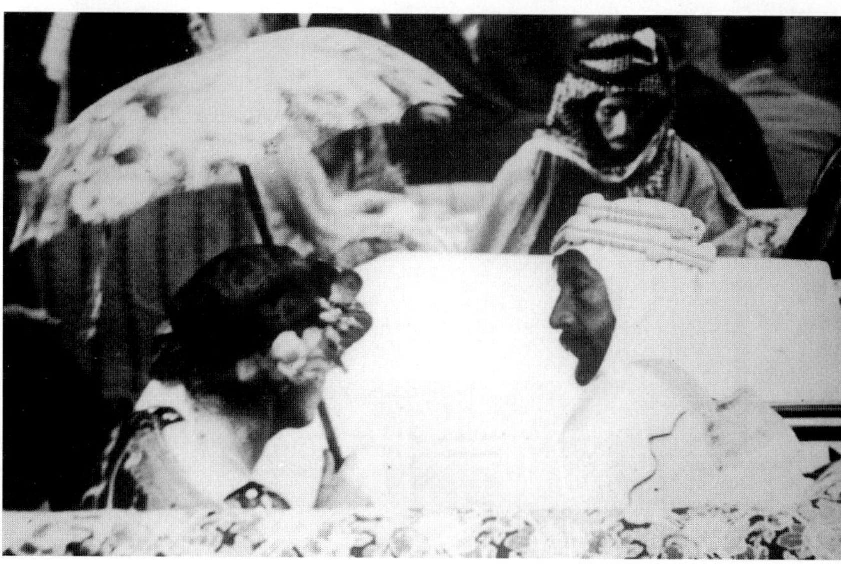

Détail de la photo ci-dessus : Gertrude et le roi Faysal.

Toute la solitude du roi Faysal se lit ici sur son visage (Bagdad, 1923 ; université de Newcastle).

Gertrude Bell avec des collègues à Bagdad en 1924.
À sa droite : Sassoun Effendi Eskaïl et Kinahan « Ken » Cornwallis (université de Newcastle).

qui continuait de la fasciner et où les endroits et les gens n'étaient associés à aucun souvenir pénible. « Cela n'a pas été facile, à bien des égards, disait-elle. Mais je crois avoir surmonté presque toutes les difficultés, et la cordialité croissante de mes collègues est une source de satisfaction sans mélange. »

De tous ses collègues, le général MacMunn se montrait le plus amical. Il revenait de Bagdad, d'où il rapportait une moisson d'anecdotes qu'il souhaitait lui raconter. Presque tous les soirs, ils partaient ensemble sur le fleuve ou roulaient dans le désert. Un jour qu'ils paressaient sur son yacht, il se tourna vers elle et l'interrogea sur le rôle qu'elle comptait jouer dans l'avenir de la Mésopotamie. « Je crois qu'il faudra que j'aie l'œil », répondit-elle. Quelques jours plus tard, elle recevait une note qui l'invitait à venir à Bagdad. Sir Percy Cox lui avait fait accorder le titre de secrétaire des Affaires orientales, le poste clé des services secrets. Elle avait maintenant la possibilité d'avoir l'œil sur l'avenir.

19

Bagdad

Bagdad semblait aussi légère qu'une brise nocturne, aussi séduisante que les contes des *Mille et Une Nuits*. C'était là, au Xe siècle de notre ère, à l'époque de al-Rachid, que Schéhérazade avait tenu en échec son mari meurtrier, c'était là qu'elle avait inventé ses histoires de femmes ensorcelantes et d'hommes lascifs, de palais en or et de bassins en argent, d'eunuques et d'esclaves, d'Ali Baba et d'Aladin.

La citadelle sur le Tigre, édifiée par le calife abbasside Mansour huit cents ans après la naissance du Christ, cent ans après la mort du prophète Mahomet, avait prospéré pendant cinq siècles. Le cœur de l'Empire abbasside était l'une des villes les plus vastes et les plus riches du monde. Plus d'un million d'hommes et de femmes, de toutes les races, couleurs et croyances, se pressaient dans ses rues étroites, travaillaient dans ses échoppes, se rendaient à ses bains, bavardaient dans ses cafés. Sophistiquée et cosmopolite, Bagdad, il y a mille ans, regorgeait de librairies et de salons littéraires, de banques et de commerces, de jardins et de zoos. Ses écrivains et ses poètes produisaient l'une des littératures les plus brillantes du monde arabe et traduisaient dans cette langue les œuvres d'Euclide, de

Platon et d'Aristote. Ses mathématiciens, qui calculaient en chiffres arabes, avaient introduit le concept de zéro ; ses scientifiques avaient construit un observatoire astronomique et étudiaient la rotondité de la Terre ; ses médecins étaient formés dans des écoles et exerçaient dans des hôpitaux publics ; ses marchands encaissaient des chèques jusque dans leurs comptoirs de Chine. Les navires qui remontaient le fleuve étaient chargés d'or venu d'Afrique, d'argent et d'épices rapportés des Indes, de porcelaine de Chine, de perles du Golfe. Des commerçants arrivaient d'Afrique orientale avec de l'ivoire ; des caravanes du Turkestan avec des esclaves. En retour, les négociants de Bagdad exportaient dans le monde entier des chemises et des serviettes de coton, de curieux turbans en soie de couleur, des huiles et des potions médicinales, d'excellentes épées, des objets en cuir et du papier.

Mais l'histoire avait presque réduit tout cela à néant. La tyrannie des Mongols, la loi féodale imposée par les Perses, l'occupation turque, les épidémies de peste et les inondations du XIXe siècle avaient fait disparaître la plus grande partie de la ville. Lorsque les troupes britanniques y entrèrent, en mars 1917, elles trouvèrent à peine deux cent mille personnes – surtout des sunnites et des juifs – dans les misérables maisons d'une cité aux murs en ruine. Ici et là, on voyait encore, comme aujourd'hui, quelques bâtiments en briques jaunes, de deux ou trois étages, datant de l'époque ottomane, entourés de pelouses ; de fins minarets et des mosquées dont les coupoles brillaient au soleil ; des palmeraies aux limites de la ville. Des jardins verdoyants offraient un refuge à la chaleur du soleil, et le parfum du jasmin, des roses, des oranges, des citrons, des pêches et des grenades flottait dans l'air du matin.

Il ne fallut pas bien longtemps pour que les Britanniques organisent des courses hippiques et des compétitions de polo, des parties de cartes et de dominos, des thés et des matchs de tennis. Gertrude arriva au mois d'avril, tout heureuse de participer aux opérations. Ce n'était pas facile : le général Maude, nouveau commandant militaire en Mésopotamie, était bien décidé à la tenir éloignée. Pas de femme à Bagdad, avait-il décrété, et encore moins de femme travaillant pour le gouvernement. Mais sir Percy Cox avait volé à son secours : Gertrude serait traitée comme tous les hommes de son équipe, avait-il déclaré au général, et elle pouvait, plus que quiconque, rendre d'éminents services. Cox, qui se battait pour mettre en place une administration en remplacement de la tutelle ottomane, avec de nouvelles lois plus strictes, de nouvelles institutions et de nouveaux départements, avait besoin de l'aide de Gertrude auprès de la population. Et puis, elle n'était pas tout à fait comme les autres femmes.

Trois ans avaient passé, jour pour jour, depuis son voyage de Hayil à Bagdad. Épuisée par son périple en Arabie, découragée de ne pas avoir trouvé d'importants matériaux archéologiques et de ne pas avoir pu rencontrer le guerrier Ibn Saoud, elle avait quitté le désert en 1914 avec un sentiment pesant d'échec. Aujourd'hui, elle arrivait à Bagdad victorieuse, jubilant intérieurement de son succès au sein des services secrets, ravie que son pays ait réussi à prendre la ville. Des gerbes de roses et des vivats l'accueillirent, tandis que les Arabes hostiles aux Turcs fêtaient leur libération par les Britanniques.

Une période de confusion s'ensuivit. Contre l'avis de Cox, une déclaration de Londres fut lue à haute voix, qui appelait les Arabes de Mésopotamie à prendre part au nouveau gouvernement afin de réaliser l'unité du monde arabe. Mais, dans l'esprit des habitants de Mésopotamie, cette proclamation suscitait surtout des interrogations. De quel type de gouvernement s'agissait-il ? Et quelle indépendance auraient les Arabes ? Quel lien y aurait-il entre eux-mêmes, la Syrie et l'Arabie (l'actuelle Arabie Saoudite) ? De quoi leur avenir serait-il fait ? Verrait-on le retour des Turcs ? Pour la majeure partie des Arabes, c'était un nouveau conquérant étranger, hérétique de surcroît, qui était entré dans leur pays et avait chassé l'occupant musulman ; il commençait par affirmer que les habitants du pays avaient été libérés, mais finirait, comme tous les autres, par s'arroger l'autorité souveraine.

L'anxiété redoubla lorsque arrivèrent en ville des personnes venues de toutes les régions de Mésopotamie. Un essaim de visiteurs se forma devant la Résidence britannique, un bâtiment ottoman qui se dresse encore sur les rives du Tigre. Attirés par de vieilles connaissances, désireux de faire valoir leurs droits, ils envahirent la grande cour extérieure. À l'intérieur, des femmes en robes noires étaient assises en groupes sur le plancher ; des cheikhs barbus, robes flottantes et cheveux tressés, attendaient sur des sofas ; des vieillards chenus et de futurs princes rétablissaient l'ordre dans les couloirs ; des hommes à turbans, réputés pour leur sagesse, et de grands propriétaires fonciers se tenaient un peu plus loin.

Gertrude s'installa juste devant la porte du bureau de sir Percy ; elle avait été officiellement chargée par Kokus – c'était ainsi que les autochtones appelaient Cox – de rencontrer les visiteurs. Sa mission était de rassurer chacun et d'évaluer l'influence des uns et des autres. Il fallait trouver des civils dignes de confiance pour la nouvelle administration ; lier amitié avec les notables et les sages, les riches et les influents, pour s'assurer de leur loyauté ; acheter le soutien des chefs tribaux qui exerçaient leur autorité sur des populations nombreuses ; faire le tri parmi tous ces inconnus qui venaient des tribus de la fertile vallée de l'Euphrate, dont la production de blé était indispensable au ravitaillement des populations civiles et des armées.

Comme elle l'écrivit à ses parents, son travail consistait « à rassembler des informations et à faire le tri ». Elle était conservateur des Antiquités, mais surtout secrétaire aux Affaires orientales. En tant qu'expert des services secrets et principal conseiller aux affaires arabes, elle évaluait le pouvoir des chefs locaux, leur politique, leurs liens avec l'ennemi turc, leur loyauté potentielle à l'égard des Britanniques. Deux semaines à peine après son arrivée, elle avait déjà dressé les cartes de la région, la liste des tribus et rédigé des rapports confidentiels sur les personnalités de Bagdad. Elle pavoisait : « Ça n'avance pas mal. » Comme elle avait reçu l'ordre de ne donner aucun détail sur ses activités strictement confidentielles, elle rassurait les siens en disant qu'elle était heureuse, qu'elle pouvait enfin manger du beurre frais, du yaourt et boire du lait, et qu'elle se plaisait dans son travail, « mille fois plus intéressant » qu'à Bassora. Très vite, elle adressa au ministère de la Guerre des rapports détaillés sur la Turquie, écrivit des articles sur la Mésopotamie et l'Asie Mineure, rédigea des notes à partir des renseignements communiqués par les services secrets, envoya des synthèses à l'*Arab Bulletin*, analysa le système tribal, les traditions chiites, et bien d'autres choses encore.

Habillée d'une jupe à fleurs et coiffée d'un chapeau, elle rendit visite au vieux *Naqib* de Bagdad. Abdul Rahman al Gailani, à la barbe toute blanche, était une figure importante de la communauté sunnite et sa famille descendait en ligne directe du Prophète ; il jouait un rôle central dans la ville, mais en fait son influence s'étendait presque au monde entier. Pour une femme non voilée, c'était un privilège rare d'être admise en présence du *Naqib*, et Gertrude s'était déjà rendue à plusieurs reprises dans son grand palais sur le Tigre. Lorsqu'elle entra dans la grande cour en briques, entourée de colonnes, le saint homme en robe et en turban la reçut à bras ouverts. Cet accueil en disait long. La place de Gertrude au sein du gouvernement venait confirmer sa position honorifique. Les autochtones l'appelaient avec respect *Al Khatun*, « la Dame » pour certains, « la dame de la Cour veillant aux affaires de l'État [1] » pour d'autres. Mais tous les Arabes oubliaient son sexe quand ils l'entendaient analyser avec perspicacité les aspects les plus complexes de la politique de l'époque. « C'était une femme habile, se souvient l'un de ceux qui l'ont rencontrée ; très, très, très... habile [2]. »

Gertrude savourait chaque instant. Quelque temps après son arrivée, elle se mit en quête d'une habitation, considérant la maison qui lui avait été assignée comme « une petite boîte étouffante ». Dans la partie commerçante de la ville, en face de l'arche de la Lynch Company, une firme d'import-export britannique, elle découvrit, derrière une façade, trois petites maisons dans une roseraie. L'endroit nécessitait des travaux d'aménagement, mais avec l'aide de son ami Moussa Pashashi, un propriétaire aisé issu d'une des familles les plus influentes de la ville, elle fit ajouter une cuisine et une salle de bains et loua les services d'un cuisinier, d'un serviteur et d'un jardinier. En mai, elle s'installait dans sa première maison, vivant agréablement à l'abri des arbres en fleurs, rafraîchie par la brise qui venait de la rivière à quelques centaines de mètres de là.

Sa vie devint une routine agréable. Levée à six heures, avide d'exercice, elle enfilait une culotte de cheval, mettait sa casquette de cavalière et partait sur son poney préféré le long de la rivière, soit en direction du désert, soit jusqu'aux jardins de Hadji Nadji. À six ou sept kilomètres du centre-ville, ces vastes jardins abritaient la plupart des ambassades et quelques-unes des rues commerçantes de Bagdad. Le propriétaire, Hadji Nadji, un chiite élégant et mince, devint rapidement son ami ; il la tenait informée des attitudes des chiites, lui offrait ses conseils et lui donnait des fruits frais et du miel de ses vergers. Leurs pique-niques matinaux devinrent un sujet de conversation en ville, et la rumeur disait, comme encore aujourd'hui, que leur amitié s'était transformée en liaison amoureuse.

Pour des gens qui n'avaient jamais vu de femme acceptée avec autant de facilité dans la compagnie des hommes, il était difficile de croire que le sexe n'en était pas la raison. De fait, Gertrude, dans ses robes élégantes, était très féminine. Avec ses manières chaleureuses, elle se liait facilement. Elle usait de ses charmes et cherchait même à séduire. Un jour, un religieux lui rendit visite et refusa de la regarder droit dans les yeux, elle, une femme non voilée. Mais il lui parla quand même de ses affaires privées. « À la fin, écrivit-elle plaisamment, je reconnais qu'il a jeté un ou deux coups d'œil furtifs, juste assez pour pouvoir me reconnaître. » Mais c'était par son intelligence que Gertrude gagnait l'estime des hommes.

Six mois plus tôt, elle avait envoyé à Fahad Bey ibn Hadhdhal, le chef suprême de la tribu Anazeh, une lettre où elle lui demandait son appui pour la révolte arabe et l'alliance britannique. C'était l'un des potentats nomades les plus puissants des frontières occidentales de l'Irak, il avait cinq mille fusils et contrôlait une vaste zone désertique entre la Syrie et l'Euphrate. Avec les Allemands, les Turcs et les Syriens qui rôdaient à travers le désert, trimbalant des fusils, faisant du trafic de vivres, les Britanniques avaient bien besoin de son aide. S'il intervenait pour arrêter les exactions de l'ennemi, il aurait sa récompense. Mais les Turcs qui contrôlaient encore le désert occidental étaient également disposés à lui verser de l'argent. Et Fahad Bey les connaissait, sa famille leur devait même une partie de sa fortune. Les Britanniques, en revanche, étaient des étrangers. Se ranger du côté anglais, c'était prendre un risque énorme. Gertrude avait donc mis beaucoup de soin à rédiger cette lettre où elle lui demandait son aide.

Fin mai 1917, le cheikh, âgé de soixante-dix ans, vint à Bagdad. La dernière fois qu'elle l'avait vu, trois ans auparavant, il était assis sous sa tente, frêle, la peau tannée par le soleil, un faucon sur son épaule, un lévrier à son côté. Leurs retrouvailles furent affectueuses, « presque compromettantes », affirma malicieusement un collègue. Lors d'une rencontre à la Résidence avec Cox et elle, Fahad Bey révéla que c'était « l'effet puissant » des arguments de Gertrude qui l'avait décidé, et il se mit à conter avec force détails comment il en était venu à changer d'avis.

Après avoir reçu l'éloquent plaidoyer de Gertrude, il avait réuni ses hommes et leur avait lu la lettre. Puis, se tournant vers ses compagnons, il avait déclaré : « Mes frères, vous avez entendu ce que cette femme avait à nous dire. C'est juste une femme, mais elle est puissante et courageuse. Nous savons bien qu'Allah a créé toutes les femmes inférieures aux hommes. Mais si les femmes des *Anglez* sont comme elle, alors les hommes doivent être égaux aux lions par leur force et leur bravoure. Mieux vaut être en paix avec eux. »

Rien ne pouvait la rendre plus fière. Que les femmes fussent considérées comme inférieures aux hommes, c'était un fait douloureux, aussi bien en Angleterre qu'en Irak. Mais il n'y avait pas de doute qu'aux yeux des Arabes et dans l'esprit de Cox, elle valait bien un homme.

Si l'alliance avec Fahad Bey fut couronnée de succès, les relations avec Le Caire se détériorèrent. À la suite de la correspondance entre McMahon et Hussein, le Bureau arabe avait accepté les exigences du chérif et convenu de créer un royaume arabe si le chérif prenait la tête de la révolte arabe contre les Turcs. Ronald Storrs, le chef des services secrets en Égypte, était allé dans le Hedjaz, le quartier général du chérif en Arabie, et avait apporté de l'argent, des armes et des montres en or. À la suite de leur rencontre, la révolte arabe avait éclaté. Les hommes du chérif avaient pris triomphalement La Mecque et forcé les Turcs à se rendre, à Djeddah.

Mais il fallut attendre avril 1917 pour que sir Percy ait enfin connaissance de l'accord signé entre Mark Sykes et François-Georges Picot pour le partage du Proche-Orient ottoman entre la Grande-Bretagne et la France. Selon les termes de cet accord, conclu depuis un an déjà, les dépouilles de l'Empire turc devaient être partagées entre Français et Britanniques : une zone d'influence britannique en Mésopotamie, autour de l'Euphrate et du Tigre, incluant Bassora, Bagdad et Khanekine ; une zone d'influence française en Syrie avec la côte syrienne, Beyrouth et un territoire entre la Cilicie et le Tigre supérieur. Le pacte établissait également que la France et la Grande-Bretagne étaient « disposées à reconnaître et à soutenir un État arabe indépendant ou une confédération d'États arabes [...] sous la suzeraineté d'un chef arabe », s'acquittant ainsi de quelques-unes des promesses faites au chérif Hussein. Il avait aussi été décidé que la Palestine serait placée sous mandat international.

Un an plus tôt, en 1916, lorsque David Hogarth avait été informé de l'accord Sykes-Picot, il avait immédiatement écrit au capitaine Hall, le chef des services secrets, pour le presser de n'en rien dire à personne : « La conclusion de cet accord n'aura aucune conséquence immédiate sur notre politique arabe et n'entraînera aucun désavantage grave, pour peu qu'il soit tenu strictement secret pendant quelque temps. » L'existence de cet accord fut ainsi dissimulée à Cox et à Gertrude Bell pendant près de douze mois.

Lorsque sir Percy l'apprit, il entra en fureur. Non seulement on l'avait trompé, mais qu'allait-il advenir de la Mésopotamie ? Cox avait espéré que l'Irak serait annexé au gouvernement des Indes et qu'Ibn Saoud en serait fait roi. Or, McMahon et le Bureau arabe avaient promis la souveraineté au chérif Hussein et, aujourd'hui, on en était à dire que Bagdad serait dirigé par un Arabe, tandis que Bassora serait confié aux Britanniques et Mossoul aux Français, et tout cela en raison de l'accord Sykes-Picot. Cox exigea des explications.

À son arrivée à Bagdad, en juin 1917, pour défendre les vues du Bureau arabe, Ronald Storrs fut conduit en bateau jusqu'à la maison de Cox. Sur le balcon surplombant le Tigre, Cox et Gertrude essayèrent de lui soutirer des informations autour d'un verre. Au dîner, ils lui posèrent de nouvelles questions. Ils voulaient savoir ce que pensait Le Caire, ce qui arrivait en Arabie. Il leur parla entre autres choses du Hedjaz. Il y était retourné à plusieurs reprises, leur dit-il, et avec l'aide de T. E. Lawrence il avait rencontré celui qui embraserait le désert. Cet homme, c'était Faysal, le troisième fils du chérif Hussein, mince et grand, un chef habile, un stratège rusé et un guerrier valeureux. Gertrude prit note de la description que fit Storrs du charismatique Faysal.

Au bureau, le lendemain matin, ce fut son tour de mettre Storrs au courant. Elle décrivit dans les détails la situation en Mésopotamie, passa en revue, avec une aisance magistrale, la liste des tribus et de leurs chefs, des usages et des traditions, des rivalités et des manœuvres politiques. Puis elle l'emmena faire une escapade rapide de la ville, posant des questions aux cheikhs et aux notables afin de connaître leurs avis, prenant, comme elle le faisait souvent, le pouls de l'opinion auprès des marchands du bazar. À la fin de la visite, Gertrude avait fait forte impression sur cet homme qui allait bientôt devenir le gouverneur de Jérusalem. Sa connaissance de l'Irak, sa proximité avec le peuple, sa compréhension des relations entre les Arabes de Syrie, d'Arabie, de Mésopotamie étaient uniques, nota Storrs dans son journal, où il vanta aussi son « cerveau génial », son savoir « universel » et son « niveau » de jugement. Mais elle devait faire attention à elle, observait-il sagement : malgré sa force et son énergie, « son corps frêle » avait besoin de repos pour affronter les chaleurs de l'été.

Pour Gertrude, cette visite illumina le quotidien, d'autant qu'elle fut doublée de l'arrivée à Bagdad de son ami St John Philby, un adjoint compétent pour Cox, auprès duquel elle était intervenue efficacement. Elle devint enthousiaste. Son travail en Mésopotamie l'exaltait. Il n'y avait jamais rien eu de tel jusqu'alors, écrivit-elle à son père : « C'est fascinant. C'est la création d'un nouveau monde. » Elle ébaucha un programme pour le gouvernement de Londres et nota qu'elle voulait participer « activement » à l'avenir du pays. « J'en serai capable, j'en suis sûre, affirmait-elle. Est-ce que quelque chose d'autre importe en comparaison d'une tâche aussi grande ? »

Pour la première fois depuis des années, elle se mit à réfléchir à sa vie. Son travail était devenu passionnant ; elle se sentait de plus en plus chez elle dans sa petite maison. Ses amis comme Philby et Bullard venaient souvent dîner, discuter, et autour d'un rôti et d'une bonne bouteille de vin, elle aimait donner son avis sur presque tout, depuis les forces et les faiblesses de l'administration turque jusqu'à la position du parti travailliste en Angleterre, le prix de la viande à Bagdad ou les habitudes alimentaires d'une gazelle qui venait de lui être offerte. Même si les derniers vêtements reçus d'Angleterre n'étaient pas tout à fait ce qu'elle espérait (l'un ressemblait aussi peu « à une robe qu'un manteau de fourrure, disait-elle, désolée ; je n'aurai donc rien à me mettre pour aller dîner lorsqu'il commencera à faire chaud »), la gentillesse de la population locale, la chaleur du soleil, l'abondance de fleurs et de fruits frais faisaient plus que la soulager de ses déceptions. « C'est si extraordinaire ici, je ne peux vous dire à quel point j'aime ce pays », écrivit-elle à son père.

De manière assez surprenante, elle refusa de le rejoindre en Angleterre pour passer des vacances. Avec tout ce qui se passait, elle ne voulait pas quitter l'Irak, expliquait-elle. Elle le rassura en lui écrivant que c'était son amour qui lui donnait la force de continuer. Et, avec ce style étrange dans lequel elle lui écrivait, où se mêlaient l'immaturité d'une petite fille et la passion d'une femme, elle lui expliqua que leur relation était spéciale : « unique. C'est ce qu'elle est, mon père bien-aimé. Vous savez bien qu'il n'est rien au monde que je ne vous apporterais, grand ou petit, pleinement assurée de votre sympathie, de votre compréhension sans faille et de votre indulgence, lorsqu'il le faut. Je ne pourrai jamais vous dire ce que vous avez représenté pour moi en ces jours de si grande tristesse – et je me demande encore aujourd'hui comment il est possible de surmonter pareilles épreuves et de continuer à vivre –, mais tout cela, vous le savez, et au milieu de ce nouveau monde, qui s'est bâti sous mes yeux, mon seul regret est de ne pouvoir davantage partager avec vous ce que je vis ». Quant à l'Orient, « c'est une vie nouvelle, une nouvelle chance d'avancer dans la vie. [...] J'aime ce que je fais, j'aime mon travail et je suis heureuse de la confiance de mon chef ».

La chaleur de l'été était semblable au souffle d'une chaudière ; en juin, la température en plein jour atteignait cinquante degrés. L'ombrelle de Gertrude était inutile, ses joues fouettées par des tourbillons de poussière, ses yeux rendus douloureux par un vent violent. Même en pleine nuit, l'air fraîchissait à peine. Le seul moyen pour elle de trouver le sommeil était de monter son matelas sur le toit et de dormir à la belle étoile dans des draps trempés ; une fois qu'ils étaient secs, elle se réveillait et les replongeait dans l'eau froide. Bientôt, une maladie tropicale l'envoya à l'hôpital, où elle prit soin de fixer sur sa chemise de nuit la broche d'émeraude que son père lui avait offerte pour son anniversaire.

En août, elle avait retrouvé suffisamment d'entrain pour rire d'une histoire qu'on lui raconta. Un Anglais avait visité avant la guerre un hôpital militaire de Turquie. Les patients y étaient répertoriés comme suit : « admis ; guéri ; décédé ; en fuite ». Sur la dernière page du registre on pouvait lire : « admissions : 6 ; guérisons : 0 ; décès : 2 ; en fuite : 4 ».

Au bureau, une sombre querelle avec le commandant en chef de l'armée avait empoisonné l'atmosphère. Maude était peut-être un grand général, mais c'était un homme autoritaire, qui se montrait arrogant avec Cox (son camarade de promotion à Sandhurst) et ne supportait pas les Arabes. Son ingérence dans les affaires politiques avait conduit Cox, qui était pourtant un homme mesuré, à envisager sérieusement de démissionner. La présence de sir Percy – mentor, figure paternelle et collègue – était trop importante pour que Gertrude se désintéresse de la situation. Elle lui devait bien plus que son travail ; sa vie s'était liée à la sienne. Comme tous ces collègues de travail qui éprouvent une sorte de stimulation sexuelle à penser et agir intensément ensemble, elle vivait dans l'exaltation. (Pour sa part, elle n'aurait jamais pensé à donner une connotation sexuelle à sa relation avec Cox, elle aurait plus vraisemblablement parlé d'admiration, mais, quel que soit le terme utilisé, c'était une forte motivation.) Avec la permission de Cox, elle envoya une lettre cinglante à son ami Arthur Hirtzel, responsable du Bureau des Indes au ministère des Affaires étrangères, où elle comparait le commandement militaire aux « pensionnaires d'un asile psychiatrique ».

Le pouvoir de ses amis et de ses mots n'était pas à prendre à la légère. Hirtzel transmit sa lettre à lord Curzon, le ministre des Affaires étrangères. Cela confirmait ses pires soupçons, répondit Curzon, qui promit d'en référer au cabinet de guerre (sans, bien entendu, mentionner le nom de Miss Bell). Mais le général Maude tomba malade avant de pouvoir recevoir un blâme. Deux jours plus tard, le 16 novembre 1917, il mourait du choléra.

Tandis que le général Maude était réduit au silence, l'armée arabe sous le commandement de Faysal se mettait en route. Son objectif principal était de saboter la ligne ferroviaire turque, nœud de communications qui allait de Médine dans le Hedjaz à Damas en Syrie. Les mercenaires arabes étaient des combattants parfaits pour cette campagne de guérilla, mais il fallait plus que l'armée chérifienne pour réussir : il fallait convaincre des tribus, depuis longtemps rivales, de combattre côte à côte. Comprenant que Faysal serait leur chef, les hommes des Billi, des Djuheina, des Harb, des Rwalla et des Beni Sakhr acceptèrent de rejoindre la révolte arabe.

Durant l'été 1916, lorsque commença la révolte, ils se rendirent maîtres de Djeddah, Rabigh, Yanbu al Bahr et La Mecque. Six mois plus tard, en janvier 1917, avec Lawrence comme conseiller politique, l'armée arabe, aidée par la flotte britannique, prit le port de Al Wadjh. Après une marche de mille trois cents kilomètres vers le nord en partant de La Mecque, elle remporta la victoire décisive d'Akaba. C'étaient les amis de Gertrude, les Abu Tayi – la tribu Howeitat du nord de l'Arabie – qui menaient l'attaque, Lawrence à leur côté, et ce succès fit la gloire de T. E. Lawrence. En septembre, l'armée arabe organisa un raid sur la ligne ferroviaire du Hedjaz à Mudawara ; une locomotive turque fut détruite, soixante soldats turcs tués, trente autres blessés, et quatre-vingt-dix faits prisonniers. Un peu plus tard dans l'automne, après quelques sérieux revers dans la vallée du Yarmouk, les Arabes firent dérailler un train qui transportait Jamal Pacha, le gouverneur de Syrie qui commandait un corps d'armée turc. Fin novembre 1917, avec l'aide de deux officiers irakiens, Jafar al Askari, un expert militaire habile, et Nouri Saïd, réputé pour son bon sens politique, l'armée arabe ouvrit une brèche pour que le général britannique Allenby puisse faire route de Suez à Jérusalem, puis à Damas (avec Lawrence et Faysal derrière lui). Soutenu par Lawrence qui l'avait assuré du futur soutien britannique, Faysal allait bientôt gouverner la Syrie.

David Hogarth devait par la suite créditer Gertrude Bell d'une bonne partie du succès de la révolte arabe : c'était elle qui avait fourni « les innombrables informations » sur les « tribus qui vivaient entre le chemin de fer du Hedjaz et le Nefoud, tout particulièrement sur le groupe Howeitat ». Et c'était sur ces informations, insistait Hogarth, que « Lawrence s'était appuyé pour lancer les campagnes de 1917 et 1918 [3] ».

Grâce à l'écrivain américain Lowell Thomas, Lawrence sur son chameau devint bientôt une célébrité. Gertrude refusa délibérément toute publicité. En octobre, elle fut promue CBE, Commander of the British Empire. Elle fichait au panier les demandes d'interviews et interdisait à ses parents de parler aux journalistes. « Je vous en supplie, ne donnez aucun renseignement sur moi, intimait-elle. Il me semblait pourtant vous l'avoir si souvent dit, je pensais que vous saviez combien je déteste toute cette publicité. » Elle haïssait ce qui participait à la promotion de soi. Non qu'elle manquât de confiance en elle. L'un des meilleurs conseillers politiques, le colonel Leachman, lui avait même dit qu'elle était d'une « prétention démesurée lorsqu'elle parlait de l'Irak ».

Lorsque la déclaration Balfour fut rendue publique à la fin de l'année, Gertrude s'y opposa violemment. Dans la lettre qu'il envoya à lord Rothschild, qui représentait la fédération sioniste anglaise, sir Arthur Balfour, le ministre britannique des Affaires étrangères, promettait « un foyer national pour le peuple juif » en Palestine, mais s'engageait aussi à ne pas attenter aux « droits civils et religieux » des Arabes vivant déjà en Palestine.

« Je suis farouchement contre la déclaration sioniste de Mr Balfour, écrivit Gertrude à ses parents. Je crois que c'est totalement irréalisable, la région ne convient pas à ce que les juifs ont en tête ; elle est pauvre, inapte à tout développement économique important et composée de deux tiers au moins de musulmans qui regardent les juifs avec mépris. À mon avis, c'est un projet totalement artificiel, sans lien avec la réalité, et je lui souhaite tout l'insuccès qu'il mérite – et qu'il connaîtra, j'imagine. » Sa prédiction se réalisa pour une large part : les troubles qu'elle prévoyait entre Arabes et Juifs devaient se poursuivre pendant cinq générations, et c'est seulement en cette fin de XXe siècle que les habitants juifs et arabes de Palestine commencent à se reconnaître le droit de vivre sur la même terre. En revanche, le « projet totalement artificiel » d'un foyer national juif fut bientôt une réalité. En fait, Israël devint le seul État démocratique du Proche-Orient.

Bien qu'elle fût préoccupée par la situation en Palestine, Gertrude était encore plus soucieuse de ce qui se passait plus près d'elle. Des tribus chiites de la vallée de l'Euphrate avaient apporté leur aide aux Turcs, et Cox donna l'ordre de couper leurs communications avec l'ennemi. Il visita même la zone en personne. Mais les troubles persistaient et, en décembre 1917, Gertrude se décida à partir enquêter sur le terrain. Rares étaient ceux qui connaissaient la région aussi bien qu'elle.

Elle entassa ses valises et du matériel de camping dans une Ford décapotable. Son serviteur au volant, elle démarra par une journée claire du mois de janvier, et prit la route cahoteuse à travers le désert dans la direction du sud-ouest, vers Karbala. Elle avait déjà circulé sur cette route : des années auparavant, lorsqu'elle revenait euphorique vers Bagdad avec, dans sa poche, les plans des ruines du grand palais d'Ukhaidir qu'elle avait découvertes ; une autre fois, abattue, à son retour d'emprisonnement de Hayil en Arabie. Elle se laissait emporter par ses souvenirs, savourant l'innocence de cette époque dont elle savait qu'elle avait disparu. Elle craignait que même le bon Fattuh, son ancien serviteur, qui avait tenu un si grand rôle dans ces voyages, ne fût parmi les victimes des Turcs.

Pendant des heures et des heures, elle ne songea qu'au passé ; la route boueuse courait à travers un vaste territoire désertique et elle ne traversa que deux petits marchés. En fin d'après-midi, tandis que la voiture zigzaguait au milieu des nuages de poussière, la boue fit place à l'herbe et les broussailles du désert aux palmeraies et aux saules. Après un jour entier le long de l'Euphrate, elle atteignit la ville sainte de Karbala. Comme sa sœur jumelle Nedjef, Karbala avait été jadis un foyer de fanatisme, où les chiites préparaient le *djihad*, la guerre sainte contre les chrétiens. C'était le berceau de l'islam : c'est là qu'Ali, le gendre de Mahomet, et Hussein, son petit-fils, avaient été tués par surprise, et les chiites, dont beaucoup étaient originaires de Perse, continuaient d'y faire porter le corps de leurs morts. (Le schisme entre musulmans qui aboutit à la division entre chiites et sunnites était intervenu très tôt. Les chiites avaient choisi le guerrier Ali ibn Ali Talib, gendre du prophète, pour lui succéder comme calife ; les sunnites Abu Bakr, un proche de Mahomet.)

D'autres voyageurs se rendaient également à Karbala : des Perses servant comme espions pour les Allemands et les Turcs ; des caravanes ennemies venues de Damas et d'Alep pour acheter de la nourriture et des provisions. Les marchands de Karbala réalisaient de jolis bénéfices sur les ventes, et les cheikhs prélevaient une lourde taxe sur les caravanes chargées de biens. Qui plus est, les clients syriens déversaient sur les habitants de la ville leur propagande antibritannique. Les autochtones étaient une proie facile. Les Britanniques avaient épuisé leurs ressources, pris leurs troupeaux de moutons et de bovins pour nourrir leurs soldats, exigé des taxes importantes pour couvrir les frais de leur administration ; en outre, ils avaient mis en place un blocus afin d'interrompre le trafic avec les Turcs. Les Arabes de Karbala étaient proches de l'émeute.

Gertrude circulait avec prudence dans les rues étroites de la ville dont elle souhaitait rencontrer des notables. Elle fut la première Européenne à entrer dans la cellule sombre et humide de son chef religieux le plus renommé. Mais si convaincants que furent ses arguments en eux-mêmes, elle eut besoin de toute sa force de persuasion. Quand elle eut fini de parler, elle ne savait toujours pas si son discours avait porté.

À Nedjef, la situation était bien pire encore. La cité, un réseau de maisons souterraines reliées entre elles par des tunnels, un endroit où régnaient le mal et le fanatisme, l'attira par son mystère et sa beauté. Les hommes pieux restaient assis, dans une atmosphère alourdie par l'histoire, « si chargée de toute la poussière des siècles qu'il était impossible, pour moi comme pour eux, d'y voir clair ».

Un commerce important avec les Turcs, fait de contrebande et de lourds profits, maintenait la population des quarante mille Arabes en bons termes avec l'ennemi. Pis, lorsque les tribus liées aux Britanniques venaient à Nedjef vendre de grandes quantités de grain et apporter du ravitaillement, les autochtones manifestaient du ressentiment. Selon les termes de Gertrude, qui avait rencontré les cheikhs locaux, « la situation n'est pas satisfaisante ».

Elle s'arrêta brièvement à Babylone sur le chemin du retour, repensant avec nostalgie aux jours plus calmes. Elle parcourut les ruines, se souvenant du temps où elle y avait campé avec des archéologues allemands. La guerre avait bouleversé le monde, et ses anciens collègues étaient ses ennemis. Elle eut un pincement au cœur lorsqu'elle se retrouva dans la pièce vide et poussiéreuse où Fattuh avait installé le matériel de camping et où elle avait passionnément discuté avec les Allemands de ses plans de Babylone et d'Ukhaidir. « Quel monde terrible d'amitiés brisées nous avons créé ! » écrivit-elle.

En revenant à Bagdad et à son bureau sur le Tigre, ses nerfs étaient à vif. Elle approchait de cinquante ans et faisait l'expérience des symptômes qui se manifestent souvent chez les femmes de cet âge. Mais sans amie avec qui échanger ses impressions, elle en cherchait vainement la cause. Avant le voyage de deux semaines vers l'Euphrate, elle s'était plainte d'apathie et d'anémie, et même d'amnésie temporaire. Elle passait son temps à oublier des choses, travaillait plus lentement et plus tard dans la nuit. Fatiguée et limitée dans ses activités, elle avait besoin d'un compagnon, de quelqu'un qui aurait pris soin d'elle et qui l'aurait écoutée d'une oreille compatissante. « Ce que je veux réellement, c'est une femme, écrivit-elle à ses parents. Je comprends que les hommes d'ici épousent la première qui se présente ! » Peu patiente par nature, elle était devenue encore plus irritable. Lorsque ses nouvelles bottes arrivèrent d'Angleterre avec du retard, elle traita son bottier depuis quinze ans d'être un « gredin » et l'accusa de « pratiques abominables ». Assise à la table de la cantine, une assiette de *corned-beef* sous les yeux, elle sentait tous ses muscles se raidir. La viande fraîche était rare, elle le savait, mais c'était le quatorzième jour de suite qu'on lui servait de la viande en conserve qui n'avait aucun goût. Elle lança un coup d'œil à la ration, jeta son couteau et sa fourchette dans l'assiette, et fondit en larmes.

Mais ces sujets de plaintes n'étaient rien en comparaison de la blessure qui continuait de suppurer en elle. Le temps n'avait pas allégé la douleur d'avoir perdu Doughty-Wylie. « Mon père bien-aimé, écrivit-elle, savez-vous que cela fait précisément trois ans ce soir [22 février] que D. et moi nous avons été séparés. [...] J'ai revécu les quatre journées d'il y a trois ans presque minute par minute. » Une fois encore, son père voulut qu'elle revienne à la maison pour l'été ; une fois encore, elle refusa. « Vous savez bien, très cher, combien je vous aime, mais ce chagrin qui est là en permanence me rend d'une certaine façon insensible au reste, revenir à la maison, rester ici en Orient. [...] Avec vous ou loin de vous, vous êtes toujours pour moi un grand réconfort. »

Elle avait arrangé sa maison et son jardin comme un ventre protecteur. Dans le salon, avec ses fauteuils confortables recouverts de chintz, ses petits tapis persans et ses tessons de poterie sur le dessus de la cheminée, elle écrivait à ses amis, s'arrêtant parfois, stylo à la main, pour jeter un coup d'œil dehors, à travers la vitre, et regarder sa gazelle. Son serviteur chaldéen maintenait en état sa maison et ses habits ; son cuisinier se chargeait des repas ; son jardinier suivait à la lettre ses instructions et prenait grand soin de ses fleurs, qui étaient de la même variété que celles qu'elle aimait à Rounton. Si seulement elle avait commandé des bulbes de jonquilles et de narcisses ! Elle souriait en regardant fleurir dans leurs parterres les iris et les verveines, les violettes courageuses dans leurs pots, les roses presque toujours en fleur. Pour faire face à l'inévitable chaleur de l'été, des ventilateurs avaient été fixés au plafond, avec un nouvel éclairage électrique. Elle se sentait mieux installée. À la fin de l'année, elle fit même ajouter une nouvelle pièce.

Elle écrivit à un ami qu'elle était née pour aimer l'Orient, ses paysages, ses musiques, ses peuples. Elle y pensait non pas comme à un pays d'exil, mais comme à sa seconde patrie. Si sa famille n'avait pas vécu dans le Yorkshire, elle ne serait jamais rentrée.

L'Irak devenait peu à peu sa résidence permanente ; l'Angleterre, un grenier poussiéreux hanté par des fantômes.

20

Désordre

Ses relations avec A. T. Wilson prirent un tour nouveau, bien différent de la façon dont elles devaient se terminer deux ans et demi plus tard. Lorsque l'insurrection éclata, au printemps 1918, on découvrit qu'un comité islamique de plus de cent Arabes travaillait clandestinement à Nedjef et projetait d'inciter les tribus de l'Euphrate à se soulever contre les Britanniques. Ils avaient commencé par assassiner un conseiller politique et s'apprêtaient à en tuer trois autres. Percy Cox était absent, parti à Londres pour donner son avis au sujet de la Mésopotamie (le gouvernement britannique songeait en effet à se retirer d'Irak). Le commissaire aux affaires civiles, Arnold T. Wilson, prit la situation en main, fit déporter quelques complices et ordonna que les coupables soient pendus.

« Je ne suis pas bien sûre que vous mesuriez vraiment qui il est, écrivit-elle à ses parents en parlant de Wilson, [c'est] un homme tout à fait remarquable, trente-quatre ans, très brillant, chez qui la puissance intellectuelle s'allie à la force physique, une combinaison extrêmement rare. » Connu pour sa mémoire sans faille et son énergie inépuisable, seul Wilson l'emportait sur Gertrude en matière d'érudition littéraire et en heures de

A. T. Wilson, qui était conscient de l'importance du pétrole, ne prendrait pas le risque de perdre la Mésopotamie. Quand le rapport de Gertrude parvint sur son bureau, il crut bouillir de rage. Il rédigea à l'attention de Londres une lettre d'introduction polie qui disait : « J'ai l'honneur de joindre à la présente une note intéressante et estimable écrite par Miss G. L. Bell CBE, intitulée " La Syrie en 1919 ". » Mais il ne put s'empêcher d'y ajouter quelques observations personnelles.

« L'hypothèse première qui sous-tend cette note, mais aussi, il me faut le dire, les récents documents qui me sont parvenus de Londres, est qu'un État arabe en Mésopotamie, et ailleurs, d'ici un petit nombre d'années, est possible, et que la reconnaissance et la création d'un système de gouvernement en accord avec cette ligne [...] seraient une mesure réaliste et populaire ; en d'autres termes, l'hypothèse est que la déclaration franco-britannique du 18 novembre 1918 comporte une ligne politique qu'il faut continuer à appliquer et développer dans un futur proche. Mes observations dans ce pays, et ailleurs, m'obligent à conclure que cette hypothèse est erronée. »

La brouille entre Gertrude et Wilson était irrémédiable.

24

Tempêtes du désert

Évitée par la plus grande partie du personnel britannique, violemment opposé à son rapport sur la Syrie, Gertrude trouva au moins un réconfort auprès des Arabes qui affluaient à son bureau, en quête de conseils. *Umma al Moumenîn* l'appelaient-ils : la mère des Croyants. « La dernière personne à porter ce nom fut Aïcha, la femme du Prophète », écrivit-elle avec fierté à Hugh. Pourtant, en ce mois de décembre 1919, toutes sortes de problèmes survenaient. En particulier de petites questions personnelles : elle avait besoin de linge de maison, de draps, de couvertures, d'oreillers, de serviettes, et de nappes damassées pour sa nouvelle table de salle à manger. Et surtout, la vie était terriblement chère depuis la fin de la guerre. La viande était hors de prix, les œufs un peu moins, mais depuis que, comme civile, elle n'avait plus droit aux rations militaires, elle devait beaucoup dépenser pour se nourrir. Elle payait son cuisinier cent huit livres l'année, son maître d'hôtel quatre-vingt-quatre livres, et il devait être augmenté. Même Harrods lui réclamait quatre livres, qu'« elle paierait un jour ou l'autre », promit-elle.

Elle était attristée aussi par la mort soudaine de son généreux propriétaire, Moussa Pachachi. Il appartenait à l'une des plus importantes familles de Bagdad et, avec le *Naqib*, il avait été l'un de ses plus proches amis dans cette ville. « Son affection et sa gentillesse furent constantes, expliqua-t-elle à son père. Mais il avait aussi un bon jugement en politique. Ouvert et courageux, il ne prêchait pour aucun camp. Ses informations et ses avis m'étaient plus précieux que tout. Je le pleure. Bagdad ne sera plus pareil sans lui. »

Les sages conseils politiques de Moussa Pachachi avaient épargné bien des fois à Gertrude de se casser la tête sur les problèmes qui survenaient au Nord. Mais il n'était plus là, et l'attitude des tribus qui peuplaient les rives de l'Euphrate devenait préoccupante. Certains signes donnaient à croire qu'un soulèvement allait se produire. Une troupe arabe prit Dair al Zor, ville située sur les bords du fleuve à six cents kilomètres de Bagdad. À cet endroit, la frontière avec la Syrie demeurait floue et les tribus de la région étaient embrigadées dans le mouvement nationaliste syrien. La question se posait de savoir qui administrerait le territoire : un conseiller politique britannique de Mésopotamie ou bien un représentant du gouvernement arabe de Syrie ? Quand la rumeur se répandit que des Arabes faisaient mouvement pour attaquer la zone, le conseiller politique en charge à Dair partit en reconnaissance sur le terrain. Il n'observa rien d'anormal. Mais, sur le chemin du retour, il tomba dans une embuscade, et c'est avec toutes les peines du monde qu'il put rejoindre Dair.

Ne se doutant pas encore de l'ampleur de ce qui se tramait, mais par simple mesure de sécurité, il avertit Bagdad et fit arrêter le maire de Dair, qu'il croyait de mèche avec les agitateurs. Le lendemain à l'aube, des nomades en révolte vinrent du Sud faire leur jonction avec les rebelles de Dair et mettre la ville à sac : ils attaquèrent l'hôpital, l'église, les mosquées et le bureau politique, qu'ils fracturèrent et dont ils volèrent le contenu. Ils firent exploser le dépôt d'essence, blessant quatre-vingt-dix personnes, libérèrent les détenus de la prison et attaquèrent les baraquements de l'armée britannique. Quand le conseiller politique tenta de remettre de l'ordre dans la ville, les cheikhs s'en prirent à lui avec fureur. Heureusement, au moment où ils allaient le tuer, deux avions britanniques fondirent sur la ville en la canardant à la mitrailleuse. « Les cheikhs changèrent aussitôt d'attitude », rapporta Gertrude. Quelques minutes après le départ des avions, les notables de la ville signèrent un armistice. Mais ce n'était qu'une trêve de courte durée.

L'après-midi même, Ramadahn al Shallach, originaire de Mésopotamie et membre d'al Ahd al Iraki, le parti nationaliste, arriva de Damas. Il promit aux fonctionnaires britanniques un sauf-conduit, mais changea ensuite d'avis et les prit comme otages. Il établit rapidement son autorité sur la ville, fit appeler les cheikhs de toute la région de l'Euphrate, leur donna force argent et les incita à se rebeller contre les Britanniques. Il les encouragea même à porter la guerre jusqu'aux Indes. Par bonheur, quelques cheikhs, dont Fahad Bey, le chef suprême des Anazeh, restèrent fidèles aux Britanniques.

Durant deux semaines, la situation à Dair fut extrêmement tendue. À Bagdad, l'atmosphère n'était guère meilleure. Gertrude et Wilson divergeaient de plus en plus. Au mess, il l'évitait et la traitait de haut devant ses collègues. Dans une lettre à un ami, Wilson écrivit : « J'ai des problèmes avec Miss Bell. En politique, c'est une fanatique. » À peu près à la même époque, le 20 décembre, Gertrude écrivit chez elle : « Une semaine assez vaine. A. T. a été débordé – ce qui est chronique chez lui – et dans un état qui aurait dû l'empêcher de travailler, de sorte qu'il a été de très mauvaise humeur et nous a rendu la vie impossible. »

Les choses semblèrent pourtant s'améliorer, un court moment, il est vrai. Le gouvernement de Faysal en Syrie désapprouva haut et fort le soulèvement arabe de Dair, et les autorités britanniques furent délivrées le 25 décembre. Le soir même, Wilson donna une réception de Noël pour tous les officiels britanniques et leurs épouses. Résolue à trembler de froid, Gertrude revêtit sa robe du soir et se rendit au dîner. Mais la simple vue de ses collègues suffit à la contrarier. « À en juger d'après les apparences, la plupart ont deux femmes, regimbat-elle, et je crois que je connais leur nom et leur visage par cœur. » Quand la musique commença et que ses hôtes se levèrent pour danser, elle leur souhaita bonne nuit et s'en fut. « Je ne danse plus », expliqua-t-elle.

Elle prit un train spécial, le lendemain matin, pour aller fêter le nouvel an à Babylone. En voyage pour une semaine, elle poussa en hors-bord sur l'Euphrate jusqu'à Shamieh, où les cheikhs bouillaient de colère à propos des impôts que les Britanniques les forçaient à payer. Puis elle se rendit dans la ville sainte de Nedjef, où on parlait de *djihad.* Tandis que les tribus se rebellaient au Nord, il lui fallait juger de l'ampleur des troubles qui se répandaient et du risque de guerre sainte.

Cette visite lui ouvrit des perspectives nouvelles. Après avoir rencontré les cheikhs et les notables, ses idées s'éclaircirent. De retour à Bagdad, elle envoya à son père une note où elle écrivait : « J'ai écrit à Edwin Montagu [le secrétaire d'État pour l'Inde] une immense lettre sur le type de gouvernement que nous devrions établir ici et je lui ai même envoyé l'ébauche grossière d'une constitution. [...] J'ai fait de mon mieux pour découvrir ce qu'il faudrait faire et pour le lui expliquer. Comme on dit : *alla Allah.* À la grâce de Dieu. Parfois, je me dis que la seule chose qui compte pour moi est que ce pays aille bien. »

La correspondance privée de Gertrude avec Montagu et d'autres rendait A. T. Wilson furieux. Non seulement elle conseillait à Whitehall de former un gouvernement arabe, en contradiction flagrante avec ses vues, mais de plus elle écrivait à des amis haut placés en passant par-dessus son autorité. Ce qu'il ne disait pas, mais qui était pire, c'est que c'était une femme. Une femme ! Qui plus est, envahissante et castratrice. Officiellement, Wilson était son chef et ce rigide fonctionnaire de l'administration des Indes fulminait devant le culot de Gertrude. Il envoya à Cox une lettre dans laquelle il réclamait son renvoi.

La poste apportait de mauvaises nouvelles. Son oncle chéri, Franck Lascelles, qui avait été son hôte à Bucarest et en Perse, qui l'avait présentée à Domnul Chirol, à lord Hardinge, à Henry Cadogan et à tant d'autres, qui lui avait fait découvrir l'Orient, était mort. « Je le pleure tellement », écrivit-elle à Florence, en janvier 1920. « Quand je me remémore tout ce que je lui dois, toutes les expériences délicieuses qu'il m'a fait vivre, toute la sympathie dont il a fait preuve à mon égard, mon cœur se serre en pensant que je ne lui ai pas assez rendu en retour. »

Elle pleurait aussi sur la situation en Mésopotamie. Au Nord, les Turcs, frustrés qu'aucun traité de paix n'eût encore été signé avec la Grande-Bretagne et la France, commençaient à se laisser séduire par la propagande bolchevique. Les Kurdes coopéraient avec tous ceux qui étaient prêts à massacrer des chrétiens hérétiques. À l'Ouest, le gouvernement arabe de Syrie, au bord du gouffre à défaut d'aide financière, était mécontent et sur le point d'accepter l'aide française. L'Égypte, dont les aspirations nationalistes avaient été ignorées par les officiels londoniens depuis la fin de la guerre, était déchirée. « Notre propre stupidité en a fait une deuxième Irlande », écrivait Gertrude. Quant à la Mésopotamie, elle gisait en pâture au plus offrant.

« Que va-t-il advenir de cette terre, avec tous ces oiseaux de malheur qui viennent la tenter ? se demandait-elle. Je prie pour que mes compatriotes soient bien inspirés et comprennent que notre seule chance ici est de reconnaître d'emblée les ambitions politiques locales et non de faire plier les Arabes à notre loi. Dans un an, peut-être moins, qui sait ? tant le monde va vite désormais, ils nous forceraient la main, et le chaos, du nord à l'est, submergerait la Mésopotamie. J'aimerais avoir plus d'influence. J'ai écrit à Edwin et cette semaine j'écris à sir A. Hirtzel. Mais, à la vérité, je suis plus ou moins minoritaire parmi les fonctionnaires en Mésopotamie. Pourtant, je suis certaine d'avoir raison. On doit comprendre, on doit savoir à Londres. Ils ne peuvent être aveugles à ce qui s'écrit en lettres immenses devant leurs yeux. »

Elle était convaincue qu'il fallait mettre en place un gouvernement arabe en Irak. Wilson et ses collaborateurs, quant à eux, y étaient ardemment opposés. On l'évitait au mess, où l'on appelait sa maison de pierre : « la chambre de chasteté ». C'était son seul refuge. À sa fenêtre, caressant ses chiens, elle regardait longuement son jardin, où les mûriers perdaient leurs feuilles.

Les troubles continuaient au Nord. Le gouvernement de Faysal, tout comme les Britanniques ne voulaient pas que l'on divise les tribus qui vivaient aux alentours de Dair en délimitant des frontières. Mais Ramadahn al Shallach, qui avait pris le contrôle de Dair et retenu en otages les Britanniques, agissait sans tenir compte de l'avis de Faysal et prenait de plus en plus d'autorité dans la région. Il décréta que les Britanniques devaient retirer leurs troupes d'occupation à soixante-quinze kilomètres derrière les frontières dans le Anah et il annonça qu'il envoyait ses troupes au Nord pour attaquer Mossoul. Il levait des impôts à l'intérieur des possessions britanniques, envoyait des lettres pleines de menaces aux fonctionnaires en poste, excommuniait les cheikhs fidèles aux Britanniques, encourageait les tribus à voler et à faire des razzias, exhortait ses hommes à enlever et à détrousser les marchands d'or de Bagdad quand ils transportaient leurs produits à travers le désert de Syrie. Les Britanniques menaçaient de représailles et mitraillaient les insurgés.

Les tensions continuèrent durant tout le mois de février 1920. Elles s'intensifièrent lorsque Ramadahn al Shallach fut remplacé par Mulud al Khalaf, qui était lui aussi un nationaliste d'al Ahd al Iraki, et plus important au sein de ce mouvement que son prédécesseur. La situation devenait de plus en plus confuse. On ne comprenait pas bien si le gouvernement de Faysal à Damas avait succombé à la pression nationaliste et se disposait à entrer en guerre contre les Britanniques en Irak ou si les troubles étaient dus à un groupe nationaliste extrémiste opposé à Faysal.

De plus, malgré les supplications de Gertrude, les officiels du Caire n'envoyaient toujours pas d'informations à jour sur l'Égypte et la Syrie, ce qui n'arrangeait pas les choses. « Pas de nouvelles d'Égypte, se plaignit-elle à Domnul à Londres, alors qu'ils doivent en savoir plus long que nous sur la Syrie. Nous ne savons si Faysal s'est rallié à nous ou s'il s'est entendu avec les Français. » Heureusement, des Arabes des tribus, qu'elle connaissait auparavant, commencèrent à venir d'Alep. En échange de faveurs officielles, ses informateurs lui en apprirent sur la Syrie et la Turquie.

« J'ai mis en place un système de renseignement très complet avec les Agail de Bagdad, écrivit-elle à Domnul début février. Et je crois que personne d'intéressant n'arrive sans que je le sache. » Quant aux événements de Mésopotamie, elle lui dit : « Lorsque nous établirons un gouvernement civil, si nous le faisons sur des bases libérales et sans avoir peur, nous aurons le pays avec nous. » La solution consistait à protéger les populations rurales et tribales des gens de Bagdad, qui ne savaient rien des tribus et ne s'en souciaient pas. Les autorités arabes ont toujours été des gens des villes – de Bagdad et de Syrie – parce qu'il n'existe nulle part ailleurs de classe instruite. « Et les tribus (surtout chiites) les haïssent. »

Les relations entre citadins instruits, en majorité sunnites, et nomades des tribus, en majorité chiites, étaient marquées par l'hostilité et la méfiance. Tout comme, de plus en plus, les relations entre Gertrude et Wilson. Le 9 février 1920, elle reçut une lettre de sir Percy Cox venue de Perse. Elle était datée de trois mois plus tôt. Après s'être empressée de l'ouvrir, elle lut :

« Chère *Khatun*, il est si bon de vous savoir de retour. J'aimerais tant que nous nous revoyions. Comme vous devez en savoir sur les puissants de ce monde ! [...] Votre lettre du 7 août a mis trois mois pour parvenir ici. »

Quelques mots étaient griffonnés sur la lettre de Cox, de la main même de Wilson : « Miss Bell – que de temps cette lettre a mis pour venir. » Il lisait son courrier !

Pis encore : à l'insu de Gertrude, il avait écrit à son propos à Cox, tout d'abord en décembre, puis en janvier, pour se plaindre amèrement de ses lettres à des membres importants du gouvernement. Aux yeux de Gertrude, ces lettres envoyées chez elle semblaient parfaitement naturelles. Mais Wilson se méfiait de cette correspondance. Il voulait qu'elle rentre. La situation devenait si tendue et elle se sentait si perdue qu'en réponse à la lettre de sir Percy elle alla jusqu'à suggérer elle-même cette éventualité.

Sayid Taleb, invité par Wilson, arriva à Bagdad. En tant qu'Irakien de souche et comme fils du *Naqib* de Bassora, descendant direct du Prophète, il était considéré par beaucoup d'Arabes et même par certains Britanniques comme le candidat le plus logique au pouvoir. Mais beaucoup le craignaient et le haïssaient. Gertrude l'avait rencontré au Caire en 1919 et il avait suscité sa méfiance lorsqu'il avait exprimé son désir de revenir en Irak. C'était le type même de nationaliste qu'elle méprisait. Cependant, elle voulut gagner sa confiance. Mieux valait savoir ce qu'il avait derrière la tête que de le voir comploter dans son dos. Elle prit part à une grande fête arabe offerte en son honneur (elle fut d'ailleurs la seule femme, ce soir-là) et donna même un dîner pour lui.

Parmi les convives invités à sa table se trouvaient des Britanniques et des Arabes, sir Edgar Bonham Carter, le major Humphrey Brown, le maire de Bagdad et le fils du *Naqib*. À la lueur des chandeliers et moyennant force toasts, la conversation allait bon train. Le moustachu Taleb, policé par des années de voyages et de séjours à l'étranger, était délicieux comme il savait l'être. Mais tout le monde savait que c'était un tueur. Gertrude mena la conversation et ils parlèrent de la Syrie, des tribus du Nord, des problèmes de l'Égypte (où il avait vécu en exil les cinq années précédentes) et de la situation à Bagdad. Et puis, non sans effronterie, Gertrude se tourna vers son invité d'honneur et lui demanda : « Dites-moi, Pacha, combien d'hommes avez-vous tués ? » Avec une exquise politesse, Sayid Taleb répondit : « Vous savez, *Khatun*, après toutes ces années, il m'est difficile de donner le nombre exact. »

Elle écrivit que c'était « l'homme le plus intelligent et le plus fieffé coquin de toute la Mésopotamie. Rien ne lui échappait. Et s'il venait en Irak pour voir où en était la situation, alors il verrait ». L'accueil qui lui avait été réservé était plus froid que par le passé. Plus tard, elle ferait en sorte qu'il soit glacial.

Mais, pour lors, sa présence constituait une véritable intrusion. Elle avait en tête des questions bien plus pressantes. Des religieux chiites de Karbala et de Nedjef dans le Sud s'étaient alliés aux notables de Dair et de Mossoul au Nord pour appeler à la rébellion contre les Britanniques. Début mars 1920, ils envoyèrent des représentants au congrès arabe de Damas.

L'influence des chefs religieux était indéniable et leur pouvoir sur leurs partisans très sûr. Les Britanniques voulaient entrer en contact avec eux, mais toute communication s'était révélée impossible. Les religieux chiites s'étaient montrés ouvertement hostiles et toutes les tentatives des conseillers politiques britanniques avaient été purement et simplement repoussées. Ils avaient même refusé de recevoir Gertrude parce que, comme elle l'expliqua, elle ne voulait pas porter le voile : « Leurs principes leur interdisent de jeter le regard sur une femme qui n'est pas voilée, et les miens m'empêchent de porter le voile. Je pense voir juste : se soumettre, ce serait admettre tacitement notre infériorité, de sorte que l'entrevue s'écarterait d'emblée de son but. » Il ne servait à rien non plus de chercher à sympathiser avec les femmes : « Elles se voileraient devant moi comme si j'étais un homme. Vous voyez, fit-elle observer à propos de l'embarrassante question des sexes, je suis trop femme pour l'un des sexes et trop homme pour l'autre. »

Cependant, il était essentiel d'établir le contact. S'il était possible de persuader les chefs religieux chiites de ne plus appeler à la rébellion contre les chrétiens infidèles ou du moins de commencer à discuter avec les Britanniques, un pas vers la paix serait franchi. Après des mois d'efforts pour s'assurer leurs bonnes grâces, en mars, Gertrude fut enfin reçue par une importante famille chiite de Khadimaïn. La troisième ville sainte d'Irak était située à tout juste douze kilomètres de Bagdad. Elle n'en était pas moins « violemment panislamique » et très antibritannique. Accompagnée par un chiite de Bagdad, Gertrude traversa les ruelles étroites et bondées de la ville, seule Européenne parmi les femmes voilées de noir. S'arrêtant à l'entrée d'un mystérieux passage voûté, elle hésita avant de s'engager dans l'allée sombre. Finalement, elle atteignit la cour de la maison du saint homme, Sayid Hassan.

L'endroit avait au moins cent ans. L'étage supérieur était recouvert de marqueterie et toutes les pièces ouvraient sur une cour intérieure baignant dans une atmosphère silencieuse. On se sentait comme coupé du monde extérieur. Le fils du saint homme apparut, avec sa barbe brune et son turban noir, et lui souhaita la bienvenue. Sayid Hassan lui-même, au visage majestueux, à la longue barbe blanche et à l'immense turban noir, l'attendait à l'intérieur.

Gertrude replia sa robe et s'assit en croisant les jambes sur le tapis. Aucune autre femme n'avait jamais été invitée à boire le café avec un aussi saint homme et à l'écouter discourir. Elle voulait lui faire bonne impression. Comme à son habitude, le vieil homme se mit à parler. Mais Gertrude n'était pas du genre à simplement rester assise à écouter. Elle lui répondit et ils parlèrent de nombreux sujets : de sa famille, les Sadr, la famille jugée la plus cultivée de tout le monde chiite, de ses ramifications en Perse, en Syrie et en Mésopotamie, de livres et de collections au Caire, à Londres, à Paris, à Rome. Il lui montra les catalogues de bibliothèques de nombreuses villes et parla « avec tant d'animation, remarqua-t-elle, que son turban ne cessait de glisser sur ses sourcils et qu'il devait le remettre en place sur le haut de son crâne ». Ils discoururent ainsi durant presque deux heures avant que, finalement, elle n'aborde la question de la Syrie. Elle lui dit tout ce qu'elle savait, y compris le contenu du dernier télégramme qu'elle avait reçu et qui disait que Faysal était sur le point d'être couronné à Damas.

« Il régnera sur toute la Syrie, jusqu'à la mer ? demanda le saint homme.

– Non, les Français restent à Beyrouth, répliqua-t-elle.

– Alors, cela ne sert à rien », dit-il en se frottant les mains.

Ils envisagèrent la question sous tous ses angles. Ils abordèrent ensuite celle du bolchevisme. C'était « le produit de la pauvreté et de la faim », fit-elle observer. Le *mudjahid* l'approuva, « mais, ajouta-t-il, le monde entier est pauvre et affamé depuis la guerre ». Gertrude ajouta que les bolcheviques voulaient balayer tout ce qui avait été construit auparavant, mais que leur problème était qu'ils ne savaient eux-mêmes rien construire. De nouveau, il l'approuva.

La conversation semblait sur le point de s'achever. Elle fit mine de se retirer, mais le saint homme la retint. « Tout le monde sait que vous êtes la femme la plus instruite de votre époque, dit-il, et on le voit bien puisque vous recherchez la société de gens instruits. C'est pourquoi vous êtes ici aujourd'hui. » Elle le remercia abondamment et « sous un déluge d'invitations à revenir », elle se leva pour partir. Elle avait établi la communication avec ce chef chiite influent. Sa visite était un succès.

De retour à Bagdad, elle apprit que le congrès arabe, réuni à Damas, avait proclamé Faysal roi de Syrie. À la suite de quoi, avec l'approbation de Faysal, les délégués de Mésopotamie avaient élu son frère Abdullah roi d'Irak. On n'en savait pas beaucoup sur son compte, cependant. David Hogarth, qui ne l'avait jamais rencontré personnellement, décrivait dans un télégramme de l'année précédente sa personnalité contradictoire en ces termes :

Abdullah était « indolent et jouisseur ». C'était « le moins sérieux des frères » et « le plus vicieux », écrivait-il. Il n'avait pas « une forte personnalité » et « guère de volonté de puissance ». Il n'était « pas né pour régner ». Cependant, disait Hogarth, « il semble capable » et est « considéré par les intellectuels arabes comme le seul membre instruit de la famille ». Hogarth croyait qu'Abdullah était « assez intelligent pour tenir compte des réalités » et « ferait un candidat correct au trône ». « À part lui, avertissait le fonctionnaire britannique, je ne vois aucun Arabe exceptionnel possible pour la Mésopotamie. »

Les nouvelles concernant Abdullah et Faysal mirent Gertrude en alerte. « Nous y voilà, écrivit-elle à Florence en mars 1920. Nous allons devoir user de toute notre influence et de toutes nos relations afin d'empêcher ce pays de sombrer dans le chaos. »

25

Un léger parfum d'Angleterre

La nouvelle qu'Abdullah avait été fait émir d'Irak porta à son comble la surexcitation ambiante qui régnait depuis ces derniers mois. Gertrude passa une semaine fébrile à rédiger des rapports, rassurer les autorités locales qui manifestaient leur inquiétude, recevoir à dîner des invités survoltés. Après des mois de correspondances et de préparatifs, son père était enfin parti pour la Mésopotamie : elle avait décidé d'aller à sa rencontre. Un jour, elle jeta un coup d'œil à sa montre, le cœur battant. Voyant qu'elle était en retard, elle cria à ses domestiques de faire ses malles sans plus attendre et partit prendre le train pour Bassora. Son chauffeur eut beau presser la voiture autant qu'il était possible dans les petites rues sinueuses, où des semaines de pluie avait accumulé la boue, elle eut un coup au cœur en arrivant à la gare : le train s'ébranlait déjà. Elle remonta le quai à toutes jambes et sauta au vol dans un wagon. Une fois dans son compartiment, elle se laissa tomber sur son siège en poussant un soupir de soulagement.

Il fallait compter trente heures pour accomplir le parcours de la nouvelle ligne ferroviaire Bagdad-Bassora, qui serpentait le long d'une colline escarpée. Mais Gertrude ignorait superbement les secousses qui ébranlaient le wagon et se contentait de secouer du revers de la main le sable qui, à la grande exaspération des voyageurs, pénétrait insidieusement dans les voitures. Elle descendit à Bassora, vêtue de sa plus belle robe et décidée à ne pas s'y éterniser. Mais tout ce qu'elle vit venir fut un télégramme lui annonçant que Hugh Bell, retenu à Karachi, ne pourrait arriver que dans quelques jours. Il ne manquait plus que ça ! soupira-t-elle. Heureusement, elle avait apporté du travail et ce contretemps lui permettrait peut-être de soigner un rhume récemment attrapé. « À quelque chose malheur est bon », écrivit-elle à Florence. Elle en profiterait également pour questionner sérieusement les cheikhs de la région sur la forme à donner au futur gouvernement.

Ses amis américains, les missionnaires Dorothy et John Van Ess, lui offrirent l'hospitalité, et elle passa la plus grande partie de ses journées dans leur bureau, pelotonnée sur le canapé, ses pieds ramenés sous elle à la mode arabe, à fumer cigarette sur cigarette en discutant du futur gouvernement irakien avec John Van Ess. Celui-ci partageait les vues de A. T. Wilson sur l'incapacité des Arabes à s'autogouverner. Après cinq ans de contact rapproché avec les tribus locales, le missionnaire estimait que l'Irak n'était pas prête à assumer son indépendance. Comme Wilson, il était favorable à un haut-commissariat britannique qui jouirait d'une autorité supérieure, et d'un cabinet ministériel composé d'Arabes qu'auraient formés des experts britanniques. Gertrude, si elle se montrait d'accord sur le dernier point, était cependant convaincue que le chef du gouvernement ne pouvait être qu'un Arabe, soutenu par des ministres arabes. Elle repoussait toute autre alternative.

« Mais enfin, Gertrude ! protestait Van Ess, invoquant le respect du passé. Vous ne pouvez pas balayer quatre mille ans d'histoire en traçant tout bêtement autour de l'Irak une frontière qui lui donnerait le droit à l'autonomie politique ! L'Assyrie a toujours été dépendante de l'Ouest, du Nord et de l'Est, et Babylone a constamment cherché l'appui du Sud. Jusqu'ici on n'a jamais vu une de ces régions réclamer l'indépendance. Il va falloir du temps pour les en persuader, du temps et de la patience : ces gens-là n'ont pas la plus petite idée de ce qu'est une nation. »

Ils parlèrent des tribus, de leurs allégeances diverses, et se demandèrent s'il existait un chef arabe qui puisse être respecté de tous. Van Ess se fit le champion de Sayid Taleb : ce descendant de Mahomet jouissait de garanties religieuses qui lui assuraient une popularité inégalée, et c'était un homme travailleur, naturellement doué pour exercer le gouvernement. Gertrude marqua aussitôt son désaccord. Son choix à elle, c'était soit Faysal, qui était resté en Syrie, soit Abdullah, le frère aîné de Faysal. « Abdullah est un gentleman, écrivit-elle par la suite aux siens, il aime à lire *Le Figaro* au petit déjeuner. Je suis sûre que nous entretiendrions les meilleurs rapports avec lui. » L'Américain rappela que les tribus n'accepteraient jamais d'être dirigées par un chérifien pour la bonne raison que les chérifiens étaient des étrangers, qui ignoraient tout de l'Irak et des Irakiens.

« Oh, ils finiront bien par y venir », répliqua tranquillement Gertrude.

Tandis qu'elle s'entretenait ainsi du sort de l'Irak avec John Van Ess, le Parlement anglais de son côté s'intéressait au sort de ce pays. Nombreux étaient ceux qui jugeaient que la Mésopotamie était un fardeau pour l'Angleterre, en termes financiers comme en termes militaires (le contingent anglais en Irak comptait 17 000 soldats anglais, plus 44 000 soldats indiens et, avec les 23 000 soldats postés en Palestine, l'Angleterre devait débourser trente-cinq millions et demi de livres par an pour entretenir ses garnisons). Mais il était difficile de contester l'importance grandissante de la Mésopotamie, destinée à devenir une grande source de pétrole. Les Anglais recherchaient le pétrole non seulement pour leur marine et leur aviation militaire, récemment constituée, mais aussi parce que ce combustible avait généralement détrôné le charbon dans les pays industrialisés. Il faisait fonctionner les engins à moteur des industries et des fermes, les navires, les chemins de fer, les avions, les automobiles, les tanks et les camions. Cette nécessité d'un approvisionnement en pétrole obligeait l'Angleterre à maintenir des relations amicales avec la Mésopotamie.

À Whitehall, Mr William Ornsby-Gore défendait les positions britanniques en Irak. Il promettait de restituer toute leur productivité aux seize cents hectares de terre, ravagés par la guerre, qui constituaient jadis l'une des plus grandes réserves agricoles du monde. « Le développement de la Mésopotamie est un objectif majeur pour baisser les prix et augmenter la production mondiale », argumentait ce spécialiste des questions coloniales.

Mr Asquith exprima un avis opposé. Il était favorable à un alignement de la politique britannique en Irak sur celle de Bassora. Ville portuaire, proche d'Abadan, Bassora représentait le plus important des trois anciens *vilayets*.

Lloyd George, le Premier ministre, refusa de se rendre à ses vues. Son objectif était de garder la mainmise sur les trois zones naguère ottomanes : « Nous pourrions, certes, abandonner tout à fait ce pays. Mais je ne peux envisager notre retrait d'une région qui est la plus importante, la plus prometteuse de la Mésopotamie. Mossoul et ses gisements de pétrole représentent un immense capital, [...] les richesses naturelles de cette région excèdent celles de la plupart des autres pays [...] et la population vient de franchir la barre des deux millions de personnes. [...] Qu'arriverait-il si nous décidions de nous retirer ? [...] Après avoir investi des sommes énormes pour libérer ce pays du despotisme turc, pouvons-nous l'abandonner à l'anarchie et la confusion sans nous soucier le moins du monde de son développement futur ? Ce serait un acte de folie, tout à fait indéfendable aux yeux du monde. »

En fin de compte, une commission britannique fut créée, qui devait recevoir mandat de la Société des Nations.

L'air de Bassora retentissait encore des échos de ces débats parlementaires quand Gertrude accueillit son père. Hugh Bell arriva le 29 mars 1920 ; c'était un grand homme mince, à la chevelure et à la barbe blanchies, aux joues roses, et dont les yeux bleus brillaient d'un éclat aussi vif que ceux de sa fille. Gertrude fut ravie de constater qu'il était encore en pleine forme à soixante-quinze ans. Ils passèrent une matinée à Zubair, en compagnie du cheikh, et Gertrude reçut l'après-midi quarante notables pour le thé. Tous furent impressionnés par la dignité et le charme de son père. « C'est si drôle de le présenter à tout le monde, vous ne pouvez pas imaginer, s'exclamait-elle. Je crois parfois rêver ! »

Ils prirent le train à Bassora en direction de Nasseriyya, puis se rendirent à Hilla, où Gertrude montra à son père un projet de rénovation agricole, puis à Nedjef, la ville sainte. Elle l'emmena ensuite à Kadhimaïn, où ils prirent le thé avec le maire ; puis elle lui fit traverser le désert vers le nord, à la rencontre des cheikhs, jusqu'à Mossoul, où il put voir les gisements pétroliers. Elle présenta l'Irak à son père, et son père à l'Irak. Elle était fière de ce pays qui était devenu le sien ; mais elle était plus fière encore de son père. Hugh était l'emblème vivant de ses origines aristocratiques, un double qui l'aidait à s'affirmer dans l'atmosphère hostile où elle vivait. À Bagdad, elle se coiffa d'un chapeau de paille ployant sous les pêches et les cerises, et promena son père de réception en réception. Elle le présenta à toutes ses connaissances juives, arabes et britanniques, du propriétaire terrien Hadji Nadji au religieux *Naqib* ; des frères juifs Sassoun et Saül Effendi Eskaïl au couple Tod, qu'elle appréciait tout particulièrement (lui était un agent de la compagnie Lynch) ; de son collègue Mr Bullard à son ennemi secret, A. T. Wilson. Et si Wilson murmura à Hugh que sa fille était épuisée et qu'un retour à la terre natale lui ferait le plus grand bien, Gertrude fit semblant de n'avoir rien entendu.

Pendant ce mois de délices elle ne voulut pas voir l'épée de Damoclès suspendue au-dessus de sa tête et ne s'occupa que de son père, dont les costumes de tweed bien taillés et les chaussures cirées exhalaient un doux parfum d'Angleterre. Elle jouit du plaisir de le voir habiter chez elle, lisant le *Times* devant le feu, confortablement installé dans un fauteuil tendu de tissu fleuri. Sa domestique Zaya versait le thé, son cuisinier persan apportait un gâteau sortant du four, et ils conversaient des heures durant de divers sujets : le refus entêté de A. T. Wilson de prendre en compte les Arabes et sa jalousie à l'égard des liens tissés par Gertrude ; les débats parlementaires concernant la Mésopotamie ; les tribus, les nationalistes et l'éventualité d'un mandat. Elle avait toujours fait confiance aux jugements paternels : leur pertinence quant à la situation présente ne faisait que renforcer ce sentiment.

« Il est arrivé à un moment crucial, écrivit-elle à Florence. Je crois que les nationalistes arabes sont sur le point de se livrer à une manifestation importante – à laquelle j'adhère absolument. » Elle admettait toutefois qu'une telle manifestation pouvait décider les Britanniques à retirer leurs troupes de Mésopotamie, ce qui se révélerait désastreux. « Si nous abandonnons la région à son sort, cela nous obligera à repenser toute notre politique asiatique. Renoncer à la Mésopotamie, c'est renoncer à la Perse, et par conséquent à l'Inde tout entière. La terre laissée sans protection tombera aux mains de sept démons bien plus terribles que tous ceux qui existaient avant notre arrivée. » Elle avait déjà prévu que la chute de la Mésopotamie amènerait celle de l'Inde, et que la chute de l'Inde sonnerait inévitablement le glas de l'Empire britannique.

Pour l'instant du moins, les Anglais avaient apparemment sauvé la situation. À la conférence de San Remo, le 25 avril 1920, les Premiers ministres français et britannique, Georges Clemenceau et Lloyd George, se mirent d'accord sur la partition des pays arabes délivrés du joug ottoman. L'Arabie ne changeait pas de statut et demeurait une péninsule autonome, mais sous influence anglaise. La Syrie, qui incluait le Liban, passait sous mandat français. La Mésopotamie et la Palestine étaient en revanche placées sous mandat britannique. Les mandats dureraient jusqu'au moment où ces pays pourraient « s'autogouverner ». En échange de Mossoul, région du nord de l'Irak que les Français cédaient aux Britanniques, les deux nations européennes se partageaient l'exploitation et la production du pétrole irakien. Toutefois ce n'était plus la question du pétrole, mais celle des mandats qui agitait maintenant les esprits.

La nouvelle parvint à Bagdad le 1er mai 1920 ; elle fut publiée quelques jours plus tard. Comme le remarqua par la suite Percy Cox, « elle déclencha une nuée de commentaires ». Wilson publia un communiqué indiquant que l'objectif poursuivi était « la création d'un corps politique sain », et que le rôle de la Grande-Bretagne était celui d'un « gardien sage et prévoyant ». Des mesures avaient déjà été prises, et d'autres suivraient, pour « mettre en place la création d'un état irakien, arabe et indépendant ».

Des réunions secrètes avaient lieu tôt le matin et tard dans la nuit. Dans les bazars et les cafés, les Arabes discutaient de la signification du mot « mandat ». Les nationalistes le rejetaient, y voyant une autorité supérieure qui aurait tout pouvoir de leur donner des ordres ; les religieux n'en voulaient pas non plus, car c'était pour eux la menace d'un gouvernement séculaire sur leur statut. Certains se montraient soulagés ; beaucoup le considéraient comme une trahison du principe d'autodétermination qui leur avait été promis dix-huit mois plus tôt par la déclaration franco-britannique.

La tournure prise par les événements avait anéanti tous les efforts de Wilson pour empêcher un gouvernement arabe de voir le jour. Espérant, dans un dernier effort, convaincre les modérés, il télégraphia au Foreign Office pour obtenir la permission de publier un projet de constitution, encore qu'il ne crût pas au bien-fondé d'une constitution dans l'immédiat. Mais il n'obtint de Londres qu'un refus. Wilson supplia alors qu'on voulût bien nommer Percy Cox à sa place. Le Parlement resta de marbre : ni le projet de constitution ni la nomination de Cox ne pourraient avoir lieu avant que la Turquie eût accepté de signer un traité de paix.

La Société des Nations octroya aux Britanniques le mandat sur la Mésopotamie, aux Français le mandat sur la Syrie. Ceux-ci abandonnèrent aussitôt leur revendication sur Mossoul, comme il en avait été convenu dans l'accord Sykes-Picot. En échange du territoire, les Français avaient réclamé une partie des bénéfices à venir sur le pétrole de Mossoul. Prenant pour arbitre l'entrepreneur arménien Calouste Gulbenkian, universellement surnommé « Monsieur Cinq-pour-Cent », les Français et les Britanniques signèrent un pacte destiné à prendre en compte « l'approvisionnement permanent en pétrole destiné à des fins industrielles et commerciales ». La demande de pétrole augmentait sans cesse, au point que le pacte reconnaissait que « l'offre [était] de plus en plus inadéquate ». L'Angleterre et la

France devaient adopter une politique commune de développement portant sur la construction de pipe-lines, l'acquisition (facilitée administrativement) de terres destinées à recevoir les entrepôts, les raffineries, les quais de chargement, etc.

Une rivalité les opposait aux États-Unis, qui réalisaient presque les deux tiers de la production mondiale de pétrole. Le gouvernement américain craignait de voir ses propres ressources s'épuiser dans les années à venir. Le Congrès avait refusé de ratifier la Société des Nations créée par le président Wilson et de placer certaines régions ottomanes sous mandat américain, et s'était prononcé pour une politique isolationniste plutôt qu'interventionniste. Aujourd'hui, il enrageait devant les stratégies ambitieuses de ses anciens alliés. « L'Angleterre se rend maîtresse de tous les gisements pétroliers du monde », vociférait Henry Cabot Lodge, le sénateur patricien du Massachusetts.

Le débat devait se poursuivre neuf années durant, mais la Grande-Bretagne ne cachait rien de ses ambitions : elle avait désespérément besoin de pétrole pour ses intérêts vitaux et sa puissance militaire. En prenant le contrôle des gisements irakiens, elle pouvait dormir paisiblement : l'or noir dont dépendait son repos, ce n'était plus le charbon, jadis tant convoité, mais bel et bien le pétrole.

Gertrude, elle, avait retrouvé le moral avec la visite de son père. « Les gens cesseraient bientôt de geindre en permanence s'ils avaient un père comme vous, écrivait-elle dans un accès d'adoration. Quand on aborde un sujet avec vous, même complexe ou étranger à votre expérience, on peut être sûr que vous irez immédiatement au cœur des choses. En fait, c'est seulement rétrospectivement que je saisis la rapidité de votre entendement. Quoi qu'il en soit, je suis certaine que vous avez pénétré la situation actuelle tout comme nous, et cela me fait bien plaisir, non seulement parce que cela rend mon travail beaucoup plus captivant, mais aussi parce que vous pourrez dire un mot en notre faveur une fois de retour. »

Ce n'était pas seulement pour la Mésopotamie qu'elle réclamait ainsi le soutien paternel ; c'était aussi pour elle-même.

A. T. Wilson lui rendait la vie impossible. Une nouvelle prise de bec dans leurs bureaux de la Résidence provoqua chez ce dernier un aveu franc et direct de son inimitié : « Vous êtes la personne la plus insupportable et la plus rigide que j'aie jamais rencontrée », lui jeta-t-il avec hargne. Quelques jours plus tard, c'était au tour de Gertrude de se lamenter que les déjeuners au bureau devenaient intolérables : « C'est A. T. qui préside, et il est si désagréable que je me vois forcée de l'éviter et de ne plus lui adresser la parole. Non que cela lui fasse particulièrement plaisir, mais y a-t-il une autre solution ? »

Les autres fonctionnaires, dans leur loyauté à leur supérieur, s'étaient solidement ligués contre elle et Wilson l'avait évincée de la routine quotidienne. Pour envenimer les choses, Frank Balfour, l'un des rares fidèles à qui elle pouvait se confier, venait d'annoncer ses fiançailles. « J'en suis ravie. J'aime beaucoup cette jeune femme », remarqua Gertrude, avant d'ajouter insidieusement : « Et je l'aimerais bien davantage si j'arrivais à distinguer ses traits derrière tout ce maquillage. » Puis il y eut le flot de lettres envoyées par Florence à Hugh, que Gertrude devait réexpédier en Angleterre : « J'espère qu'elle m'écrira bientôt à moi plutôt qu'à vous ! » Déterminée à accomplir ce en quoi elle croyait, elle n'en gardait pas moins la tête haute et poursuivait sa tâche.

26

L'affrontement

Les « Pleasant Sunday Afternoons » (délicieux dimanches après-midi) de Miss Gertrude Bell que les officiers britanniques abréviaient en « PSA » furent inaugurés vers la mi-mai 1920. Après le petit déjeuner et un tour à cheval, Gertrude rentrait chez elle pour décorer son jardin. Elle suspendait aux arbres de vieilles lanternes provenant de Bagdad et arrangeait les chaises en cercle en attendant impatiemment l'arrivée de ses invités (tous des hommes). Balfour, Bonham Carter et quelques autres autorités locales apparaissaient enfin, accompagnés d'une trentaine de membres de l'intelligentsia arabe, dont la plupart soutenaient Faysal et les chérifiens. Tout en savourant boissons fraîches, fruits et petits gâteaux, ils discutaient des questions politiques du jour : le sionisme et la déclaration Balfour, la déclaration franco-britannique, Mossoul et le problème turc, le mandat anglais. Tous exprimaient librement leurs craintes et leurs problèmes, ce qui servait l'objectif visé par Gertrude : se tenir au courant des troubles ou tensions en recueillant directement le témoignage des intéressés. « Excellente idée », avait commenté Balfour. Prévoyant que Wilson pourrait éventuellement s'opposer à ces rencontres, Gertrude lui avait préalablement demandé son avis. « J'aime avoir un pied dans chaque camp », lui fut-il répondu.

Elle n'aurait pu accueillir plus chaleureusement l'invité qui se présenta à sa porte le dimanche 23 mai : c'était son ancien domestique Fattuh. Il avait servi de guide à un homme qui faisait le voyage depuis Alep, sa ville natale, et, après une épuisante traversée du désert où ils avaient dû éviter les bandes de pillards qui ravageaient encore la contrée, il s'était rendu tout droit chez Gertrude. Elle l'étreignit chaleureusement et la première chose qu'il lui demanda fut des nouvelles de son père.

« Son Excellence est-elle encore avec vous ?

– Comment sais-tu qu'il est venu ici ? répliqua-t-elle, stupéfaite.

– Oh, dit Fattuh, l'un des Bédouins qui vivent dans le désert m'a appris que la *Khatun* se portait bien et que son père était à ses côtés. »

« Ainsi, toute l'Arabie ne parle que de vous », écrivit Gertrude à son père. Il lui manquait beaucoup : toutes les fois qu'elle passait devant la gare, elle ne pouvait s'empêcher de penser à lui et à leurs excursions en train. Elle se revoyait partageant avec lui une Thermos de thé chaud en évoquant l'abondance des antiquités, l'absence d'autorités locales, et ses accrochages quotidiens avec Wilson. Ce dernier avait été fait chevalier commandeur de l'Empire des Indes, un titre légèrement plus élevé que le sien. Elle en fut blessée, mais se contenta d'écrire : « J'en suis ravie, car il le mérite. Je déplore néanmoins qu'en l'adoubant ainsi chevalier, ils ne lui aient pas transmis les bonnes manières que la tradition attribue à ces héros ! »

Fattuh, le serviteur fidèle, arrivait à point nommé. Si la température extérieure se maintenait à trente-sept degrés en cette fin de mai, les mosquées n'avaient pas tardé à s'enfiévrer. Dix-huit mois après la publication de la déclaration franco-britannique, le mandat anglais était désormais officiel, mais on ne voyait toujours pas l'ombre d'un gouvernement arabe. Or, c'était maintenant le début du ramadan et les *mudjahidins*, qui représentaient l'autorité suprême chiite, profitaient de la circonstance pour prêcher le *djihad.* Jadis, les sunnites avaient considéré avec défiance ces incitations à la guerre sainte, dont ils craignaient qu'elles n'aboutissent à la création d'un état islamique. Aujourd'hui, et pour la première fois de mémoire arabe, les citadins sunnites et les tribus chiites oubliaient leurs rancœurs et s'unissaient pour combattre leurs ennemis communs, les Anglais. « Derrière toute cette agitation, expliquait Gertrude, transparaît la haine de l'infidèle. » Frank Balfour, gouverneur de Bagdad, fit arrêter un jour un jeune exalté qui exhortait les foules à la révolte. Gertrude lui donna raison, tout en remarquant que « ce genre de décision est toujours délicate ». Comme on pouvait s'y attendre, l'arrestation du jeune homme ne fit que jeter de l'huile sur le feu.

La nuit suivante, qui était celle du 30 mai 1920, un groupe de citadins se réunit dans la grande mosquée de New Street. Craignant une échauffourée, Balfour envoya deux voitures blindées en patrouille. Un meneur lança une pierre à la tête d'un des chauffeurs en uniforme, qui dégaina aussitôt son revolver. De son lit, Gertrude entendit des coups de feu. Le lendemain, l'informateur arabe qui venait tous les matins faire son rapport lui apprit que le conducteur s'était contenté de tirer en l'air, mais qu'un vieil Arabe aveugle avait roulé sous les roues de la voiture. Balfour convoqua tous les meneurs le jour même et leur interdit formellement d'utiliser les mosquées pour des rassemblements politiques. Il était trop tard : le mal était fait. Le mouvement nationaliste, attisé par les slogans extrémistes que propageaient les Syriens et par le refus du gouvernement anglais de lui soumettre un projet constitutionnel, organisa une vague de violentes manifestations. La grève générale fut déclarée et, lorsque Gertrude traversa les bazars pour se rendre à son bureau, elle trouva les boutiques fermées.

Le 3 juin 1920, Wilson s'entretint avec le nouveau chef de l'état-major, le général sir Aylmer Haldane (qui remplaçait le général MacMunn, envoyé en Inde). Il avertit Haldane que l'on pouvait s'attendre à des troubles dans le bas Euphrate d'ici quelques semaines. Wilson voyait dans ce climat d'agitation la confirmation de ses propres incertitudes : la déclaration franco-britannique était dans l'erreur, et les Arabes se montraient bel et bien incapables de s'autogouverner.

Des rumeurs belliqueuses s'étaient répandues dans la ville comme une traînée de poudre et allumaient la flamme nationaliste jusque dans les mosquées de Karbala et les huttes d'argile de Bassora. Les tribus nationalistes du Nord fondaient leurs espérances sur les rapports qui annonçaient que les troupes arabes d'Abdullah arrivaient de Syrie pour leur porter secours. À cette nouvelle, la fureur gagna les tribus chiites du Sud, car elles refusaient catégoriquement d'être gouvernées par un étranger, qui plus est un monarque : elles ripostèrent en lançant une série de raids au-delà de l'Euphrate.

Fattuh répétait à Gertrude les conversations de café, où les clients se plaignaient amèrement d'un de ses collègues britanniques, le colonel Leachman. Il avait été dépêché à Dulaïm, l'une des régions les plus agitées, pour surveiller les initiatives nationalistes en tant que conseiller politique. Leachman avait la réputation d'être un aventurier et un baroudeur, mais il usait de la manière forte et son caractère hargneux lui avait aliéné les tribus locales, qui ne cachaient pas leur mépris à son égard. Nonobstant l'impolitesse que celui-ci continuait d'afficher à son égard, Gertrude en avertit Wilson.

Le 4 juin, les Shammar, la plus puissante des tribus qui écumaient le désert entre le Tigre et l'Euphrate, assaillirent la ville de Tel-Afar, située à une soixantaine de kilomètres à l'ouest de Mossoul. Sous les ordres de Jamil Maidfai, les cheikhs Shammar répandirent la fausse nouvelle qu'Abdullah marchait sur Bagdad, où il s'autoproclamerait roi. Usant de ce prétexte pour inciter les Arabes de la région à se rebeller, ils les pressèrent de manifester leur loyauté aux nationalistes en tuant le plus d'Anglais possible. Six hommes furent ainsi assassinés : deux fonctionnaires administratifs, deux chauffeurs, le capitaine Stuart, chargé de lever des troupes et médaillé de guerre, et un officier auxiliaire, le capitaine Barlow. La réaction de Wilson fut immédiate.

Il ordonna de mitrailler les quartiers insurgés, d'arrêter les insurgés et de déporter leurs chefs. Tous les habitants de Tel-Afar furent chassés de leurs maisons, qui furent toutes rasées.

Les Anglais interdirent aux habitants de reconstruire la ville. Wilson ne devait pas hésiter par la suite à recourir systématiquement à ce genre de châtiment.

Le jour où parvint la nouvelle des massacres, Gertrude déjeunait avec le général Haldane. Les fonctionnaires civils avaient appris avec fureur que le général s'apprêtait à partir en vacances en Perse et ne serait de retour qu'en octobre. Après avoir échangé quelques menus propos sur des amis communs, Gertrude se leva pour partir. Elle posa une dernière question : s'il apprenait que les tribus avaient pris Bagdad, le général avancerait-il son retour ? Le général haussa les épaules. « Oh, je refuse de me sentir concerné par ce qui peut advenir pendant mon absence. »

Gertrude et Wilson, également écœurés par l'indifférence de Haldane, enterrèrent pour un temps leurs querelles. Pourtant cet incident ne fit que souligner leurs points de désaccord : si Wilson était partisan d'un renforcement des troupes britanniques sur le sol étranger, Gertrude restait favorable à un gouvernement arabe ; elle espérait même que les tribus accepteraient pour émir cet homme cultivé qu'était Abdullah. Pour elle, c'était la seule solution propre à satisfaire les diverses factions, y compris les Anglais qui s'opposaient à un gouvernement totalement autonome. La première chose à faire était de rapatrier sans tarder les chefs irakiens qui soutenaient Faysal à Damas, notamment Jafar al Askari et Nouri Saïd, afin qu'ils forment le nouveau gouvernement. « Ce sont des hommes intelligents, forts d'une expérience considérable, notait-elle. Si nous acceptons de les traiter en égaux, nous n'aurons aucun mal à les persuader d'agir avec sagesse. »

À Bagdad, une coterie nationaliste contacta Wilson. Le 7 juin, il les rencontra, ainsi que les meneurs, qu'ils soient juifs, musulmans ou chrétiens. De haute stature, fixant l'assistance de ses yeux noirs, Wilson déplora le fait que le gouvernement civil ne fût toujours pas établi. Les Anglais étaient hors de cause, car, si le mandat avait bel et bien été établi début mai, on n'avait pas spécifié à quelle date il prendrait fin. Toutefois, si les meneurs incitaient le peuple à la rébellion, Wilson prédisait des conséquences désastreuses et incontrôlables qui détruiraient tous les espoirs présents. Lesdits meneurs répliquèrent en exigeant la création immédiate d'un comité pour la formation du gouvernement arabe, selon les termes de l'accord de 1918. À cela Wilson répondit que, sitôt que la nature et la durée du mandat auraient été fixées, l'on se mettrait en devoir d'organiser une Assemblée constituante. Les Arabes, promit-il, auraient voix au chapitre quant à la forme à donner au futur gouvernement. Sur quoi il tourna les talons.

Fattuh rapporta à Gertrude que les habitués des cafés considéraient que la rencontre avait été positive. « Les propos de A. T. ont certainement calmé la tempête extrémiste », écrivit Gertrude avec soulagement. La rumeur publique accusait à présent la population de Tel-Afar de s'être « donnée en spectacle ». Lorsque Wilson se rendit le lendemain par avion militaire à Hilla et Nedjef, il comprit que personne n'avait envie de se joindre aux rebelles. « Pendant tout ce temps, nos adversaires sont occupés par leurs querelles intestines », notait Gertrude. L'alliance entre les chiites et les sunnites était rompue.

Dans une note adressée au général Haldane, elle écrivit que « le petit peuple, du moins, ne sembl[ait] plus participer aux émeutes ». Les conversations des cafés, les rapports quotidiens de ses informateurs et les entretiens intimes qu'elle avait avec certains Arabes l'avaient convaincue que « la plupart des chefs n'[étaient] que trop désireux de passer l'éponge ». L'atmosphère était apparemment revenue au calme. Bientôt la fin du ramadan mettrait un terme aux assemblées fébriles qui se tenaient dans les mosquées. Oubliant les conseils récents de Wilson, le général Haldane suivit ceux de Miss Bell et ordonna à ses troupes de cesser les opérations militaires.

Afin d'encourager les efforts des Arabes modérés, Gertrude transmit à l'un de leurs représentants des documents confidentiels portant sur le gouvernement constitutionnel. Lorsqu'elle rencontra Wilson le lendemain au bureau, elle lui avoua son acte avec insouciance. A.T. entra aussitôt dans une rage folle : « Vos indiscrétions sont inadmissibles ! Vous n'aurez jamais plus accès à un document officiel. » Gertrude présenta ses excuses, mais Wilson poursuivit : « Si je n'avais pas été moi-même sur le départ, il y a des mois que j'aurais exigé votre démission. Vous et votre émir ! » conclut-il en s'étranglant à moitié de fureur.

Gertrude fut piquée au vif. « Je sais très bien ce qui se cache derrière tout cela », écrivit-elle à son père, en faisant allusion à son rapport sur la Syrie. « Il se trouve que j'ai eu raison et qu'il a eu tort. J'ai dû prendre sur moi pour ne pas le lui rappeler ; heureusement, tout cela est consigné par écrit. »

Qui plus est, pensait-elle, il était grand temps que Wilson quitte le pays. Il avait toujours refusé d'adhérer à la politique d'un gouvernement arabe officialisé par la déclaration de 1918. « En réalité, il l'a toujours délibérément ignoré. Les gens savent qu'il ne soutient pas leurs idées, aussi ne lui font-ils pas confiance. En attendant, c'est peut-être moi qui serai obligée de partir, mais je ne remettrai pas ma démission. Je ne quitterai ce pays que sur un ordre formel. Dieu merci, sir Percy sera de retour la semaine prochaine ; il fait étape ici avant de regagner l'Angleterre et je pourrai ainsi lui demander conseil si nécessaire. »

Le ramadan prit fin vers la mi-juin 1920, mais la révolte grondait encore sourdement. Un matin, Gertrude se rendit à cheval chez son ami chiite, Hadji Nadji, qu'elle trouva bouleversé. Les extrémistes l'avaient malmené, menaçant de s'en prendre à sa vie s'il ne se joignait pas aux insurgés. Hadji Nadji avait refusé, et avait organisé une garde armée autour de sa maison, mais il était encore inquiet. Il la pria de venir plus souvent lui rendre visite. Elle promit de venir « continuellement ».

Dans plusieurs villes, les bazars se couvraient partout de grandes affiches incitant le peuple à la rébellion contre les Anglais. Dans la ville sainte de Karbala, où des milliers de pèlerins étaient rassemblés pour la fête d'Id al Fitr, qui célèbre la fin du ramadan, des agitateurs islamiques excitaient la foule jusqu'au délire, tandis qu'une conspiration de cheikhs et de notables organisait la révolte et la création d'un état islamique. À Kadhimaïn, le fils du saint homme auquel Gertrude avait naguère rendu visite était le meneur de l'insurrection. Près de Nedjef, une petite tribu, naguère célèbre pour ses raids contre les pèlerins perses, n'hésitait plus à piller tous ceux qui croisaient son chemin. Au Nord, deux tribus plus importantes s'affrontaient avec la dernière violence. Le long de la branche sud de l'Euphrate, près de Diwaniya, les tribus, bombardées par les forces aériennes parce qu'elles refusaient de payer leurs taxes, avaient riposté en sabotant la ligne de chemin de fer en trois endroits, signe de rébellion ouverte. Wilson réagissait à toutes ces provocations en faisant bombarder les villages, brûler les maisons, mitrailler les insurgés, déporter les meneurs et emprisonner les activistes.

Cette stratégie répressive ne servait à rien, songeait Gertrude. Elle produisait le même effet qu'une Cocotte-Minute sous pression : en pesant ainsi sur l'ennemi, Wilson ne faisait que l'exaspérer davantage. Mais Gertrude n'avait pas voix au chapitre. Ses collègues la boudaient ouvertement, l'accusant de panarabisme ; Wilson lui parlait avec aigreur et, au mess, il refusait de l'admettre à sa table.

Quelques semaines plus tard, la rébellion avait gagné tout le pays. Elle s'était propagée à Rumaïtha, où le major Daly, conseiller politique dans la région du sud de l'Euphrate, avait arrêté deux personnalités locales participant à l'émeute et les avait envoyées sous garde à Bassora, en train. Les tribus de l'Euphrate, informées, avaient attaqué le train, délivré les prisonniers et saboté la ligne ferroviaire. Lorsque Daly envoya deux cents hommes en renfort, les Arabes capturèrent l'un des trains de secours et s'emparèrent des armes qui étaient à bord. Comme les Anglais ne disposaient que d'un nombre limité de wagons, ils recoururent aux avions, qui volèrent en rase-mottes pour larguer des colis de vivres aux soldats prisonniers. Mais les Arabes utilisèrent leurs nouveaux fusils pour tirer sur les avions. « Pour autant que j'y comprenne quelque chose, écrivit Gertrude, toute cette affaire a été menée en dépit du bon sens dès le début – sans doute parce que tout le G.Q.G. [grand quartier général] se trouvait au Nord, dans les montagnes perses, et n'a pas pris l'affaire au sérieux. »

Si Gertrude blâmait l'armée de n'avoir pas su mater la rébellion, elle était elle-même objet de critiques de la part de Wilson et son équipe. Ses collègues lui faisaient payer cher l'assurance qu'elle avait donnée au général Haldane que les troubles cesseraient. Toute leur loyauté et leur admiration allaient à Wilson et, comme lui, ils méprisaient ouvertement Gertrude. Tous désapprouvaient en bloc ses sentiments pro-arabes. À leurs yeux, la politique de répression menée par Wilson était l'unique solution : Gertrude n'était qu'un jouet entre les mains des Arabes. Le cri d'indépendance poussé par les Mésopotamiens écorchait leurs oreilles de colonialistes anglais. Ce n'était pas un hasard si le *Times* qualifiait Wilson de « bureaucrate desséché au soleil, et décidé à faire de la Mésopotamie un second Empire des Indes [1] ».

27

Une victoire un peu amère

Percy Cox arriva à Bagdad vers la fin juin et Gertrude put enfin reprendre haleine, du moins pour un temps. Cox était le rocher auquel elle s'agrippait dans cette mer en remous. Elle le vit dès son retour, alors qu'il prenait son petit déjeuner au mess en compagnie de sa femme, et « ce fut comme si tous [s]es soucis avaient disparu d'un seul coup ». Le lendemain, ce fut Cox qui se rendit chez elle après le thé. Elle se hâta de lui rapporter les dernières nouvelles : les sermons enflammés que l'on prêchait dans les mosquées, le courant extrémiste issu du nationalisme, les explosions de colère de certaines tribus et les réactions excentriques du général Haldane (rappelé à l'ordre par un télégramme sévère de Winston Churchill, alors ministre de la Guerre). Elle lui dressa ce qu'elle pensait être « un tableau objectif de la situation arabe dans son ensemble », comme elle l'écrivit par la suite à son père. Les Arabes avaient attendu trop longtemps qu'on leur octroie gouvernement et dirigeant, et la situation dégénérait depuis huit mois. Toutefois elle garda le silence sur un sujet précis : elle ne rapporta pas à Cox la scène désagréable qui l'avait opposée à Wilson et qu'elle considérait comme « un accès de folie pure et simple ».

Lorsqu'il vit Wilson, Cox lui demanda s'il s'entendait mieux avec Miss Bell. Wilson se plaignit amèrement de ce qu'elle s'obstinait à entretenir une correspondance privée avec Asquith et d'autres personnalités. Cette rancune menaçait de tourner à la paranoïa, remarquait Gertrude. Néanmoins, elle et Wilson avaient fini par établir un certain *modus vivendi* : Wilson lui faisait transmettre les documents courants, ils se retrouvaient au mess pour les repas, et tous deux conjuguaient leurs efforts pour se montrer raisonnablement polis. Gertrude évitait autant que possible le bureau de son supérieur, de crainte de provoquer une nouvelle crise de rage, et se montrait tout juste courtoise lorsqu'il passait la voir. « Et comme il a continuellement besoin de documents, ça l'oblige à faire le trajet pas mal de fois, ricanait-elle. Je ris sous cape, car c'est mon seul atout, eh oui ! Je gagne à tous les coups, pour dire le vrai [1]. » Son existence était misérable, mais elle avait bel et bien remporté la manche, car Cox avait annoncé son retour en octobre, avec le rang de haut-commissaire.

Durant les deux jours qu'il passa à Bagdad, sir Percy approuva le projet de Wilson sur l'Assemblée constituante. Ce projet faisait de la Mésopotamie un État indépendant sous la responsabilité de la Société des Nations, mais qui demeurait sous mandat britannique : sir Percy Cox reviendrait donc pour établir un gouvernement arabe provisoire.

Cox partit pour l'Angleterre le lendemain, laissant à Gertrude son perroquet en garde ; en retour il emportait dans ses bagages la moitié du rapport important rédigé par Miss Bell à l'intention du Parlement, rapport qui examinait sous toutes les coutures l'administration civile anglaise en Mésopotamie. Londres se posait tant de questions sur le coût du maintien des troupes en Irak, lui expliqua-t-elle, qu'il devenait urgent de publier un document prouvant l'importance des tâches accomplies. « Je vous en prie, faites-nous autant de propagande que possible », écrivit-elle à son père, en espérant qu'il mobiliserait un groupe de pression en sa faveur. Sur quoi elle ajoutait : « Et, je vous en prie, n'oubliez pas de m'aimer toujours. »

Depuis des mois, elle suppliait Wilson d'autoriser Jafar Pacha al Askari, l'un des collaborateurs intimes de Faysal, à venir à Bagdad discuter de la situation en Syrie. Wilson avait opposé un refus sans appel. Toutefois, il avait finalement admis que certaines mesures devenaient nécessaires pour apaiser les Arabes. Ayant demandé et reçu de Whitehall l'autorisation formelle de créer l'Assemblée constituante, Wilson invita Jafar Pacha à Bagdad, mais se refusa à tenir Gertrude au courant.

« Je n'ai pas vraiment d'idée sur ce qui se passe parce que A. T. ne me dit jamais rien, se plaignait-elle. J'ai comme l'impression qu'il est résolu à me maintenir à ma place, encore que personne ne sache exactement où est ma place. » La meilleure solution était d'éviter tout accrochage jusqu'au retour de Cox. Certes, elle refusa à son tour de laisser Wilson interférer dans son travail ; elle se contenta de lui envoyer une note suggérant de créer à Bagdad une commission mixte de chiites et de sunnites que l'on expédierait ensuite dans les villes saintes, où ils tenteraient d'écraser les tribus rebelles. A. T. passa outre cette suggestion ; elle le soupçonna d'avoir tout bonnement jeté sa note à la poubelle.

Sayid Taleb se rendit à Bagdad lorsque fut convoquée l'Assemblée constituante. Naguère partisan de la faction turque qui s'était rebellée contre le sultanat, il avait ensuite retourné sa veste, éveillant la défiance de certains Mésopotamiens. Bien qu'il privilégiât les agissements clandestins, c'était un homme politique de valeur et certains nationalistes irakiens exilés en Syrie le reconnaissaient pour leur porte-parole. Il se rendit chez Gertrude, à qui il déclara que ses intérêts rejoignaient ceux de l'Angleterre. Son but était de souder un nouveau parti modéré, pour lequel il réclamait le soutien des Anglais. Gertrude, plus méfiante que les autorités locales, refusa en invoquant cet argument quelque peu spécieux : « Une fois que nous aurons formé le gouvernement arabe, nous pourrons difficilement lui imposer le choix de telle ou telle personnalité pour dirigeant. »

Le rassemblement des meneurs nationalistes à Bagdad ne contribua pas à apaiser le reste du pays. Des rapports indiquèrent que les tribus de l'Euphrate s'étaient soulevées, saccageant sur leur passage les fermes des citadins sunnites. Le conseiller politique à Kufa avait été fait prisonnier. Près de Hilla, une colonne de quatre cents soldats anglais avait été attaquée ; la moitié des hommes avaient été faits prisonniers. Le récit de ces incidents se répandit dans tout le pays, et les rumeurs accréditant la faiblesse des troupes anglaises incitèrent au soulèvement des milliers de nouveaux combattants. La rébellion était désormais incontrôlable.

La panique gagna les habitants de Bagdad : les tribus ravageaient leurs vastes domaines ruraux, et la menace d'un État islamique se concrétisait. La haine séculaire opposant sunnites et chiites connaissait un inquiétant regain. Les citadins étaient terrifiés par le soulèvement général qu'ils avaient eux-mêmes provoqué en s'alliant aux chiites, en mai de l'année précédente. Deux notables distingués de Bagdad, tous deux sunnites, vinrent rendre visite à la *Khatun* dans son bureau pour lui demander un service. Elle les accueillit courtoisement, leur offrit du café et demanda en quoi elle pouvait leur venir en aide.

« Tous chantent vos louanges à Bagdad. Tous disent : “ Si seulement les hommes d'Angleterre ressemblaient aux femmes d'Angleterre ! ” » À cette entrée en matière hyperbolique, Gertrude comprit que le service serait d'importance. Elle découvrit qu'ils cherchaient tout simplement un moyen d'apaiser les tribus soulevées.

Elle suggéra la création d'une commission mixte de sunnites et de chiites qui irait trouver les meneurs dans les villes saintes de Karbala et Nedjef. C'était exactement la proposition qu'elle avait soumise à Wilson dix jours plus tôt, mais cette fois elle la tourna de façon que les notables sunnites aient l'impression d'en être les auteurs. Malgré leur répugnance à former alliance avec les chiites, ils acceptèrent.

Cependant, lorsqu'elle rapporta l'entretien à Wilson, celui-ci se hérissa aussitôt. À partir du moment où cette idée venait de Gertrude, elle était inadmissible. Il accepterait d'en tenir compte seulement si elle lui parvenait par l'entremise officielle du capitaine Clayton (dont Gertrude avait rencontré le frère en Égypte), qui avait rejoint les collaborateurs (masculins !) de Wilson.

Gertrude se rendit à cet avis, mais comme Clayton, qui venait d'arriver, ne connaissait encore aucun des notables arabes, elle exigea d'être présente à l'entretien. Wilson dut s'incliner devant cette logique imparable. Lors de la session, elle vit Wilson et les notables s'attribuer spontanément le mérite de la proposition. Gertrude eut l'intelligence de se taire et de ravaler son humiliation en silence, comme elle y avait été si souvent forcée. « Pourtant, c'était mon idée de bout en bout », écrivit-elle à son père.

En Syrie, où Faysal plaidait depuis deux ans environ la cause du gouvernement arabe auprès des Français qui refusaient de le reconnaître, les événements se bousculaient. Le 14 juillet 1920, alors qu'une armée française importante marchait sur Damas depuis Beyrouth, le général Henri Gouraud envoya à Faysal un ultimatum qui exigeait la reconnaissance du mandat français et du contrôle des Français sur l'armée, l'économie et les chemins de fer arabes. Faysal ordonna à ses troupes de se dissoudre : malgré le refus et la lutte désespérée de certains, le dénouement approchait.

Le 20 juillet 1920, l'émir Faysal et son frère Zaïd quittèrent Damas dans le calme. Le gouvernement arabe avait vécu vingt et un mois. Gertrude pensait que Faysal, indigné par la traîtrise des Anglais qui n'avaient pas tenu les promesses faites aux chérifiens, ne tarderait pas à rassembler des troupes pour tenter de reprendre la ville. Quelles que soient les conséquences, elles bouleverseraient de nouveau le désert. Si les Français étaient expulsés de Syrie, les Anglais devraient peut-être quitter l'Irak à leur tour. « Eh bien, écrivait-elle à son père, si les Anglais évacuent la Mésopotamie, je resterai ici tranquillement pour contempler le spectacle. Ce sera bien agréable [...] comme dans le bon vieux temps ! »

Le bon vieux temps pouvait se prolonger pour Gertrude, mais pas pour Hugh. Le sort, qui avait favorisé si longtemps la dynastie des Bell, leur faisait soudain grise mine. Encore dix années, et la fortune acquise dans les mines de fer tomberait en poussière. Les affaires avaient subi le contrecoup des grèves et de la crise qui agitait la Grande-Bretagne dans les années d'après-guerre : Hugh et son associé essayaient à présent d'emprunter des fonds pour remettre à flot leurs finances. Hugh écrivit à Gertrude de lui transmettre une procuration qui lui permettrait de cosigner en son nom les prêts de la banque.

« Je tenterai l'aventure avec vous, répondit-elle avec bonne humeur en citant *Le Roi Lear*, et si nous nous retrouvons tous deux au bagne, nous écrirons le récit de nos vies et de notre temps. » Elle savait très bien qu'en signant ainsi les traites elle finirait par devoir rembourser à la banque sept mille deux cents livres, qu'elle espérait tirer des dividendes croissants rapportés par ses actions Dorman Long. En attendant, elle se promit de surveiller ses dépenses. Son salaire ne lui permettait pas de vivre à son aise, car son métier l'obligeait à investir dans des frais de réception, mais elle pouvait réduire à trente livres, la rente mensuelle qui lui était versée d'Angleterre.

Quoi qu'il en soit, elle n'avait aucune intention de quitter Bagdad. Au pire, jugeait-elle, les Anglais se retireraient de Mésopotamie, la valeur foncière des terrains chuterait et elle pourrait enfin acheter la maison qu'elle louait. À quelque chose malheur est bon.

Cela ne l'empêchait pas de ressentir quelque remords à l'idée d'abandonner Hugh à ses malheurs. « Mon père chéri, poursuivait-elle dans sa lettre, j'espère bien que vous prenez le même plaisir à lire mes lettres que moi à les rédiger ! Si elles vous paraissent un peu folles, je ne peux le justifier qu'en vous rappelant que je vis moi-même dans un univers tout à fait dément ! Sans compter la chaleur, qui me tourne quelque peu la tête. La seule solution, c'est d'accepter tout ce qui arrive, jour après jour, sans jamais s'en étonner. »

Malgré tout son bel optimisme, Gertrude fut bel et bien stupéfaite en recevant le 6 avril 1920 un télégramme d'Edwin Montagu. Il ne s'agissait nullement d'un télégramme de félicitations pour son cinquante-deuxième anniversaire, comme elle aurait pu l'espérer, mais d'un blâme officiel qui répondait à une plainte de Wilson. Le télégramme portait la mention « Privé et personnel » et disait : « J'espère que vous me comprendrez si je vous dis que dans la situation de crise actuelle, où l'avenir de la Mésopotamie est bien incertain, nous devons tous être solidaires. Si vous souhaitez nous faire part de vos opinions, je vous serais reconnaissant de contacter le commissariat des affaires civiles qui nous les transmettra, ou bien de demander une permission afin de nous les exposer à Londres même. Nous accueillerons tous vos avis avec bienveillance, mais les conseillers politiques doivent se montrer prudents lorsque leurs correspondants privés ne sont pas des fonctionnaires en exercice. Indépendamment des aspects pratiques et des conventions établies, une attitude telle que la vôtre risque d'accroître les difficultés plutôt que de les atténuer, ce que, je le sais, vous seriez la première à déplorer [2]. »

Gertrude prit la plume sans plus attendre : « Je partage entièrement votre avis au sujet de la politique que nous menons depuis avril dernier. Vous êtes suffisamment averti de mes vues générales sur la question arabe pour deviner que je regrette qu'elle n'ait pas été engagée plus tôt. Exprimer cette opinion en public non seulement ne changerait rien à la situation, mais risquerait de la détériorer. Pour ce qui est de ma correspondance privée, à part quelques lettres à mon père, je ne vois aucune lettre à teneur politique adressée à des civils qui n'ait d'abord été soumise à l'approbation du colonel Wilson. Je prends cependant bonne note de vos observations. »

Elle envoya cette réponse, ainsi que le télégramme de Montagu, à Wilson en lui demandant s'il avait quelque chose à ajouter. Il renvoya une note de service sur laquelle il avait griffonné : « Miss Bell. Lors de son dernier passage à Bagdad, sir Percy Cox m'a demandé, tandis que nous discutions de certains événements passés, si mes rapports avec vous étaient maintenant plus sereins. Je lui ai répondu qu'il m'était difficile de le lui affirmer tant nos opinions divergeaient : divergence qui était devenue de notoriété publique et attisait les commentaires. (Sayid Taleb n'a pas manqué de souligner ce dernier point aujourd'hui.) Je lui ai dit par ailleurs que cet état de choses serait intolérable si je n'espérais pas être relevé de mes fonctions d'ici peu. Vous avez toujours conservé votre droit, en tant qu'individu, d'écrire ce qui vous plaisait à qui vous plaisait ; vous avez, je l'admets de bon cœur, soumis vos lettres à ma vigilance, notamment celles adressées à Asquith ; mais je déplore le principe même de cette correspondance, et mon droit de regard ne doit pas passer pour une approbation. Voilà tout ce que j'ai à dire à ce sujet. »

Le lendemain, Wilson demanda à la rencontrer. Gertrude sentit la rage l'envahir devant la mine grossière de cet individu, dont la silhouette massive contrastait avec sa propre fragilité. « Il était tout à fait inévitable, lui dit-elle, que les gens s'aperçoivent de nos divergences, pour la bonne raison que je n'ai jamais cherché à les cacher – surtout pas à vous. En cela, je ne faisais aucune entorse aux règlements fixés par le gouvernement de Sa Majesté. » Les ragots de Sayid Taleb, cet ignoble brigand, étaient « tout simplement absurdes » et Gertrude le fit sèchement remarquer à Wilson. Tant qu'à la transformer en « bouc émissaire de la contestation », mieux valait lui accorder une permission qu'elle passerait en Inde jusqu'au retour de sir Percy. Qui plus est, ces vacances indiennes lui permettraient peut-être enfin de prendre un peu de repos.

Wilson lui refusa cette permission. Il répliqua que lui-même était sur le départ pour l'Angleterre. Il n'ignorait pas les bonnes relations de Gertrude avec les Arabes et reconnaissait que celles-ci pourraient présenter quelque utilité pour son successeur. Gertrude sourit intérieurement à ces propos.

Ils abordèrent ensuite la question de la correspondance privée de Gertrude. Elle se dit « stupéfaite » par la note de Wilson et lui rappela qu'ils avaient discuté la semaine précédente de la lettre adressée à Mr Asquith : ses reproches présents étaient donc « pour le moins injustifiés ». Après tout, il n'avait fait alors aucune remarque, et ne l'avait nullement empêchée de poster sa lettre. Elle découvrit qu'en fait Wilson ne se préoccupait guère de sa correspondance avec Asquith : ce qu'il voulait savoir, c'était si elle avait écrit à Domnul Chirol et au Bureau des Indes.

Elle lui rappela que Domnul comptait parmi ses amis les plus chers, et que leur correspondance était d'ordre strictement privé. Lorsqu'elle écrivait à sir Arthur Hirtzel, elle consultait « presque systématiquement » Wilson, qui avait chaleureusement approuvé plusieurs des lettres soumises à son contrôle.

L'une de ces lettres avait été écrite pour prendre la défense de Wilson, et ce jour-là il s'était bien gardé de la censurer. Qui plus est, « la recommandation d'Edwin ne concernait que les correspondants civils ». Wilson répondit que ses « objections portaient sur l'ensemble des communications privées établies avec le Bureau des Indes ». Voilà qui était « du dernier ridicule », grommela Gertrude. Cependant, elle ne manquerait pas d'obtempérer à ses demandes.

Wilson lui serra la main en la remerciant de sa « franchise ». Leur séparation à l'amiable n'éteignait pas les feux de la discorde, mais Gertrude se réjouissait du départ de Wilson, et Wilson, de son côté, se réjouissait de la voir bientôt disparaître de sa vie.

Gertrude admit dans une lettre à son père qu'elle était un tout petit peu dans son tort. La « grossière insolence » de Wilson la mettait parfois en fureur, les Arabes l'avaient eux-mêmes constaté. Toutefois, elle ne souhaitait pas rendre public leur désaccord : manifester des dissensions internes ne pouvait que nuire aux Anglais. Ils devaient montrer leur force, d'autant que les troubles mésopotamiens étaient loin de s'apaiser.

Le 16 août inaugura une semaine de mauvaises nouvelles qui la découragèrent pendant un temps. L'informateur agaïli en qui Gertrude se fiait le plus vint la voir à son bureau et lui apprit que le colonel Leachmann, le conseiller politique à Dulaïm, était entré en guerre avec le cheikh Dari de la tribu Shammar. L'Agaïli avait entendu dire quelques jours plus tôt que Leachmann avait infligé une cinglante réprimande au cheikh pour n'avoir pas maintenu la paix le long de la route de Mossoul. Par la suite, il avait ordonné à quelques Shammar de remettre en état un fossé d'assainissement et, bien qu'il fût réputé pour son caractère rancunier, le cheikh Dari avait ordonné à ses hommes de coopérer. Lorsque Leachmann avait pris le chemin du retour, il était tombé dans une embuscade où l'un des Shammar, le propre fils du cheikh, lui avait tiré dans le dos. « Le colonel a toujours usé d'expressions injurieuses à l'égard des Arabes, et le cheikh Dari a de nombreuses raisons de lui en vouloir, écrivit Gertrude aux siens. C'était un soldat de fortune, un officier farouche mais de grand courage et dont la réputation n'était plus à faire en Arabie. Dieu sait quelles seront les conséquences ici ! »

À Bagdad, où un couvre-feu avait été établi, le calme était provisoirement revenu. Dans le reste du pays, l'insurrection déclenchée trois mois plus tôt faisait encore rage. Des milliers de pillards ravageaient le pays ; à Shahraban, le corps administratif avait été intégralement massacré. Gertrude avait l'impression de vivre dans un enfer mêlant les feux de la rébellion aux colères enflammées de Wilson contre elle. Lorsque Montagu lui fit parvenir une seconde réprimande officielle touchant sa correspondance privée, elle riposta par retour de courrier : « Afin d'apaiser vos craintes, j'ai décidé de borner ma correspondance privée à mon père et à mes fournisseurs. »

Le caractère emporté de Wilson, les reproches désagréables venus d'Angleterre, la brutalité locale et le climat brûlant, tout contribuait à la déprimer. Le 23 août, elle écrivit à Florence une lettre découragée : « Nous sommes ici en situation d'échec total. Personne n'avait soupçonné à quel point notre système était défaillant. Il faudra le réviser de fond en comble. Je suppose que nous avons sous-estimé le fait que ce pays n'est rien d'autre qu'une masse compacte de tribus, que nous n'arriverons pas de sitôt à plier à un système quelconque. Les Turcs n'ont pu les gouverner ; nous avons tenté de le faire [...] en vain. »

Elle se sentait comme engourdie, tout ce tumulte l'avait laissée « à moitié morte. J'ai l'impression que je survis au jour le jour sans chercher à planifier l'avenir ». Pourtant, il restait une lueur d'espoir. « Tout au fond de mon cœur, il me semble encore possible que la situation se dénoue de façon aussi rapide qu'elle s'est nouée. Le contraire, toutefois, est également possible ! Mon Dieu, comme j'aimerais que le monde redevienne un peu plus normal. Ou bien la norme réside-t-elle maintenant dans la guerre et la révolution ? »

Au milieu de ces épreuves, elle travaillait à la seconde moitié de son immense rapport concernant les fonctionnaires civils. Celui-ci était presque à son terme et, comme elle l'écrivit à son père, c'était la tâche la plus difficile qu'elle ait jamais entreprise. « Il est impossible d'écrire l'histoire en même temps qu'elle se déroule, et alors même qu'elle n'est pas encore parvenue à sa conclusion. » Restait un point positif : « À ma grande stupeur, A.T. considère que c'est une œuvre de génie. »

Sayid Taleb lui fit une surprise agréable. Cet homme politique rusé avait été un appui considérable pour les Anglais lorsqu'il avait apaisé l'insurrection à Bagdad. À présent il investissait tous ses efforts dans la création d'un parti modéré, pour lequel il réclamait le soutien des Anglais. Déterminé à gagner le plus de gens à sa cause, il disait sans pudeur à Mr Tod, un homme d'affaires de ses amis : « Ce qui manque à cette administration, c'est de l'expérience, et moi j'en ai. Un apprenti-médecin doit tuer quelque deux cents personnes avant d'être au point. J'ai rempli cette condition – vous êtes bien placé pour le savoir ! » Comme le précisa Gertrude dans une note à son père, « Mr Tod fut bien obligé de lui concéder ce dernier point ».

Le matin du 30 octobre, qui était un dimanche, Gertrude déjeunait comme à son habitude d'œufs et de figues fraîches lorsque Taleb se présenta au seuil de sa maison. S'étant inquiété avec empressement de sa santé et de celle de ses proches, il en vint peu à peu à ce qui l'intéressait. Elle était pour lui, disait-il, plus qu'un administrateur officiel, une sœur. Non sans coquetterie, il la pria de le conseiller et elle écouta avec attention. Il expliqua qu'il hésitait à demander au gouvernement britannique de financer son parti. Quel était l'avis de la *Khatun* ? Gertrude lui fit remarquer que, bien que son propre père, comme celui de Sayid, soit un homme aisé, cela ne l'empêchait pas de recevoir un salaire justifié par l'utilité du travail qu'elle accomplissait pour le gouvernement. « Plutôt que de vous adresser au premier venu, qui aurait ensuite prise sur vous, lui dit-elle, mieux vaudrait recevoir un salaire honnête pour services rendus. »

« J'avoue que j'ai ressenti une estime admirative pour lui, écrivit-elle à Hugh non sans une certaine naïveté, d'être ainsi venu me consulter sur ce point. Nous nous demandons souvent quelles peuvent être ses intentions réelles, mais jusqu'ici il a toujours joué franc-jeu. Je suis sûre qu'il se pose la même question à notre sujet, encore que, nous aussi, nous jouions cartes sur table. Tant qu'il viendra ainsi chez moi discuter à visage ouvert, nous aurons moins de mal à équilibrer nos rapports. Mais je ne suis pas certaine qu'il agirait ainsi avec un autre que moi. C'est pourquoi je reste ici, où je peux encore être un peu utile. »

Taleb était non moins utile. Sa présence à Bagdad avait calmé la colère des habitants – par crainte ou par respect, peu importait. Toutefois Gertrude n'avait pas abandonné tout soupçon à son égard. Si les Anglais refusaient de financer son parti, « il recourra au chantage, où il est expert, pour obtenir ce qu'il souhaite. Pourtant, il ne pourra que tenir un rôle important dans l'avenir, et d'ici là il nous appartiendra d'essayer de l'empêcher de nous jouer un mauvais tour ». Gertrude ignorait encore que ce serait elle-même qui jouerait un tour à Sayid, en l'empêchant de remplir ce que d'aucuns jugeaient être son rôle légitime.

Hormis quelques incidents sans gravité, l'insurrection déclenchée en mai 1920 contre les Anglais s'était calmée à l'automne. Elle avait coûté à la Grande-Bretagne cinquante millions de livres et des centaines de vies. Plus de dix mille Arabes y avaient péri. Wilson avait changé de discours à l'annonce du mandat, mais, comme le notait Gertrude, les Arabes n'avaient attendu que trop longtemps. La politique anglaise avait déjà soulevé une tempête de protestations, et les cheikhs attribuaient aux actions violentes des Anglais le revirement qui avait suivi. En fait, reconnaissait-elle, « personne, pas même le gouvernement de Sa Majesté, n'aurait alors admis de laisser aux Arabes l'indépendance que nous sommes maintenant forcés de leur concéder après la rébellion ! ». Un gouvernement provisoire était en voie de création.

À la fin du mois de septembre, Wilson était prêt à retourner au pays. La veille de son départ, il entra dans le bureau de Gertrude pour lui faire ses adieux. Les deux ennemis se firent face dans la pièce blanchie à la chaux : lui, un grand gaillard robuste aux cheveux collés sur le front ; elle, mince, pour ne pas dire chétive, sa chevelure grisonnante relevée en un petit chignon, qui ne laissait passer que quelques boucles sur le front.

Gertrude savait qu'elle avait gagné la partie, mais que tous deux avaient également échoué à maintenir un esprit de camaraderie. Elle lui avoua qu'elle se sentait « découragée plus qu'elle ne saurait dire », et qu'elle « regrettait infiniment qu'ils n'aient pas réussi à mieux harmoniser leurs relations ».

Wilson dit qu'il venait lui présenter ses excuses.

Gertrude l'arrêta aussitôt d'un geste. Elle était aussi responsable que lui, et elle espérait bien qu'il ne partirait pas avec « trop de rancœur à son endroit ».

Wilson répliqua cordialement qu'il partageait ses sentiments. Puis il prit congé, n'ayant pas renoncé à renforcer le pouvoir du gouvernement des Indes, et certain, comme il l'écrivit par la suite, que la « branche orientale » de la politique coloniale anglaise « était destinée à s'amplifier ». Wilson continua de représenter les intérêts pétroliers de la Grande-Bretagne en tant que membre de la Compagnie pétrolière anglo-perse. Il deviendrait par la suite membre du Parlement, et partisan d'Adolf Hitler [3].

Sur le moment, Gertrude ne ressentit que soulagement. « Dieu seul connaît ses véritables sentiments, écrivit-elle à Hugh. Mon propre rôle dans toute cette histoire est loin de me satisfaire, et je soupçonne qu'aucun de nous n'en ressort la tête haute – à tout prendre je suis la plus coupable, car je n'avais aucune raison de rester dès lors que mon opinion différait si manifestement de la sienne. Et je ne serais pas restée si j'avais pu deviner à quel point mon attitude l'exaspérait. » Pour l'heure, ce chapitre éprouvant de son existence venait de prendre fin.

28

Le retour de Cox

Jamais Gertrude n'avait pris autant de plaisir à se pomponner. Ayant enfilé une robe neuve, elle releva ses cheveux grisonnants en son habituel petit chignon, crêpa les quelques boucles qui retombaient sur son front, se coiffa de son chapeau préféré, lissa ses bas, tapota ses rangs de perles, empoigna son ombrelle et, s'étant munie de quelques mouchoirs au cas où sa toux de poitrine la reprendrait, elle se dirigea gaiement vers la gare.

Ce lundi 11 octobre 1920 il n'était que quatre heures de l'après-midi, mais une assistance nombreuse avait déjà envahi la gare de l'Ouest. Gertrude fut introduite dans un salon d'attente, où on la pria de patienter un moment. Deux douzaines de dignitaires locaux et d'officiels britanniques ne tardèrent pas à l'y rejoindre. À cinq heures trente tapantes, les soldats britanniques tirèrent une salve de dix-sept coups – mais le vent fit dévier le son dans la direction opposée –, et toutes ces personnalités distinguées furent priées sans autre forme de procès de gagner rapidement les places qui leur avaient été réservées dans une tribune improvisée sur le quai. Gertrude était sur la droite, en compagnie du conseiller judiciaire, sir Edgar Bonham Carter, des dirigeants des départements civils, des consuls et des personnalités religieuses. À gauche se tenaient le commandant en chef et son équipe, ainsi que Sayid Taleb et les autres députés de l'Assemblée constituante, le maire et le fils aîné du *Naqib*. Le reste de la foule – les officiers britanniques, leurs épouses, les notables arabes, etc. – devaient se presser derrière les barrières.

Un frémissement ravi s'éleva soudain de la foule ; et Gertrude regarda, triomphante, le train ralentir et s'immobiliser au bout du quai. Après des mois de soumission aux règlements tortueux de Wilson, ils fêtaient le retour de sir Percy Cox. Les hourras devraient attendre : d'abord venaient les cérémonials d'usage. Le commandant en chef dans son uniforme kaki se porta à la rencontre du nouveau haut-commissaire avec la dignité qui s'imposait. Élancé, élégant, pour ne pas dire flamboyant dans son uniforme blanc de neige aux passementeries dorées, sir Percy descendit du train, serra la main du général Haldane et se tint au garde-à-vous tandis que l'orchestre jouait le « *God Save the King* ».

« En le contemplant, si digne et si modeste à la fois dans ses atours blanc et or, je me disais que jamais arrivée n'avait revêtu une telle importance historique. Jamais un homme n'avait cristallisé tant d'émotions contrastées, tant de craintes, de doutes et d'espoirs, mais aussi tant de confiance, confiance que lui valaient son intégrité morale et sa sagesse », devait se rappeler Gertrude par la suite. Sous les regards de tous, Cox franchit la barrière et, sans attendre, sir Edgar lui présenta officiellement Miss Bell. Presque étourdie par tant d'honneur, elle rougit de plaisir et lui fit une profonde révérence, tant par respect que pour dissimuler les larmes qui lui montaient aux yeux.

Du train descendirent ensuite son vieil ami Mr Philby, délégué de Cox, puis le capitaine Cheesman, son secrétaire personnel, et enfin lady Cox. À sa vue, tout le monde fut stupéfait, y compris Gertrude : après dix heures d'un voyage harassant dans des tempêtes de poussière, elle semblait « sortir du train comme du plus raffiné des cartons à chapeau – un vrai miracle », que l'assemblée s'empressa de souligner en lui présentant ses chaleureux vœux de bienvenue.

Une fois que chaque dignitaire eut été présenté à Cox, un orateur célèbre de Bagdad, Jamil Zahawi, prononça un discours de bienvenue. Sir Percy y répondit en arabe, en disant qu'il était venu « sur l'ordre du gouvernement de Sa Majesté, afin de délibérer avec le peuple d'Irak de la création d'un gouvernement arabe, sous la houlette de la Grande-Bretagne ».

C'était la première occurrence du mot « Irak » dans un discours officiel anglais, ce qui prouvait que sir Percy avait pris la décision de reconnaître l'identité arabe du futur État. L'Irak appartiendrait au peuple arabe et son gouvernement serait élu par le peuple arabe. Ces paroles suscitèrent un sentiment de fierté, et lui valurent une salve d'applaudissements de la part de son auditoire.

Chargé par lord Curzon de rétablir « un point de stabilité dans le Moyen-Orient » et d'arracher le pays « au désordre et à l'anarchie », Cox espérait remplir sa mission sans tarder. Voyant que la foule interrompait son discours par des murmures élogieux et des paroles d'approbation, il demanda à ce que « le peuple coopère avec lui pour établir des conditions résolues une fois pour toutes », afin de se mettre immédiatement à la tâche.

Sur ce, tous se dirigèrent vers l'ancienne résidence de sir Percy. Lady Cox (qui avait apporté à Gertrude diverses affaires – des manteaux de fourrure, une robe d'après-midi pour l'hiver, un chapeau et une paire de bottes noires à l'écuyère, et un supplément de bulbes provenant du Kent et du Brydon) joua son rôle, désormais officiel, de maîtresse de maison, et dirigea les domestiques qui servaient le thé. Peu après elle partit examiner la nouvelle résidence qu'on achevait de construire à l'usage du haut-commissaire.

Gertrude, Philby et Cox s'assirent alors pour converser à leur aise. À peine sir Percy avait-il pris la parole que Gertrude sentit s'envoler les difficultés des mois passés. Il avait l'intention de créer immédiatement un gouvernement arabe provisoire, sans attendre la fin de la rébellion, qui se poursuivait dans plus d'un tiers du pays. Il avait décidé de former un Conseil arabe, de nommer pour Premier ministre un notable du pays, et de le mettre à la tête d'un cabinet provisoire, où siégeraient des ministres arabes choisis par les Anglais. Pour sa part, Cox nommerait auprès de chacun des ministres un conseiller particulier anglais ; la mission du cabinet serait de préparer et de surveiller les premières élections générales. Aussi bien Gertrude que Philby et Cox savaient combien il serait difficile de trouver un candidat à même d'assumer les fonctions difficiles de Premier ministre, mais sir Percy pensait que Sayid Taleb, plébiscité par un grand nombre d'électeurs, ferait l'affaire.

Cette suggestion ne laissa pas d'inquiéter Gertrude. « Commencez donc par observer la population locale pour forger votre opinion », suggéra-t-elle en essayant tant bien que mal de cacher le peu d'estime dans laquelle elle tenait le candidat proposé. Du moins promit-elle à Cox que « quel que [fût] son choix, ils [feraient] tout leur possible pour le réaliser. La première chose à faire [était] de prendre une décision et de s'y tenir ». Elle savait qu'elle n'avait aucun souci à se faire. Sir Percy n'était pas du genre à se lancer tête baissée dans une aventure : chacune de ses décisions était prudemment soupesée. Cet homme d'État aguerri, ce modèle de diplomate à l'anglaise était un homme dont la présence rayonnait d'assurance, et dont la parole respirait la sagesse. Quant à ses quelques côtés excentriques – comme sa passion pour l'ornithologie ou le fait qu'il gardait chez lui un ours apprivoisé –, ils ne faisaient que souligner son tempérament typiquement britannique. Cox appartenait à un monde particulier, qui était aussi celui de Hugh Bell et de quelques rares élus : Gertrude avait pour lui la plus grande estime.

Respecté par les Arabes, aujourd'hui comme hier, et compatissant à leurs épreuves, Cox était l'exacte antithèse de l'impérieux Wilson, qui avait méprisé Gertrude et les Irakiens dans leur désir commun d'indépendance. Quelques jours seulement après le départ de Wilson, elle avait eu l'impression de se réveiller d'un cauchemar. « Jusqu'à son départ, je ne m'étais pas rendu compte à quel point toute cette affaire m'avait oppressée », avouait-elle dans une lettre aux siens. « Une chose est sûre : je ne travaillerai plus jamais sous les ordres de A. T. Si jamais il devait revenir, je quitterais Bagdad aussitôt. Il m'est impossible de coopérer avec un individu aussi peu scrupuleux. Je ne suis pas la première à en juger ainsi : Mr Dobbs, avant moi, avait émis les mêmes réserves » – ainsi, du reste, que le compétent Mr Philby, qui s'était querellé avec l'arrogant Wilson des années plus tôt, à Bassora, et avait refusé de coopérer avec lui quelles que fussent les circonstances. En revanche, Gertrude révérait Cox : « Je ne trouve pas de mots pour dire combien je me sens soulagée et réconfortée de travailler pour un homme dont les jugements s'accordent si bien avec les miens, écrivait-elle avec un enthousiasme juvénile. Il m'inspire un désir absolu d'agir dans les intérêts de la population de ce pays. »

Le soir même le commandant en chef donnait un grand dîner, et Gertrude, à son grand ravissement, se retrouva voisine de table de sir Percy. Son enthousiasme contribua pour ainsi dire à réchauffer l'atmosphère de cette pièce parcourue de courants d'air, mais pas au point d'empêcher sa bronchite de s'aggraver. Le lendemain matin, toutefois, elle prenait gaiement le chemin de la Résidence, où sir Percy l'avait conviée dès la première heure. « Nous avons discuté de certains télégrammes, raconta-t-elle à son père. J'ai essayé de lui cacher que c'était la toute première fois qu'on me demandait mon avis sur des points capitaux ! »

Retournant à son bureau, elle le trouva envahi de lettres et de visiteurs qui, à sa stupéfaction attristée, étaient venus se plaindre. Les notables conviés au protocole d'accueil avaient été rassemblés comme un troupeau, parqués loin de la tribune d'honneur et ignominieusement exposés aux tourbillons de poussière. Ils n'avaient pas même eu l'occasion de serrer la main de sir Percy. Un vieux cheikh s'écria avec fureur : « Nous sommes venus dans un esprit d'amour et d'obéissance, et lorsque nous avons tenté de nous rapprocher de Son Excellence, on nous a repoussés comme des chiens. » « Kokus » jouissait d'une grande estime chez les Arabes, mais elle était consciente qu'un incident de ce genre pouvait avoir de graves conséquences. Manifestement, il fallait trouver un moyen de panser les plaies.

« Je décidai immédiatement d'assumer les charges de secrétaire aux affaires orientales », expliqua Gertrude à Hugh. Elle avait eu ce titre sous Wilson, mais tous les pouvoirs qui y étaient attachés lui avaient été retirés. À présent qu'elle avait retrouvé une position avantageuse, elle eut recours à son collègue Philby, et ensemble ils adressèrent à une centaine de notables de Bagdad une lettre qui les conviait personnellement à rencontrer sir Percy le lendemain. Puis, sachant que dans la moitié (au bas mot) du pays l'insurrection, quoique moins virulente, sévissait toujours, ils décidèrent que le haut-commissaire se rendrait à Mossoul pour y exposer ses projets. Par ailleurs, comme Gertrude en informa Cox par la suite, il aurait tout intérêt à s'entretenir avec les cheikhs de l'Euphrate et Fahad Bey, chef des Anazeh. Le haut-commissaire accepta avec enthousiasme les idées de Miss Bell. « Je ne m'occuperai pas éternellement des affaires mésopotamiennes, reconnut-elle dans une lettre à Hugh, mais il n'y avait personne d'autre pour s'en charger en ce moment, et comme il n'y avait pas une minute à perdre, j'ai juste levé la main pour me proposer. »

Le lendemain elle eut avec Cox un entretien confidentiel relatif aux divers candidats aux ministères arabes. La question fondamentale était de savoir qui occuperait la charge de Premier ministre pour former le cabinet arabe. Elle fut soulagée d'apprendre que Cox avait déjà entendu parler de l'animosité que suscitait Sayid Taleb. Beaucoup de gens suggéraient de prendre le *Naqib* pour Premier ministre. Comme autorité religieuse, il jouissait d'une immense estime et, quoiqu'il fût âgé et malade, il ferait un dirigeant provisoire tout à fait honorable.

Lorsque sir Percy lui demanda si elle préférait demeurer secrétaire aux affaires orientales sous ses ordres ou prendre une autre responsabilité, elle demanda sans une seconde d'hésitation à garder son poste. C'était sans aucun doute ce qui valait le mieux pour elle : en établissant la liaison entre le haut-commissaire et le gouvernement arabe, elle pouvait servir les intérêts des deux partis et – ce qui avait contribué à sa décision – fourrer son nez un peu partout. Sous Wilson, elle s'était durement battue pour conserver son poste ; aujourd'hui, les fonctionnaires qui partageaient les opinions de Wilson avaient été renvoyés, et elle se retrouvait à la tête du parti favorable à un État arabe. Son moral ne s'était jamais aussi bien porté, mais sa bronchite la minait peu à peu, et sa toux de poitrine la mettait au supplice.

Malgré une faiblesse qui la clouait au lit, les habitants de Bagdad affluaient chez elle. Sous prétexte de s'enquérir de sa santé, le maire, le fils du *Naqib* et une ribambelle de cheikhs originaires de l'Euphrate, menée par Fahad Bey (qui, à quatre-vingt-deux ans, venait d'acquérir deux nouvelles épouses), apparurent à son seuil, gagnèrent son salon et, se laissant tomber au pied de son sofa, lui exposèrent sans retenue leurs craintes et leurs espoirs. Tous les soirs, elle notait les événements du jour, transformant les rumeurs et les cancans en de précieux rapports.

Tandis qu'elle gardait la chambre, un message lui parvint dans lequel Cox lui annonçait qu'il avait réuni un « Conseil d'État » : puisque Gertrude n'était pas en mesure de se rendre à son bureau, le Conseil viendrait à elle. Sir Percy, Philby, Bullard, Bonham Carter et deux autres personnalités vinrent ainsi discuter avec elle du cabinet arabe provisoire. En conclusion, sir Percy annonça qu'il allait tenter de persuader le *Naqib* d'accepter le poste de Premier ministre. Le saint homme était de loin le candidat le plus qualifié : ses motivations politiques étaient au-dessus de tout soupçon, son influence sur la communauté sunnite restait inégalée, et son statut, tant social que religieux, lui valait le respect de tous. Gertrude était entièrement favorable à ce choix, mais non moins certaine que le *Naqib* refuserait. Durant deux jours elle resta sans nouvelles ; le samedi, alors qu'elle congédiait le corpulent Jafar Pacha, le premier Irakien à quitter le gouvernement de Faysal en Syrie, sir Percy se précipita chez elle, hors d'haleine tant il était ému. Gertrude attendit qu'il ait repris son souffle. « Eh bien, dit enfin Cox, il a accepté ! » « Tout autre que sir Percy aurait essuyé un refus, écrivit-elle avec admiration. C'est tout simplement un miracle. »

La semaine suivante fut animée d'une délicieuse tension. Si les Anglais pouvaient à bon droit se féliciter de l'accord du *Naqib*, il leur restait à former le cabinet provisoire. Le lundi suivant, Gertrude invita à dîner deux de ses collègues et Jafar Pacha. Les Anglais espéraient que Jafar, personnalité extravertie et commandant militaire de valeur, accepterait le portefeuille de ministre de la Défense. Les succès qu'il avait remportés en matant la rébellion arabe, puis en tant que gouverneur militaire de Syrie, lui permettraient, au dire de Gertrude, de surveiller les tribus insurgées grâce à une puissante armée arabe. Au cours du dîner, Jafar parla de la déception amère qu'éprouvaient Faysal et sa coterie d'officiers mésopotamiens, et de leur sentiment d'avoir été trahis lorsque le soutien anglais leur avait fait défaut à Damas. Pour effacer ces ressentiments, Gertrude se dit convaincue de la nécessité de choisir l'un des fils du chérif Hussein pour émir. Au rebours de ce qui s'était passé en Syrie, promit-elle, le gouvernement anglais ne s'opposerait pas au choix des Irakiens et ne leur retirerait pas son appui.

Jafar restait toutefois inquiet au sujet des nationalistes extrémistes. Non contents de semer encore le trouble à Damas, ils refusaient de pactiser dans le reste du pays, et exigeaient le retrait total de la présence britannique. Jafar était toutefois conscient que la Mésopotamie ne possédait ni l'infrastructure ni l'expérience nécessaires pour assumer une complète indépendance. Il exposa sa position vis-à-vis des nationalistes :

« Je leur dis : vous voulez l'indépendance totale ? Moi aussi ! Est-ce que tous, nous ne rêvons pas d'une belle jeune fille de quinze ans, à la chevelure abondante tombant sur les reins ? Elle n'existe pas ! De même, dans les conditions actuelles, l'indépendance absolue est chose impossible. Parce que je crois que vos intentions sont honnêtes, ajouta-t-il, se tournant vers Gertrude, je suis prêt à œuvrer à vos côtés pour le salut de mon pays – mais quand je vais voir mes frères et que je leur demande leur aide, ils se détournent de moi en disant : tu es un Anglais.

– C'est votre tour maintenant, lui dit-elle compatissant à ses difficultés. Car l'année dernière, lorsque je parlais avec mes frères, ils se détournaient de moi en disant : tu es une Arabe. L'indépendance absolue est ce qu'à terme nous souhaitons vous offrir », le rassura-t-elle.

Le malin général répondit du tac au tac :

« *Setti* [Madame], l'indépendance absolue ne s'offre jamais : elle se prend toujours par la force. »

La situation progressait, mais chaque jour apportait sa crise. Le pire survint lorsque Sassoun Effendi Eskaïl, le célèbre financier juif naguère pro-anglais (« L'un de nos plus précieux atouts », avait commenté Gertrude), refusa le poste de ministre des Finances que les Anglais lui offraient. Quand Gertrude apprit la nouvelle, elle reposa sa tasse de thé sur son bureau et courut en avertir Philby, qui était sorti. Voyant de la lumière dans le bureau de sir Percy, elle se tourna vers lui. La nouvelle ne laissa pas d'inquiéter le haut-commissaire, qui lui demanda de persuader Sassoun de revenir sur sa décision.

Gertrude quitta la Résidence « avec l'impression de porter sur ses épaules tout l'avenir de l'Irak » et se rendit sans perdre de temps chez Sassoun. Philby et le capitaine Clayton s'y trouvaient déjà, mais ils n'avaient pas réussi à convaincre leur hôte d'accepter la charge. Apparemment, Sassoun Effendi refusait toute responsabilité ministérielle qui lui donnerait pour collègue Sayid Taleb, que les Anglais pouvaient difficilement laisser de côté : Taleb avait trop d'influence sur la population pour ne pas faire partie du gouvernement. Toutefois, si Sassoun refusait son portefeuille ministériel, le cabinet était voué d'emblée à l'échec. Du moins était-ce l'opinion de Gertrude.

Prenant la conversation en main, elle essaya de convaincre Sassoun que les Anglais n'avaient pas l'intention d'imposer Sayid, mais de lui donner sa chance. « Laissez-lui une chance, plaida-t-elle, et s'il échoue, ce sera sa dernière. » Au bout d'une heure de discussion Sassoun refusait toujours de se rendre, mais acceptait de réfléchir à la situation. Cette nuit-là, elle dormit peu, elle se tournait et se retournait sur son matelas en reprenant un à un les arguments qu'elle avait utilisés. Aurait-elle pu mieux s'y prendre ? Aurait-elle pu le convaincre d'une autre façon ? Le lendemain, à dix heures pile, elle vit la longue silhouette de Sassoun apparaître sur le seuil de son bureau. À son grand soulagement, il lui annonça qu'il avait décidé d'accepter le poste.

Sa tâche l'obligeait à rencontrer sans cesse les Irakiens, à éditer des gazettes locales de propagande en arabe et en anglais, à rédiger tous les quinze jours, à l'intention du Foreign Office, des rapports secrets traitant des activités arabes, à animer un réseau d'agents répandu sur tout le pays, et à recevoir trois fois par semaine les notables anglais ou arabes. En somme, Gertrude était le pivot du pouvoir de Bagdad. Un samedi soir, alors qu'elle comptait parmi ses invités les notables les plus réputés d'Irak – Sassoun Effendi, Jafar Pacha et Abdul Majid Shawi – ainsi que trois de ses collègues anglais les plus haut placés – Philby, le capitaine Clayton et le major Murray –, la conversation en vint à porter sur les insurgés. Jafar plaida avec éloquence pour que prenne fin la révolte des tribus : « Le paysan doit retourner à sa charrue, le berger à son troupeau. Le sang de notre peuple doit cesser de couler et la terre doit s'enrichir à nouveau de moissons. Nos tribus sont-elles destinées à être décimées dans les combats, et nos villes à mourir de faim ? »

« Vive le gouvernement arabe ! écrivit Gertrude le lendemain à son père. Mettez-les en face de leurs responsabilités, donnez-leur le contrôle de leurs propres affaires, et ils s'en tireront cent fois mieux que nous ne pourrions le faire. De plus, une fois qu'ils auront pris les affaires en main, ils réaliseront les nécessités et les difficultés propres au gouvernement d'un pays et feront taire les querelles pour faire entendre la voix de la raison. Parce qu'ils auront à faire tourner la boutique, ils ne pourront se contenter de brasser l'air. »

« Le Conseil d'État du premier gouvernement arabe en Mésopotamie depuis les Abbassides (au XIIIe siècle !) » se réunit le mardi 2 novembre 1920. Il comptait Sassoun Effendi, ministre des Finances, Jafar Pacha, ministre de la Défense, et six autres ministres, dont l'inévitable Sayid Taleb, ministre de l'Intérieur. La plupart des membres du nouveau Conseil ne firent pas grand-chose d'autre que chercher à définir les relations entre les ministres arabes et les Anglais chargés de les conseiller. Pourtant, ce n'étaient pas les problèmes qui manquaient. Les chiites, dans leur quasi-totalité, s'opposaient à un gouvernement arabe, y flairant une ruse des Anglais ; il est vrai que le million et demi de chiites (pour moins d'un million de sunnites) ne comptait que peu de représentants au Conseil. Les sunnites faisaient tous leurs efforts pour les tenir à l'écart sous le prétexte qu'ils n'avaient jamais occupé le moindre poste administratif sous les Turcs, et qu'ils n'avaient aucune idée de la façon dont on menait les affaires publiques. Pour éviter de nouvelles rébellions, il ne restait qu'un moyen : organiser le plus vite possible l'élection d'une Assemblée nationale. Gertrude était certaine que les représentants de la nouvelle Assemblée réclameraient pour émir l'un des fils du chérif Hussein – Faysal ou Abdullah. « C'est à mes yeux l'unique solution », affirmait-elle.

Quelques jours plus tard, alors qu'elle donnait un autre dîner, son voisin, un homme politique avisé, se tourna vers elle et lui dit :

« Vous autres Anglais, vous cherchez à bâtir le gouvernement irakien en vous basant sur vos modèles politiques anglais bien établis. Vous voulez commencer par établir les fondations, puis monter les murs, puis le toit, enfin les aménagements décoratifs. À mon avis, cette méthode ne marchera jamais en Irak.

– Que voulez-vous dire par là ? demanda Gertrude, prise de court.

– Il faut commencer par le toit, répondit-il, avec quelques piliers pour l'étayer. Une fois le toit construit, nous nous sentirons encouragés à poursuivre la construction. Autrement, la lenteur de la construction nous découragera. Donnez-nous un roi. Il sera notre toit et nous construirons ensuite vers le bas. »

Elle nota soigneusement ses paroles.

Le froid de novembre fit fleurir les chrysanthèmes, et il importait peu que Marie n'ait pas encore eu le temps de coudre de nouveaux manteaux pour les chiens, ni même une nouvelle robe d'hiver pour Gertrude : durant tout le mois qui suivit, les pensées de la *Khatun* s'attachèrent surtout aux machinations de Sayid Taleb. C'était le représentant du Conseil le plus craint, mais le plus capable et le plus influent, et il attirait l'attention de tous. Un jour il exigeait d'être nommé émir, le lendemain il menaçait de démissionner. Gertrude apprit que Jafar Pacha avait rejoint le Conseil uniquement pour s'assurer que Taleb ne confisquerait pas le pouvoir.

Pourtant, Gertrude n'arrivait pas à se faire une opinion définitive de Taleb. Début décembre, elle le traitait de « brigand » et écrivait à son père : « S'ils le choisissent pour émir, tout ce que je peux dire c'est qu'ils auront bien mérité leur sort [...] mais ils ne feraient pas cela », rajoutait-elle comme pour se rassurer elle-même. La semaine suivante, Sayid Taleb lui rendait visite et... « Je dois avouer qu'il m'a fait bonne impression. Il a reconnu très franchement qu'il voulait être émir d'Irak. Nous avons discuté longuement de sa position, et j'ai trouvé qu'il manifestait sagesse et bon sens. »

Le membre du cabinet dont elle admirait invariablement la sagesse, c'était Sassoun Effendi. « C'est de loin le meilleur allié que nous ayons, et je suis fière et heureuse qu'il m'ait admise parmi ses amis. On peut lui parler d'homme à homme et échanger des vues franches et sincères. » Comme d'autres juifs de Bagdad (mais pas tous), il appréciait le régime anglais et avait prospéré durant le règne turc. L'antique communauté juive, la plus importante du Moyen-Orient, fleurissait depuis l'époque babylonienne : son système éducatif était de haut niveau, ses médecins réputés, et ses membres entretenaient les meilleures relations avec les Arabes. Beaucoup tenaient pour une note discordante l'appel à une patrie juive en Palestine : celle-ci ne pourrait que perturber le monde arabe. L'antisionisme de Sassoun n'était pas pour déplaire à Gertrude.

Elle enrageait de voir que l'Angleterre continuait à financer les troupes stationnées en Palestine. Elle souhaitait que cet argent aille à l'Irak, et écrivait amèrement aux siens : « S'ils retiraient les deux divisions de Palestine, nous pourrions les avoir ici pour un an ou deux, et nous en avons tellement besoin. Mais voilà, continuait-elle avec ressentiment, il faut compter avec les intérêts juifs. Les juifs ont de quoi payer le Parlement pour qu'il garde le silence sur les frais de maintenance [1]. »

Pendant plusieurs semaines, le cabinet garda un œil vigilant sur les activités de Sayid Taleb tout en engageant un vif débat sur l'opportunité d'inclure les chiites provinciaux dans le Conseil. Les ministres venaient demander conseil à Gertrude ; le gouvernement arabe lui-même la tenait pour la haute autorité sur la question des tribus. Elle savait que les gros propriétaires terriens du Conseil, y compris le *Naqib*, voteraient contre l'entrée des chiites. Néanmoins, il lui semblait juste, voire essentiel pour la survie du gouvernement arabe, de donner aux tribus chiites accès au Conseil. Somme toute, elles représentaient une majorité de la population. Si on ne les incluait pas, une nouvelle rébellion majeure risquait d'éclater.

Si elle trouvait justifiées leurs revendications en matière de représentation, elle n'approuvait pas pour autant automatiquement toutes leurs demandes. Ainsi, elle considérait que les chiites devaient être placés sous le contrôle d'une puissante armée arabe. « La Mésopotamie n'est pas un État civilisé, expliquait-elle à son père ; elle se compose essentiellement de tribus sauvages qui refusent les devoirs et les charges de la citoyenneté. En créant un État arabe, nous agissons dans les intérêts de la population urbaine et villageoise qui s'attend (avec justice) à ce que les masses finissent par se joindre à elle. » Jusque-là, une armée arabe était nécessaire pour contrôler les tribus et maintenir l'ordre.

Il n'était pas un Arabe qui, citadin ou membre d'une tribu, ne vînt se présenter chez elle. « Vous seriez surpris si je vous disais le nombre d'entretiens qui ont lieu dans mon bureau ! écrivit-elle, radieuse, à Hugh. Ceux des Arabes qui sont nos amis [...] ne cessent de chercher conseil auprès de moi, non seulement sur la conduite à tenir dans l'immédiat, mais aussi sur les perspectives futures. " Et vous, *Khatun*, qu'en pensez-vous ? " me demandent-ils. » Si Gertrude, à peine deux ans plus tôt, avait conseillé la prudence à ses amis, sa réponse était maintenant bien différente. « Je suis entièrement convaincue qu'il n'y a qu'une solution viable, expliquait-elle à son père, l'émir doit être l'un des fils du chérif, de préférence Faysal. » Toutefois, les Irakiens n'éprouvaient pas une affection débordante pour le chérif. Ils se moquaient de sa prétention à parler au nom de tous les Arabes réunis. La Mésopotamie était leur patrie ; lui venait de La Mecque. Ils avaient l'impression qu'il représentait l'Angleterre, et ils voulaient quelqu'un qui les représentât, eux.

Néanmoins, à présent que les Français avaient chassé Faysal

de Damas, celui-ci apparaissait aux yeux de Gertrude comme « la meilleure des meilleures solutions ». Son expérience militaire dans la révolte arabe contre les Turcs, son administration de la Syrie, ses qualités diplomatiques, sa profondeur et son charisme feraient de lui le meilleur des chefs. D'autres pouvaient lui barrer la route ; pour sa part, Gertrude était prête à tout pour que Faysal, et nul autre que lui, devienne le premier roi d'Irak.

29

La conférence du Caire

« Ma foi, je suis trop heureuse d'ignorer ce que nous réserve l'année nouvelle. Je crois bien que jamais encore je ne me suis réveillée un 1er janvier avec autant d'appréhensions », déclarait Gertrude à l'orée de l'année 1921.

L'année nouvelle débuta sous une pluie torrentielle, mais les appréhensions de Gertrude n'étaient pas dues seulement au temps et à la situation politique. Hormis ses collègues les plus proches, elle comptait peu d'amis et sa seule amie femme était Amelia Tod, l'épouse italienne du représentant de Lynch à Bagdad. Elle avait peu de goût pour les mondanités et ce dédain l'avait, pour ainsi dire, privée d'une vie privée. Les réceptions qu'elle donnait faisaient partie de son travail, et elle rayait aussitôt de sa mémoire les hôtes qui ne répondaient pas à ses critères. Au milieu d'un dîner auquel elle avait invité l'un de ses collègues préférés, le major Dickson, venu avec sa jeune femme, Violet, elle se tourna vers un autre de ses invités et, passant de l'arabe à l'anglais, remarqua : « Quel dommage, en vérité, que tous les jeunes Anglais pleins de promesse aillent épouser de telles idiotes ! »

« Harold ayant été lui-même un " jeune Anglais plein de promesse ", je me suis sentie plutôt mal à l'aise », commenta par la suite Mrs Dickson. La jeune femme trouva la soirée aussi pénible qu'interminable, et son hôtesse « hautaine et désagréable ». Gertrude, pour sa part, écrivit aux siens que le dîner avait été « un réel succès ».

Les difficultés rencontrées par le passé l'avaient endurcie. Jadis d'un tempérament conciliant, elle était maintenant inflexible : la guerre avait enterré ses passions, mis au tombeau ses amants, ses amis et ses proches, et la conduite sadique de A. T. Wilson avait achevé de détruire sa sensibilité naturelle. Elle se protégeait comme elle avait appris à le faire dans son enfance : en repoussant la douleur, en s'absorbant tout entière dans son travail. Le 25 décembre 1920, assise seule dans son boudoir, elle gribouilla un mot pour Hugh : « Comme vous le savez, je n'ai pas beaucoup d'amis. Je ne me préoccupe pas assez des autres pour me donner la peine de leur plaire, et du coup ils me rendent la pareille – comment leur en vouloir ? Il faut dire aussi que leurs divertissements me font bâiller d'ennui et que je refuse d'y prendre part. Résultat : je ne fréquente personne, sinon mes collègues de travail. »

Chez les Cox, elle avait prêté la main aux préparatifs du dîner, et chez les Tod, à un goûter de vingt enfants, anglais, circassiens, juifs, chrétiens et arabes, qui tous jouaient ensemble « comme s'ils étaient nés et avaient été élevés dans les mêmes nurseries ». Cependant les fêtes joyeuses comme celles qu'on célébrait à Rounton appartenaient au passé : c'était le huitième Noël qu'elle passait loin des siens.

Sir Percy Cox était le point d'ancrage de sa vie, son « rocher de Gibraltar », une main de fer dans un gant de velours, un homme courtois mais résolu. Au bureau, elle travaillait en étroite collaboration avec lui, déjeunait chaque jour à sa table et passait parfois le week-end en sa compagnie, en bateau, pique-niques ou parties de chasse. Cet homme peu loquace prenait rarement la parole, mais écoutait attentivement ceux qui avaient quelque chose à dire. L'influence que Gertrude avait sur lui était croissante, au point que Philby devait déclarer par la suite : « Gertrude Bell exerçait une influence excessive, quasi mesmérique, sur son jugement et ses décisions. »

Plus elle se rapprochait de Cox, plus ses collègues manifestaient leur jalousie : à quelques exceptions près, ils ne manquaient pas une occasion de la tourner en ridicule. Un jour où elle prenait le café avec des cheikhs de passage, comme la conversation semblait retomber, elle demanda à l'un des cheikhs des nouvelles de la vie dans le désert. « Les vents se lèvent », répondit le cheikh, et elle se hâta de répéter au haut-commissaire ces mots qui lui paraissaient de mauvais augure. En fait de soulèvement, le cheikh parlait tout simplement des conditions climatiques, et l'anecdote entretint longtemps les rires au détriment de Gertrude. « Les vents se lèvent » devint une plaisanterie classique – et bientôt usée jusqu'à la corde – chez les fonctionnaires britanniques [1].

Vers la mi-janvier, les journaux anglais parlèrent du brillant ouvrage de Miss Gertrude L. Bell, CBE (Commandeur de l'Empire britannique), intitulé *Compte rendu sur l'administration civile en Mésopotamie*. Aussi remarquable par ses qualités littéraires que par la masse des faits compilés, cette publication de cent quarante-sept pages avait été présentée comme livre blanc aux deux Chambres des représentants. Fourmillant d'informations ethnologiques, sociologiques, historiques et politiques, elle prenait en compte toutes les personnalités et analysait tous les événements importants qui s'étaient déroulés en Mésopotamie au cours des six années précédentes, depuis l'entrée à Bassora du corps expéditionnaire des Indes en novembre 1914 jusqu'aux récentes mesures visant à établir un gouvernement arabe. S'ouvrant sur une description du gouvernement ottoman, indolent et corrompu, elle enchaînait sur un compte rendu haut en couleur de l'occupation britannique pendant et après la guerre, décrivant tour à tour les difficultés des Anglais à gagner la loyauté des cheikhs, le désastre de Kut, l'occupation de Bassora, Bagdad, Mossoul, des villes saintes de Nedjef et Karbala, la déclaration franco-britannique et les difficultés rencontrées par les Anglais pour créer des écoles et un système d'éducation unifié, des hôpitaux et un véritable réseau médical, un système judiciaire, un corps de police, un secrétariat au commerce et des centres d'impôts ; enfin, l'apaisement des tribus durant l'insurrection de 1920, les relations des Anglais avec les Arabes et les Kurdes et, en conclusion, le problème nationaliste.

Gertrude avait passé plus de six mois sur ce rapport, qui fut fort bien accueilli. Toutefois, elle ne fut pas peu irritée par le ton sexiste de ses admirateurs. Intellectuellement, elle se considérait comme un esprit masculin et se piquait d'être acceptée comme une égale par les hommes, sans pour autant renier son sexe.

Elle envoya aux siens une lettre indignée : « Je viens de recevoir la lettre de maman datée du 15 décembre qui mentionne tout le remue-ménage autour de mon rapport. Tous les journaux disent à peu près la même chose, à savoir qu'il est tout à fait étonnant qu'un chien ait réussi à faire le beau – entendez, qu'une femme ait rédigé un livre blanc. J'espère que cet étonnement retombera bientôt et qu'ils se pencheront sur le contenu du rapport, s'ils veulent vraiment savoir à quoi ressemble la Mésopotamie. » Elle voulait qu'il soit clairement établi que le rapport lui avait été demandé directement par le Bureau des Indes, et non par A. T. Wilson, comme le laissait entendre la couverture. Comme elle l'écrivit, « j'ai insisté contre sa volonté pour écrire ce rapport selon ma propre méthode qui, si elle n'est pas parfaite, est toujours meilleure que la sienne. Enfin, c'est fini, pour le meilleur et pour le pire, et je suis bien contente de ne pas être en Angleterre à l'heure qu'il est, entre les griffes des journalistes ».

Toutefois l'Angleterre n'avait pas fini d'exaspérer Gertrude : le débat sur la Mésopotamie tournait mal. Le taux de chômage élevé résultant de la grande crise avait provoqué une révolte des contribuables : le public en avait assez de financer les nouveaux mandats établis au Moyen-Orient. Winston Spencer Churchill, récemment nommé secrétaire aux Affaires coloniales, avait suggéré que, pour protéger les intérêts pétroliers de l'Angleterre en Perse et la route de l'Inde à l'Égypte, il fallait maintenir la base de Bassora. En contrepartie, pour réduire les coûts d'entretien des troupes, les Anglais abandonneraient les autres bases d'Irak. Cox et Gertrude trouvaient cette idée absurde.

« Pour ce qui est des hommes d'État, il faudrait passer notre histoire au peigne fin pour en trouver d'aussi médiocres que Lloyd George et Winston Churchill », écrivait-elle, railleuse, à son père. Elle avait déjà trop souffert des décisions maladroites de Churchill : en envoyant l'armée à Gallipoli, il avait envoyé Doughty-Wylie à la mort. Aujourd'hui, ce caprice faisait pressentir à Gertrude le démembrement de la Mésopotamie.

Devant une telle menace, Cox envoya à Whitehall une lettre expliquant les risques qu'il y avait à abandonner l'Irak, et l'impossibilité de ne maintenir que la seule base de Bassora. À l'instigation de Gertrude, et dans l'espoir d'établir sans tarder un gouvernement arabe solide, il suggéra le choix de Faysal pour émir. Le dimanche 10 janvier au matin, Cox fit venir Gertrude à la Résidence. Elle le trouva assis dans sa salle à manger et il lui tendit le télégramme de Churchill qu'il venait de recevoir. Mortifiée par ce qu'elle venait de lire, Gertrude rentra chez elle et rédigea une note à l'attention de Hugh :

« EXTRÊMEMENT CONFIDENTIEL. Nous voici, je le crains, à la dernière page du livre. [...] Sa Gracieuse Majesté a remis la décision ultime quant à la politique à tenir en Mésopotamie entre les mains du secrétaire d'État à la Guerre, qui a informé le haut-commissaire et le commandant en chef qu'il ne pouvait accabler le peuple anglais des dépenses nécessaires à la mise en route du programme suggéré, à savoir la dernière proposition de sir Percy concernant le choix de Faysal pour émir d'Irak, qui était à ses yeux l'unique espoir d'établir rapidement un gouvernement arabe stable et de réduire l'occupation militaire anglaise. »

Il était impossible, soulignait-elle, d'établir un gouvernement arabe sans le soutien de l'Angleterre. Elle continuait d'attaquer Wilson, qu'elle considérait comme la cause de tous leurs problèmes. Depuis le jour de mai où il avait, pour la première fois, rejeté avec mépris l'idée d'un gouvernement arabe, les nationalistes avaient intensifié leur campagne antibritannique. Il est vrai que l'idée du *djihad* plaisait à la population, et que la vision de richesses dues aux pillages, et dès lors non imposables, avait motivé les tribus – mais, rappelait-elle avec force, « A. T. s'est montré coupable d'une des plus grandes erreurs de stratégie que nous ayons commises en Orient, une erreur si funeste que le sort du pays peut désormais se jouer à pile ou face [2] ».

Une semaine plus tard, la situation avait de nouveau changé du tout au tout.

Pressé par la fureur populaire que causaient en Grande-Bretagne les coûts liés à la seule Mésopotamie (vingt millions de livres sterling en 1920), à laquelle venaient s'ajouter les hésitations des habitants de Bagdad à se choisir un émir (un fils du chérif Hussein ? Sayid Taleb ? un prince turc ?) et celles des Britanniques sur la conduite à tenir en Palestine et Transjordanie, Churchill réunit en Égypte un petit comité d'orientalistes. Le sort de la Mésopotamie, de la Transjordanie et de la Palestine reposerait sur la décision de ces spécialistes anglais du Moyen-Orient. D'Angleterre, Churchill fit venir le général d'armée aérienne Hugh Trenchard ; il convoqua par ailleurs Kinahan Cornwallis, un membre de l'Intelligence Service attaché au ministère des Finances au Caire et, dernier venu dans l'équipe, le blond colonel T.E. Lawrence, cet expert de la question arabe qui venait de prendre sa retraite. De Palestine, Churchill fit venir le haut-commissaire sir Herbert Samuel et Mr Wyndham Deedes ; d'Aden, le général Scott ; de Somalie, Sir Geoffrey Archer, qui apporta dans ses bagages deux lionceaux destinés au zoo du Caire ; de Perse, A. T. Wilson, qui représentait maintenant la Compagnie pétrolière anglo-perse ; d'Arabie, le général Ironside et le colonel Trevor.

De Mésopotamie, Churchill convoqua sir Percy Cox et, l'unique membre féminin de la conférence parmi les quarante délégués officiels, Miss Gertrude Bell.

Vers la mi-février, Gertrude se prépara à la conférence du Caire, désormais imminente. Le Conseil désigna deux de ses membres pour représenter les Irakiens : Jafar Pacha et Sassoun Effendi. À son grand dam, Sayid Taleb dut renoncer à faire ses bagages, mais la veille du départ il les invita tous à dîner chez lui. Comme le rapporta Gertrude, « entre deux rasades de whisky, il me susurra à l'oreille des protestations d'une sentimentalité de plus en plus larmoyante : il m'avait toujours traitée en sœur, il avait toujours suivi mes conseils, et maintenant il me considérait comme son seul appui, son unique soutien.

Comme j'étais intimement convaincue que ses ambitions ne seraient et ne devaient jamais être réalisées, je me suis contentée de murmurer quelques paroles vaguement amicales ». Le matin qui suivit, le 24 février 1921, le groupe quitta la ville, descendit le Tigre en bateau et, après le dîner, Gertrude rejoignit sir Percy, le major Eadie et Jafar Pacha pour se livrer au divertissement le plus populaire de Bagdad : le bridge.

À Bassora, où ils changèrent de navire, Gertrude se hâta de rendre visite aux Van Ess. Chaleureusement accueillie, elle déjeuna avec ses amis et la conversation porta sur la rébellion, qui continuait à troubler les esprits. Pendant sept ans, le missionnaire John Van Ess avait vécu parmi les tribus de l'Euphrate qui avaient déclenché l'insurrection de 1920. Il était certain que les causes profondes de la révolte n'étaient pas dans la lutte nationaliste, mais dans la guerre de religion qui opposait depuis toujours les chiites aux sunnites. Il s'était montré favorable aux mesures les plus répressives de Wilson et, ce qui était bien pis aux yeux de Gertrude, était maintenant un partisan de Sayid Taleb. Néanmoins, elle écouta avec intérêt ses analyses : « Nul ne parle mieux que Mr Van Ess », écrivit-elle à Florence.

Tandis que la délégation mésopotamienne faisait route vers l'Égypte sur le *Hardinge*, Winston Churchill fendait nerveusement la foule de Victoria Station et, s'étant installé dans le compartiment qui lui était réservé, se mettait au travail après avoir allumé un cigare. « Je vais économiser des millions sur vos contributions », avait promis le secrétaire aux Affaires coloniales par voie de presse. Quelques jours plus tôt, il avait déclaré au Parlement que le grand succès des Alliés lors de la Première Guerre mondiale, l'effondrement de l'Empire ottoman et l'acquisition consécutive de la Palestine et de la Mésopotamie par la Grande-Bretagne mettaient celle-ci en face d'énormes responsabilités. Elle devait payer le prix fort : vingt-cinq millions de livres, rien que pour combattre les rébellions et parer au désordre et à l'anarchie dans les pays mandatés. À présent, il allait prendre des mesures pour réduire les dépenses : il allait établir un gouvernement arabe en Mésopotamie afin d'alléger les charges et contributions du peuple anglais.

Dans le hall de la gare du Caire, qu'elle connaissait bien, très élégante dans une robe de soie à rayures rehaussée d'un boa de renard argenté, Gertrude guettait par-dessous son chapeau à fleurs son vieux complice Lawrence, qui était venu à leur rencontre. Le succès énorme remporté par les conférences de Lowell Thomas et son ouvrage intitulé *Lawrence d'Arabie* avaient valu à Lawrence une célébrité mondiale : pour la première fois depuis leur rencontre, il était plus connu du public que Gertrude. « Mon cher petit ! » cria-t-elle en tendant sa main gantée à cet homme timide et maladroit. « Gertie ! » répliqua-t-il chaleureusement. Puis, regardant autour de lui, il ajouta avec un sourire amusé : « Tout le Moyen-Orient est là. »

Une voiture à cheval leur fit longer la Corniche, la route bordée de palmiers qui suit le Nil, et sur le chemin ils entendirent les slogans antibritanniques scandés par les étudiants islamiques de l'université d'Al-Azhar. Une certaine excitation régnait dans le hall de l'hôtel Sémiramis. Depuis plusieurs jours le personnel s'employait à briquer les ornements de cuivre, à arroser les palmiers nains et les fleurs en pots, à mettre les chambres en ordre, et à courir les allées pavées de marbre pour remettre des télégrammes, porter des cartons à chapeau, des nécessaires de toilette et des malles de voyage, tout en guidant une foule étincelante d'invités distingués.

Gertrude conduisit Lawrence à sa chambre. Pendant l'insurrection de 1920 en Mésopotamie, et le débat sur les coûts du mandat, Lawrence avait fait parvenir à la presse anglaise des courriers parfois élogieux, mais le plus souvent critiques à l'égard du travail accompli à Bagdad par l'administration civile. « Je suis assez d'accord avec vous », lui avait d'abord répondu Gertrude. Toutefois, plus le temps passait, plus les critiques de Lawrence devenaient acerbes. « Les Anglais sont tombés en Mésopotamie dans un piège d'où il leur sera difficile de se sortir en gardant dignité et honneur, écrivait-il non sans mauvaise foi dans le *Sunday Times*. « La situation est bien pire que nous ne le pensions, notre administration à la fois plus répressive et plus inefficace que le public ne peut s'en douter. » Cette fois, Gertrude lui envoya un mot indigné qui, comme il se devait, qualifiait ses arguments de « délire » et d'« absurdités finies ». À présent, comme le raconta Lawrence, les deux ennemis pouvaient « rire ensemble sur deux des lettres de Gertrude, dont l'une [le] dépeignait comme un ange, et l'autre [l']accusait d'être possédé du démon [3] ».

Ils discutèrent des charges financières liées à la Mésopotamie, et de la nécessité de retirer certaines troupes ; ils se mirent d'accord sur le fait que, une fois un gouvernement arabe installé, la Grande-Bretagne pourrait commencer à diminuer le nombre de ses troupes et les dépenses liées à leur maintien. Mieux : dans le secret de l'hôtel Sémiramis, ils complotèrent pour faire élir Faysal comme futur chef de l'Irak. Lawrence avait déjà sondé Churchill sur la question à Londres, et Gertrude avait fait de même à Bagdad avec Cox. À présent, ils travailleraient ensemble à faire sacrer émir leur protégé. Une heure plus tard ils quittèrent la chambre de Gertrude. Tandis que Lawrence s'éloignait de son côté, Gertrude rendait une visite de politesse aux Churchill en compagnie de sir Percy. Le lendemain, le samedi 12 mars 1921, la conférence du Caire débuta officiellement, mais incognito et sans qu'aucun journal fût averti de son existence.

« Je vais vous raconter notre conférence, écrivit Gertrude à Florence deux semaines plus tard. Cela a été formidable. Nous avons abattu plus de travail en quinze jours que nous ne l'avions jamais fait en un an. Mr Churchill était admirable : il comprenait ses interlocuteurs à demi-mot, et dirigeait avec un doigté égal la réunion politique plénière et les petits comités de travail qui nous réunissaient. »

Lors de la première session, tandis que le comité politique prenait place autour de la table, que Churchill tirait sur son gros cigare et que Gertrude allumait une cigarette, Percy Cox rappela les événements qui s'étaient déroulés à Bagdad au cours des cinq mois précédents. Un gouvernement provisoire avait été instauré et le *Naqib* avait été invité à former un cabinet ministériel. Il fallait sans attendre annoncer publiquement qu'une nouvelle forme d'autorité prendrait le relais de ce Conseil d'État provisoire. Les délégués étaient d'accord sur le fait que l'autorité nouvelle devrait reposer entre les mains d'un chef unique – mais lequel ? Le *Naqib* de Bagdad fut mentionné, et l'on avança également les noms de Sayid Taleb, du cheikh de Muhammarah, et même d'un parent du sultan, mais ils furent abandonnés quasiment sans discussion. Comme la promesse – faite par le tandem McMahon-Hussein au clan chérifien – d'un royaume arabe pesait encore sur toutes les consciences, le groupe convint que la meilleure solution était de choisir l'un des fils du chérif.

Mais pourquoi, demanda Churchill, cette préférence accordée au cadet Faysal sur son aîné Abdullah ?

Cox expliqua qu'il était important de créer une armée arabe qui pût contrôler tout incident naissant. L'expérience militaire de Faysal, qui avait guidé la révolte du désert et servi dans l'armée des Alliés dirigée par Allenby, en faisait un meilleur candidat qu'Abdullah. Le fait que Faysal ne résidait plus à Damas le mettait à leur disposition... et le fait que le soutien anglais lui avait alors fait défaut fut passé sous silence.

La conversation s'anima. « Le chef d'État doit être une personnalité active qui mobilise les énergies », observa Lawrence. Il était important de choisir un homme charismatique qui pût « s'opposer aux revendications des candidats rivaux et rassembler les forces éparses d'un pays retardé et à moitié civilisé seulement ». Il ajouta qu'Abdullah était « paresseux et entièrement dépourvu d'autorité [4] ».

Churchill fit remarquer que, en confiant à Faysal le gouvernement de l'Irak, l'Angleterre obtenait un moyen de pression sur le reste du clan chérifien : si Faysal était conscient que sa propre conduite (sa coopération avec les Anglais) déterminait non seulement les subsides accordés à son père et la protection des Lieux saints attaqués par Ibn Saoud, mais influençait également la situation de son frère Abdullah en Transjordanie, il se montrerait plus docile à l'égard des Anglais. Son père et son frère modifieraient leur conduite en conséquence.

Gertrude dut reconnaître qu'en optant pour Faysal ils s'exposaient au ressentiment de Sayid Taleb, qui, après tout, était l'une des personnalités les plus puissantes d'Irak. Elle assura néanmoins qu'une telle opposition pèserait peu face aux acclamations dont Faysal ferait l'objet.

Vers la fin de la journée, comme Gertrude l'avait espéré, ils votèrent en faveur de Faysal. Churchill envoya à Londres un câble ainsi formulé : « Perspective encourageante pour Mésopotamie. » Faysal représentait virtuellement « la solution la meilleure et la plus économique ».

Gertrude avait entièrement revu son jugement sur Winston Churchill. Rien de surprenant à cela : la réunion s'était passée exactement comme elle l'avait projeté. C'était elle qui avait imposé l'idée de faire de Faysal le roi du nouvel État arabe ; c'était elle qui s'était battue pour qu'on inclue les *vilayets* de Bassora, Bagdad et Mossoul, ainsi que les chiites, sunnites et Kurdes ; c'était elle qui avait défini les frontières, et en avait tracé les contours dans le sable irakien. Tout ce qu'elle avait envisagé commençait à se matérialiser.

Lors de la seconde session, Gertrude et Lawrence conçurent divers plans pour amener Faysal en Irak. Ce dirigeant sunnite d'un État à majorité chiite devrait faire appel à ses racines chérifiennes pour justifier sa légitimité : son meilleur atout était d'être un descendant du prophète Mahomet. Ils expliquèrent à Churchill que l'émir, qui se trouvait alors à Londres, devrait gagner La Mecque, lieu de naissance de Mahomet, le saint lieu le plus honoré de la religion islamique et le symbole de l'importance religieuse de Faysal. Là, on annoncerait que Faysal était invité par les Irakiens, et Gertrude était persuadée qu'avec l'aide des Anglais et de ses partisans arabes sa remontée vers Bagdad verrait le nombre de ses partisans gonfler comme une boule de neige.

Les délégués irakiens, Jafar Pacha al Askari et Sassoun Effendi Eskaïl, furent alors convoqués pour faire entendre leur avis. Comme Gertrude s'en doutait pour avoir passé des heures à en discuter avec eux, les deux hommes approuvèrent sans réserve la décision.

D'autres sessions relancèrent le débat au sujet de Mossoul, des Kurdes et du coût élevé des troupes anglaises. Lorsqu'ils en vinrent à la zone agitée du nord de l'Irak, Churchill suggéra qu'on lui accorde l'autonomie : une région kurde servirait de zone tampon entre les Arabes et les Turcs. Il craignait qu'un dirigeant irakien ne « fasse litière des sentiments des Kurdes et n'opprime la minorité kurde ». Gertrude marqua son désaccord. Le Nord était une région capitale pour l'Irak : Mossoul ne possédait pas seulement le pétrole, mais représentait le grenier de la Mésopotamie, car son sol fertile produisait du blé pour tout le pays. De plus, sa population comptait un nombre appréciable de sunnites, dont les Anglais avaient grand besoin pour contrebalancer l'influence de la majorité chiite. Quant aux Kurdes (également sunnites), elle estimait que d'ici six mois ils réclameraient eux-mêmes de participer au gouvernement arabe. Lawrence formula une mise en garde : il ne fallait pas placer les Kurdes sous un gouvernement arabe. La décision fut remise à plus tard : dans l'immédiat, le Kurdistan aurait un statut à part, supervisé par le haut-commissaire.

Vers le milieu de la semaine consacrée aux débats, Lawrence, qui jusqu'ici s'était fort bien tenu, retomba dans ses vieilles habitudes. Il devint tapageur et finit par lâcher une remarque impudente, provoquant chez tous un silence gêné, jusqu'à ce que Gertrude finisse par lui lancer un regard perçant. « Espèce de petit diable [5] ! » lui rétorqua-t-elle sur un ton railleur, car elle n'admettait aucune insolence. Le sang monta aux oreilles de Lawrence, pourtant peu facile à impressionner, et il se réfugia aussitôt dans le silence.

Une discussion s'éleva sur la question des rentes annuelles que la Grande-Bretagne versait aux chefs arabes influents pour s'assurer leur loyauté. Les subsides accordés à Fahad Bey, dont les terres offraient des pistes d'atterrissage aux avions, et aux voitures des pistes liant l'Irak à la Palestine, furent maintenus à trente-six mille livres. Le chérif Hussein du Hedjaz recevrait cent mille livres, et bien que Cox tentât de faire augmenter la pension d'Ibn Saoud, qui recevait jusqu'ici soixante mille livres, il fut décidé qu'il s'alignerait sur Hussein, et qu'il ne recevrait sa part que sur promesse de cesser sa campagne hostile à Hussein, de faire la paix avec la tribu des Shammar qui résidait sur la frontière droite de l'Irak et d'éviter toute guerre avec l'émirat du Koweït.

Les doléances de Churchill portaient surtout sur le nombre

important de troupes anglaises maintenues en Irak. Churchill, qui gardait encore le rang de ministre de l'Aviation, pensait qu'en utilisant des unités aériennes plutôt que des troupes au sol, il serait moins difficile et moins onéreux pour la Grande-Bretagne de contrôler l'Irak. De plus, les unités aériennes stationnées en Irak pourraient constituer un lien stratégique avec l'Inde. Une alliance entre la Royal Air Force et une armée arabe, ainsi que des chars blindés et un réseau d'espionnage efficace, sauvegarderaient les intérêts de l'Angleterre. Quant aux Kurdes, les membres de la conférence étaient tous certains qu'une puissance aérienne de quelques escadrons suffirait à contenir les tribus rebelles.

Il ne restait plus qu'à planifier l'entrée de Faysal en Irak. On se mit d'accord sur la nécessité de l'inviter à Bagdad avant que commencent les élections du chef du gouvernement. Churchill câbla derechef à Londres : « Cox et Miss Bell sont d'accord pour dire que si la procédure est suivie, l'apparition de Faysal en Mésopotamie aboutira à son adoption par tous. » Ce serait toutefois une autre paire de manches que de faire croire aux Irakiens que Faysal était le candidat de leur choix, non pas un simple délégué des Anglais.

Il y avait aussi des décisions à prendre quant aux mandats restants, sur la Palestine et la Transjordanie, et sur le sort du reste du clan chérifien. Hussein, qui s'était autoproclamé roi et passait pour « tyrannique, autocrate et avide » aux yeux des Anglais, continuerait, ainsi que son fils Ali, à régner dans le Hedjaz (d'où ils seraient chassés quatre ans plus tard par Ibn Saoud). On octroya à Abdullah la Transjordanie, cette zone arabe qui s'étendait de la rive est du Jourdain à la frontière occidentale de l'Irak (et où règne encore aujourd'hui son petit-fils, le roi Hussein II). Bien que Churchill se montrât favorable à la déclaration Balfour, le sort de la Palestine ne fut pas tranché.

Entre deux sessions épuisantes, Churchill, grand voyageur devant l'Éternel, ne résista pas à la perspective de visiter les Pyramides. Invitée à se joindre à lui, Gertrude monta le dromadaire qui l'attendait à Gizeh. Churchill, qui cherchait à enfourcher la selle de bois juchée au sommet de la bosse, ressemblait à une masse de gélatine tremblante. Le dromadaire agenouillé se releva, mais au moment où le gros homme se penchait pour empoigner son licou, la bête fit une embardée et Churchill chuta. « Contemplez la chute des puissants ! » railla sa femme Clementine [6]. Une horde de cavaliers égyptiens se précipita pour proposer ses chevaux, mais Churchill repoussa obstinément leur offre. « Je suis parti du Caire sur un dromadaire, dit-il, et j'entends finir l'excursion sur un dromadaire. » Un peu plus tard, le groupe fut photographié devant le Sphinx sans mettre pied à terre, Churchill et Lawrence encadrant Gertrude, comme ils avaient posé pour les quelques clichés pris lors de la conférence.

Le soir, tous couraient d'une mondanité à l'autre. Le père de Gertrude était venu la voir au Caire et l'escortait d'un thé donné au Shepheard's, par un cheikh de passage, à un banquet donné par le roi Fouad au Palace Gezira. Ils valsèrent lors d'un bal à la résidence du haut-commissaire Allenby, assistèrent à un dîner présidé à l'hôtel Sémiramis par Herbert Samuel, le haut-commissaire de Palestine et, le dernier soir, siégèrent à un banquet solennel au palais Abdin. Le palais du sultan était une véritable cité, comportant d'immenses jardins luxueux et toute une résidence privée, équipée de bassins creusés à même le sol, de salles de bains dorées et d'un *samalek* où les dames de la famille royale recevaient leurs invités. Dans le grand vestibule de style byzantin, les quarante délégués, surnommés par Churchill les « quarante voleurs », portèrent des toasts et dînèrent en grande pompe, savourant leur succès.

La conférence du Caire prit fin le 25 mars 1921. Churchill se vanterait bientôt auprès du Parlement d'avoir atteint son but en Mésopotamie : les garnisons anglaises seraient réduites de trente-trois à vingt-trois bataillons ; les frais de maintenance diminueraient de cinq millions la première année, de vingt millions la seconde ; des réseaux de communication seraient instaurés et des couloirs aériens stratégiques créés pour connecter et renforcer tout l'Empire.

Lawrence, plus loup solitaire que jamais, écrivait à son frère quelques jours avant la fin de la conférence : « Ces quinze jours m'ont paru plus longs que jamais. [...] Nous vivions dans un hôtel de marbre et de bronze, très cher et très luxueux, [...] un lieu affreux, de quoi me convertir au bolchevisme. »

Gertrude, elle, avait vécu des instants merveilleux. À présent, assise à un bureau sur le pont du bateau qui la ramenait en Irak, elle écrivait à son ami Frank Balfour qu'elle s'était réjouie de revoir son père, mais qu'elle s'attristait maintenant de ne plus le revoir avant l'année prochaine. Toutefois, « lorsque nous aurons notre émir, il aura besoin de beaucoup d'aide et de conseils, et il me serait insupportable de ne pas être sur place pour joindre mes efforts à ceux des autres. Oh, Frank, ça va être tellement palpitant ! » Presque tout ce pour quoi elle avait fait des vœux était près de devenir réalité. Le pays se diviserait en trois *vilayets* : Bagdad, Bassora et Mossoul ; sunnites, chiites, juifs, chrétiens et Kurdes seraient unis sous un roi chérifien ; l'Irak, riche et prospère sous la houlette de Faysal, se conduirait envers la Grande-Bretagne en protégé loyal. Gagner ce pari serait une tâche dont le résultat était plus qu'intéressant : il s'agissait de faire de l'Irak un modèle pour tout le Moyen-Orient.

30

Résistances

Le nouveau défi qui se présentait à Gertrude était donc d'installer Faysal sur le trône. Sans jamais laisser entrevoir qu'il était un pion des Anglais, elle devrait convaincre les Irakiens que Faysal était le meilleur, l'unique choix possible. Le plan des Anglais était de faire annoncer par le chérif Hussein la candidature de son fils à la présidence du gouvernement irakien. Ensuite Faysal quitterait La Mecque et voyagerait en train de Bassora à Bagdad, non sans s'adresser au peuple à chaque étape, afin de faire prospérer sa popularité. Une fois arrivé à destination, il fallait espérer qu'il aurait gagné assez de partisans pour faire croire au peuple que c'était lui-même qui l'avait choisi pour dirigeant. Quant aux partisans d'un pouvoir britannique, on leur ferait comprendre que Faysal avait le soutien des Anglais. Les élections auraient lieu en Irak et, officiellement approuvé par les Anglais, Faysal serait couronné roi.

Treize siècles plus tôt, le même scénario avait été monté et réalisé par l'ancêtre de Faysal, Hussein, petit-fils du prophète Mahomet. Gertrude n'ignorait pas que les résultats en avaient été tout simplement désastreux. Appelé de La Mecque, où il résidait, par le peuple irakien qui le voulait pour calife, Hussein était arrivé à Karbala en l'an 680, prêt à assumer son rôle de chef religieux suprême. Un retournement de situation inattendu avait fait succomber Hussein à une trahison sans merci : au lieu d'être acclamé par ses partisans, il était tombé sur une armée rivale. Seule une poignée de fidèles était restée à ses côtés, et presque tous avaient été tués : le dixième jour du *muharram*, ce fut le tour de Hussein lui-même. Les musulmans chiites déplorent encore sa mort durant ce mois sacré. « *Absit omen* » (Puissions-nous éviter le mauvais sort), murmura Gertrude à part soi.

Avant même que Cox et elle eussent regagné Bagdad, l'air était empoisonné : en leur absence, ce bandit de Sayid Taleb avait lancé une campagne active en faveur du vieux *Naqib*. Le rusé ministre de l'Intérieur espérait que ce vieil homme fragile serait élu émir, et pensait avoir lui-même toutes les chances d'être désigné, après sa mort, comme son successeur. Avec le slogan, « l'Irak aux Irakiens », il soulignait l'origine mésopotamienne du *Naqib* (et, par là, la sienne) en les opposant à celle de Faysal, natif du lointain Hedjaz. Menant campagne tout le long de l'Euphrate, Taleb assurait au peuple qu'il était le candidat des Anglais et, tout en multipliant les menaces à l'égard de l'opposition [1], distribuait des milliers de livres anglaises à des alliés potentiels [2].

L'un des plus puissants cheikhs de la région, Ali Soliman, du Dulaïm, était un partisan du *Naqib*. Néanmoins, Gertrude pensait que Taleb avait été plus que perdant dans l'affaire. « Il a vraiment fait pauvre impression », écrivait-elle après son arrivée le 12 avril. Elle présumait que le refus des tribus du moyen Euphrate de soutenir Taleb était lié à l'idée qu'il avait l'appui des Anglais. « D'un autre côté, poursuivait Gertrude, ils pensent que ce qui nous embarrasserait le plus serait qu'un fils du chérif soit élu. » Après tout, rappelait-elle, les tribus avaient exigé un chérifien l'année précédente, mais leurs efforts avaient été trompés.

Soupçonnant le gouvernement anglais de soutenir Faysal, Taleb donna un dîner en l'honneur de Percival Landon, un journaliste du *Daily Telegraph* qui était de passage dans la région. Parmi les treize invités de Taleb, ce soir-là, on comptait les

Tod, les consuls français et perse, et deux personnalités arabes. La *Khatun* n'avait pas été invitée.

Le lendemain, Gertrude reçut des échos de la soirée de la bouche de quelques invités. Fin soûl, Sayid Taleb s'était déclaré « entièrement satisfait » du gouvernement anglais et de sir Percy Cox, mais, avait-il nuancé, « certains fonctionnaires anglais de son entourage (l'allusion visait explicitement Gertrude) n'étaient pas impartiaux, et exerçaient sur lui une influence indue ». Soulignant le pouvoir de ses invités arabes, et plus précisément ses propres pouvoirs, à l'attention du journaliste anglais, Taleb s'était montré menaçant : « Si les Anglais tentent d'influencer le cours des élections, voici l'émir al Rabiah, qui possède trente mille fusils [...] et voici le cheikh de Chabaïsh et tous ses hommes. » Puis il avait rappelé à tous l'influence du chef religieux, et les avait mis en garde : « Le *Naqib* en appellera à l'Islam, à l'Inde, à l'Égypte, à Constantinople et à Paris. »

Ces remarques de Taleb firent pâlir Gertrude, qui rédigea aussitôt un rapport à l'attention de sir Percy Cox. « C'était là une incitation à la rébellion, aussi nuisible que toutes les déclarations qui [avaient] enflammé le pays l'an dernier, et proche d'un appel au *djihad* », enrageait-elle. Elle le mit en garde : Taleb était capable de tout, et sa mauvaise réputation n'avait en rien diminué. Son pouvoir était assis sur les usages médiévaux les plus barbares : chantage, exactions et assassinats de sang-froid. Il était connu pour avoir ordonné l'assassinat d'un fonctionnaire turc avant la guerre, et avait maintenant fait venir à Bagdad le meurtrier lui-même. Dans le meilleur des cas, Taleb userait de l'influence du *Naqib* pour organiser une révolte des tribus ; dans le pire des cas, il tenterait de faire assassiner Faysal. Cet homme était trop dangereux pour que les Anglais ne réagissent pas immédiatement.

Plus tard, au cours du même après-midi, l'innocente lady Cox recevait pour son thé du samedi. Quoique sir Percy eût annoncé qu'il était trop occupé pour être présent (et eût filé ensuite aux courses de chevaux), un certain nombre d'invités étaient venus, dont Gertrude et le major Bovill, qui avait espionné Taleb pour le compte de Cox. À quatre heures et demie, Sayid Taleb arriva : il s'attarda une demi-heure pour bavarder, puis prit congé. Gertrude l'accompagna jusqu'à sa voiture, devant la Résidence, et rentra ensuite dans la maison. La voiture s'éloigna, conduite par le chauffeur, mais à peine avait-elle atteint un pont proche de là qu'elle dut s'arrêter, bloquée par un camion tombé en panne. Aussitôt sur les ordres du major Bovill (lui-même commandité par sir Percy Cox), le candidat potentiel fut arrêté et embarqué dans une voiture blindée. « L'homme le plus rusé d'Arabie était tombé dans le plus simpliste des pièges », commenta Philby. Deux jours plus tard, Taleb était déporté à Ceylan.

Cox avait pris un gros risque. En déportant Taleb, il pouvait exciter la sympathie envers lui et en faire un martyr. En fait, comme Cox l'avait prévu, les gens furent soulagés de voir partir Taleb, et approuvèrent la démonstration des Anglais. « Pas une voix ne s'est élevée contre la manœuvre de sir Percy ; au contraire, le pays respire mieux depuis l'élimination de Taleb », écrivit Gertrude.

Un obstacle majeur à l'élection de Faysal avait été liquidé et Gertrude put elle aussi respirer. « Mon Dieu ! comme je suis heureuse d'avoir rapporté à temps ses discours séditieux , se réjouit-elle dans une lettre adressée à son père. Ne vous avais-je pas dit que personne ne s'entendait mieux que sir Percy à régler les problèmes délicats ? J'ai l'impression qu'on m'a enlevé un poids du cœur ! » Une fois encore, elle fit porter le blâme sur son vieil ennemi : « Tout cela ne fait que témoigner des maux causés par A. T. Wilson, car Dieu sait ce qu'il a pu promettre à Taleb pour le faire intervenir. »

Les problèmes liés à Taleb n'étaient pas tous réglés pour autant. Chacun des ministres arabes s'était vu octroyer un conseiller britannique. Celui de Taleb, Philby, fut profondément heurté par l'arrestation de son protégé. Fermement opposé à l'idée d'une monarchie, et craignant que Taleb n'eût été expulsé que pour libérer la voie à Faysal, Philby se rendit immédiatement dans le bureau de Cox pour lui offrir sa démission. Le haut-commissaire l'assura que les Anglais n'avaient aucune intention d'imposer Faysal pour roi. Par ailleurs, il avait besoin de Philby pour prendre les rênes du ministère de l'Intérieur.

Longtemps, Gertrude et Philby s'étaient bien entendus. Ils avaient collaboré avec succès depuis leurs débuts à Bassora, avaient entretenu des rapports d'amitié et avaient même passé un Noël ensemble sur les rives du Tigre. Ils avaient en commun leur haine de Wilson et leur vision d'un Irak arabe. À présent, Philby, qui connaissait la préférence de Gertrude pour Faysal, la rendait responsable de la chute de Taleb et grimaçait chaque fois qu'il la croisait dans les couloirs. Gertrude souffrait de cette froideur et finit par exiger une discussion. Elle lui dit qu'elle n'avait agi que selon son devoir, qui lui avait paru évident. Philby n'osait pas se brouiller avec Cox, et Gertrude refusait de se brouiller avec lui. Quelques jours plus tard, ils s'adressaient de nouveau la parole, mais elle ignorait si Philby accepterait de rester en Irak dans le cas où Faysal serait choisi pour émir.

Deux semaines plus tard, le 21 mai, elle était invitée à dîner chez les Cox. Les goûts de sir Percy avaient transformé la maison en un paradis pour zoologue, une ménagerie peuplée d'oiseaux, de chiens, et d'un ours arrivé à l'âge adulte (qui retournerait un jour à l'état sauvage). Sans leur prêter attention, Gertrude entra fièrement dans le salon, étonnamment mince pour ses cinquante-deux ans, vêtue d'une robe de dentelle couleur crème garnie de volants élégants. À une réserve près, écrivit-elle à ses parents, la soirée avait été « fort agréable et amicale ». Toutefois Mrs Philby s'était montrée « volontairement distante », et Gertrude ne pouvait comprendre les raisons de cette froideur. « Après tout, il est possible qu'elle me trouve tout simplement antipathique. » Quant à Mr Philby, elle ne le voyait pas très souvent, mais quand c'était le cas, il était « très gentil ».

Jusqu'à un certain point... Après le départ de Taleb, Philby s'occupait du ministère de l'Intérieur et se trouvait par conséquent responsable de tous les organes internes du cabinet. Lorsque Gertrude suggéra, avec l'approbation de sir Percy, de lancer une gazette internationale qui soutiendrait la candidature des chérifiens, Philby refusa sèchement. « Il a un fort préjugé contre Faysal », se plaignit-elle à son père.

L'attitude de Philby continuait à l'inquiéter. « Je trouve parfaitement inepte que l'un de vos propres agents puisse mettre ainsi en danger votre politique officielle. Il ne vient plus jamais me voir, et je suppose qu'il me considère comme son ennemi numéro un, ou presque. Je ne puis, de mon côté, lui faire adresser un avertissement amical. Ce qu'il y a de sûr, c'est qu'il file un mauvais coton en se rangeant du côté de l'opposition. Je le regrette fort, mais j'ai fait de mon mieux pour lancer une passerelle entre nous et, s'il refuse de l'emprunter, tant pis pour lui. »

L'attitude glaciale de Philby ne faisait qu'ajouter à la frustration de Gertrude : Faysal se faisait attendre. Cox avait dépêché plusieurs messages secrets au chérif Hussein pour lui demander de rendre publique l'arrivée de son fils en Irak. Pendant deux mois, nulle réponse ne leur parvint, puis, le 12 juin 1921, au grand soulagement de Cox et de Gertrude, un télégramme arriva : Faysal était en chemin. Malgré toute son excitation, Gertrude se préoccupait de ce qui pourrait arriver, une fois le prétendant arrivé :

« Je garde malgré tout la ferme conviction qu'aucun peuple n'aime à être gouverné en permanence par un étranger, observait-elle avec sagacité. Aujourd'hui nous tentons de favoriser le nationalisme, mais je suis toujours la première à reconnaître qu'un nationalisme qui ne se nourrit pas de la haine de l'étranger est une plante maladive. Le Faysal qui marche la main dans la main avec les Anglais risque de ne pas éveiller l'enthousiasme qu'aurait produit un Faysal prônant le *djihad* ! Ce qu'il ne fera pas, car ce n'est pas son genre. Si nous pouvons toutefois lui insuffler une énergie suffisante pour lui permettre de conférer à l'État arabe une véritable raison d'être. [...] Tout dépend de sa personnalité et de la capacité de sir Percy à rester dans l'ombre. »

Du moins savait-elle qu'elle pouvait faire confiance à son chef : « Il est passé maître en politique, dit-elle avec déférence, et l'on apprend beaucoup à le regarder jouer ses coups. »

Lorsque le *Bagdad Times*, journal du gouvernement rédigé en langue anglaise, annonça l'arrivée imminente de Faysal, le maire et un certain nombre de jeunes politiciens prochérifiens se présentèrent dans le bureau de Gertrude. Ils lui demandèrent conseil sur la marche à suivre à présent. « Il nous a fallu imaginer un drapeau provisoire, raconta-t-elle à son père, et résoudre ensuite la question délicate : où loger Faysal ? » Grâce à l'obstination de Gertrude, des chambres furent préparées dans le sérail, qui servait jadis de bureaux au gouvernement turc et était en voie de réparation. Puis elle réunit un conseil de cinq cents citadins. Soixante personnes (dont Hadji Nadji, « l'espion particulier » de Gertrude) furent choisies pour constituer une délégation qui se rendrait à Bassora afin d'accueillir le futur émir. Pour apaiser Philby, Cox le chargea de le représenter auprès de Faysal.

Au milieu de toute cette agitation, Gertrude, ouvrant son courrier, découvrit une invitation à un bal donné par les Philby. « C'est la grande manie ici, ronchonna-t-elle. On danse au club quatre fois par semaine. Une vraie malédiction ! Des bourreaux de travail comme nous ne peuvent veiller jusqu'à une ou deux heures du matin quand ils doivent être au bureau à sept ou huit heures. Tout cela, c'est la faute de ces satanées bonnes femmes. Elles ne prêtent aucune attention à ce qui se passe ici, ne parlent pas arabe et ne voient jamais d'Arabes. Elles se créent un petit comité exclusif d'Anglais (de deuxième ordre, soit dit en passant) qui sont complètement coupés de la vie quotidienne de la ville. Je commence à comprendre pourquoi notre gouvernement connaît des troubles en Inde, où ces pimbêches se conduisent exactement de la même façon. »

Le soir du bal, qui avait lieu à l'Alwiya Club (un endroit chic où les officiers anglais pouvaient nager, disputer des parties de tennis ou jouer au billard), Philby invita poliment lady Cox à danser. Puis ce fut le tour de Gertrude à qui, tout en dansant, il fit savoir que les plans des Anglais en faveur de Faysal n'étaient plus un secret : « Le polichinelle du Caire est sorti de sa boîte », déclara-t-il. À la fin de la soirée, Philby polémiquait, échauffé par la boisson.

La semaine suivante, ayant revêtu une nouvelle robe du soir, Gertrude quitta sa maison à neuf heures du soir et passa faire ses adieux à Mme Taleb, qui prenait le train pour rejoindre son mari à Ceylan. Puis elle se rendit au Sports Club où elle trouva les invités dansant sur des tapis qu'on avait étalés sur l'herbe, à l'extérieur du bâtiment. Cette fois, elle refusa les invitations à danser, soupa avec sir Percy et rentra à minuit, raccompagnée par Mr Tod. « L'effervescente lady Cox a dansé jusqu'à quatre heures du matin », nota-t-elle insidieusement. Quelques semaines plus tôt, avec l'aide de Gertrude, lady Cox avait reçu quatre cents invités à une *garden party.* On avait étendu des tapis sur l'herbe, sorti des sofas et des chaises et accroché des lanternes dans les arbres. Alors que Gertrude avait abattu la majeure partie du travail, l'épouse du haut-commissaire la stupéfia en déclarant : « Quel dommage que nous n'ayons pas fait laver tous les arbres, ils sont si poussiéreux ! »

Le 23 juin, Gertrude apprit que Faysal était arrivé à Bassora, où Philby lui avait souhaité la bienvenue. Le plan établi stipulait que Faysal se rendrait directement dans les cités saintes chiites, Karbala et Nedjef, afin d'y faire valoir son aura religieuse de descendant du Prophète. Puis il remonterait sur Bagdad. Pour saluer son arrivée, certains citadins avaient sorti des drapeaux chérifiens et Gertrude, qui traversait les bazars pour se rendre à son bureau, vit ces bannières qu'arboraient les magasins. « L'intention est louable, mais ils se sont trompés dans les armoiries », écrivit-elle à Hugh.

Le mercredi 29 juin 1921, tôt dans la matinée, Gertrude traversa la ville en voiture, au côté du colonel Joyce, conseiller militaire du gouvernement irakien. La voiture longea de nombreux groupes agitant des drapeaux arabes, des pâtés de maisons ornés de drapeaux, de fleurs et d'arcs de triomphe, et prit la grand-rue qui menait à la gare de Bagdad. Une immense foule s'y trouvait rassemblée, impatiente de voir Faysal débarquer. Gertrude et le colonel se rendirent aux places réservées aux dignitaires, mais après une heure d'attente ils reçurent un message décevant : le train avait été retardé et ne pourrait arriver avant midi. Or, à midi, il faisait beaucoup trop chaud pour exécuter les cérémonials d'accueil. On fit dire à Faysal de rester à bord du train jusqu'à six heures du soir, et tous rentrèrent chez eux attendre la fin de l'après-midi.

Faysal se tenait à la porte de sa voiture : mince et splendide dans ses robes flottantes et sa coiffe brodée d'or, il saluait la garde d'honneur. Sir Percy et le général Haldane le saluèrent solennellement, et la foule l'acclama. « Il a inspecté la garde d'honneur, rapporta Gertrude par la suite. Sir Percy lui a présenté les magnats arabes, les représentants du *Naqib*, etc. Je me suis cachée derrière Mr Cornwallis, mais Faysal m'a vue et est venu me serrer la main. Il avait l'air enthousiaste et anxieux à la fois – comme le serait tout souverain pris à l'essai –, mais cela ne faisait qu'ajouter un charme plus humain à sa dignité naturelle. »

Elle prit plaisir à bavarder avec Kinahan Cornwallis, « un monument de puissance et de sagesse ». De fait, il dominait la foule tel un aigle, avec son grand nez aquilin et ses yeux bleus pénétrants. D'une intelligence acérée, il avait le jugement sûr et avait d'abord supervisé le Bureau des affaires arabes au Caire avant de devenir le conseiller de Faysal à Damas. Il avait travaillé en étroite collaboration avec l'émir pendant cinq ans, gagnant là son respect total. Faysal avait même refusé de se rendre à Bagdad sans lui.

Pourtant, lorsque cet homme éminent descendit du train, Gertrude remarqua qu'il avait l'air renfrogné. Il lui expliqua que la réception à Bassora ne s'était pas très bien passée. Les foules qui s'étaient dérangées pour voir la tête du candidat avaient été réprimées et n'avaient pas applaudi Faysal ; plus le train progressait vers Bagdad, plus leur réaction avait évolué d'une curiosité tranquille à une hostilité manifeste. Dans chacune des villes étapes, les conseillers des affaires militaires avaient écouté Philby qui, trahissant Cox, les avait dissuadés de participer à toute manifestation de soutien. Philby lui-même, alors qu'il avait pour mission d'accueillir Faysal, s'était montré rien moins qu'aimable. Il avait expliqué à l'émir que les fonctionnaires britanniques voulaient que l'élection se déroulât dans « la plus stricte neutralité ». Si Faysal croyait engranger les votes sous prétexte qu'il était « le candidat cautionné par les Anglais », l'avait averti Philby, ses chances de succès étaient minces. Il avait insisté sur le fait que le peuple voulait une République et que lui-même soutenait la candidature d'Ibn Saoud. En plus de ces propos décourageants, Faysal avait, au cours du trajet, entendu des rumeurs selon lesquelles Philby était contre lui, la *Khatun* pour lui et sir Percy neutre. Il voulait maintenant savoir si le haut-commissaire le soutenait et, si c'était le cas, pourquoi ses agents se montraient aussi hostiles.

Au lieu de trouver un accueil chaleureux, Faysal s'était heurté à un mur de résistance. À Bassora, les chefs locaux réclamaient l'autonomie afin de gouverner seuls leurs territoires. En aval de l'Euphrate, les tribus préparaient une pétition visant à instaurer une République. À Karbala et Nedjef, les saints hommes chiites s'opposaient à l'élection d'un chérifien. À Bagdad, le *Naqib* et ses partisans hésitaient à lui accorder leur soutien. N'en déplaise aux ombres puissantes de Hussein et du *muharram*, le consensus général rêvé par Gertrude ne s'était pas produit : ses espoirs avaient fondu comme neige au soleil.

31

Faysal

Il n'était pas encore sept heures du matin que déjà apparaissaient les vagues de chaleur qui flottent sur Bagdad en juillet. La température atteignait ses cinquante degrés quotidiens quand Gertrude, sur le chemin de son travail, s'arrêta au sérail pour saluer Faysal, arrivé la veille. Le long bâtiment de brique, à la fois massif et élégant, s'étendait sur la rive du fleuve, non loin de sa maison. Elle remit sa carte de visite à l'aide de camp de Faysal, pensant que ce dernier l'inviterait à revenir dans l'après-midi ou le lendemain, mais l'homme lui demanda de patienter un instant : Faysal souhaitait la voir. Un domestique l'introduisit dans un grand salon, où Faysal ne tarda pas à la rejoindre, mince et anguleux malgré l'épaisseur de ses robes. Deux ans s'étaient écoulés depuis leur dernière rencontre à Paris, lors de la conférence de paix, mais il se souvenait d'elle. Une lueur amicale brillait dans son regard : il se pencha vers elle, lui prit les deux mains et dit avec reconnaissance : « Jamais je n'eusse attendu de votre part une aide aussi précieuse. »

L'ayant conduite à un sofa, il s'assit à son côté et, fumant cigarette sur cigarette, il dévoila ses craintes. Gertrude fit de son mieux pour réconforter ce candidat anxieux, en lui assurant que sir Percy Cox était « entièrement de son côté ». « N'hésitez pas à aborder la question avec lui, lui recommanda-t-elle. De plus, allez voir le *Naqib* et faites ce que vous pourrez pour vous assurer son soutien. »

Le *Naqib* et ses partisans avaient manifesté leur déception lorsque Faysal et ses troupes, après avoir conquis le trône de Damas, avaient été chassés par les Français. À présent les patriarches de Bagdad craignaient que la coterie des partisans de Faysal ne soit trop alanguie pour prendre le contrôle de l'Irak. Gertrude savait que les notables ayant rang d'électeurs ne voyaient pas d'un bon œil l'arrivée au pouvoir de jeunes gens tout à fait ordinaires. Lorsque Faysal arriva à Bagdad, le *Naqib* resta chez lui en faisant dire qu'il était trop malade pour l'accueillir à la gare.

Bien qu'elle sût que Faysal répugnait à apaiser son ennemi, Gertrude lui conseilla de faire tout son possible pour gagner le soutien du *Naqib*. « Vous en porterez la responsabilité », prévint Faysal – qui suivit son conseil. Se pliant aux règles établies par le *Naqib*, il rendit visite au vieil homme pour lui souhaiter un prompt rétablissement : cette visite brisa la glace entre les deux hommes.

Ce soir-là, au cours d'un banquet en plein air, Gertrude, contemplant avec bonheur les lumières électriques et les décorations, entendit avec non moins de plaisir l'orateur qualifier Faysal de roi d'Irak. Toutefois l'attitude de certains invités ne manqua pas de la choquer. « Il faudra que j'institue un cérémonial convenable pour la cour de Faysal, remarqua-t-elle, car ils n'ont aucune notion des bonnes manières. » Plusieurs fois au cours de la soirée, des invités s'écartèrent pour causer entre eux, laissant Faysal seul dans son coin.

Pendant le service, qui faisait défiler les différents plats avec une extrême lenteur, le futur roi mangea peu, et attendit avec une impatience visible le moment de se lever de table. « Rien ne vaut les repas arabes, remarqua Gertrude. Toutes les viandes sont devant vous, vous vous servez à volonté et une fois rassasié, vous retournez à votre café et à vos cigarettes. » Pis encore, les discours d'après-dîner se prolongèrent interminablement. Fatigué, ennuyé, Faysal se leva, alla rejoindre Gertrude et lui murmura avec la lassitude d'un politicien fort de son expérience : « En Syrie, je faisais tous mes efforts pour éviter les discours, et je crains bien qu'ils ne soient encore pires ici. »

Malgré ces quelques fleurs jetées sous ses pas, le chemin de Faysal était surtout jonché d'épines. Il n'était encore jamais venu en Irak, connaissait peu ses futurs sujets et son futur royaume, sans parler de son héritage historique. Il n'avait aucune connaissance des tribus irakiennes, n'entretenait aucun lien avec leurs cheikhs, n'était pas familier du relief – les marais du Sud, les montagnes du Nord, les champs de blé, le mode de vie dicté par le fleuve – et ne s'intéressait pas à son passé. La langue même qu'il parlait n'était pas le dialecte local, mais un mélange du parler du Hedjaz, d'égyptien, de syrien et de turc. Gertrude savait toutefois que Faysal était suffisamment intelligent pour apprendre tout cela rapidement, et assez charismatique pour faire un bon chef.

Il faisait fréquemment appel à ses conseils. Dans l'intimité de ses quartiers privés, dans une grande pièce fraîche en sous-sol, au plafond en voûte, les deux amis conféraient. Devant des verres de limonade glacée, Gertrude donnait à Faysal quelques idées : que dire à sir Percy, comment manœuvrer avec les commerçants de Bagdad, comment former son cabinet, quelle attitude adopter avec les Kurdes. Jour après jour, vêtue de ses plus jolies robes et déployant ses manières les plus féminines, elle déroulait ses cartes et enseignait au charmant Faysal la topographie des tribus irakiennes.

L'opposition était forte. Certaines tribus réclamaient une république ; d'autres, tels les Anazeh menés par Fahad Bey, voulaient être dirigées par les Anglais ; d'autres encore, comme les Dulaïm, étaient partisans du *Naqib*. Tandis que Gertrude s'évertuait à convaincre les factions adverses, la tension arrivait à son comble : « Je commence à craindre de ne plus pouvoir supporter longtemps cet état de choses ! » s'écriait-elle. Dans ce climat de tension nerveuse, elle continuait à vanter son candidat, « parlant, persuadant, écrivant », même pendant son sommeil.

En se rendant chaque matin au bureau, elle devait se frayer

un chemin parmi des attroupements de cheikhs et de notables qui, attirés par la curiosité, restaient assis des heures durant dans la cour de la Résidence en attendant de rencontrer le candidat. Du moins, le charme irrésistible de Faysal jouait-il en sa faveur : « Il accumule les partisans », notait-elle. Tout cela, et l'assurance donnée aux partisans d'un régime britannique que Faysal avait l'approbation de sir Percy, commençait à détendre la situation : elle convainquait peu à peu les magnats que le chérifien était le meilleur, sinon l'unique émir possible.

L'un des dignitaires les plus éminents qui se rendirent à ses arguments fut le vénérable *Naqib.* Le jeudi 7 juillet, le saint homme donna un dîner chez lui. Une centaine d'invités étaient à table dans l'espace ouvert de la cour, tandis que les hôtes de marque étaient conduits sur les toits, ornés pour l'occasion de tapis et de lanternes. Le *Naqib* gagna d'un pas traînant l'escalier où l'attendait Faysal, vêtu de ses robes blanches ; il embrassa son invité sur les deux joues et, le prenant par la main, le mena parmi les chefs de parti les plus influents. « C'est un événement historique », proclama Gertrude. La semaine suivante, de nouveaux dîners eurent lieu : les Cox en donnèrent un en l'honneur de Faysal, puis Faysal en l'honneur des cheikhs du Tigre et de l'Euphrate. Gertrude soupirait : par ce temps brûlant, les dîners étaient de véritables épreuves. Les nuits étaient à peine plus fraîches que les jours, et la sueur dégoulinait des fronts pendant le service qui faisait défiler, amoncelés sur les plats, les aubergines, les feuilles de vigne farcies, l'agneau rôti, le riz, les fruits frais, au son d'interminables discours.

Si Gertrude réussit à persuader le *Naqib* et ses partisans de soutenir la cause de Faysal, elle eut moins de succès avec son propre collègue Philby. Cox avait accordé à celui-ci une permission de dix jours, et l'avait convoqué dès son retour. Le haut-commissaire désirait savoir si Philby se rendait à son point de vue. Philby refusa : il ne pouvait cautionner le programme officiel qui réglementait l'élection d'un émir arabe. Furieux, Cox informa son collaborateur qu'il n'avait pas d'autre solution que de le relever de ses fonctions. Gertrude fut triste de voir Philby causer ainsi sa propre perte. « C'est une véritable tragédie, écrivit-elle sans masquer sa déception, mais il ne peut s'en prendre qu'à lui-même. » Cox lui avait « laissé les mains libres » et il ne tenait qu'à lui d'en profiter. « Sir Percy, qui n'hésite jamais à faire ce qu'il pense être son devoir, a tranché le nœud gordien de la seule façon imaginable. Néanmoins, je suis désolée pour Philby. »

Pour lui exprimer personnellement ses regrets, elle rendit visite à Philby. « Jack, je suis vraiment désolée de ce qui se passe », dit-elle. Au lieu de lui tendre une main amicale, Philby et sa femme furent à deux doigts de la gifler. « Désolée, vous ? » grinça Mrs Philby, avant d'éclater en sanglots. Elle accusa Gertrude d'être responsable du renvoi de son mari et quitta la pièce en courant. Citant *Jules César* de Shakespeare, Philby gronda : « Vous avez gagné cette fois, mais nous nous reverrons à Philippes ! » Gertrude répliqua sèchement qu'elle n'entendait pas engager la bataille, et que ce n'était pas elle, mais « le gouvernement de Sa Majesté qui [était] gagnant, comme il le serait toujours ». Rappelant à Philby la longue amitié qui les avait unis, elle lui dit qu'elle avait fait tous ses efforts pour le persuader de ne pas s'opposer aux ordres. « Je n'arrive toujours pas à croire qu'il a pu embrasser la cause de ce brigand de Taleb », écrivit-elle.

Au cours de la semaine qui suivit, Gertrude se retrouva en face du ménage Philby lors d'un déjeuner offert par les Cox. Ils avaient changé d'attitude. « L'affaire Philby est en voie de s'arranger, écrivit-elle aux siens. Cela a été horrible pour moi : ils étaient si indignés d'avoir à souffrir les conséquences de leurs propres erreurs qu'ils m'ont accusée d'être la principale responsable du renvoi de Philby – du moins, c'est ce qu'a dit Mrs Philby. Mais je crois qu'elle est revenue sur cette idée. » Philby lui annonça qu'il abandonnait la politique. « C'est une perte qui nous coûte cher », remarqua tristement Gertrude.

La nombreuse communauté juive dut également être persuadée d'adopter le parti chérifien. Peu encline à adopter un dirigeant arabe (les juifs avaient naguère réclamé de recevoir la citoyenneté britannique si jamais un gouvernement arabe était instauré), elle coûta à Gertrude maints efforts pour la convaincre que Faysal jouissait de l'approbation anglaise. Son moral connut une embellie lorsque les juifs acceptèrent de donner une grande réception en l'honneur de Faysal. Le matin du lundi 18 juillet, des notables chrétiens et arabes se rassemblèrent dans la cour de la résidence officielle du grand rabbin, où l'on avait érigé une immense tente, tandis que des drapeaux et banderoles aux couleurs arabes (vert, rouge et noir) pavoisaient les tribunes du second étage. Les enfants se pressaient au balcon et les femmes observaient discrètement ce qui se passait dans la cour depuis les fenêtres des étages supérieurs. Les dignitaires occupaient des chaises selon leur rang : rabbins juifs enturbannés, notables chrétiens, tous les ministres du gouvernement arabe, et les plus éminents des saints hommes chiites et sunnites.

Le groupe des officiels entra, prit place et la foule éclata en applaudissements. Gertrude se vit octroyer la place d'honneur à la droite de Faysal. « Vous savez combien ils respectent ma petite personne, Dieu les bénisse », écrivit-elle. Les festivités commencèrent, et durant deux heures, sous une chaleur accablante, des rafraîchissements circulèrent tandis que le public écoutait chants et discours. Le rabbin, dit Gertrude, « sortait tout droit d'un tableau de Gentile Bellini » ; les discours, soigneusement élaborés, étaient intéressants du fait des « tensions » sous-jacentes : « L'anxiété des juifs, qui craignent de voir arriver le chaos avec un gouvernement arabe, et leur réconfort progressif devant l'attitude ouverte et éclairée de Faysal. »

La pesante Torah, dans son étui fermé par deux cylindres d'or, fut sortie de l'arche et remise d'abord au grand rabbin, qui l'embrassa, puis à Faysal, qui répéta ce geste. Le futur émir se vit alors offrir une copie à l'or fin des dix commandements et un manuscrit magnifiquement relié du Talmud. Gertrude se pencha vers Faysal et lui chuchota qu'elle espérait entendre un discours de sa part. Il répliqua *sotto voce* qu'il n'avait pas prévu de parler longtemps, mais ne pouvait se dérober à ses devoirs. « Vous savez que ma façon de parler diffère de la leur, ajouta-t-il. Je dis simplement ce que me dictent mes pensées. »

Tandis que s'achevaient les cérémonies, Faysal se leva. « Les mots juif, chrétien, musulman n'ont aucun sens lorsque la patrie est en cause, déclara-t-il à la foule : il n'y a qu'un seul pays qu'on appelle l'Irak et nous sommes tous irakiens. Je demande à mes compatriotes irakiens de n'être que des Irakiens, parce que tous nous pouvons nous réclamer de la même ascendance, celle de notre ancêtre Sem [les sémites] ; tous, nous appartenons à cette noble race, sans distinction entre musulmans, chrétiens et juifs [1]. »

« Il parlait avec une vraie noblesse : son discours était simple, direct, éloquent, commenta Gertrude avec approbation. Il a fait une très forte impression. Les juifs ont été ravis de son insistance à les inclure dans la même race que les Arabes, et tous nos amis [...] furent également ravis lorsqu'il fit allusion au soutien anglais. »

Si Gertrude triomphait à Bagdad, son père, lui, devait faire face à la défaite. Ses tentatives d'accroître les revenus de ses affaires avaient échoué et, maintenant, suite à une grève des mineurs exceptionnellement longue, il était lourdement endetté auprès des banques. Fin juillet, Gertrude reçut un mot désespéré de son père et répondit immédiatement par des propos réconfortants : « Mon père chéri, je vous envoie une lettre par avion dans l'espoir que vous la recevrez d'ici sept ou huit jours, juste pour me donner l'impression que vous êtes tout près, quand vous êtes si loin. Votre lettre du 28 juin était assez pessimiste quant à la fortune familiale : il est bien pénible que vous ayez à affronter des temps si difficiles, mais vous verrez que tout finira bien, *inch'Allah*, de même qu'ici j'essaie de donner un dénouement heureux à une tâche difficile. Quoi qu'il en soit, mon père bien-aimé, ne vous en faites pas trop – ce qui doit être sera, et nous saurons nous plier aux circonstances. La seule chose importante, c'est que vous gardiez santé et moral. »

Hélas ! les beaux jours de la dynastie Bell touchaient à leur fin.

Il fallut rassembler des groupes divers pour créer un consensus autour de Faysal. Les citadins sunnites, les juifs, les chrétiens et les orthodoxes arméniens, étaient tous importants à Bagdad, comme les Kurdes l'étaient à Mossoul et Kirkuk et les tribus chiites dans les provinces, dont elles constituaient la plus grande partie des habitants. Chaque tribu fit l'objet de travaux d'approche et de persuasion, alors même qu'un État centralisé était à leurs yeux une absurdité. Ils se souciaient avant tout de leur propre tribu. Leurs lois, c'était la loi tribale du talion, leur dirigeant, le chef élu par la tribu, et leur intérêt immédiat, de trouver des pâturages pour les troupeaux de la tribu. Ils n'avaient aucune envie de voir établir des frontières, aucun respect pour la bureaucratie et aucun désir apparent de se ranger sous la loi d'un monarque. Seule une personnalité dynamique pouvait les convaincre de changer d'opinion. Gertrude demanda à son ami Fahad Bey de réunir en une assemblée deux des principales tribus : les Anazeh, qui étaient favorables à un gouvernement anglais, et les Dulaïm, partisans du *Naqib*.

Le 30 juillet, à quatre heures du matin, Gertrude s'habilla, déjeuna, ajusta rapidement son chapeau, empoigna son ombrelle et son appareil photo et, grimpant dans sa grosse Ford noire, ordonna à son chauffeur de gagner l'Euphrate séance tenante : Faysal et son entourage étaient déjà partis. À la moitié du chemin, sa voiture rattrapa le cortège de voitures. Comme son chauffeur freinait à hauteur du véhicule de Faysal, Gertrude demanda à celui-ci la permission de le dépasser. Elle voulait être devant lui de façon à pouvoir photographier leur arrivée à Falloujah. Faysal acquiesça d'un signe de tête.

Des foules de cavaliers vociférants jalonnaient la route sur les kilomètres suivants. Falloujah lui-même resplendissait sous les bannières, et était noir de monde. Gertrude dépassa le village et les foules qui criaient leur enthousiasme, et poursuivit en direction du fleuve. Des douzaines de cavaliers, membres des tribus, encerclaient le cortège, hurlant des salutations, tournant autour des véhicules en soulevant des nuages de poussière. Les hommes des tribus se pressaient sur leur chemin tandis que les voitures obliquaient en direction du bac, où le fils de Fahad Bey les attendait.

On avait monté une grande tente noire où Faysal devait tenir un *majlis*, une audience où il entendrait les requêtes ; lorsque les membres de la tribu Dulaïm se furent présentés à lui, on servit une collation de poulet et de riz. Puis, tandis que les voitures franchissaient un pont volant, Gertrude et Faysal traversèrent le fleuve en bateau. Fahad Bey les attendait sur l'autre rive. « Ce fut un moment historique », exulta Gertrude. Le chef suprême des Anazeh, « amèrement opposé à un gouvernement arabe » et répugnant à faire allégeance au fils du chérif Hussein, n'avait cependant aucune envie de perdre le soutien financier de l'Angleterre : il s'était incliné devant les arguments de la *Khatun*, et se tenait là, prêt à les accueillir.

Lorsque le cortège de voitures s'éloigna du fleuve pour entrer dans le désert, les guerriers anazeh apparurent devant eux : une phalange de combattants à cheval et à chameau, brandissant des étendards, portant fusil sur la hanche. Les voitures s'arrêtèrent et Faysal salua les troupes, ainsi que Gertrude. Le chef des Dulaïm, Ali Soliman, vint à leur rencontre et les conduisit à une autre tente de cérémonie : elle était immense, et ses pans étaient couverts de grands rameaux de feuillages verdoyants. À l'extérieur de la tente noire, qui faisait plus de soixante mètres de long, se tenaient les Dulaïm : des centaines de cavaliers sur des chevaux et des chameaux, dont un homme noir sur un cheval blanc, qui brandissait l'étendard de la tribu. À l'intérieur de la tente se pressaient encore quatre ou cinq cents hommes. Faysal, revêtu de ses robes blanches et d'un long manteau noir, sa coiffe de soie blanche ornée de lourdes broderies d'argent, fut conduit à l'entrée de la tente, où avait été installé un dais. Il s'assit, avec Fahad Bey à sa gauche et Gertrude à sa droite.

« Jamais je ne l'ai trouvé aussi splendide, s'exclama Gertrude. Il a commencé à parler, en se penchant sur la petite table installée devant lui, levant la main et l'abattant sur la table pour souligner ses déclarations. [...] Il parlait la belle langue du désert, sonore, magnifique [...] comme ne l'est aucune autre langue. Il s'adressait à eux comme un chef de tribu à ses sujets. »

« Frères ! lança Faysal avec force, ma parole vous est acquise et je traite avec vous comme un frère avec son frère, un ami avec son ami, non pas comme un chef avec ses sujets. Je ne suis pas un étranger pour vous. Vous pouvez avoir toute confiance en ma parole. Je suis venu à vous sachant que vous étiez des Arabes et des Bédouins, et que depuis cinq ans je ne m'étais pas trouvé en pareil lieu, ni en pareille compagnie [2]. »

Il leur indiqua tranquillement, comme s'il avait déjà été élu, que l'Irak se montrerait digne de leurs efforts lorsqu'il serait à sa tête. Il frappa du poing sur la table.

« Arabes, vivez-vous en paix les uns avec les autres ?

– Oui, oui ! s'exclamèrent-ils, nous vivons dans la paix. C'est la vérité, de par Dieu, la vérité.

– De ce jour – quelle est la date ? demanda-t-il, et l'heure ? »

Ils le lui dirent et il continua :

« De ce jour, de cette heure matinale, tout membre d'une tribu qui lève la main sur un membre d'une autre tribu en répondra devant moi. Je jugerai vos différends, et je convoquerai vos cheikhs en des conseils. J'ai droit sur vous comme votre suzerain.

– Oui, oui, acquiescèrent-ils, en répétant leur formule : C'est la vérité, de par Dieu, la vérité.

– Et nos droits ? intervint un homme à la barbe grise.

– Vous aurez vos droits comme mes sujets, et j'aurai pour devoir de les protéger.

– Oui, oui ! cria la foule. Nous sommes d'accord. C'est la vérité, de par Dieu, la vérité ! »

Une fois qu'il eut terminé, Fahad Bey, le chef suprême des Anazeh, et Ali Soliman, le chef des Dulaïm, se levèrent.

« Nous vous jurons allégeance, parce que vous avez l'aval du gouvernement anglais », déclarèrent-ils.

Ces mots prirent Faysal de court. Se tournant vers Gertrude, il déclara fermement, mais avec le sourire :

« Personne ne peut mettre en doute mes bonnes relations avec les Anglais, mais nous réglerons nos affaires entre nous. »

Il regarda de nouveau Gertrude, qui leva ses deux mains serrées en signe de l'union entre les gouvernements arabe et anglais.

« C'était un moment grandiose, raconta-t-elle par la suite, que de voir ces deux hommes véritablement imposants, qui ont joué un rôle dans l'histoire de leur temps, et Faysal entre eux, le plus distingué représentant de sa race – et les Anglais faisant le lien. » C'était, de fait, une victoire grandiose, et pour Faysal, et pour Gertrude.

Le couronnement devait avoir lieu dans ce qui paraissait désormais n'être qu'un court délai (cinq semaines de préparation). À la conférence du Caire, il avait été décidé que l'élection de Faysal aurait lieu devant l'Assemblée constitutionnelle ; toutefois, craignant qu'il ne faille trois mois pour la convoquer, et que les provinces kurdes ne votent contre Faysal, le cabinet des ministres arabes, à la demande de Cox, vota hâtivement une résolution unanime qui déclarait Faysal roi. Afin de prouver que l'élection était « libre et juste », on avait néanmoins soumis au peuple un référendum général. La question posée était : « Acceptez-vous Faysal pour souverain ? » La réponse ne faisait pour ainsi dire pas de doute.

L'intronisation de Faysal était un événement d'importance capitale. Gertrude voulait lui faire comprendre non seulement le caractère exceptionnel de cette occasion, mais encore son importance historique, sa signification profonde. Elle avait déjà déroulé sous ses yeux des cartes d'Irak pour lui donner des leçons sur les tribus. À présent, tel un maître décidé à instruire son élève préféré, elle rêvait de montrer au futur souverain la grandeur de son histoire. Elle avait passé la plus grande partie de sa vie parmi les ruines antiques de la Mésopotamie et elle invita Faysal à l'accompagner dans un séjour à Ctésiphon. Le grand palais bâti au VIe siècle av. J. C. par les Perses sassanides pour leur chef Cosroes, était tombé aux mains des Arabes cent ans plus tard, et ses pierres avaient servi à construire la ville de Bagdad.

Le jeudi 2 août, Gertrude organisa une promenade matinale. Faysal, deux de ses aides de camp et Mr Cornwallis la rejoignirent dans leurs véhicules et ils partirent avant cinq heures du matin, s'arrêtant en chemin pour prendre un petit déjeuner. Les domestiques étendirent des tapis et sortirent des couverts de porcelaine pour une collation d'œufs, de sardines, de langue de bœuf et de melon ; ils s'assirent, Gertrude vêtue d'une robe de soie et coiffée d'un chapeau de paille, Faysal dans son uniforme militaire. Encore une heure de route, et ils pourraient apercevoir la grande arche de Ctésiphon, qui s'élevait sur le site depuis presque quinze cents ans. Guidant Faysal parmi les ruines, lui parlant en arabe comme elle le faisait presque toujours, Gertrude commenta la structure architecturale et donna un portrait vivant du palais tel qu'il était autrefois, évoquant Cosroes siégeant sur le trône. Elle conduisit Faysal là où de hautes fenêtres faisaient jadis face au sud et, montrant le Tigre, lui conta la légendaire conquête arabe, et les légions de soldats musulmans marchant sur l'Irak depuis La Mecque. « C'était l'histoire de son propre peuple, écrivit-elle aux siens. Vous imaginez bien quels étaient mes sentiments en la lui racontant. Je ne sais qui de nous deux était le plus excité. » « Nous élèverons l'Irak à la hauteur de son passé », promit-elle au futur monarque.

Sa lettre poursuivait avec une exaltation croissante : « Faysal a promis de me consacrer un régiment de l'armée arabe : le bataillon de la *Khatun* ! Je vous demanderai bientôt de broder son écusson. Nouri a suggéré que j'aie mon propre corps d'armée ! Oh, papa, n'est-ce pas merveilleux ? J'ai parfois l'impression de vivre un rêve. »

Nouri Saïd, le beau-frère de Jafar Pacha, était arrivé quelques mois plus tôt. Jafar, quoique sympathique, « manqu[ait] d'énergie. Il est de tempérament bonhomme, d'un embonpoint colossal, avec un large sourire. Il est sensible aux manifestations de sympathie et d'amitié et vous donne tout de suite sa confiance. Il est étonnant qu'un homme de son tempérament physique et moral puisse se montrer si ardent dans ses convictions politiques. Mais il ne passe pas la rampe ». Nouri Saïd était un tout autre personnage. Mince et souple, ses yeux gris et perçants, il était plus calme que Jafar, plus perspicace aussi : un homme d'un entendement et d'un instinct pénétrants. Elle reconnut immédiatement en lui « une force profonde et subtile ».

Ibn Saoud était le dernier obstacle : il mettait en péril les revendications de Faysal sur les tribus nomades irakiennes. Il avait envoyé à Fahad Bey un message dans lequel il réclamait l'allégeance des Anazeh, mais la note n'avait fait qu'irriter le chef suprême. S'appuyant sur un dicton courant au Moyen-Orient (« L'ennemi de mon ennemi est mon ami »), Ibn Saoud avait recouru à des tactiques qui ne faisaient que renforcer l'alliance établie de façon inattendue entre Fahad Bey et Faysal.

À un dîner, quelques jours plus tard, Faysal se tourna vers

Gertrude : « Je prends Dieu à témoin que, si nous ne mettons pas Ibn Saoud hors de nuire dans les trois mois à venir, Ctésiphon connaîtra une bataille semblable à celle que vous m'avez contée. » Gertrude était certaine qu'il existait un moyen de contrer Ibn Saoud. « Nous l'arrêterons, dit-elle avec détermination, car ses revendications sont absolument inadmissibles. » Jusqu'ici, elle pouvait se vanter d'avoir réussi, mais l'inimitié entre les deux familles apparaît encore aujourd'hui dans les relations tendues qu'entretiennent le royaume hachémite de Jordanie, dont le roi Hussein se définit comme « chérifien », et la monarchie d'Arabie saoudite, où on le traite parfois avec dédain.

Le 14 août, le référendum s'achevait. Malgré les déclarations de certains opposants, assurant que les bulletins négatifs n'avaient pas été décomptés, Gertrude eut le sentiment que ses opinions avaient été ratifiées. Faysal avait gagné à la quasi-unanimité. Dès que les résultats furent connus, elle griffonna une note rapide pour les Van Ess : « Faysal dansera de joie sur nos épaules ! » se réjouissait-elle.

La semaine suivante, après une série de visites effectuées en compagnie de l'immense Mr Cornwallis, Gertrude quitta le bureau en début de soirée pour faire un peu d'exercice. Chevauchant le long de la rive fluviale, elle dépassa la nouvelle résidence, prête à accueillir le futur souverain, et vit sa voiture stationnée devant. Elle s'arrêta et confia les rênes de son poney à l'un des esclaves de Faysal. L'émir était sur le toit, apprit-elle, où il fuyait la chaleur en compagnie de quelques aides de camp. La lumière du crépuscule lui montrait, du sommet de la maison, les courbes des rochers en bas, les bosquets de palmiers qui entouraient la ville, le désert de sable rose à l'horizon. Faysal l'accueillit chaleureusement et elle s'assit pour bavarder avec ses hommes.

« *Anti*, dit Faysal, *Anti Irakiyah, anti Badawiyah.* » C'était le plus grand hommage qu'il pouvait lui rendre. L'Anglaise civilisée qui adorait les chapeaux fleuris et les robes élégantes, qui faisait du jardinage tous les matins et prenait le thé tous les après-midi, qui accolait à son nom l'ordre du CBE et serait un jour anoblie, qui portait son ascendance avec distinction et avait risqué sa vie pour l'Empire, mettait tout son orgueil à se voir acceptée par cet émir arabe. Ses concitoyens l'avaient rejetée ; sa vie privée s'était desséchée en un célibat aride ; sa vie professionnelle s'était révélée un chemin solitaire. La plupart des hommes anglais refusaient de voir en elle une égale, et leurs épouses lui manifestaient un même mépris. Les Arabes, eux, l'avaient adoptée comme une des leurs. « Vous êtes une Irakienne, disait Faysal avec tendresse, vous êtes une Bédouine. »

Le soir qui suivit, Gertrude accepta de rejoindre lady Cox et quelques autres amis dans une promenade sur le fleuve, qui devait les mener près de la nouvelle résidence de Faysal, un endroit qu'ils affectionnaient. Lorsqu'elle arriva chez les Cox, elle trouva la pauvre lady Cox dans tous ses états. La passion zoologique de sir Percy avait franchi les bornes. Il avait commencé une collection d'oiseaux mésopotamiens, et sa dernière pièce était un aigle. Ce n'était pas l'aigle qui affolait lady Cox, mais sa nourriture : l'immense oiseau se nourrissait de chauves-souris vivantes, qu'il aimait à consommer dans la matinée. Comme les chauves-souris ne pouvaient être attrapées que dans l'obscurité, on les gardait la nuit dans une glacière de la cuisine. Lorsque lady Cox avait ouvert la glacière, elle s'était trouvée nez à nez avec les chauves-souris.

Gertrude et les autres invités l'apaisèrent et partirent avec elle sur le fleuve. Tandis que leur bateau accostait, Gertrude aperçut plusieurs personnes sur la rive : Jafar Pacha, plus grassouillet que jamais dans ses robes arabes, quelques aides de camp, et Faysal, royal et charmant, traînant ses longues robes dans le sable. Comme il n'y avait pas de cabine où Gertrude pût ôter son maillot de bain, elle se rendit dans un « refuge niché entre les saules », au-dessus de la plage. Tandis qu'elle revenait vers le bateau, pieds nus et cheveux mouillés, elle fut « hélée par Faysal » qui l'invitait à dîner. Elle s'assit avec les Arabes et bavarda jusqu'à ce qu'il fût temps de rejoindre les Anglais à dîner.

Dans ses lettres, elle ajouta un zeste de ragot : « Ceci doit rester secret, mais il y a du changement dans l'air. Le Bureau colonial nous a envoyé un télégramme archiconfidentiel pour dire que Faysal, dans son discours de couronnement, devra annoncer que l'autorité suprême du pays demeure le haut-commissaire. Faysal refuse, et il a bien raison. Comme vous le savez, nous avons l'intention de mettre fin au mandat et de fixer par traité nos relations avec le restant de la Mésopotamie. »

En fait de rêve, rien ne surpassa le jour où Faysal fut couronné roi en sa trente-sixième année. Onze ans s'étaient écoulés depuis le dernier couronnement auquel Gertrude avait assisté : assise dans l'abbaye de Westminster, elle avait regardé, respectueuse et impressionnée, la couronne être placée sur la tête de George V. Quelques mois plus tard, au printemps 1913, elle avait donné son âme à l'ardent Dick Doughty-Wylie. Combien cette époque semblait éloignée ! Combien sa vie aurait pu être différente, si elle n'était jamais allée prendre le thé dans les jardins de sa maison consulaire d'Anatolie, si elle n'avait jamais partagé avec lui ses ambitions secrètes d'aller plus loin vers l'Orient ! Pourtant, elle avait joui de chacun de ces moments, elle avait tremblé de plaisir en déchiffrant son écriture sur le papier. La douleur de sa mort ne serait jamais entièrement calmée : elle palpitait sourdement dans son cœur. Les autres hommes qui entrèrent dans sa vie ne l'aveuglèrent jamais du même éblouissant coup de foudre. Pourtant, alors qu'elle était assise au premier rang d'une cérémonie de couronnement qu'elle avait elle-même orchestrée, une nouvelle histoire d'amour commençait à s'épanouir dans son cœur. Depuis quelque temps déjà, à l'instar d'une écolière sentimentale, Gertrude avait donné son cœur au roi.

Le mardi 23 août 1921, à six heures du matin, comme l'air ne brûlait pas encore sous le soleil ardent, une foule de quinze cents dignitaires – anglais et arabes, juifs et chrétiens, citadins et nomades, saints hommes et hommes politiques – se réunirent dans une cour qui donnait sur le fleuve Seraïl. Faysal marchait quelques pas en avant, dans son uniforme kaki de commandant, coiffé d'un casque à pointe. Après lui venaient le haut-commissaire sir Percy Cox, grand et mince dans son uniforme blanc de diplomate, orné de rubans et de médailles, le général sir Aylmer Haldane, dans son uniforme blanc d'officier, l'immense Kinahan Cornwallis, conseiller de Faysal, et une phalange d'aides de camp. La procession descendit les marches du splendide bâtiment ottoman, paradant le long d'un chemin fait de tapis persans étalés à même le sol, longea la garde d'honneur du Dorset, et gagna le dais dressé au centre de la cour. La foule se leva à l'arrivée des invités d'honneur et, une fois que l'entourage royal eut gagné ses places, tout le monde s'assit. « Faysal avait l'air digne, mais tendu », observa Gertrude avec sympathie. Elle était son mentor, il était son protégé. « C'était un moment bouleversant. Son regard parcourut le premier rang, et croisa le mien : je lui adressai un imperceptible salut. »

Sir Percy lut en arabe une proclamation qui annonçait que Faysal avait été élu roi par quatre-vingt-seize pour cent de la population mésopotamienne. « Vive le roi ! » cria l'orateur. Gertrude se leva avec la foule et, jouant son rôle de vassale, salua cérémonieusement son nouveau maître. Le nouveau drapeau national fut hissé près de lui, et comme il n'y avait pas encore d'hymne national, l'orchestre joua le « *God save the King* », suivi de vingt et une salves de canon. « C'était chose extraordinaire de contempler l'Irak tout entier réuni, du Nord au Sud, se réjouit-elle. C'était la première fois dans l'histoire de ce pays. »

32

Le roi

Les semaines qui suivirent le couronnement de Faysal furent extraordinaires. Tels des bouchons oscillant sur une mer de champagne, les délégations organisées par Gertrude se répandaient dans la ville. La cérémonie du couronnement à peine achevée, elle était retournée à la Résidence et avait trouvé les couloirs envahis d'hommes enturbannés, dont certains qu'elle n'avait encore jamais rencontrés et d'autres venus pour la première fois à Bagdad. Du Kadir Agha de Chush, énorme et corpulent dans ses larges pantalons à rayures, à l'archevêque nestorien, âgé de dix ans et qui portait au cou une grosse croix d'or, en passant par le chef religieux des adorateurs des démons, tous se pressaient dans son appartement dans leur hâte d'en savoir plus sur le nouveau roi. « Amusant, non ? » écrivit-elle à son père, tout au rayonnement de ce succès personnel.

Le samedi de cette première semaine, Faysal convoqua Gertrude à un thé privé. Elle passa « une heure charmante » au palais, désormais achevé – une modeste maison à deux étages, qui donnait sur le Tigre –, à discuter avec le roi de plusieurs questions, depuis les raids inquiétants d'Ibn Saoud à l'ouest et au sud de l'Irak jusqu'au nouveau drapeau national et à l'étendard du roi. « Nous avons fait des arrangements provisoires », écrivit-elle à Hugh en joignant un croquis à sa lettre : le drapeau du Hedjaz avec une couronne d'or sur le triangle rouge... « Pour l'amour du ciel, dites-moi si le drapeau du Hedjaz répond aux normes héraldiques [...] et si vous avez une meilleure suggestion à faire pour l'étendard de Faysal. »

Cet émir arabe à la peau mate, à la barbe noire, et cette lady anglaise aux joues roses et aux yeux verts étaient devenus les meilleurs amis du monde. Tandis que le charmant souverain l'enveloppait dans ses robes flottantes, l'Anglaise colonialiste les abritait tous deux sous son parasol. La faisant venir à toute heure au palais, il la complimentait sur ses tenues et lui confiait ses craintes les plus intimes. Il la consultait sur les moyens d'apaiser les rivalités tribales (entre les Anazeh et les Shammar), sur le choix des membres de son conseil personnel et des gens du palais. Ils pique-niquaient, jouaient au tennis, allaient aux courses, se baignaient et prenaient le thé ensemble. Ils passaient le plus clair de leur temps à conjuguer leurs efforts pour construire un État, non sans échanger quelques sourires complices.

« Cette semaine fut marquée par les menées souterraines qui ont présidé à la formation du nouveau cabinet », rapportait Gertrude à Hugh début septembre 1921. « Ces premières nominations sont de la plus grande importance pour Faysal, car c'est sur elles qu'il sera jugé. S'il nomme des hommes de paille, simplement parce qu'il est convaincu de leur loyauté, tous les esprits ardents diront que le nouveau cabinet est une farce et que Faysal n'est pas un véritable roi, mais une marionnette manipulée par les Anglais. D'un autre côté, il faut que ce gouvernement soit stable et dévoué. »

Le choix des membres du cabinet semait le désordre dans les rangs. Les Anglais se querellaient entre eux, les Arabes se disputaient avec les Anglais, et les nationalistes arabes rivalisaient avec les extrémistes chiites et les politiciens pro-turcs, qui tous visaient un poste dans le nouveau gouvernement. Une fois que son vieil ami le *Naqib* eut accepté le poste de Premier ministre, et que Jafar Pacha, Nouri Saïd et Sassoun Effendi eurent reçu leurs portefeuilles respectifs, le roi s'entretint avec Gertrude sur le choix du ministre de l'Intérieur, dont la place, nota-t-elle, était vacante « depuis l'éviction de Taleb ». Ils examinèrent la candidature de Naji Souwaidi, dont les bonnes intentions la séduisaient, ainsi que Mr Cornwallis, mais que sir Percy Cox jugeait trop instable, et finirent par se prononcer en faveur de Taufiq Khalidi, homme intelligent et bien élevé, mais trop favorable aux Turcs pour que Faysal lui accorde une entière confiance. L'un des cheikhs pro-turcs les plus éminents prêchait alors une révolte au nom de l'islam.

Gardant un œil attentif sur les activités du gouvernement arabe, elle prit sous sa responsabilité de nommer le trésorier de la maison de Faysal et, sans le dire à personne d'autre que Cox, rajouta un nouveau portefeuille, celui de ministre de la Santé, qu'elle confia à un médecin chrétien de Mossoul. « Je dois vous avouer sous le sceau du secret qu'en fait c'est moi qui l'ai nommé, révéla-t-elle à Hugh. Tout le monde est ravi, mais nul ne sait que j'en suis la responsable. »

Ses plans pour l'Irak étaient rien de moins que grandioses. Prenant le thé avec le roi dans le salon de réception du palais, elle lui montra tout d'abord quelques photographies qu'elle avait prises de lui lors d'un pique-nique, puis ouvrit le *Times* à une page qui reproduisait une carte de la Syrie, et montra au monarque comment les Français avaient établi un découpage du pays en provinces.

« Mon Dieu, c'est une profanation, dit le roi d'un ton sombre, poussant des jurons au-dessus de la carte.

– Il ne reste à la Syrie qu'un seul espoir, répondit Gertrude, qui savait très bien que Faysal rêvait toujours de régner sur Damas : c'est que nous nous installions là-bas et que nous réglions nous-mêmes cette affaire. »

Elle se tourna vers Jafar Pacha et Nouri Saïd, qui venaient d'arriver, et expliqua :

« Une fois que nous aurons fait de la Mésopotamie un État modèle, il n'y aura pas un seul Arabe de Syrie ou de Palestine qui ne rêvera d'en faire partie. Avant ma mort, je veux voir Faysal étendre son règne de la frontière perse à la Méditerranée. »

Pour certains, ces propositions apparaissaient comme les efforts d'une amie généreuse ; pour d'autres, comme le symbole détestable de l'impérialisme anglais, ou pis : comme les manœuvres d'une sorte de montreur de marionnettes tirant les ficelles de derrière le trône. Quels que fussent leurs sentiments, Anglais et Arabes avaient en commun de l'appeler « la reine sans couronne de l'Irak ». Le couronnement de Faysal était aussi le couronnement de Gertrude. Son nom ne tarda pas à retenir l'attention des journalistes, car il se répandait comme une traînée de poudre tout autour du monde, d'Arabie en Europe et d'Europe en Amérique. Lorsqu'un journal américain publia un article qui faisait bruyamment état de son pouvoir, Gertrude réagit avec irritation à cette « indécente » publicité. « La reine sans couronne de Mésopotamie », affichait en gros titre le *New York Herald* :

Miss Gertrude Bell, que les indigènes nomment « femme bénie des dieux » et Downing Street « puits de sagesse », fournit une aide précieuse dans les difficiles problèmes qui surgissent dans les pays mandatés. Cette Anglaise, fille d'un maître des forges, célèbre pour ses explorations et pour avoir combattu en première ligne durant la guerre, porte le fardeau de l'homme blanc sans renoncer à ses charmes féminins.

Tous les Arabes la connaissent sous le nom d'*Al Sett*, « la Femme ». Lorsque vous nommez « Gertrude », tous les Anglais, de Téhéran au Caire, voient immédiatement de qui vous parlez. S'il est familier de ce pays du Moyen-Orient, ce berceau de la race sémite, il invoque une bénédiction du ciel sur ce nom.

Que ce soit dans le Bureau des colonies, à Londres ou à Bagdad, où sir Percy Cox tente tant bien que mal d'imposer la dernière invention des gouvernements occidentaux – le mandat – à la plus antique des contrées, elle est la reine sans couronne de Mésopotamie. Elle est Miss Gertrude Bell.

Les cheikhs bédouins et les mendiants bédouins la bénissent et louent sa sagesse. Les universitaires, ces intellectuels distingués qui fouillent dans le passé glorieux de Sidéon [*sic*] et les fastes de Tyr, l'admirent et louent sa sagesse. Les concepteurs et vendeurs des plus charmantes, des plus élégantes tenues, à Hanover Square et rue de la Paix, lui offrent le meilleur de leurs stocks et louent sa sagesse. Mais, lorsque les écheveaux entremêlés des affaires du Moyen-Orient deviennent trop inextricables pour Downing Street, le centre nerveux de l'Empire britannique – alors ces messieurs font appel à « Gertrude », et ne peuvent que louer son immense sagesse.

« Quel fatras d'impertinences ! riposta Gertrude. Il est faux de dire que j'ai décidé du sort de l'Irak, mais il est vrai que le gouvernement arabe m'a fait accéder à l'indépendance. C'est une position délicate que d'être à ce point l'objet de leur confiance. »

Elle faisait maintenant l'objet d'une comptine d'enfants arabes :

« *Miss Bell*
Rikbat trambell * »,

chantonnaient-ils en gambadant dans les rues. De leur côté, leurs parents improvisaient aussi, commentant son pouvoir politique :

« *Miss Bell dhirtat fi al dira*
W'al hakim dhiay'a tadbira ** [1] »

« L'une des raisons pour lesquelles vous êtes si remarquée, dit Nouri Saïd à Gertrude, lors d'une promenade à cheval où il la regardait répondre aux saluts des villageois, c'est que vous êtes une femme. Il n'y a qu'une *Khatun*. C'est comme lorsque Sidi Faysal était à Londres et qu'il continuait à porter le costume arabe : il n'y en avait pas deux comme lui. Ils en parleront encore dans cent ans, du passage de la *Khatun* sur son cheval.

– Cela me paraît fort probable », répondit Gertrude.

Au cours de cette journée de septembre, le téléphone sonna dans son bureau : à l'autre bout du fil, une voix l'invita à venir dîner avec le roi. Elle-même avait déjà invité chez elle deux ministres arabes, qu'elle décommanda aussitôt. « Je crois qu'il vaut mieux tenir cette invitation de Faysal pour un ordre », leur fit-elle remarquer.

---

* Miss Bell / conduisait une voiture.

** Miss Bell lâcha un pet dans le district / Et le haut fonctionnaire en perdit ses repères.

En robe du soir, un manteau sur les épaules, Gertrude se rendit en voiture sur la rive orientale du Tigre et franchit l'entrée sablée du petit palais de brique. Comme de coutume, elle fit sa révérence au roi et se joignit aux trois invités arabes. Après le dîner, Faysal l'invita à s'asseoir dehors avec lui. Sur le balcon qui donnait sur le fleuve, les deux amis causèrent de l'avenir en fumant. Un entretien qu'elle avait eu plus tôt dans la journée avec Nouri Saïd rendait plus compréhensible à Gertrude la tristesse qu'elle lisait sur le visage de Faysal.

Méprisé dans sa jeunesse, Faysal avait subi le sort malheureux des enfants cadets. Coincé entre ses frères Abdullah et Ali, il avait été objet de dérision, non seulement pour eux, mais encore pour sa mère. Après la mort de celle-ci, Faysal s'était rapproché de Zaïd, le fils né du second mariage de son père, élargissant encore le gouffre entre ses deux frères et lui.

La profondeur d'esprit et la prévoyance de Faysal contrastaient fortement avec le caractère candide et direct d'Abdullah. Lorsque Abdullah désirait quelque chose, il l'exprimait sans détour. Faysal, lui, cachait ses intentions et montrait une *gravitas* qui le faisait paraître plus vieux que son âge. Plus tard, on eut coutume de dire qu'Abdullah était mort à soixante-dix ans tout en en paraissant quarante, alors que Faysal était mort à quarante ans en en paraissant soixante-dix.

Maintenant qu'il était roi d'Irak, Faysal était l'objet des attaques d'Abdullah et d'Ali. Se sentant étranger et solitaire, inquiet des séditions en germe dans le pays, il ne pouvait ignorer le fait qu'on était au milieu du mois sacré de *muharram.* Chaque nuit, des processions de chiites vêtus de noir défilaient dans les rues au son des tambours, en agitant des chaînes et en se frappant le dos pour marquer leur deuil, en souvenir de Hussein, l'ancêtre de Faysal, le petit-fils du prophète Mahomet.

Le roi ouvrit son cœur à Gertrude. Comme un oiseau blessé, il fit appel à son âme maternelle. Elle l'avait pressé de faire venir sa femme et ses enfants du Hedjaz où ils résidaient, mais il était nerveux, « si incertain de l'avenir ». Il reconnut qu'il n'avait pas encore gagné la loyauté de son peuple ; de larges portions de territoire semblaient tentées de revenir sous la tutelle des Turcs et de leur dirigeant réformiste, Kemal Atatürk.

En allumant une autre cigarette, il poursuivit : il avait hâte de signer avec les Anglais un traité qui assurerait la protection de l'Irak, mais il ignorait totalement quelles garanties les Anglais exigeraient et s'il pourrait les accepter. D'un autre côté, la pression grandissait du côté des nationalistes extrémistes, qui le pressaient d'en finir avec le statut de mandat. « La vérité, avait écrit Gertrude à son père quelques jours plus tôt, c'est que le patriotisme authentique ne règne pas dans ce pays, et qu'il n'y régnera pas tant que les gens ne verront pas que le gouvernement arabe ne court pas à sa perte en nous gardant pour soutien. Entre-temps nous nous heurtons à de véritables ânes qui s'imaginent qu'ils vont prendre les rênes du pouvoir ou renverser Faysal. Ils sont bien incapables de l'un et de l'autre. »

Pour l'heure, elle rassura le roi : il n'avait aucune raison de s'inquiéter. « Nous ne pouvons que nous féliciter du charme irrésistible de Votre Majesté... qu'elle devrait exploiter davantage pour son intérêt », conclut-elle en minaudant.

« Oh oui, dit Faysal, je voudrais avoir un meilleur contact avec les Irakiens. » Il suggéra d'organiser de petits dîners privés. Mais qui inviter ? Gertrude promit de lui dresser des listes d'invités potentiels, anglais et arabes. « Les notables locaux sont pour la plupart assez ennuyeux, ajouta-t-elle, mais plus vous les connaîtrez, plus vous les apprécierez [2]. » « *Wallahi* ! s'écria Faysal, c'est vous la maîtresse de maison. Invitez tous ceux qu'il vous plaira. »

« Apparemment, je vais devoir faire tourner les affaires de la Cour jusqu'à ce qu'elles tournent toutes seules », remarqua-t-elle le lendemain en mettant au point une série de dîners. Elle fit imprimer les invitations, montra aux domestiques comment les remplir et formuler les adresses.

Le 2 octobre, une douzaine d'invités, moitié arabes et moitié anglais, se rendirent au palais pour la première réception officielle de Faysal. Sous l'œil vigilant de Gertrude, les domestiques versèrent le champagne dans les bons verres, et les aides de camp veillèrent à ce que chaque invité ait une occasion de parler au roi. Elle déclara que la soirée avait été un grand succès et Faysal un hôte charmant, mais tout cela avait demandé d'énormes préparatifs et il avait fallu répéter les choses à fond.

Bien qu'elle se sentît tout à fait à l'aise en gouvernante de palais arabe, Gertrude ressentait bien l'incongruité de la situation. C'était comme si la jeune fille qui résidait naguère dans un jardin du Yorkshire s'était transformée en princesse orientale. Elle comparait son environnement naturel à celui de Faysal et à celui de son ami, le propriétaire foncier Faïq Bey : « Toutes ces existences sont si curieuses à mes yeux. Faïq Bey et Faysal ont reçu des éducations différentes, avec des fréquentations et des traditions différentes, mais quand on se trouve en leur compagnie on ne remarque plus ces différences, et eux non plus. Prenez Faysal, élevé à La Mecque dans un palais rempli d'eunuques, puis éduqué à Constantinople : commandant en chef, roi, exilé, puis roi de nouveau [...], ou Faïq, soignant ses vignes et ses palmiers, et ne se rendant à Bagdad qu'afin de rechercher les meilleures conditions de vente pour ses dattes [...], et tous deux courent à ma rencontre la main tendue et s'assoient près de moi pour me raconter comment ils construisent leur vie respective, comme si j'étais leur sœur. Je me sens du reste leur sœur, c'est bien là le plus étrange. »

Sœur, fille ou mère, amie ou associée, c'était aux hommes qu'elle prêtait serment d'allégeance. Elle « était toujours l'esclave de quelque puissance temporaire », comme l'écrivit plus tard T.E. Lawrence avec une fierté toute masculine : « D'abord Hogarth, puis Wilson, puis moi, puis sir Percy Cox... » C'étaient les hommes qui appréciaient ses talents en matière de politique, respectaient son intelligence pénétrante et admiraient ses dons de commandement. En retour, Gertrude les appréciait, les respectait et les admirait : et tant pis si sa langue acérée et son impatience intimidaient parfois ses collègues. En revanche, à quelques rares exceptions près, elle se souciait peu de leurs épouses, qui le lui rendaient bien. Les intérêts frivoles de ces dames n'avaient d'égal à ses yeux que leur penchant à s'inquiéter pour un rien. Sa seule amie véritable, Amelia Tod, qui était italienne, avait quitté Bagdad, et Gertrude ne se sentait d'affection que pour Hadji Nadji. Ce gentil chiite qui lui envoyait des paniers de fruits et de fleurs était « un substitut étrange pour une amie de cœur, mais c'est le seul que je puisse trouver », comme elle le confessait. « Voilà pourquoi je bavarde autant dans mes lettres ! »

À un dîner offert par des magnats arabes à l'École militaire britannique, Gertrude bavarda avec ses amis Hadji Nadji, Nouri Saïd et Jafar Pacha, tout en inspectant du coin de l'œil les femmes britanniques. Lady Cox était « un modèle de discrétion », mais la robe de Mrs Slater, coupée dans un tissu vert et or rutilant, sans manches et avec un « décolleté outrageant [3] » indigna Gertrude à tel point qu'elle alla s'en plaindre discrètement à sir Percy Cox. « Si seulement ces femmes songeaient à adopter une tenue décente », persifla-t-elle. Les opinions vénérables des Arabes quant aux tenues féminines demandaient « qu'on ne vît pas la femme derrière la robe, écrivit-elle aux siens ». « J'espère que sir Percy leur enverra une note de rappel [...] mais sans me citer : je ne veux pas dresser contre moi tout cet univers féminin, avec lequel mes rapports sont déjà loin d'être idylliques. Satanées bonnes femmes ! »

Comme un chef oriental dans sa cuisine, elle remuait un âcre brouet, dans lequel elle versait un assortiment d'intrigues épicées, goûtant de temps à autre une cuillerée de puissance tentatrice. Les politiciens arabes, les fonctionnaires britanniques et les écrivains de passage, tel John Dos Passos, du *New York Tribune*, venaient régulièrement dîner chez elle. Elle avait maintenu ses thés du jeudi avec les femmes arabes et, comme elle manifestait une vive sympathie pour certaines d'entre elles, elle continuait à leur rendre visite dans leurs harems. Après une visite chez Daoud Bey, « un vaurien, un vicieux qui dilapide tout son argent avec des danseuses », elle rentra chez elle dans un état de fureur avancée. S'il était populaire auprès des officiers britanniques (c'était un excellent joueur de polo), Daoud avait beaucoup moins de succès dans son propre foyer. Bien que la loi de Mahomet accorde aux femmes de la famille leur part des biens, Daoud refusait tout subside à sa mère et à ses neuf ravissantes sœurs. Lorsque les femmes lui eurent raconté leur histoire, Gertrude convoqua Daoud. Il se tortilla et se rebiffa tandis qu'elle lui disait tout net ce qu'elle pensait de lui, mais, à la grande satisfaction de Gertrude, il finit par céder. « Les femmes musulmanes, qui ne sortent jamais et ne voient jamais personne, sont absolument sans défense face aux hommes de la maisonnée, dit-elle avec emportement, et comme les Arabes répugnent à se mêler des affaires d'autrui, personne ne lève le petit doigt en leur faveur. J'ai pour moi d'être une femme, ce qui me permet d'aller les voir et de les soutenir. Combien je hais l'islam [4] ! »

Toutes ses visites n'étaient pas aussi sinistres. Elle aimait enseigner à ses amies l'art de la toilette européenne, et parfois elle allait jusqu'à apprendre à un enfant, par exemple la fille de Moussa Shalabi, à lire l'anglais, ou enseignait une chanson à quelques gamins. Les rassemblant en un chœur chevrotant, elle frappait de toutes ses forces la mélodie sur un vieux piano. « Ouvrez plus la bouche ! Exagérez les sons ! Plus fort ! Plus fort ! » criait-elle, tandis que les enfants arabes, tremblant comme des feuilles, entonnaient le « *God Save the King* ».

Des coups de fusil dans le Nord firent bientôt trembler l'air d'automne. On avait promis aux Kurdes d'instaurer pour eux une république après la guerre, mais, comme aucun traité formel n'avait encore été signé entre l'Angleterre et la Turquie, ils incitaient leurs tribus à se rebeller. Les Kurdes sunnites constituaient un cinquième de la population irakienne et, si le nouvel État irakien voulait survivre, Gertrude pensait qu'il lui faudrait inclure la région pétrolière de Mossoul et les zones céréalières de Tikrit et Kirkuk. Il ne fallait pas songer à l'indépendance du Kurdistan : les Kurdes ne pouvaient vivre en autarcie économique et les Anglais ne pouvaient pas se permettre de les soutenir. « Nous n'avons pas un sou à investir dans l'indépendance kurde, insistait-elle et, si nous les encourageons, nous ne pourrons ensuite que les abandonner au moment critique, ce qui serait la pire des solutions. »

En octobre 1921, après que Faysal eut achevé une tournée dans la région de Mossoul, il revint à Bagdad convaincu qu'il avait gagné la loyauté des Kurdes. « Des deux côtés, des relations de confiance ont été instaurées, écrivit Gertrude à son père. C'est exactement ce que l'on pouvait espérer, l'établissement d'une confiance mutuelle entre le roi et ses sujets. »

Une conférence internationale devait bientôt se tenir à Lausanne pour régler la question de Mossoul et, une fois de plus, les indigènes entrèrent en querelles. Les Kurdes pro-turcs cherchaient à revendiquer le territoire pour les Turcs avant le début de la conférence. En tant que minorité ethnique (ils n'étaient pas arabes), les Kurdes se sentaient plus proches de la Perse et de la Turquie, dont la population était essentiellement kurde, que de l'Irak et de ses Arabes. Pourtant, en tant que musulmans sunnites, ils étaient essentiels au royaume de Faysal, car ils permettaient d'établir un équilibre avec les chiites.

Flairant les ennuis, le 3 novembre, Gertrude prit le train vers le nord. « Kirkuk, dit-elle, a refusé grossièrement de prêter serment d'allégeance à Faysal. » La moitié de la population était kurde, l'autre turque, et les Turcs voulaient restaurer les liens passés avec la Turquie. « Nous ne pouvons accepter cela, car Kirkuk est en plein centre de l'Irak [5] », nota Gertrude. Elle refusait d'admettre de telles absurdités, et harcelait sir Percy pour qu'il envoie un message aux meneurs : « Nous devons les informer qu'à notre grand regret nous serons obligés de riposter à leurs attaques comme jamais auparavant. Ils ont déjà entendu le bruit de nos fusils : les Levis sont parés, et derrière il y a encore assez d'avions pour obscurcir la lumière du soleil. »

En plus de l'agitation intérieure, il fallait compter avec les rivalités externes, à la frontière sud. Après des années de raids menaçants, Ibn Saoud avait fini par frapper et il avait pris Hayil, ville natale d'Ibn Rachid. Des membres indignés de la tribu Shammar fuirent à dos de chameau vers le nord, le cœur brûlant du désir de se venger, et cherchèrent refuge auprès des Anazeh. Les incidents de frontière enflammaient le désert : Ibn Saoud ne menaçait pas seulement Faysal, mais son frère Abdullah en Transjordanie et son père, le chérif Hussein, à La Mecque. « L'amertume qui subsiste entre Saoud et le clan chérifien dépasse tout ce qu'on peut imaginer », observa Gertrude.

Sir Percy Cox voulait organiser une conférence pour établir clairement quelles tribus étaient du côté d'Ibn Saoud, et lesquelles étaient du côté de Faysal en Irak. La frontière n'était pas assez clairement définie, Gertrude passa des soirées à se pencher sur des cartes, à localiser les points d'eau revendiqués respectivement par les Shammar et les Anazeh, et à retracer les frontières de l'Arabie. Près d'elle, dans son bureau, se tenaient un Arabe natif d'Hayil et son chef de tribu préféré, Fahad Bey : « La foi qu'il accorde à ma connaissance du désert me fait rougir, gazouillait-elle. Lorsque Mr Cornwallis lui a demandé de préciser les frontières de ses terres, il s'est contenté de dire : " Demandez à la *Khatun*, elle le sait. " »

Elle était au faîte de son pouvoir. Pourtant, tandis qu'elle embrassait du regard le vaste horizon, elle sentait la terre commencer à trembler sous ses pieds. « Je crois que j'ai été de quelque utilité ici, mais je crains que ce ne soit fini, confia-t-elle à Hugh. Je me demande souvent si je fais bien de rester ici. » Pour l'instant, elle devait faire face à une charge de travail énorme. Un traité d'alliance entre l'Irak et la Grande-Bretagne restait à signer, et la question du mandat était épineuse.

Les Anglais faisaient dépendre le traité du mandat qu'ils avaient reçu de la Société des Nations ; les Arabes considéraient le traité comme un moyen de mettre fin à l'humiliation du mandat. Winston Churchill, alors secrétaire aux Colonies, avait l'intention de prolonger l'influence anglaise aussi longtemps que possible : le traité était un subterfuge pour maintenir un contrôle. Le pacte donnerait aux Anglais une autorité quasi complète sur les affaires financières et la politique étrangère de l'État naissant. Pour les Arabes, le traité représentait un moyen de rompre avec l'Angleterre, de retrouver l'honneur et la fierté perdus, d'établir leur indépendance. En tant que roi, Faysal voulait faire de l'Irak l'égal de l'Angleterre. Quels qu'en soient les termes et la date de sa signature, il voulait que le traité annulât le mandat.

Encouragés dans leur quête d'indépendance par les États-Unis, qui n'avaient jamais reconnu le mandat et voulaient, entre autres choses, récolter leurs propres bénéfices financiers, les Irakiens étaient prêts à lutter jusqu'au bout contre le mandat. « Tout est la faute du pétrole, cette immonde substance », se plaignait Gertrude.

La solution était loin d'être trouvée, comme elle l'écrivit à l'un de ses amis : « Vous savez que voyager le long d'une route orientale est aujourd'hui une aventure impossible. Toutefois, les plus graves obstacles sont de notre fait : promesses non tenues, mandats, traités impossibles, et qui ne sont dès lors pas ratifiés. C'est surtout la question du mandat qui importe ici. Depuis le début, expliquait-elle, le roi ne nous a jamais caché qu'il combattrait le mandat jusqu'à la mort. Ses raisons de le faire sont évidentes. Il veut prouver au monde de l'Islam, qui est férocement antibritannique, qu'en acceptant le soutien des Anglais il n'a pas sacrifié l'indépendance d'un État arabe, mais qu'il a gagné ce qu'il pouvait gagner par une alliance libre et équitable avec nous, comme il en avait prévenu le monde arabe. »

Le mandat irritait à dose égale Irakiens et Anglais et remettait en question leurs rapports. Confidente du roi et conseillère intime de Cox, la *Khatun* recueillait tous leurs secrets. Pourtant, lorsque son amour de l'Irak se heurtait à sa fierté de l'Empire, elle restait du côté de sa patrie, l'Angleterre. Malgré ses réserves sur le mandat, elle admettait la nécessité pour les fonctionnaires anglais de maintenir le cap. « Nous n'avons pas le choix, disait-elle. Nous avons dit au roi qu'en suivant nos avis il n'aurait qu'une alternative : ou rejeter le traité et le mandat qui va avec, ce qui provoquerait notre départ ; ou l'accepter, et garder ainsi notre soutien. »

Malgré les séismes souterrains entre l'Irak et l'Angleterre, le lien entre Gertrude et Faysal gardait toute sa force. « Je ne saurais dire combien nos rapports sont exquis, écrivait-elle toute rayonnante, c'est une confiance affectueuse que rien ne saurait ébranler. Il s'adresse toujours à moi en commençant par " Ô ma sœur ", ce qui me donne l'impression d'être une héroïne des *Mille et Une Nuits*. Bien sûr, c'est un séducteur comme il y en a peu : tous succombent à son charme, et son intelligence, à la fois souple et rapide, s'appuie sur une véritable noblesse de vues, ce que je ne peux oublier [6]. »

Un après-midi où elle bavardait avec le roi, Gertrude fit allusion à ses projets de rentrer chez elle l'été suivant. « Il ne faut pas dire que vous rentrez *chez vous*, répliqua sévèrement Faysal, car c'est ici chez vous. Je vous autorise à dire que vous allez rendre visite à votre père. » Le ton était sévère, mais le contenu plut à Gertrude : apparemment, ses craintes d'être inutile n'étaient pas fondées. De plus, comme pour rajouter à sa confusion, un nouvel amour s'éveillait en son cœur.

33

Ken

Doté d'une stature olympique, d'un nez assez fort et d'yeux d'un bleu perçant, Kinahan Cornwallis possédait le charme viril et l'esprit acéré qui plaisaient à Gertrude. Comme elle, il avait fait ses études à Oxford, où il avait réalisé des prouesses athlétiques autant que scolaires. Comme elle, il avait été rattaché au Bureau arabe, d'abord comme officier de liaison auprès du chérif Hussein et de son fils Faysal, puis comme chef des services de renseignements du Caire. Il parlait lentement, d'une voix bourrue, respirait le calme, et son autorité naturelle ne pouvait qu'inspirer confiance. Il était « forgé dans l'un de ces métaux qui ne fondent qu'à une chaleur de plusieurs milliers de degrés, comme le décrivit par la suite Lawrence : il pouvait rester des mois durant dans un état de bouillonnement bien plus intense que les fureurs chauffées à blanc de certains, tout en maintenant une apparence froide et calme ». Pour Gertrude, il était « une tour de force et de sagesse » qui incarnait le triomphe des Arabes sur les Turcs, de l'esprit pratique sur les songes illusoires, de la sagesse sur la fantaisie. Si elle était la brise romantique, lui était le roc solide.

Conseiller personnel du roi, et conseiller principal au ministère de l'Intérieur, Kinahan Cornwallis était avec Gertrude le seul fonctionnaire britannique en qui Faysal plaçât une véritable confiance. Les deux travaillaient côte à côte, deux tuteurs étayant le roi tel un jeune arbre.

« Il me paraît si juste, si peu scolaire dans son approche du point de vue arabe, écrivait Gertrude en décrivant Cornwallis à Hugh. J'espère que ce n'est pas parce qu'il est de mon avis que j'ai si bonne opinion de son discernement ! » Éloigné par des milliers de kilomètres de sa femme et de ses enfants, il sentait que cette séparation n'était pas purement géographique : elle tenait à l'environnement et aux sentiments qui y étaient liés. Comme pour Gertrude, l'Irak était devenu pour lui le point central de son existence. Avec les mêmes jumelles, Cornwallis et elle scrutaient le même paysage.

Un après-midi où elle l'avait invité à prendre le thé, Gertrude lui demanda conseil. Devait-elle rester en Irak ? Sir Percy prendrait sa retraite l'année suivante, quel rôle pourrait-elle alors jouer ? Lui proposerait-on seulement un nouveau rôle ? Cornwallis répondit d'une voix calme, avec cette tranquillité qui inspirait à Gertrude une confiance totale. Elle et lui, dit-il, étaient les deux seuls fonctionnaires des Affaires étrangères de l'Irak qui n'eussent pas de perspective de carrière à long terme. Elle ne devait partir qu'en cas de réelle nécessité. Ragaillardie de constater que la confiance était réciproque, elle mit ses craintes de côté et finit son thé.

Une lettre pessimiste, venue d'Angleterre, sur le déclin financier de son père, et une crise d'appendicite de Faysal à Bagdad, assombrirent le début de l'année 1922. Gertrude gardait néanmoins le moral : elle savait que son poste était sûr jusqu'en 1923, date à laquelle sir Percy prendrait sa retraite, et qu'elle bénéficiait de la confiance intime de Faysal et de l'amitié croissante de Cornwallis. Au début du printemps, son jardin s'émaillait de jonquilles, de soucis et de giroflées, sa cuisinière servait des plats de truffes bien mûres, et sa garde-robe s'enrichissait de robes et manteaux tout neufs expédiés d'Angleterre. En février, un nouveau colis lui parvint à son bureau et, lorsqu'elle l'ouvrit hâtivement, une tiare de diamants roula du paquet.

« J'ai failli éclater de rire, écrivit-elle à Florence, c'était un objet si inattendu au milieu de tous ces dossiers ! Mais c'est trop gentil à vous de me léguer ce bijou : j'avais oublié à quel point il était élégant. Je crains, en le portant, de passer bel et bien pour la reine de Mésopotamie. »

À Hugh elle écrivit dans un accès d'euphorie : « Je veux vous dire, et rien qu'à vous, qui savez et comprenez toute chose, que je sens profondément combien la vie m'a gâtée. Je prends de nouveau une joie violente à exister [...], je suis heureuse de penser que je jouis de l'amour et de la confiance d'une nation tout entière, et ce sentiment merveilleux m'absorbe... presque trop. Il faut me pardonner s'il m'obsède – il ne m'éloigne en rien de vous, puisque l'un de mes plus grands plaisirs est de vous en parler et d'être sûre que vous me comprenez. Je ne pense pas un seul instant pouvoir vraiment influer à long terme sur nos rapports avec les Arabes et avec l'Asie, mais pour l'instant je suis un acteur dans la pièce. » Elle ne mentionnait pas Cornwallis dans cette lettre, mais l'affection qu'il avait pour elle sous-tendait tout son nouveau bonheur.

Songeant aux occasions perdues de se marier et d'avoir des enfants, elle ajoutait pensivement : « Je me rappelle que vous m'avez dit un jour que plus on vieillit, plus on vit la vie des autres gens. Eh bien, j'ai beaucoup de vies à vivre, n'est-ce pas ? Peut-être en fin de compte est-ce mieux ainsi. C'était le destin après tout : il a suivi sa voie, et je ne le regrette pas. »

Ni la dissolution du cabinet par Faysal, dont les ministres avaient fini par excéder la patience, ni une réunion suspecte à Karbala des cheikhs et des saints hommes, ne parvenaient à ébranler Gertrude, dont le père avait annoncé sa venue à Jérusalem. Le matin du 29 avril 1922, Gertrude se rendit à l'aéroport de Bagdad. Transgressant le règlement, qui interdisait le voyage aux femmes (« Je suis un fonctionnaire et les fonctionnaires n'ont pas de sexe [1] »), elle monta à bord d'un des deux avions-courriers de la Royal Air Force, qui se rendait en Transjordanie. Elle avait espéré continuer ensuite vers Damas avec Hugh, mais la situation était devenue trop dangereuse. Même le vol vers Amman était risqué, lui expliqua-t-elle. « Il va sans dire que le moindre de mes voyages en Syrie serait classé parmi les rapports d'investigation criminelle, sous le titre " Mouvements suspects ". [...] Dans tous les cas, je pense que Père et moi serons heureux, même s'il doit venir me tenir la main pendant que je croupirai dans une geôle ! » Ironie du destin, c'était près d'Amman que les Turcs avaient tenté de l'arrêter en 1914, alors qu'elle se rendait en Arabie : ce voyage avait mené à sa détention à Hayil et à son engagement dans l'Intelligence Service en Irak.

Après trois semaines de voyage à travers la Transjordanie, la Palestine et le Liban, Gertrude prit congé de son père et rentra chez elle. Lors du vol de retour (il fallait compter six heures pour rejoindre Bagdad), tandis que l'avion, secoué par un vent du nord, volait à cent cinquante kilomètres à l'heure, Gertrude, à travers le hublot, suivait du regard les traces des pneus dans le sable, tenant le compte des sites d'atterrissage et repérant où ils étaient. « Je crois bien que je suis devenue une aviatrice confirmée », annonça-t-elle quand l'avion se posa au sol.

Faysal fêta son retour en l'invitant à prendre le thé. Elle lui apprit tout ce qu'il voulait savoir, notamment sur les difficultés des Français en Syrie : leurs fonctionnaires ne parlaient pas arabe, ne communiquaient pas avec la population et surveillaient les rues à grand renfort de patrouilles, « dans leur crainte mortelle d'un soulèvement ». Elle était convaincue que l'Irak « était l'unique province arabe qui eût trouvé le droit chemin ».

Faysal lui demanda son avis sur un ultimatum qu'il avait reçu de Churchill. Ce dernier lui disait que le gouvernement arabe devait admettre que, pour obtenir le traité d'indépendance, il devait d'abord accepter le mandat, bien que celui-ci garantisse le contrôle britannique. Si l'Irak refusait ces conditions, annonçait le secrétaire aux Colonies, les Britanniques se retireraient d'ici Noël. Il semblait qu'il n'y eût d'autre choix que d'obtempérer aux exigences de Churchill.

Quelques jours plus tard, le roi reconnut qu'il devait son trône aux Anglais et qu'il avait besoin de leur protection : s'ils se retiraient d'Irak, ses opposants arabes le renverseraient. Qui plus est, le pays serait dévoré et sa carcasse déchiquetée par les gens des villes, les tribus, les chiites, les sunnites, les Kurdes et les Turcs, qui tous se battraient pour obtenir un morceau du territoire.

À peine Faysal avait-il annoncé son consentement qu'il changea d'avis. Sous la pression des nationalistes, il annonça qu'il était prêt à signer le traité, mais seulement si celui-ci obtenait un statut d'égalité avec le mandat au lieu de lui être subordonné. L'Irak devait apparaître comme un partenaire à rang égal de l'Angleterre, insistait-il en exigeant une abrogation totale du mandat. Churchill répliqua brutalement que l'Angleterre ne pouvait conclure le traité sans voir reconnaître le mandat : tel était le statut accordé à l'Irak par la Société des Nations.

Lors d'une manifestation d'extrémistes contre les Anglais, Faysal refusa d'intervenir et alla jusqu'à apporter son soutien au plus radical des nationalistes. La *Khatun* savait que, parmi ses conseillers, certains avaient tenté de le persuader de se déclarer roi islamique indépendant : s'il le faisait, lui assuraient-ils, tout le pays lui emboîterait le pas. À présent, il était sur le point de céder. « Le pays se ralliera à lui, avait écrit Gertrude à Hugh, mais non pas à cause d'un changement soudain et miraculeux des mentalités. Ce dont il a besoin, c'est de plusieurs années de gouvernement stable et honnête : non pas un miracle, mais la récompense d'un solide travail de fond. »

Pendant plus d'un an, elle avait lutté pour faire couronner Faysal – aujourd'hui, celui-ci ne se contentait pas de détruire son œuvre : il brisait un lien particulier entre l'Irak et l'Angleterre. Faysal ne pouvait demeurer sur le trône qu'avec le soutien des Anglais, et les Anglais ne pouvaient maintenir leur influence en Irak qu'en gardant Faysal sur le trône. Gertrude se tourna vers Mr Cornwallis, « son grand allié », comme elle l'appelait, et découvrit que lui aussi nourrissait « des sentiments d'amère désillusion ».

Inquiète de la partialité que Faysal montrait envers les extrémistes, elle décida de lui dire tout net ce qu'elle en pensait. Le 4 juin 1922, lorsqu'il l'invita à prendre le thé, elle mit sa robe, son chapeau, et se blinda psychologiquement en vue de la confrontation. Sur le chemin du palais, des vagues de chaleur montaient du sol, la sueur coulait des fronts des hommes. Dans le salon de réception du palais, blanchi à la chaux, des ventilateurs électriques vrombissaient. Faysal, enveloppé dans sa robe blanche, l'œil noir, fit une apparition théâtrale et la salua : Gertrude fit sa révérence, mais, tandis qu'elle courbait la tête, ses yeux brillaient d'une lueur de colère. Au-delà de ces formalités de courtoisie, elle savait Faysal conscient de sa rage aiguë. « Je joue ma dernière carte », lui dit-elle sans détour. Croyait-il encore dans sa sincérité et sa dévotion personnelles à son égard ? Il ne pouvait en douter, répondit-il, car il savait tout ce qu'elle avait fait pour lui l'an passé.

En ce cas, poursuivit Gertrude, elle pouvait parler en toute liberté. « Je suis très malheureuse, dit-elle. J'avais trouvé une statue de neige belle et gracieuse, à qui j'avais juré fidélité, et je l'ai vu fondre sous mes yeux. Avant que chaque noble trait n'en ait été effacé, je préfère partir : malgré mon amour pour la nation arabe et ma responsabilité quant à son avenir, je ne supporterai pas de voir s'évanouir le rêve qui m'a guidée jour après jour. »

Elle avait cru que le roi n'était mû que par les principes les plus sublimes, mais elle constatait maintenant qu'il était victime du moindre mécontentement et de la moindre rumeur calomnieuse. Il prêtait l'oreille à des hommes qui, pendant la guerre, avaient trahi les Arabes servant dans l'armée anglaise, en livrant leurs noms aux Turcs : demain, une fois les Anglais partis et les Turcs de retour, ces mêmes hommes retourneraient leur veste et trahiraient les Arabes qui avaient été au service de Faysal. Le roi ne répondit qu'en lui baisant la main.

Une fois qu'ils eurent pris le thé, Faysal expliqua sa position. Il avait le devoir de rassurer les extrémistes, déclara-t-il : mieux valait les contrôler plutôt que de leur laisser le champ libre. Il lui rappela que les Anglais avaient d'ailleurs toujours refusé de les reconnaître, ce qui lui rendait la tâche plus pénible encore. Elle répliqua calmement qu'il n'y avait aucune raison de craindre qu'un *modus vivendi* ne puisse pas être établi. Si le roi acceptait le mandat, tous pourraient vivre ensemble harmonieusement. Faysal promit d'essayer.

Satisfaite de ce qu'il lui laissait entendre, Gertrude se leva pour prendre congé et, prenant la main de Faysal, tenta de l'embrasser avec respect. Le roi s'y refusa : au lieu de cela, il l'étreignit affectueusement.

« Je suis encore sous le coup de cet entretien, écrivit-elle une fois de retour chez elle. Faysal est le plus adorable des êtres, mais il manque étonnamment de force de caractère. Animé des idéaux les plus élevés, il trébuche sur le moindre obstacle. Il a arrimé son cœur aux étoiles, mais avec une corde si longue qu'elle se prend dans le moindre taillis. On ne peut rien faire avec lui si l'on n'est pas armé d'une immense sympathie pour sa personne – la lui accorder n'est pas difficile, mais il ne faut jamais oublier qu'il change d'opinion comme il respire. Je l'ai quitté ce soir convaincu que mon seul désir est de le servir : demain, le doute l'envahira. Au fond de son cœur, malgré toutes ses hésitations, il nous fait confiance et croit qu'un ou deux d'entre nous – Mr Cornwallis, le capitaine Clayton et moi, par exemple – monteraient sur l'échafaud pour le servir – ce qui est notre meilleure prise sur lui. »

Deux jours plus tard, Faysal se ralliait de nouveau aux extrémistes. « Oh, le roi, le roi ! se lamentait Gertrude. Si seulement il osait faire acte de fermeté ! Il perd une chance qu'il ne retrouvera pas de sa vie entière – mais qu'y pouvons-nous ? »

Deux semaines plus tard, lorsqu'une nouvelle invitation du roi lui parvint, Gertrude empoigna sa nouvelle ombrelle, cadeau de sa sœur Elsa et, au cours du trajet qui la menait au palais, retourna dans sa tête ce qu'elle allait dire. Ses craintes étaient prématurées : l'entretien fut « l'un des plus intéressants » qu'ils aient jamais eus.

La réticence de Faysal à accepter le mandat venait de son impression d'avoir été trahi en Syrie. Les Anglais lui avaient fait de grandes promesses pendant la guerre : Damas, le siège des premiers empires musulmans, des Omeyades et des Mamelouks, devait lui revenir. La vision d'une Grande Syrie avait dansé devant ses yeux : contrée qui, jadis, s'étendait des monts Taurus en Turquie jusqu'à l'Euphrate en Irak, d'Alexandrie jusqu'à l'Arabie, incluant Jérusalem et la Transjordanie. Pourtant, les Anglais l'avaient abandonné à une heure critique.

Tandis que Faysal décrivait les raisons profondes de ses sentiments présents, Gertrude restait suspendue à ses lèvres. Le regard de Faysal s'attrista lorsqu'il en vint aux événements de la conférence de Paris, lorsqu'il avait compris peu à peu que l'Angleterre, nonobstant ses promesses, l'abandonnerait pour se rallier aux Français. Il évoqua sa détermination à instaurer un gouvernement arabe en Syrie, et sa défaite, due en fin de compte autant aux extrémistes nationalistes de son propre camp qu'aux Français.

« Croyez bien, répondit Gertrude, que les mots me manquent pour qualifier notre responsabilité dans le désastre syrien.

– Il vous faut vous rappeler, dit Faysal sur un ton conciliant, ses yeux tristes reflétant sa déception, que j'étais, alors comme aujourd'hui, entièrement seul. Je n'ai jamais joui de l'appui de mon père ou de mon frère Abdullah. Tous deux étaient amèrement jaloux de la position que le succès de la campagne arabe m'avait donnée en Syrie. Lorsque je fus invité en Europe après l'armistice, j'étais si conscient de leurs sentiments envers moi que j'ai prié mon père d'envoyer Abdullah à ma place à Paris. Il a refusé, mais pas parce que la famille me faisait confiance. Elle ne m'a jamais fait confiance. »

Il lui rappela la conférence arabe de mars 1920, où il fut proclamé roi de Syrie.

« Comprenez-vous pourquoi j'ai encouragé une poignée d'Irakiens en Syrie à nommer mon frère Abdullah roi d'Irak ? Je savais que toute cette histoire était ridicule, mais je l'ai cautionnée pour apaiser mon frère. Comme vous le savez, il est mon aîné, et je voulais lui procurer un statut dans le monde arabe afin de désarmer son hostilité. Lui et mon père n'ont jamais osé m'accuser de n'œuvrer qu'à ma propre fortune. Qu'est-ce que cela pouvait me faire, que ce soit moi ou un autre qui soit roi de Syrie ? Ma tâche était d'éviter les dissensions familiales, et c'est pourquoi j'ai encouragé la nomination de mon frère Abdullah en Irak, non sans en percevoir l'absurdité. »

Du moins reconnaissait-il qu'il fallait maintenant faire progresser les choses.

« Je dois former un nouvel idéal arabe. Par où commencerai-je [2] ?

– Par l'Irak », répliqua Gertrude.

Elle ne pouvait s'empêcher de ressentir de la sympathie pour lui. Plus tard, elle nota : « Nous l'avons trahi, et non seulement il nous a pardonné, mais encore il a continué à nous faire confiance. C'est plus que nous ne méritons [3]. »

Avant que Gertrude ne quittât le palais cet après-midi, Faysal lui confia qu'il n'oublierait jamais la gracieuse statue de neige qu'elle avait sculptée, et qu'il ne voulait pas la voir fondre. Si le gouvernement britannique lui proposait un traité qu'il puisse signer sans perdre son honneur (c'était le mot clé), il poursuivrait dans les voies qu'elle avait tracées.

À une soirée qu'elle donnait ce soir-là dans ses jardins, Gertrude circula parmi ses invités, heureuse, aussi rayonnante que les lanternes qu'elle avait suspendues aux arbres. Le brouillon du traité était arrivé de Londres et, tandis que les domestiques offraient du café et des glaces, ses invités arabes et anglais en savouraient les termes. Le lendemain, lorsque le document fut présenté au cabinet, les ministres refusèrent de le ratifier : Cornwallis et elle durent batailler pour les persuader de relancer le débat.

L'air estival était lourd de polémiques : le seul mot de mandat exaspérait les Irakiens. Une fois de plus, les saints hommes chiites appelèrent à la rébellion contre les Anglais, et deux cheikhs de l'Euphrate favorables au mandat furent assassinés. À Bagdad, d'importantes factions de notables se rendirent chez le *Naqib*, l'avertissant que des affrontements désastreux accueilleraient l'acceptation du traité.

Tandis que les membres du cabinet ministériel discutaient avec chaleur des décisions à prendre, le roi manifesta officiellement son opposition au mandat. Même l'offre des Anglais d'obtenir pour l'Irak un siège à la Société des Nations, une fois le traité signé, ne put apaiser la fureur des Arabes. Des rumeurs annoncèrent l'organisation d'une grande manifestation, et l'odeur nauséabonde de l'insurrection devint plus perceptible. Le débat continuait à faire rage, et le roi différait sa réponse en multipliant les objections : au bout d'une semaine passée à subir cette accumulation de remarques, Cox, dégoûté, déclara qu'il ne saurait admettre aucune modification au traité.

Gertrude, elle, multipliait les conciliabules avec Ken Cornwallis. Le roi était devenu un prétexte à badinage amoureux, et il n'était pas leur unique sujet de conversation : ils nageaient ensemble, pique-niquaient les dimanches après-midi, déjeunaient gaiement le restant de la semaine, partageaient des confidences pendant le dîner et le thé, se racontaient des histoires, échangeaient leurs impressions sur le caractère de Faysal et tombaient d'accord sur le fait que, si le roi embrassait souvent Ken, il trouvait plus de plaisir à baiser la main de Gertrude.

Toutefois, même le charme de Faysal avait ses limites. Sa duplicité exaspérait Gertrude. Tout en lui assurant en privé qu'il était favorable au traité, il multipliait les discours publics contre ce même traité. Chaque fois qu'elle rencontrait Nouri Saïd, Gertrude lui disait sa façon de penser. Elle reprochait au roi sa façon d'agir inexcusable et ne voyait pas comment continuer à lui accorder sa confiance. Le lendemain matin, à six heures, un message royal arriva pour l'inviter à prendre le thé. Cette fois, Gertrude se fit excuser. Deux heures plus tard, Ken Cornwallis l'appelait au téléphone pour la supplier de venir : Gertrude se mit en route sans enthousiasme vers le palais.

L'accueil chaleureux de Faysal ne contribua pas à rasséréner la *Khatun*. Elle n'avait aucune intention de se laisser désarmer. Elle annonça qu'elle était venue contre son gré et, pendant le quart d'heure qui suivit, ils échangèrent des propos acrimonieux. Elle dit à Faysal qu'elle ne croyait plus une seule de ses paroles. Pourtant, s'en tenir là revenait pour elle à ne plus jamais revenir. « Mieux vaudrait trouver un *modus vivendi* », conclut-elle.

Le roi acquiesça d'un signe de tête.

Gertrude lui reprocha sa duplicité, preuves à l'appui : bien qu'il eût prétendu être en faveur du traité, il avait délibérément œuvré à empêcher sa bonne réception. Faysal reconnut qu'il « avait œuvré, et continuerait à le faire, contre l'acceptation du principe même du mandat ». La discussion se poursuivit avec fièvre. Deux heures après, Gertrude se leva enfin pour prendre congé. Le roi se leva également et, la prenant dans ses bras, il l'embrassa chaleureusement. Étreinte qui n'était qu'une façon polie de la congédier : « Nous nous sommes quittés sur des manifestations assez insatisfaisantes d'union sentimentale et de divergence politique ! »

Son seul espoir était que les Anglais puissent persuader le roi d'accepter le traité avec la promesse que, peu de temps après, Sa Majesté abrogerait le mandat. Churchill pourrait très certainement en donner l'assurance en privé à Faysal. « Le mandat ? Quelle blague ! écrivit-elle aux siens. Si nous ne signons pas le traité, tout l'Irak sera à feu et à sang, Faysal perdra son second trône, et où croyez-vous qu'il pourra en dénicher un troisième ? Pour l'heure, confiait-elle, je me sens spirituellement à bout. »

34

Où l'on dit adieu à Cox

Pendant les quelques mois qui suivirent, l'Irak eut à faire face à une succession de crises : à peine étaient-ils nommés que les ministres du cabinet démissionnaient, et Faysal semblait se laisser mener par le cours des événements, sans prendre garde au danger que représentait un gouvernement chancelant, allant en cela à l'encontre du *Naqib* et des avis pro-anglais que lui prodiguait Nouri Saïd, et se laissant étouffer par les extrémistes. Malgré toute son affection pour le roi, Gertrude sentait qu'il pouvait se détruire et détruire avec lui les Anglais par sa fatale indécision. « Le roi lui-même est un amour, écrivait-elle. Quoique changeant comme le vent, il est doté des meilleures vertus. Tout ce qui est noble et généreux l'attire d'emblée : il est par nature distingué et plein de discernement. Mais il a également les défauts de l'Oriental : il manque de hardiesse et d'aplomb, sans doute parce qu'il manque d'expérience, [...] son indécision et sa couardise seront peut-être les causes de notre défaite [1]. »

Pourtant, malgré les protestations des extrémistes et un regain de langue de bois chez Faysal, qui appuyait tour à tour les nationalistes et les Anglais, le mois de juillet se conclut sur une note optimiste. Lors d'un dîner intime chez Faysal, donné à l'occasion du cinquante-quatrième anniversaire de Gertrude, celle-ci convainquit le roi d'adopter une loi qu'elle avait rédigée pour la protection des fouilles archéologiques. Mieux encore, Faysal accepta, avec l'accord de Cox, de la nommer provisoirement directrice du département des Antiquités.

Deux semaines plus tard, le 30 juillet, Gertrude, après avoir reçu quelques Arabes, rejoignit Ken Cornwallis et d'autres collègues anglais, le capitaine Clayton, Nigel Davidson, le nouveau conseiller juridique, et sa femme pour leur partie de baignade hebdomadaire. Cette fois, Faysal se joignit à eux. « Le roi semblait très fier de lui », nota Gertrude. Faysal avait fait l'acquisition d'un nouveau costume de bain mais, railla Gertrude, « comme nageur, j'ai vu mieux ».

Usant d'un figuier comme cabine de bain, elle quitta son costume de bain en jersey pour endosser des vêtements secs puis, mâchonnant une figue mûre, épongea ses cheveux. Sur un feu de joie nourri de rameaux de palme, les domestiques du roi avaient rôti dix grands poissons et préparé plusieurs plats syriaques. À la manière des Grecs antiques, les invités s'allongèrent sur des coussins disposés sur des tapis recouvrant l'herbe, et mangèrent au clair de lune en bavardant sous les tamaris. Faysal parla à Gertrude de sa famille, qui résidait encore à La Mecque, lui confiant les soucis que lui causaient le mariage de ses filles et les études de son fils.

« Je ne voyais rien d'extraordinaire à cette conversation, dans ce décor où la lune éclairait le fleuve paisible, songea-t-elle plus tard, mais maintenant que j'y repense, cela me fait tout drôle d'avoir aidé un descendant du Prophète, par ailleurs roi d'Irak, à régler ses affaires privées. » Toutefois, elle craignait toujours de perdre son influence sur Faysal. « J'espère qu'il continuera à m'aimer comme maintenant, écrivait-elle nerveusement, car cela facilite grandement les choses. Pour Mr Cornwallis, c'est la même chose : en fin de compte, si je ne m'abuse, nous deux sommes les seuls à le guider et, avec lui, le destin du monde arabe. »

En août 1922, premier anniversaire de l'accession au trône de Faysal, le pays était encore profondément divisé sur la question du traité. Gertrude croyait que la majorité du peuple continuait à souhaiter qu'il fût signé par le roi. Si Faysal rejetait le pacte, ils le pousseraient à abdiquer. Pourtant, elle était également convaincue que s'il acceptait le traité, les Anglais seraient contraints de se retirer. Ainsi, quel que soit le parti choisi, les Anglais étaient perdants. Le cabinet avait démissionné pour protester contre le soutien du roi aux extrémistes. Dix jours plus tard, Gertrude remarqua : « Ce cabinet à la Humpty Dumpty n'a pas été remis sur le mur et, de la façon dont ils s'y prennent, les chevaux du roi ou les soldats du roi ne sont pas prêts d'y arriver. » Ce conflit sans fin obsédait ses pensées.

Le 23 août, jour de la fête d'anniversaire, Gertrude, vêtue de sa robe de dentelle et munie de son ombrelle, partit rejoindre sir Percy Cox, qui, lui, n'avait pas revêtu son uniforme. Ensemble, ils gagnèrent le palais en voiture officielle. Plusieurs centaines de personnes se pressaient déjà dans la cour du palais et, alors que les deux représentants anglais se frayaient un chemin parmi la foule, une voix cria quelque chose qu'ils ne saisirent pas. La foule applaudit, et bien que ni sir Percy ni Gertrude n'eussent compris la phrase, ils sentirent un frisson de haine parcourir l'assistance. À l'intérieur du palais, l'audience avec Faysal ne donna lieu à aucune anicroche ; pourtant, et cela ne fut pas sans ajouter à leurs soupçons, le roi était visiblement nerveux. Plus tard, Gertrude apprit de ses informateurs que la foule était venue avec la caution du roi pour marquer son opposition. Ce qu'on avait crié dans la cour, c'était « À bas le mandat ! » C'était là un affront public infligé à l'Empire britannique. Cox expédia sur-le-champ une lettre indignée, mais une rechute d'appendicite permit au roi d'éviter toute confrontation directe.

Sur son lit de douleur, Faysal, fiévreux, attendait l'intervention d'urgence des chirurgiens. Avec la permission du médecin, Percy Cox et Kinahan Cornwallis franchirent le barrage de domestiques qui gardaient la porte et entrèrent dans la chambre : pendant la conversation, une foule d'esclaves, armés et l'air soupçonneux, rôdaient autour d'eux. Les deux hommes expliquèrent au roi sur un ton de reproche que la situation était devenue si grave qu'il devenait essentiel de prendre des mesures de répression contre les extrémistes. Faysal devait se démarquer des plus radicaux et se ranger officiellement du côté des Anglais. Ils lui demandèrent son accord et la permission de prendre les mesures adéquates.

Faysal refusa. S'il acceptait, dit-il, crispé par la douleur, le peuple se révolterait. Il savait combien il était malade, et ne voulait pas mourir avec une rébellion sur la conscience. Sur ce, les médecins l'emmenèrent pour l'opérer. Il était temps : l'appendice avait fait un abcès et le roi était véritablement à l'article de la mort.

Les menées des extrémistes devenaient hautement dangereuses et menaçaient de dégénérer en une rébellion de la même espèce que celle de 1920. Sir Percy refusait de prendre le moindre risque. Sachant le roi malade et inefficace, le haut-commissaire ordonna à la police d'arrêter les sept agitateurs principaux tandis qu'il interdisait les journaux extrémistes et mettait hors la loi leurs partis. Le même soir, il publia un communiqué : comme le cabinet n'existait plus et que le roi était gravement malade, le haut-commissaire prenait le contrôle du gouvernement.

« Voilà qui est du pur sir Percy ! Dans ces circonstances, personne ne lui arrive à la cheville », se réjouit Gertrude, notant que les effets avaient été immédiats. « Dès lors que le roi ne pouvait trouver le courage de ses opinions, sa maladie fut un véritable cadeau du destin. Toutefois ce n'est pas la Providence qu'il faut remercier en premier. Sir Percy n'a jamais commis aucune erreur de parcours, que ce soit pour prendre une décision ou pour la faire appliquer. »

La semaine suivante, lorsqu'un écrivain arabe de passage vint la voir dans son bureau et lui apprit qu'il avait rendu visite au roi, Gertrude laissa libre cours à sa colère. Sur un ton railleur, elle dévoila à Amîn Rihani les rapports amers qu'elle entretenait avec le roi Faysal. « J'ai travaillé dur pour le roi Faysal, fulmina-t-elle en tirant sur sa cigarette. Les tribus étaient contre lui, les chefs refusaient de voter pour lui. J'ai discuté avec eux. Je les ai persuadés. Je les ai convaincus. J'ai réussi à les faire voter pour Faysal [2]. »

Elle quitta le sofa blanc et parcourut la salle de long en large, ouvrant les croisées pour laisser entrer la brise qui soufflait du Tigre. Puis, s'affalant de nouveau sur le sofa, la *Khatun* poursuivit : « Oui, en vérité, j'ai consacré tous mes efforts à l'aider. Les gens me disaient : " C'est un homme du Hedjaz, un étranger. " Moi, je me portais garante de lui. Je répliquais : " *Ana al kafil,* je réponds de lui. " Croyez-moi, Amîn *Effendi*, dit-elle d'un ton plaintif en usant du titre *Effendi* pour flatter son interlocuteur. J'aime l'Irak presque autant que mon propre pays. Je suis une Irakienne, et je veux voir le peuple d'Irak obtenir sa liberté et son indépendance, tout en aidant mes compatriotes à faire progresser ce pays. »

Lors d'un dîner donné au palais quelques jours plus tard en l'honneur du frère de Faysal, le prince Zaïd, récemment arrivé du Hedjaz, le roi tenta de justifier sa conduite. « Rappelez-vous, implora-t-il Gertrude, que nous avons été esclaves pendant six cents ans. L'esclave doit se protéger par la ruse. Il est obligé de garder un pied dans chaque camp – *hatta ana* : même moi, je dois le faire. Nous n'avons pas joui de siècles de liberté qui nous auraient appris à nous comporter en hommes libres. »

Quand, enfin, Winston Churchill promit de faire tout son possible pour faire admettre l'Irak à la Société des Nations, Faysal fut ravi. Il avait obtenu à peu près tout ce qu'il avait réclamé. L'admission à la Société des Nations signifiait la fin du mandat et la reconnaissance de l'Irak comme État souverain. Le 8 octobre 1922, le traité fut enfin signé. Il ne restait plus qu'à en obtenir la ratification par l'Assemblée nationale.

Le jour de la signature, tôt dans la matinée, Gertrude rejoignit le roi et Cornwallis pour aller petit-déjeuner hors de la ville, près de Bakuba. Après une collation champêtre à une longue table, installée sous les arbres fruitiers du jardin de Fakhri Bey, elle et Ken s'esquivèrent pour une promenade dans les vergers, de fertiles terrains couverts de vignes et de bosquets d'orangers et de dattiers. Ils regardèrent les paysans cueillir les grenades et, couchés côte à côte sur la rive du fleuve, observèrent le ciel à travers le feuillage des peupliers. « À mon sens, il est bien possible que le paradis se soit trouvé à l'emplacement du jardin de Fakhri », écrivit-elle par la suite. Ils partagèrent le déjeuner du roi, composé de dix-neuf plats royaux et, l'après-midi venu, firent bande à part et allèrent explorer le désert en voiture, levant des vols de tétras qu'ils abattaient à la carabine, éclatant d'un même rire lorsque, par deux fois, ils crevèrent une roue. Ils ne rentrèrent à Bagdad qu'au crépuscule, « ivres de soleil et d'air [3] ». Il y avait bien des années qu'elle n'avait décrit si joyeusement dans ses lettres une journée passée en compagnie d'un homme. Le plaisir nonchalant du déjeuner champêtre, l'excursion débridée dans le désert la ramenaient à sa jeunesse enfuie et à Henry Cadogan.

Ayant maintenant plus de temps à consacrer aux mondanités, elle remplissait son agenda de rendez-vous consacrés au roi et à Ken. Dîners, parties de bridge avec Faysal (qu'elle prenait bien soin de laisser toujours gagner), thés et parties de tennis au palais, courses hippiques le samedi, excursions à cheval dans les palmeraies et, le dimanche, baignade et dîners intimes chez elle, en tête-à-tête avec Ken.

Il y avait aussi ses obligations mondaines en tant que directrice de la Bibliothèque Salam (elle était la première représentante européenne jamais élue) : visites à rendre aux femmes arabes, à qui elle enseignait l'art de porter d'élégantes robes venues de France ; établissement d'une branche irakienne de la Croix-Rouge, et encore d'innombrables thés. Sati El Husari [4], conseiller principal du ministre de l'Éducation, vint avec sa femme et sa nièce, et Gertrude les accueillit dans son salon. Plaçant les deux femmes devant une boîte de chocolats et une pile de magazines, elle se tourna aussitôt vers Sati et engagea la conversation. Peu après, son épouse, qui était turque, jeta à Gertrude un regard de dégoût et, à la grande surprise de celle-ci, dit dans un anglais parfait : « La prochaine fois que vous souhaiterez parler à mon mari, inutile de m'inviter. » Gertrude ne put que faire ses excuses et se montrer plus hospitalière.

Si son nouveau poste de directrice honoraire du département des Antiquités lui valait de nouvelles obligations, ses tâches politiques, elles, se raréfiaient. Après une série d'attaques de rebelles kurdes dans le Nord, auxquelles succédèrent les contre-attaques de l'aviation britannique, elle partit inspecter la région. Londres était désireux de régler le problème en créant une enclave autonome dans le Kurdistan, mais, d'une part, la frontière qui séparait les deux pays ne pouvait pas être défendue et, d'autre part, comme le fit remarquer Gertrude, « tous, y compris le roi, (savaient) ce que Londres (était) également loin d'ignorer : l'État arabe ne (pouvait) survivre sans la province du nord. Bagdad dépend(ait) bien trop de Mossoul ».

Après avoir interrogé les Arméniens, chrétiens et Kurdes sur la situation, et après avoir rencontré presque tous les cheikhs, saints hommes et notables influents de la région, elle revint à Bagdad le 16 novembre, convaincue que si l'on arrivait à soustraire la région aux Turcs, les Kurdes deviendraient les loyaux citoyens de l'Irak.

La situation à Mossoul inquiétait également Cox, mais sa rencontre, maintes fois différée, avec Ibn Saoud sur la question des frontières allait bientôt avoir lieu : au moment où Gertrude revint à Bagdad, le haut-commissaire s'apprêtait à partir. Gertrude aurait bien voulu l'accompagner, mais Ibn Saoud ne la portait pas dans son cœur (sa fierté de mâle ne le poussait guère à supporter sa forte personnalité), et c'était Cox lui-même qui s'était chargé de l'éducation du sultan pendant des années. Ce furent donc le major Dickson et le major More, Sahih Bey, le ministre de l'Intérieur, et Fahad Bey, le chef des Anazeh, qui mirent leurs smokings dans leurs malles et accompagnèrent Cox, lorsqu'il partit le 19 novembre signer son traité.

Sir Percy avait fait la connaissance d'Ibn Saoud dès son arrivée dans le Golfe et, pendant ces dix-huit années, il était resté aux yeux du chef des wahhabites une figure paternelle, un ami et un appui financier. Tandis que Cox faisait voile vers Ojair, près de Bahreïn, les esclaves d'Ibn Saoud se préparaient à l'accueillir [5]. De luxueuses tentes blanches de tailles diverses furent plantées sur le sable pour le repos, le bain, les repas et les loisirs ; d'épais tapis furent déroulés, de riches meubles amenés, et l'on fit provision de fruits frais, de bouteilles de Perrier, de cigares de Cuba et de whisky Johnny Walker à l'attention de « Kokus ».

Les négociations sur les frontières durèrent cinq jours et cinq nuits : Cox, vêtu d'un costume à cravate lavallière et coiffé d'un fez de feutre, servait de médiateur entre les représentants des tribus de l'Irak, du Koweït et de l'Arabie, tous vêtus de longues robes. Ibn Saoud exigeait que seule la répartition des tribus, et non le partage du territoire, déterminât les frontières. À l'entendre, deux groupes – les Anazeh de Fahad Bey et une partie des Shammar – devaient se partager l'Arabie, sans qu'il y eût lieu de considérer leur éventuelle progression vers le nord. Ces deux tribus constitueraient une frontière mouvante, se déployant ou se retirant suivant leur quête de pâturages nouveaux – ainsi la frontière changerait selon les besoins du nomadisme [6]. « L'Orient, c'est l'Orient, l'Occident, c'est l'Occident », comme disait Kipling, et les deux n'avaient jamais été si éloignés l'un de l'autre. Pour Cox et les Anglais, la notion de propriété était d'abord territoriale, alors que pour Ibn Saoud et les Bédouins, elle était liée aux seuls peuples.

Aucun progrès ne semblait possible et, le sixième jour, sir Percy perdit patience. Avec le major Dickson pour seul témoin, il fit venir Ibn Saoud et le réprimanda comme un écolier pris en faute. Le rythme auquel progressaient les négociations, dit-il au chef arabe tout parfumé, ne laissait aucun espoir de les voir se conclure avant un an. Ibn Saoud était au bord des larmes : sir Percy était pour lui un père et une mère tout à la fois, s'écria-t-il, l'hommc qui l'avait fait et l'avait tiré du néant pour l'élever à la position qu'il occupait maintenant. Il était prêt à céder « la moitié, voire l'intégralité de (s)on royaume, si sir Percy l'ordonn(ait) [7]. »

Sir Percy se saisit aussitôt de la carte. Traçant avec soin une ligne rouge sur celle-ci, il assigna une partie du Nedjd à l'Irak ; puis, pour apaiser Ibn Saoud, il isola environ deux tiers du territoire koweïtien et l'offrit à l'Arabie. Enfin il détermina deux zones qu'il déclara devoir être neutres : il appela l'une la Zone neutre koweïtienne, la seconde la Zone neutre irakienne. Lorsqu'un représentant d'Ibn Saoud supplia sir Percy de ne pas constituer une Zone neutre koweïtienne, Cox lui demanda pourquoi. « Tout simplement, répondit l'homme, parce que nous pensons qu'il y a du pétrole dans ces terres. » « C'est bien pour cela que j'en ai fait une zone neutre, répliqua le haut-commissaire. Chaque camp aura une demi-part des bénéfices [8]. » L'accord fut signé par les trois camps vers le début de décembre 1922, ratifiant les frontières tracées avec tant de soin par Gertrude Bell. Pourtant, les soixante-dix années qui suivirent virent l'Irak et le Koweït, y compris lors de la guerre du Golfe de 1992, se disputer sur la question des frontières.

« Savez-vous, écrivait Gertrude à Hugh vers la fin 1922, cela dit en passant, que j'ai été mentionnée quatre fois dans des dépêches pour mes précieux et distingués services administratifs ! Je m'en suis rendu compte tout à fait incidemment – c'est vraiment absurde – en classant les documents au moment de remplir un formulaire du Bureau des colonies. Je n'avais jamais réalisé combien ils étaient nombreux. » Peu de temps auparavant, au cours d'un thé organisé par des femmes de notables arabes, elle avait demandé : « Qui est la femme la plus élégante de Bagdad ? » « Vous, assurément », avaient répondu toutes les femmes, et elle en avait rosi de plaisir. Toutefois, malgré toutes ces marques de reconnaissance, elle sentait que son influence était sur la voie du déclin. Vers la mi-décembre, elle avait fini son rapport annuel pour le secrétaire d'État, remarquant tristement : « J'ai l'impression de n'avoir rien fait qui compte vraiment. » Son pouvoir local dépendait de la puissance coloniale anglaise, et dès lors que le gouvernement arabe prenait les choses en main, son influence ne pouvait que diminuer encore. Bien que son amitié avec le roi perdurât, il n'avait plus besoin d'elle comme agent de liaison avec le haut-commissaire. De conseiller politique, elle était devenue sa dame de compagnie.

À Noël, elle explora la rive de l'Euphrate en compagnie de Ken Cornwallis et de deux autres fonctionnaires britanniques : ce furent d'agréables vacances et, de retour à la fin du mois, elle ne fut pas mécontente de trouver sur son bureau une pile de rapports que lui demandait Cox. « Il n'y a pas à dire, constata-t-elle, quelles que soient mes futures activités, je ne retrouverai jamais un chef que je puisse servir avec autant de cœur à l'ouvrage que lui. » Sir Percy devait prendre sa retraite quelques mois plus tard, mais il la préparait en se rendant à Londres pour aider le gouvernement à conclure une paix avec la Turquie et à établir sa politique en ce qui concernait l'Irak. Devant la menace d'une invasion turque, Cox était décidé à ce que l'Angleterre n'abandonne pas son allié. En 1914, les Anglais s'étaient rendus en Mésopotamie pour protéger leurs puits de pétrole, leur commerce et leurs intérêts dans le golfe Persique : Cox voulait rappeler ce fait au comité ministériel. Si l'Angleterre abandonnait l'Irak au moment de la crise, elle risquait de perdre tout ce qu'il avait été décidé de préserver. Il leur dirait : « Il n'y a, songez-y bien, aucune frontière susceptible d'être défendue entre Mossoul et Bagdad, et si les Turcs prennent Bagdad, ne tenteront-ils pas également de prendre Bassora ? Une mauvaise paix sera plus coûteuse que le maintien sur place, car elle nous obligera à prendre des mesures militaires spéciales pour préserver nos intérêts [9]. »

Avant que Cox ne parte pour l'Angleterre, il nomma Henry Dobbs pour suppléant, et début janvier Gertrude donna un dîner chez elle pour présenter Dobbs à son collègue Nigel Davidson, le conseiller judiciaire, et à son ami intime, Ken Cornwallis, le conseiller du roi. La conversation porta essentiellement sur le dilemme kurde, qui devait perdurer bien après le départ des troupes anglaises. Les Turcs avaient repoussé les revendications indépendantistes des Kurdes, alors que Faysal avait indiqué qu'il était favorable à un gouvernement kurde autonome à l'intérieur des frontières irakiennes, du moment que les Kurdes restaient économiquement et politiquement inféodés à l'Irak (position reprise des années plus tard par Saddam Hussein). Ces paroles de Faysal avaient permis de calmer les insurgés, mais quelques semaines plus tard, Dobbs, inquiété par de nouvelles attaques, envoya des troupes sur les frontières nord pour décourager les Turcs, et Faysal confia à son frère cadet Zaïd le soin d'instaurer une Maison royale à Mossoul, dans l'espoir de gagner les Kurdes à la cause irakienne. Dans l'intervalle, une conférence internationale réunie à Lausanne examinerait la revendication d'indépendance des Kurdes.

Gertrude ne pouvait pas faire grand-chose en ce qui concernait Mossoul : à défaut, elle se tourna vers l'archéologie. Un groupe dépêché par le Field Museum de Chicago était venu travailler à Kish, et le British Museum et l'université de Pennsylvanie s'étaient associés pour organiser des fouilles à Ur. Comme directrice honoraire du département archéologique, Gertrude prit un vif intérêt à l'inspection des sites. L'antique cité sumérienne d'Ur, que la Bible désigne pour lieu de naissance d'Abraham, avait prospéré quelque six mille ans auparavant, et son tertre devait combler les chercheurs de richesses archéologiques bien des années encore. Les fouilles devaient livrer des témoignages de l'existence sumérienne sous tous ses aspects – depuis les ziggourats (pyramides à étages construites en 2000 av. J. C.) jusqu'aux canoës minces et recourbés qui servaient à traverser les marais, en passant par les trésors extraordinaires rassemblés dans les tombeaux royaux : des statuettes d'or, des coiffures d'or, des dagues en or aux cabochons de lapis-lazuli, des vases de cuivre et des tablettes cunéiformes. Assister aux premières fouilles lui fit ressentir les sensations les plus saisissantes que l'archéologie lui ait jamais procurées. Plus important encore : le régime légal sur les fouilles institué par Gertrude Bell protégea l'Irak des pillages dont ses antiques richesses auraient pu faire l'objet.

À Bagdad, en ce printemps naissant, elle s'occupa de meubler le nouveau palais du roi et d'organiser des réceptions en l'honneur de sir Percy Cox. Celui-ci avait repoussé son départ au mois de mai, et bien que ce fût l'époque du ramadan, le mois d'avril donna lieu à un tourbillon de soirées d'adieu. De Hadji Nadji au roi, des marchands du bazar à la Royal Air Force, tous semblaient désireux de fêter le haut-commissaire. Enfin, le 1er mai 1923, les Cox agitèrent leur mouchoir. Ce fut un moment de tristesse pour Gertrude. « Je suis assez déprimée par ce départ, avoua-t-elle, le cœur gros. Sir Percy nous a quittés sur des adieux très émouvants. »

Il avait été la figure de proue de sa vie pendant les sept dernières années ; les Arabes l'idolâtraient et le surnommaient « le Renard », mais, pour elle, il était plus encore : un homme calme, sage et attentionné, une figure paternelle et un ami, l'unique personne en Orient sur qui elle pût compter dans les moments difficiles. Il comprenait ses difficultés, appréciait ses incessants efforts, admirait ses talents. Il l'avait admise lorsqu'elle était arrivée à Bassora en 1916, l'avait accueillie parmi ses collaborateurs à Bagdad malgré les objections du général Maude, s'en était entièrement remis à son travail de renseignement auprès des Arabes, pendant et après la guerre, l'avait défendue contre les griefs d'A.T. Wilson, louait ses connaissances en matière d'archéologie et surtout, il l'avait constamment traitée avec respect. Quant à elle, elle lui était toute dévouée. « Je crois qu'aucun autre Anglais n'a comme lui inspiré confiance aux Orientaux », dit-elle. Et aucun Anglais, excepté son père, n'avait inspiré plus confiance à Gertrude. Son mentor s'en était allé, et Gertrude se préparait tristement à prendre ses propres vacances en Angleterre, tout en se demandant quel accueil elle recevrait à son retour à Bagdad, à l'automne suivant.

35

Jours sombres

Rounton parut plus petit aux yeux de Gertrude lorsqu'elle le revit en juin 1923 : ce n'était plus l'univers tout-puissant de l'enfant, mais le monde rapetissé et vulnérable qui apparaît à l'adulte. Les changements dans l'industrie du XXe siècle, la grande crise d'après-guerre et les déficits causés par les grèves avaient laissé des traces. La fortune familiale des Bell leur coulait entre les doigts. Pour réduire les frais, une partie de la maison avait été fermée, quelques domestiques congédiés, et la moindre dépense était surveillée de près. L'univers personnel de Gertrude lui échappait à elle aussi et, tandis qu'elle posait pour John Singer Sargent, qui faisait son portrait, ou correspondait avec T. E. Lawrence à propos de la publication des *Sept Piliers de la sagesse*, elle s'interrogeait sur son avenir. Le départ de Percy Cox l'avait laissée désemparée. Elle connaissait son successeur, Henry Dobbs, depuis le début de la guerre, à l'époque où, étant alors commissaire à Bassora, il avait partagé l'hostilité de Gertrude envers A. T. Wilson. Pourtant, au contraire de Cox, Dobbs n'était ni son mentor ni un homme d'État d'envergure. Du reste, l'Irak n'avait plus besoin d'un homme comme Cox. Les Arabes avaient repris fermement en main les rênes du gouvernement.

Une autre question pesait sur sa conscience. Ses rencontres répétées avec Faysal l'avaient amenée à fréquenter intimement son conseiller personnel, Cornwallis. Ken et elle s'apitoyaient l'un sur l'autre et échafaudaient leurs plans de concert. Alors qu'ils travaillaient ensemble à hisser le roi sur le trône, son admiration pour Ken s'était épanouie en un sentiment plus tendre. Sa silhouette grande et mince, sa force morale, ses manières affables l'avaient touchée. Elle faisait plus que rechercher ses avis : elle avait soif de sa compagnie et faim de son amour. À Rounton, tandis qu'elle se promenait dans les champs avec un ami de sa famille, elle compara Cornwallis et Doughty-Wylie. Jamais elle ne retrouverait un homme aussi accompli que Dick, assura-t-elle, ni un correspondant qui lui ferait atteindre un tel degré de passion. Toutefois Dick était mort et Ken était vivant, et même plein de vie. Il avait dix-sept ans de moins qu'elle, et avait embrasé son âme.

Aimable et sympathique, Henry Dobbs se montra plus facile d'accès que Percy Cox, comme Gertrude l'écrivit en septembre, peu après que son avion eut atterri à Bagdad. « Oui, l'atmosphère de la Résidence a changé du tout au tout, nota-t-elle. Nous n'avons plus le sage sir Percy, mais nous sommes débarrassés de la folle lady Cox, et sir Henry répand partout sa bonne humeur. Les Arabes l'appellent sir Hon-ri [1]. »

La vie de Gertrude connaissait elle aussi des changements. Au lieu de passer des heures arides de travail à son bureau, elle vibrionnait dans le palais, arrangeant le mobilier anglais qu'elle avait fait venir de Londres, s'arrachant les cheveux sur les antiquités françaises de pacotille commandées sans son aval, et cherchant toujours à dessiner un blason héraldique pour le roi. Le soir, elle recevait en l'honneur de Ken ou du roi, se préoccupait du bien-être de Ken ; elle se tint au côté de Faysal lorsqu'il coupa le ruban lors de l'inauguration d'une nouvelle ligne de chemin de fer Bagdad-Karbala. Elle assistait à des parties de chasse et à des matchs de polo, disputait des parties de tennis, des parties de bridge, de mah-jong et de chemin de fer, et dînait presque tous les soirs avec Ken. Lorsque celui-ci déménagea, Gertrude passa tout un dimanche à l'aider à ranger ses affaires personnelles.

Même Noël, si souvent teinté de tristesse, redevint un moment de joie : Ken et elle partirent avec des amis communs pour une semaine de chasse à Babylone. Avant leur départ, sa femme de chambre, Marie, qui empaquetait les tenues d'équitation de Gertrude et ses robes du soir, insista pour y joindre sa plus jolie chemise de nuit, en crêpe de Chine rose.

« Mais pourquoi ? demanda Gertrude. Ce n'est qu'une partie de chasse.

– Oui, répondit Marie, mais comme cela le domestique soudanais de Ken pourra la voir. »

Marie pensait peut-être que le serviteur décrirait la chemise à son maître, ou encore... que Ken lui-même aurait l'occasion de la voir. Après six jours de détente et de visites archéologiques, Gertrude revint toute ravie, et annonça : « Je crois bien que jamais plus agréable expédition n'eut lieu en Irak. »

Malgré sa bonne humeur, son pouvoir déclinait à vue d'œil, comme l'écrivait sans ménagement un fonctionnaire des chemins de fer dans une lettre à St John Philby : « Il est certain que la " reine sans couronne " n'est plus la première personnalité du pays ; on ne sait pas exactement quel rang elle occupe aujourd'hui. Sans doute se contente-t-elle d'un vague office de conseillère qui lui permet de distribuer des concessions à une bande d'archéologues radoteurs provenant de tous les pays et de tous les continents [2]. »

Contrairement à Cox, Dobbs ne lui demandait jamais son avis et ne l'autorisait jamais à prendre des initiatives personnelles, si bien que l'ennui gagna vite Gertrude après son retour d'Angleterre. Ses pensées la menaient du côté des grandes civilisations de Mésopotamie et, tout en rêvant à un grand empire avec Faysal à sa tête, elle se tourna à nouveau vers les antiquités. Au début du mois de janvier 1924, éprouvée par le climat froid que tous redoutaient, elle s'assit à son bureau, frissonnant dans son manteau de fourrure, et forma le rêve de se rendre à Ur et Kish. Sur le chemin, elle s'autoriserait une excursion solitaire dans le désert. « Je veux me sentir à nouveau sauvage et indépendante », déclara-t-elle.

Ce voyage court mais aventureux la remit d'aplomb. Elle et son assistant, J. M. Wilson, avaient à peine entamé le trajet qu'une roue avant de leur voiture glissa sur le bord d'un pont étroit, manquant les précipiter dans un canal. Quelque temps plus tard, la voiture dérapa, échappant au contrôle de son conducteur et, lorsqu'ils s'engagèrent dans une plaine, elle se mit à tourner sur elle-même comme une toupie. Son assistant refusa de risquer davantage sa vie. La pluie s'était mise de la partie, mais Gertrude et Wilson enfilèrent leurs bottes, plongèrent dans la boue et, après plus d'une heure de marche pénible, gagnèrent le site de Kish. Mr Mackay, l'archéologue, les attendait ; ils passèrent le reste de la soirée à examiner ses trouvailles. Comme Gertrude avait laissé ses bagages dans le coffre de la voiture, elle dut se contenter d'une barre de savon, d'une brosse à cheveux et d'un pyjama emprunté à un autre invité. Tout cela n'avait aucune importance à ses yeux, et elle alla se coucher sous une tente, où elle s'endormit d'un sommeil de plomb, heureuse de se trouver de nouveau dans le désert.

Le lendemain, elle repartit seule. Arrivée à Warka, jadis la cité sumérienne d'Uruk, la capitale babylonienne du Sud, elle trouva le site archéologique fourmillant d'indigènes en quête de trésors. Rassemblant les Arabes, elle leur demanda fermement, tandis qu'ils poussaient des cris effarouchés :

« Avez-vous trouvé des *anticas* ?

– Non, non, de par Dieu, répondirent-ils.

– Pourquoi alors toutes ces pelles et ces pioches ? » riposta-t-elle, exigeant une réponse.

Elle ajouta qu'ils obtiendraient un *bakchich* pour tout ce qu'ils lui céderaient. À cette promesse, ils changèrent aussitôt d'attitude. L'un des hommes sortit un cylindre qu'il avait caché sous sa chemise, un autre un sceau, un troisième un morceau de poterie qu'il gardait dans sa poche. Ayant payé à chacun quelques *annas*, elle rapporta les objets au musée.

De retour à Bagdad, elle s'étonna de trouver à son bureau un colis arrivé d'Angleterre. Ces derniers jours avaient été difficiles, marqués par des désaccords avec Dobbs, qui, à ses yeux, ne comprenait pas véritablement les Arabes : recevoir un colis était une agréable surprise. Ayant fendu le carton et dégagé les couches de papier, elle fut ravie de découvrir un cadre d'argent contenant une photographie de sir Percy Cox, dédicacée « au meilleur de mes compagnons ». « Il n'aurait pu me faire plus gentil compliment ! déclara-t-elle. Encore aujourd'hui, il me manque beaucoup. Nous avons collaboré six ans, avec quelques interruptions, et traversé ensemble des périodes difficiles. C'était devenu pour lui une habitude de discuter de tous ses problèmes avec moi. Sir Henry ne fait pas toujours de même, mais il n'y a aucune raison pour qu'il le fasse. La plupart du temps, il agit d'abord et m'en parle ensuite. » Elle déjeunait tous les jours avec Dobbs, mais celui-ci ne parlait que d'aimables bagatelles : rien à voir avec les substantielles conversations qu'elle avait avec Cox.

Juste avant qu'elle se rende de nouveau à Ur, en mars 1924, une journaliste américaine vint la voir [3]. Gertrude émergea des piles de papiers entassés sur son bureau : mince comme un saule, elle arborait une élégante robe de coton beige. Elle tendit à Marguerite Harrison une main manucurée, puis, lui faisant signe de s'asseoir, elle repoussa les monceaux de documents qui recouvraient le sofa et les balaya sur le plancher, où ils vinrent s'ajouter au désordre qui débordait de partout. Le regard de Harrison parcourut la pièce, qui était « le bureau le plus désordonné » qu'elle ait jamais vu, ses chaises, tables et sofa « parsemés de documents, cartes, opuscules rédigés en français, anglais et arabe ». De Gertrude, en revanche, elle dressa un portrait aussi ciselé qu'une porcelaine de Wedgwood. « Son visage ovale délicat, avec sa bouche et son menton empreints de fermeté, ses yeux bleu (*sic*) d'acier et son auréole de fins cheveux gris, était celui d'une grande dame. Elle n'avait rien de l'explorateur battu par les tempêtes, ni dans son visage ni dans son attitude. Ses robes venaient de Paris, ses manières avaient le cachet de Mayfair. » Et c'était cette femme qui avait fini par faire trembler les cheikhs à la seule pensée des *Anglez* !

L'écrivain américain était venu interviewer Gertrude, mais celle-ci avait ses propres priorités. Décidée à lui soutirer tout renseignement intéressant, la *Khatun* la soumit à un feu roulant de questions sur la Turquie, d'où Harrison revenait après un séjour de six mois. Les intentions de Kemal Atatürk continuaient d'inquiéter Gertrude. Quelle était son attitude envers l'Irak, officielle et officieuse ? Que pensaient les Turcs de Mossoul ? Et de la situation internationale en Irak ? Quelle était la situation politique en Turquie ? Assoiffée de nouvelles, Gertrude retint Harrison à dîner. Parmi les invités, il y avait Ken et quelques fonctionnaires anglais. Tandis que l'hôtesse, revêtue d'une robe de velours bleu, présidait une table élégante (nappe de lin, couverts d'argent étincelants, verres de cristal scintillant...), la visiteuse de Baltimore conta ses téméraires aventures. « Jamais nous n'avions tant ri à l'un de mes dîners, écrivit gaiement Gertrude aux siens. C'était extraordinairement drôle [...] mais certaines de ses histoires auraient fait rougir le fonctionnaire le plus vénérable [4]. » Elle était heureuse de cette compagnie amusante, heureuse aussi de rencontrer une femme à sa hauteur, tant pour l'intelligence que pour le goût du risque.

Le lendemain matin, Gertrude partit tôt pour Ur. Elle consacrait plus de temps maintenant à son nouveau musée, collectionnant des objets antiques qui nourrissaient son rêve d'un grand empire irakien [5]. Plus elle découvrait des preuves objectives des réussites des premiers Mésopotamiens, plus son désir de voir l'Irak retrouver sa grandeur perdue se concrétisait. L'archéologie était une tâche ingrate, qui lui faisait passer des heures sous un soleil brûlant à superviser les fouilles, à examiner jusqu'à la plus minuscule des trouvailles, mais l'histoire antique du pays captivait son imagination. À la fin des fouilles, elle avait le droit, en tant que directrice honoraire du département des antiquités, de choisir ce qui devait revenir au gouvernement irakien. Pour partager les découvertes, on tira au sort avec une roupie, et Gertrude gagna un scarabée d'une valeur d'un millier de livres. Parmi les pièces les plus importantes, elle alloua les objets de bronze à l'archéologue Leonard Woolley, mais se réserva un bas-relief en bronze figurant la traite des vaches aux premiers temps de la Mésopotamie.

Elle rapporta son butin à Bagdad, et se remit patiemment à la tâche dans le petit musée – établi provisoirement dans une salle du palais –, recollant des fragments, cataloguant les objets, identifiant des ustensiles, et surveillant un personnel qui n'avait pas la plus petite idée de ce que représentait l'archéologie. Un jour, elle trouva un vieil artisan qui réparait des pièces avec du plâtre de Paris, noyant d'antiques pétales de fleur en pierre dans le ciment. Un autre matin, alors qu'elle vérifiait les étiquettes, elle ramassa un fragment de marbre représentant une encolure de cheval avec sa crinière. Elle chercha l'étiquette et lut : « Ceci est une partie de l'épaule d'un homme, en marbre. » Elle se tourna vers l'assistant :

« Un homme a-t-il une crinière qui lui pousse sur les épaules ?

– Par Dieu, vous avez raison », murmura l'homme.

Elle le foudroya du regard.

Le musée était son œuvre, et elle le faisait visiter à tous les gens qu'elle pouvait trouver, depuis un professeur en retraite jusqu'aux fonctionnaires anglais de passage, sans parler des ministres arabes. Lorsque Woolley fit une conférence sur Ur en mars 1924, elle obligea le roi à y assister, traduisant la moindre remarque de l'archéologue à l'oreille d'un Faysal mourant absolument d'ennui.

Le traité avec l'Angleterre devait encore être ratifié par l'Assemblée nationale, et le processus traînait en longueur. Cheikh après cheikh, sayid après sayid, il s'agissait de persuader tous les représentants du pays de donner leur accord. L'atmosphère était très tendue, et l'assassinat d'un représentant, en février, ne contribua pas à l'apaiser. Des débats houleux agitèrent le mois de mai. Au début de l'*id*, les festivités qui marquent la fin du ramadan, Gertrude décida de partir en vacances avec le médecin du roi, le Dr Harry Sinderson, l'un de ses collègues, Itlyd Clayton, et Ken. Ils projetaient de planter leurs tentes au bord de la rivière de Qarashan, à l'endroit où elle se jette dans le fleuve Diyala, et de passer là-bas trois jours à pêcher, nager, lire de la poésie et jouer au bridge. « La vraie raison de cette expédition, c'est Ken, expliqua tendrement Gertrude. Il est si amaigri, si épuisé, que je crains qu'un délai supplémentaire dans la ratification du traité ne provoque chez lui une dépression nerveuse. » Ce répit atteignit son but, mais il fallut encore un mois de débats, jusqu'en juin, pour que le traité soit signé *in extre-*

mis. « Nous battons Cendrillon d'une demi-heure », commenta Gertrude.

Ken et elle passaient presque toutes leurs journées ensemble, car il se plaisait dans la maison accueillante de Gertrude, et ils fêtèrent le dénouement heureux de leur travail en dînant ensemble, puis en bavardant tranquillement, comme ils avaient pris l'habitude de le faire, avant d'aller se coucher à dix heures. C'était leur dernière soirée ensemble avant le départ de Ken pour l'Angleterre. Sa femme demandait le divorce et Gertrude partageait son appréhension. Griffonnant à la hâte une note pour sa sœur Molly, elle la pria de veiller sur Ken : « Je ressens une très grande affection pour lui, et je le considère comme l'un des êtres humains les plus précieux qu'il m'ait été donné de rencontrer », écrivait-elle. Molly accepterait-elle de l'inviter à déjeuner ? « Comme c'est merveilleux d'avoir une sœur à qui l'on peut tout demander. [...] Je crois vraiment qu'après les pères, les sœurs sont le plus beau présent de la vie [6]. » Elle avait omis les mères de sa liste, mais n'oublia pas pour autant d'envoyer à Florence une nouvelle série de commandes. Parmi les objets qu'elle réclamait, il y avait un casque colonial doublé de tussor, un chapeau de paille avec un ruban bleu, pour les matinées, un maillot de bain de couleur foncée, quelques mètres de dentelles et trois paires de mules en brocart des Galeries Lafayette, « non pas pour monter à cheval, mais simplement pour mettre à mes pieds ».

La chaleur accablante de juillet envahissait la ville. Gertrude fêta son cinquante-sixième anniversaire « en enfer », souffrant du vent qui se déchaînait comme en une fournaise, et de la solitude qui la brûlait comme l'acide. Un grand nombre de ses collègues avaient quitté la ville : Henry Dobbs, J. M. Wilson, l'assistant de Gertrude, et son ami Itlyd Clayton... « Mais c'est Ken qui me manque le plus, se lamentait-elle : nous sommes d'un même avis sur tout ce qui arrive ici, et nous collaborons en permanence. Je ne sais rien de ce qui se passe au palais et au cabinet, quand il n'est pas là. »

Se levant tous les jours avant l'aube, elle faisait un quart d'heure de gymnastique suivant une routine que lui avait enseignée Ken, puis elle jardinait, arrachant les mauvaises herbes, taillant ses zinnias, cueillant des gerbes de roses et de jasmin pour remplir ses vases de porcelaine. Vêtue aussi légèrement que possible, portant des bas et un minimum de vêtements (une chemise de soie, un fourreau de crêpe de Chine et une robe flottante de mousseline), elle déjeunait d'un œuf et d'un fruit, donnait ses ordres au cuisinier pour le repas et, attrapant son chapeau, sautait dans sa voiture qui la menait en un quart d'heure au bureau.

Une accumulation de tâches routinières l'attendait et, assise à son bureau tandis que le ventilateur suspendu au plafond repoussait les vagues de chaleur, elle rédigeait des mémorandums pour les ministères, des notes d'explication pour le haut-commissaire en poste, Nigel Davidson, traduisait les journaux arabes et transmettait les pétitions des indigènes. À onze heures, la transpiration perlait sur son front et un domestique lui apportait un bol de consommé glacé sur un plateau. Elle se remettait nerveusement au travail, fumant une cigarette après l'autre, faisant attention à ne pas commettre d'erreurs en rédigeant ses rapports pour le secrétaire d'État. Après avoir déjeuné en compagnie de Nigel Davidson, elle revenait sur les affaires les plus pressantes et, pour la première fois depuis bien des mois, sentait qu'elle était une « personnalité », ne serait-ce que parce qu'elle était la seule à connaître les problèmes dont elle parlait. Toutefois, sa confiance en elle-même était ébranlée : « J'espère que je ne ferai pas d'erreurs épouvantables, notait-elle avec anxiété. Heureusement, Nigel sera là pour m'arrêter à temps. Il est très minutieux. » Elle ne fut guère consolée le jour où celui-ci exhiba sans crier gare un numéro de la *Westminster Gazette* qui contenait un compte rendu accusateur de l'arrestation de Sayid Taleb en 1921 – une fuite due à Philby.

Naguère elle restait enchaînée à son bureau près de dix heures ; aujourd'hui, elle travaillait à peine trois ou quatre heures de suite. Après le déjeuner, elle rentrait chez elle, mais les pièces vides lui renvoyaient l'image de sa propre solitude. Ken était absent, et elle n'avait rien d'autre à faire jusqu'à l'heure du thé que s'allonger sur le grand sofa, sous le ventilateur, à lire ou rédiger sa correspondance. Florence lui avait envoyé trois nouvelles pièces, *Jeanne d'Arc*, *Individus et masses* et *La machine à calculer*, mais Gertrude, lisant le portrait de Monsieur Zéro par Elmer Rice, ne pouvait que songer à sa propre existence.

Elle avait autour d'elle peu de gens à qui parler et, bien qu'elle fût parfois invitée à dîner en tête à tête avec le roi, elle prenait presque tous ses repas toute seule. Le samedi soir, lorsque le courrier lui arrivait, elle s'asseyait à sa table, sirotant un bouillon froid ou mangeant un peu de poisson, et lisait le courrier d'Angleterre en s'attardant sur les lettres de Ken. À dix heures, elle grimpait les escaliers qui menaient à sa chambre sous le toit, et s'endormait, tétanisée à l'idée que la journée du lendemain serait exactement la même. « Vous savez, écrivait-elle, je suis devenue quelqu'un de très solitaire, à force de vivre presque entièrement seule tous ces longs mois. »

L'été avait été « éprouvant » : outre les affres de la solitude, la *Westminster Gazette* avait rouvert une vieille plaie en les accusant, elle et Cox, d'avoir conspiré contre les Arabes, et comploté l'enlèvement de Sayid Taleb et sa disparition de la scène politique. « Le journal a exhumé toute l'affaire Taleb, gémissait Gertrude, nous accusant d'avoir imposé Faysal à l'Irak et d'avoir intimidé l'Assemblée. » Ce mélange d'accusations blessantes, de solitude et de chaleur assommante la mena au bord de la dépression nerveuse. Elle tenta d'y parer en écrivant à sa famille, mais vers la fin août elle était alitée, sérieusement malade. Craignant pour sa vie, le Dr Simpson venait la voir deux fois par jour et, lorsque Nigel Davidson lui rendit visite, il fut stupéfait. Maigre et affaiblie, elle était enfouie sous les couvertures, dans un état d'absolu désespoir. « Prierez-vous pour moi ? » lui demanda-t-elle. Une déprime noire planait sur elle comme une sombre nuée.

36

La longue nuit

À l'automne 1924, ayant récupéré de sa crise dépressive, Gertrude fut invitée par le roi à visiter ses nouvelles terres, près de Khanakin. Quelques jours auparavant, alors que Ken était toujours absent, elle et Faysal avaient passé une soirée ensemble au théâtre de Bagdad. Ce divertissement leur avait remonté le moral. « Le roi n'arrêtait pas de rire, rapporta Gertrude, et sur le chemin du retour (ayant glissé son bras autour de ma taille !) il m'a confié qu'il avait eu l'impression de passer une soirée à Londres [1]. »

Sur quoi, prenant le train de nuit, elle arriva à la campagne tôt le samedi matin et rejoignit immédiatement Faysal pour une partie de chasse à la perdrix. À midi, il faisait si chaud que l'on n'avait d'autre choix que faire la sieste. Elle se retira sous une tente (la maison de campagne n'était pas encore construite), ouvrit deux pans sur les côtés et, se dévêtant autant que la décence le permettait, s'allongea sur le lit et ouvrit un roman de Thackeray, *Pendennis*. Ils étaient à des années de lumière de Londres et de sa vie littéraire, mais après le thé, alors que Faysal et elle parcouraient à cheval des kilomètres de terre nue, que les collines perses se dessinaient à l'horizon, et qu'elle l'écoutait développer ses rêves d'avenir, elle sentit qu'elle faisait partie d'un monde encore plus extraordinaire.

Le soir, elle s'habillait pour dîner avec le roi et, tandis qu'ils étaient assis sous les étoiles, Faysal, une lueur de tristesse dans son regard, confessait qu'il n'était toujours pas satisfait. Bagdad ne pouvait remplacer Damas ; bien qu'il le tût par délicatesse, c'était Damas, la capitale florissante du désert de la Grande Syrie, qu'il rêvait de commander. Calme et patient, il cachait ses pensées à la plupart des gens et dévoilait rarement ses sentiments. Cette soirée en tête à tête lui permit de se plaindre de nouveau à Gertrude de sa solitude : il avait eu hâte de venir dans ce bout de campagne pour échapper à la routine palais-bureau qui était tout ce que lui offrait Bagdad. Elle mesurait combien il aurait été seul si elle n'était pas venue. « Il voulait avoir quelqu'un à qui parler de ses plans, quelqu'un qui se réjouirait avec lui à l'idée qu'un jour tous viendraient chasser, et qui manifesterait un intérêt particulier à ses activités. Je suis contente d'être venue, écrivit-elle. Par ailleurs, cela m'a énormément plu, car moi aussi j'avais l'impression d'être un prisonnier évadé. »

Le lendemain, ils fêtèrent ensemble, avec toute la ville, l'arrivée à Bagdad du fils unique de Faysal. Le jeune Ghazi, âgé de douze ans, avait été le premier membre de la famille de Faysal à fuir La Mecque, qu'Ibn Saoud et ses guerriers wahhabites se préparaient à attaquer au cours de leur conquête du Hedjaz. Il y avait plus de gens dans les rues pour l'arrivée de Faysal en 1921. Le jeune garçon semblait être un modèle réduit de son père, petit et timide, avec un long visage sensible et un air de dignité qui lui valurent aussitôt l'affection de Gertrude. Le prenant sous son aile, elle courut au palais lui choisir des vêtements. Il fallut lui tailler des costumes et des chemises, puis elle se rendit en hâte chez un tailleur anglais venu de Bombay, pour choisir des tissus rayés et des tweeds. Le tailleur, rapporta-t-elle, se conduisit comme un personnage de Thackeray, sautillant, tendant le jarret, et lui montrant ses patrons « une main sur le cœur ». Lorsque Ghazi vint faire prendre ses mesures, il était « à moitié ravi, à moitié timide ». Il avait été élevé dans le désert, sans vraiment recevoir d'éducation, mais se montrait intelligent, et Gertrude était certaine que, si elle le prenait en main, il apprendrait vite. Elle lui trouva une gouvernante et un précepteur pour lui apprendre l'anglais, et lui commanda, pour Noël, une boîte de trains électriques de chez Harrods. « Vivant dans une maisonnée de femmes et d'esclaves ignorants, il a été fort négligé », remarqua-t-elle avec réprobation. Tout de même, elle devait admettre qu'elle ne pouvait pas en faire uniquement à son idée. Elle ne possédait pas l'autorité suprême et devrait attendre le retour de Ken.

Tout récemment, Cornwallis lui avait écrit d'Angleterre pour lui raconter son divorce. Le portrait qu'il donnait de sa femme et de sa belle-famille indiquait des relations pénibles. « Ce doit être des gens inhumains, observa-t-elle. Il se portera mieux quand il reviendra à son travail et à nous, qui le connaissons et l'aimons [2]. » Elle était certaine qu'elle pourrait prendre soin de lui bien plus efficacement que son épouse et, au plus profond de son cœur, elle espérait devenir la nouvelle Mrs Cornwallis.

Pour le moment, du moins, Gertrude jouissait de la présence de sa sœur et de son beau-frère. En novembre, Elsa et son mari, sur le chemin de Ceylan, avaient fait étape à Bagdad, mais une mauvaise bronchite avait empêché Gertrude de leur accorder toute son attention. Toutefois, elle supplia sa famille de ne pas s'inquiéter de sa santé. Le médecin lui avait dit qu'elle avait « un talent tout à fait particulier pour les guérisons soudaines » ; de fait, lorsque Cornwallis revint à la fin du mois, elle était sur pied et pouvait sortir, se déclarant « tout à fait remise ». Maintenant, c'était Ken qui avait besoin qu'on s'occupe de lui.

Le divorce avait été houleux, des témoignages truqués étant venus étayer l'accusation, et le verdict abolissait tous les droits légaux de Ken sur ses enfants. « Je suis bien désolée pour mon cher Ken, écrivait-elle, [il] a vécu l'enfer et il est très malheureux [3]. » Cependant elle avait la conviction qu'il irait bientôt mieux, maintenant qu'il avait retrouvé son travail, ses collègues et ses amis dévoués, « dont je suis la première. J'aime et j'admire vraiment son intégrité si vive, pour ne pas dire agressive, et j'estime plus que je ne saurais le dire la confiance et l'affection dont il me comble ».

Les fêtes de fin d'année arrivèrent juste après une grosse chute de neige, la première depuis quatorze ans, et les vacances, qui comptaient parmi « les plus mauvaises » qu'elle put se remémorer, furent suivies de pluies qui transformèrent le sol en un bourbier glacé. Sur le chemin qui la menait vers le palais, Gertrude se sentait peu exaltée à l'idée de rencontrer la reine. L'arrivée de Hazaïma la réjouissait à peu près autant que le climat, mais Gertrude n'en pataugea pas moins dans cette boue glissante pour voir la royale conjointe, qu'elle déclara aussitôt « charmante ». Les deux filles aînées de Hazaïma, âgées d'environ dix-huit ans, ressemblaient à leur mère, « plutôt timides mais désireuses de plaire », et dans les jours suivants elle demanda à la gouvernante de Ghazi, Miss Fairley, de leur enseigner l'anglais, le tennis et « les manières européennes ». Quant à la reine, Gertrude n'avait pas grand-chose à en dire : elle découvrit très vite qu'il s'agissait d'une femme fruste et illettrée.

Lorsque, durant la première semaine de janvier, il fut décidé que la reine donnerait son premier thé, Gertrude dressa une liste et des invitations furent envoyées aux femmes arabes et anglaises les plus importantes. Quelques jours avant le grand jour, elle fut appelée au palais pour arranger les tables avec le roi, qu'elle vit pour la première fois en famille. « Les filles s'entendaient très bien avec lui, mais la reine était muette en sa présence », nota-t-elle, ayant déjà remarqué que Faysal ne semblait pas ravi par l'arrivée de Hazaïma.

Gertrude avait demandé à la femme d'Ali Jawdat, chef du personnel royal, de remplir le rôle de maîtresse des cérémonies, mais c'était un office inconfortable pour cette jeune femme qui manquait d'expérience et, entre les dames arabes trop intimidées pour parler et les dames anglaises ignorant l'arabe, un cercle de silence entourait la reine. Comme toujours, Gertrude prit la situation en main et, interrogeant une invitée après l'autre, réussit à faire parler la souveraine. Toutefois, elle fronça le sourcil en voyant que la reine et les deux princesses étaient « horriblement fagotées », et annonça qu'elle serait forcée « de prendre leur garde-robe en main ».

Sa propre garde-robe, qui comportait pourtant des articles

provenant de grands couturiers tels que Worth et Molyneux [4], accusait le contrecoup de ses maigres finances. La compagnie avec laquelle son père s'était associé lui refusait ses dividendes : aussi Gertrude mettait-elle de côté le moindre sou. « J'ai fait beaucoup d'économies, et je ne me suis pas acheté une nouvelle robe depuis dix-huit mois, se vantait-elle. Je me sens un peu défraîchie cet hiver, mais j'espère que mon compte en banque a meilleure mine [5]. » Elle avait dépensé cinq cent soixante livres de plus que ce qu'elle gagnait en une année, dépenses consacrées en priorité aux frais de maison, aux gages des serviteurs et à la nourriture. Avec le reste, elle avait acheté des livres, du papier, des graines et des bulbes, des accessoires et des coupons de tissu dont Marie faisait des vêtements. « Dans l'ensemble, je ne crois pas avoir été prodigue, écrivait-elle à son père. Et vous, qu'en pensez-vous ? »

La commission frontalière dépêchée par la Société des Nations pour tracer les frontières entre l'Irak et la Turquie arriva à la mi-janvier 1925. Quoique les Turcs continuent à réclamer le *vilayet* de Mossoul pour eux, la région était d'une importance stratégique vitale pour l'Angleterre : la zone montagneuse offrait une défense naturelle contre toute invasion turque, les bases du Nord protégeant les zones pétrolières de Perse ; les raffineries d'Abadan et les zones pétrolières proches de Kirkuk non seulement ravitailleraient puissamment l'Angleterre en pétrole, mais alimenteraient aussi l'économie irakienne.

Il était essentiel que l'Irak montre son unité aux membres de la commission, et Gertrude fut chargée d'organiser les délégations arabes. Les différentes factions irakiennes ne devaient présenter aucun signe de dissension. Dobbs l'envoya conseiller le roi pour son discours aux commissaires, et quelques jours plus tard elle alla voir le Premier ministre pour savoir ce qu'il avait dit à la commission. Elle passa des heures entières au palais à disposer les sièges des cinquante-huit invités, tous des hommes à part elle, et fut tout à fait ravie lorsque, pour protester ouvertement contre les Turcs, tous les Irakiens arrivèrent sans leur fez. « Les habitants de Bagdad se tiennent prêts à la lutte ; ministres, fonctionnaires de toutes sortes, notables, tous témoignent de l'indivisibilité de l'Irak. Les hommes de tous les partis ont abandonné leurs dissensions », rapporte-t-elle victorieusement. À présent, tout ce dont ils avaient besoin, c'était que les habitants de Mossoul fassent de même et parlent d'une voix unanime. « Du moins, note-t-elle, la commission a compris que c'est un combat vital pour les Irakiens, et pas seulement une tentative de la part du gouvernement britannique pour élargir ses *dominions.* »

Début mars, lorsque la commission annonça sa décision d'octroyer Mossoul à l'Irak, Gertrude s'impliqua dans les négociations sur le pétrole. La concession pétrolière turque, un consortium d'intérêts anglais, français et américains, était à ses yeux le seul groupe assez important et assez riche pour pouvoir construire les pipe-lines qui relieraient l'Irak à la Méditerranée, mais les hommes politiques locaux soutenaient avec empressement de petits groupes d'investissements locaux, et la situation était dans l'impasse. « Si seulement les ministres irakiens n'étaient pas si bornés ! soupirait-elle. Je crois que nous tenons là des perspectives beaucoup plus intéressantes que nous n'en avons eu depuis longtemps. [...] La chose qui importe le plus, à notre avis, c'est de lancer le développement du pays et d'augmenter les investissements étrangers [6]. » Le 14 mars 1925, un accord de soixante-quinze ans fut signé avec la concession pétrolière turque.

Quelques semaines plus tard, Gertrude, après avoir achevé un rapport de première importance destiné au secrétaire d'État, quitta son bureau avec le sens du devoir accompli. Lorsqu'elle arriva chez elle, elle trouva Ken qui l'attendait impatiemment. Ibn Saoud et ses deux mille aventuriers, qui s'étaient déjà emparés du Hedjaz, venaient d'attaquer la frontière irakienne : le roi était dans un état d'anxiété extrême, et pourtant le haut-commissaire, qui parlait très mal arabe, refusait d'ajouter foi à la nouvelle de ce raid. Que faire ? Gertrude se devait, en tant qu'officier de liaison, d'expliquer la situation à Dobbs. Elle tomba d'accord avec Ken sur ce point, mais, inquiète devant ces événements, elle passa une nuit agitée. À quatre heures du matin, elle se leva, écrivit une longue lettre aux siens, arrangea des vases de fleurs, et rumina devant son petit déjeuner habituel. Enfin ce fut l'heure de se rendre au bureau. Elle trouva plusieurs rapports tout juste arrivés. Les jours suivants, elle devait apprendre que presque deux cents hommes, femmes et enfants avaient été tués ; que vingt-six mille moutons et trois mille sept cents ânes avaient été emportés, et que des flots de réfugiés appartenant aux diverses tribus affluaient en Irak. Il ne fallut pas beaucoup d'efforts pour convaincre sir Henry qu'une attaque avait bel et bien eu lieu. Il était également indéniable que le fossé entre Gertrude et le haut-commissaire se faisait chaque jour plus grand.

Edward DeGaury s'en aperçut peu après son arrivée en tant que fonctionnaire détaché de l'armée, au printemps 1925. Il avait vu la *Khatun* émerger d'un nuage de poussière sur la route qui menait à Khadimaïn, montée en amazone sur une jument arabe. Près d'elle grondait la grosse voiture noire du haut-commissaire, dont le drapeau aux couleurs de l'Angleterre flottait au vent, et que précédaient deux gardes indiens à cheval. Lorsque DeGaury s'approcha de la Ford, il salua son passager, sir Henry Dobbs. Gertrude leva sa cravache et lui rendit son salut, touchant du fouet le bord de son tricorne. Puis, son sloughi sous le bras, elle piqua des éperons dans les flancs du cheval et partit au galop pour ouvrir le chemin à Dobbs. « L'enthousiasme même de Gertrude Bell était parfois une source d'embarras, écrivit DeGaury par la suite. Dobbs ne voyait pas toujours les choses de la même façon qu'elle. »

Il rappela un autre incident, survenu un jour où le roi inspectait ses troupes. Revêtu de son uniforme kaki et monté sur un cheval blanc, Faysal sortait lentement de la palmeraie pour prendre sa place en vue de l'inspection militaire. Comme il atteignait le lieu de la revue, Gertrude apparut en tenue d'amazone blanche et au triple galop. Elle arrêta sa jument noire à son côté, mais Faysal fit semblant de ne pas la voir. Elle avait « indéniablement fait sensation », comme l'écrivit DeGaury et, derrière son dos, Faysal se plaignit à Dobbs que la *Khatun* était par trop omniprésente.

À la vérité, elle était devenue pour ainsi dire de trop. À part la mort de deux chiens – le sien et celui de Ken – qui l'avait déprimée, ses jours se passaient « sans histoire ». Le soir, elle se promenait avec Lionel Smith, le conseiller aux affaires scolaires, à cheval avec Itlyd Clayton, ou en voiture avec Ken. Ses lettres, qui comptaient naguère quinze pages et regorgeaient de nouvelles et d'anecdotes politiques, étaient réduites à quelques commentaires sur les chasses au canard, les pique-niques et les parties de bridge avec le roi qui, elle était heureuse de le dire, avait fait d'énormes progrès, « même s'il n'arrive toujours pas à distinguer les piques des trèfles [7] ». Le point fort de cette saison de Pâques, ce fut un voyage le long de l'Euphrate, « une surprise », écrivit-elle, tout en ajoutant tristement : « Tant de mes plans sont restés lettre morte [8]. »

Empilant dans la voiture nourriture, lits de camp et accessoires de bain, Ken, elle et quelques amis se rendirent en voiture jusqu'à l'Euphrate et se rassasièrent des provisions qu'elle avait apportées : caviar, langue de bœuf et stilton. Le lendemain, ils se rendirent à Karbala, puis traversèrent le désert, passant devant des lézards de deux mètres de long, pour voir les ruines qu'elle avait découvertes à Ukhaidir. La découverte qu'elle avait faite, très tôt, de l'antique palais avait été l'un des événements les plus sensationnels de son existence, mais des archéologues français en avaient usurpé la paternité et avaient écrit à ce sujet avant même qu'elle eût le loisir de publier ses propres travaux : ce souvenir était devenu des plus amers pour elle. Elle n'y était pas retournée depuis 1911. « Je me suis sentie comme un fantôme en revenant sur ces lieux après tant d'années, et j'ai été contente de ne pas m'y trouver seule, écrivit-elle à son père. En ce qui concerne mes projets, je compte revenir à la maison pour un ou deux mois vers la fin juillet. »

Elle ne regagna Londres qu'une fois la saison mondaine passée, pour éviter l'agitation, car elle était dans un état de grande fatigue mentale et physique. Les médecins de famille la prièrent de faire très attention à elle et la déclarèrent inapte à retrouver le climat de Bagdad. Des visiteurs venaient de temps à autre, et la trouvaient plus mince et plus fragile que jamais. Tremblant de froid, même dans la lourde chaleur de l'été, elle se confinait dans son salon de Sloane Street, fenêtres fermées, devant un grand feu, emmitouflée dans son long manteau de renard. Fumant ses cigarettes turques dans un fume-cigarette, elle pérorait sur toutes sortes de sujets en lançant à ses interlocuteurs des regards foudroyants. On lui amenait de jeunes neveux et nièces terrifiés, qui devaient se rappeler bien des années plus tard « combien elle avait l'air terrible ». Janet Hogarth vint dîner, et Gertrude la prit à part. « Là-bas, c'est la belle vie, lui dit-elle tristement. Qu'est-ce que je ferai ici, je vous le demande ? » Janet lui suggéra de se présenter aux élections parlementaires, une idée qu'elle accepta d'envisager.

À Rounton, elle dut faire le deuil de son enfance. La maison était devenue trop chère pour qu'on la gardât et ses parents déménageaient. Elle frappa à la porte de la bibliothèque, comme chaque matin, et trouva Florence travaillant à son bureau. Au cours des ans, elles avaient enterré leurs querelles et rancunes : maintenant sa mère levait la plume pour discuter avec Gertrude des malheurs financiers de la famille, de ses pièces de théâtre, du travail de Gertrude, de son regret de ne s'être jamais mariée, de Doughty-Wylie et de Ken Cornwallis, de Hugh et de son avenir. « C'est comme si je ne vous avais jamais vraiment connue pendant toutes ces années, lui écrivit Gertrude par la suite. Du moins suis-je sûre de ne vous avoir jamais aimée autant, quel que soit l'amour que j'ai pu avoir pour vous dans le passé. »

En se promenant dans la lande, elle ressassait la suggestion de Janet Hogarth, et finit par écrire à son amie un mot pessimiste : « Non, je crois que vous ne me verrez jamais au Parlement. J'ai une haine irréductible pour cette façon de faire de la politique, et si vous saviez combien je suis peu douée pour tout cela, vous oublieriez vous aussi rapidement cette idée. [...] Je n'ai pas, je n'ai jamais eu la rapidité de pensée et de parole qu'exigent les affrontements parlementaires. Je peux travailler de mon côté et justifier ma façon de faire, mais mon savoir n'est pas universel, et mon unique désir est de retrouver l'arène confortable de l'archéologie et de l'histoire, en ne gardant sur les débats actuels qu'un œil d'observateur intéressé. »

Elle rendit visite à sa sœur Molly, à qui elle se confia au sujet de Ken. Elle lui avoua qu'elle était profondément éprise de lui, et qu'elle avait espéré qu'après son divorce ils auraient pu se marier. Ce rêve était, hélas, une fleur fragile qu'il avait foulée aux pieds. Il avait refusé de l'épouser, opposant un refus clair et net à ses supplications. Que pouvait-elle faire ? s'écria Gertrude. Pouvait-elle retourner à Bagdad et endurer cette humiliation ? D'un autre côté, comment supporter la solitude qui l'attendait en Angleterre ? La conversation avec sa sœur lui apporta quelque réconfort : Molly présentait toutes ces questions sous un jour optimiste. « Tu m'as en quelque sorte rendu mes repères et il me semble que je peux de nouveau garder le cap, lui écrivit Gertrude le lendemain. Tu m'as ôté toute amertume, et tu m'as encouragée à penser que toute action de ma part, quelle qu'elle soit, sera belle et généreuse, et digne de la lignée à laquelle j'appartiens [9]. »

Elle tenta d'éviter Cornwallis et, lorsqu'il arriva en août à Londres, où il accompagnait le roi, elle ne lui fit pas savoir qu'elle serait en ville. Pourtant, son père proposa de donner un dîner en l'honneur de Faysal à l'Automobile Club : comment ne pas inviter Ken ? Gertrude prit le train pour se rendre à Londres, et trouva une note de Ken à son domicile de Sloane Street, disant qu'il lui téléphonerait le lendemain matin. L'autoriserait-elle à lui rendre visite l'après-midi ? lui demanda-t-il au téléphone. Ils burent du thé et échangèrent des propos légers sur les affaires de Ken, ses enfants et le roi. L'autorisait-elle à revenir le lendemain ? lui demanda-t-il de sa voix lente et profonde. Non, répliqua-t-elle, sa journée était prise. Elle avait un rendez-vous avec Faysal, et du reste ils se verraient le soir à ce dîner du Club. Le lendemain, il vint la chercher chez sa couturière et, après déjeuner, il la conduisit à la gare de Victoria Cross, d'où elle prenait le train pour le Yorkshire. Tout s'était bien passé, mais tout était différent maintenant. De retour à Rounton, elle expliqua à Molly : « D'une façon ou d'une autre, il me semble que nous avons scellé une nouvelle amitié, et je ne peux qu'espérer que le feu s'est entièrement apaisé dans mon cœur. Peut-être est-ce d'en avoir parlé avec toi qui m'a aidée. [...] Dans tous les cas, ma chérie, ne t'inquiète pas pour nous. [...] Je quitte l'Angleterre le 30 [10]. »

À son retour, un flot de visiteurs enturbannés vint lui baiser la main et lui souhaiter la bienvenue à Bagdad. Ken vint dîner le premier soir, et elle reprit ses activités au bureau et au musée. Pourtant Cornwallis continuait de repousser ses incessantes demandes en mariage, et Dobbs refusait de partager son enthousiasme pour les Arabes. Son influence était, pour ainsi dire, nulle. « Il faut vous rappeler que je ne suis plus personne ici », écrivait-elle tristement à Hugh. En attendant, sa passion n'était pas éteinte.

« Pour te parler en toute franchise, écrivait-elle à Molly, je suis plus amoureuse que jamais de Ken, et je n'aime personne d'autre au monde si intensément – si tendrement, du moins. Après mon retour, nous avons eu quelques conversations terriblement amères – je le vois rarement en tête à tête maintenant – et je sais que c'est à cause de cela qu'il est si froid avec moi. [...] À présent, je suis décidée à lui prouver ce qu'il sait au fond de lui-même : qu'il ne peut se passer de moi (et c'est vrai, pas plus que je ne peux me passer de lui) [11]. » Lorsqu'ils collaboraient ensemble, elle lui avait fourni « idée sur idée ». Elle dit à Ken qu'elle quitterait l'Irak s'il ne l'épousait pas.

« Je sais que, s'il me le permet, je peux le rendre très heureux et qu'il me rendra plus heureuse que je ne peux l'être autrement. Ce que je veux, c'est rester ici et me contenter de mes travaux d'archéologie et de mon musée, qui me prend tout mon temps et tout mon enthousiasme. Pourtant je ne peux le faire que s'il accepte mes conditions. » S'il ne pouvait lui rendre son amour, elle reviendrait en Angleterre « tenter de faire quelque chose de [s]on existence [...] mais ce ne sera[it] jamais qu'une moitié d'existence ». Non pas qu'elle n'aimât pas sa famille, comme elle en assura sa sœur, mais parce que « cet autre amour est si puissant [...], je me sens sa femme et sa sœur et sa mère tout ensemble. Je sais que tu me comprends. Je ne t'écrirai à nouveau que lorsque j'aurai une nouvelle définitive à t'annoncer : que je pars, ou que je reste. Ken sait bien ce qu'il en est. »

Son ami Harold Nicolson, écrivain et diplomate, lui rendit visite en novembre 1925 et, après avoir passé une nuit sous son toit, remarqua qu'elle était « adorable [...] une véritable mine d'informations sur la situation au Moyen-Orient ». Néanmoins, au bureau, ses relations avec Dobbs n'avaient pas progressé. Ils avaient parlé peu de temps auparavant de la Syrie, une conversation qui n'avait rien de paisible. Leurs buts étaient diamétralement opposés et, bien qu'elle tentât de s'armer de tact et de ne pas présenter son point de vue d'une façon agressive, elle découvrit le fossé qui séparait Henry Dobbs de sir Percy. Cox et elle s'opposaient parfois sur des points de détail, mais leur perspective globale était la même. « Nous étions absolument du même avis sur l'esprit dans lequel notre action devait être menée. Sir Henry ne partage pas cet esprit : pis, il le trouve parfaitement absurde [12]. »

Vers la fin de l'année, elle se rendit à la résidence du roi, atteinte d'un rhume de cerveau, couverte de plus de vêtements qu'elle en avait jamais porté, et tenant une bouillotte chaude sur ses genoux. Le lendemain, elle dut s'aliter avec une forte fièvre : on lui diagnostiqua une pleurésie. La présence d'infirmières à domicile nuit et jour et le soutien moral de Ken l'aidèrent toutefois à s'en sortir. C'est alors, un mois plus tard, quelques semaines seulement avant le déménagement de ses parents, que son frère Hugo mourut de la typhoïde. Sa mort fut un choc pour Gertrude ; son visage hanta sa mémoire. Elle s'était moquée de lui dans leur jeunesse, avait fait tout son possible pour l'empêcher de se faire pasteur ; pourtant, malgré ses railleries, il avait gagné ce qu'elle désirait le plus dans sa vie et n'avait jamais réussi à conquérir. « Ce qui importe le plus, songeait-elle, c'est qu'il a mené une vie complète. Son mariage parfait, et les joies que lui ont apportées ses enfants. »

Vita Sackville-West, l'épouse de Harold Nicolson, arriva à Bagdad un samedi matin, en mars 1927 [13]. Venue en train de Bassora, elle avait été secouée sur les routes poussiéreuses dans une vieille Ford qui l'avait menée jusqu'au seuil de Gertrude. Poussant la barrière encastrée dans le mur blanc, Vita monta tant bien que mal le chemin, longea les pots d'œillets bordant l'allée, le poney blanc qui passait la tête au-dessus de la porte de l'étable, les chiens (des sloughis gris et un petit cocker doré), et gagna en boitillant la véranda où se promenait fièrement un paon. Gertrude lui cria un bonjour. Elles s'étaient rencontrées à Constantinople, avaient déjeuné à Paris et dîné en Angleterre, mais Vita savait bien qu'à Bagdad Gertrude était chez elle. Le moral de celle-ci était remonté : elle s'était vu octroyer un bâtiment indépendant pour son musée, et ses plans, disait-elle, étaient de le transformer en un nouveau British Museum, « à une échelle un peu plus réduite ».

À peine avait-elle aperçu Vita qu'elle l'assaillit de questions : Faisait-il très chaud dans le Golfe ? Avait-elle souffert de la fièvre ? Et elle s'était aussi foulée la cheville ? Quel dommage ! Préférait-elle d'abord manger un porridge ou prendre un bain ?

« Elle avait le don pour porter les gens à incandescence, pour leur rendre la vie pleine, riche et trépidante », observa par la suite Vita. Lorsque son invitée dit qu'elle aimerait avoir un sloughi, Gertrude décrocha aussitôt son téléphone et demanda qu'on lui apporte sans plus tarder une sélection de ces chiens fluets, au poil doux comme la soie. « Puis elle reprit sa place sur sa chaise, et me mit au courant de tout : la situation de l'Irak, les fouilles d'Ur, le besoin d'un musée convenable. Quels nouveaux livres avait-on publiés ? Que se passait-il en Angleterre ? Les médecins lui avaient dit qu'elle ne devrait pas passer un autre été à Bagdad, mais que ferait-elle donc en Angleterre, à ronger son frein loin de l'Irak ? L'année prochaine, peut-être... je ne pouvais tout de même pas lui dire qu'elle avait l'air malade ? Eh bien oui, je le lui ai dit. Elle écarta ma remarque en riant. Puis, se levant d'un bond – car tous ses mouvements étaient rapides et impatients –, elle me proposa de prendre un bain si j'avais fini mon petit déjeuner. Il fallait qu'elle aille à son bureau, mais elle serait de retour pour le déjeuner. Ah oui, c'est vrai ! elle avait des invités pour le déjeuner ; et puis, tout en continuant à parler et à rire, elle épingla un chapeau sur sa tête sans même se regarder dans la glace, et elle prit congé. »

Plus tard dans la même journée, elles rendirent visite au roi, qui avait l'air, dit Vita, « en proie à une mélancolie romantique, presque byronienne ». Elle écouta Faysal et Gertrude discuter du linoléum pour la cuisine de sa nouvelle maison de campagne, des qualités de son nouveau cuisinier, et des dernières querelles intestines du gouvernement. Rentrant en voiture à

Bagdad, Gertrude parla de la solitude du roi. « Il est heureux quand je téléphone pour m'inviter à prendre le thé », dit-elle à son amie.

Des nouvelles arrivèrent d'Angleterre quelques semaines plus tard : la mort de Hugo avait profondément affecté son père, et le déménagement de Rounton était désormais achevé. Gertrude accusa le choc. « Tous ces chagrins, écrivit-elle à Molly, me laissent hébétée. [...] Il me semble que je ne ressens plus aucun sentiment intense. » Son histoire d'amour avec Ken s'était dégradée en une simple relation amicale, qu'elle disait « réconfortante », et elle s'accrochait à sa tâche quotidienne pour garder l'envie de vivre. Du moins le nouveau musée occupait-il ses pensées.

Lorsque, en mai 1926, ses parents lui demandèrent si elle revenait à Londres, elle refusa de donner une réponse précise. Ses finances avaient souffert de la grève générale de Londres, et un simple séjour estival ne suffisait pas à amortir le prix du voyage. Elle voulait finir son travail sur place, et ensuite elle partirait, écrivit-elle à Florence. Par ailleurs, confessait-elle, elle avait peur de tout quitter et de se retrouver ensuite « à vaquer de par le monde ». « Je ne vois pas très bien ce que je pourrais faire, même si, bien sûr, je ne pourrai pas rester toute ma vie ici. » Ken venait parfois lui rendre visite, mais la plupart du temps elle restait seule, et les jeunes gens fraîchement nommés dans l'équipe britannique l'évitaient. Le matin elle travaillait au musée, et tous les jours Dobbs l'invitait gentiment à déjeuner, mais elle avouait à son père que les après-midi, passé l'heure du thé, étaient d'une pesante inactivité. Elle souffrait de la solitude, et le médecin lui avait prescrit une potion somnifère pour l'aider à s'endormir.

Le nouveau musée était presque achevé : elle espérait être nommée officiellement directrice, et se faire inscrire sur la liste des personnes appointées par l'État irakien... au moins pour six mois, car elle ne pouvait décemment réclamer plus. Son travail auprès du haut-commissaire touchait presque à son terme. « La politique cède le pas à de lourdes questions administratives qui ne me concernent pas, et pour lesquelles je n'ai aucune compétence. D'un autre côté, le département des antiquités me prend maintenant tout mon temps. »

Juin donna lieu à une grande fête. Le traité avec les Turcs, qui octroyait Mossoul à l'Irak, était enfin signé. Le lendemain, le roi vint assister à la petite cérémonie d'ouverture du nouveau musée. À la grande satisfaction de Gertrude, plus d'une douzaine d'habitants de Bagdad accoururent pour contempler les trois mille objets qu'elle avait rassemblés. Une lettre des siens lui apporta de tristes nouvelles : son père, toujours en proie à la dépression, espérait la voir rentrer sans tarder en Angleterre. « Je ne vois pas quoi faire pour le moment, répondit-elle avec obstination. Voyez-vous, j'ai accepté cette lourde tâche de directrice du musée [14]. » Elle ne pouvait partir « sauf pour de très sérieuses raisons, insistait-elle : c'est une tâche de titan que la mienne ». Elle ne pouvait non plus démissionner de son poste de secrétaire des questions orientales. Elle aurait alors renoncé à un salaire d'un millier de livres par an, et à la majeure partie de son loyer. « Je suggère que nous attendions un peu de voir comment évoluent les choses. »

À Florence, elle confia : « Mon existence ici est trop solitaire ; on ne peut vivre ainsi à l'infini. Pas moi, en tout cas, je le sens bien [15]. »

À son ancien assistant, J. M. Wilson, résidant désormais en Angleterre, elle révéla la dure vérité : « Mon horizon n'a rien de réjouissant. La grève des mineurs nous a durement frappés, je ne sais où nous en serons cette année. Je suis prise dans les embarras du musée (oh, si vous étiez là pour m'aider !) et je ne puis partir en le laissant dans le chaos où il est. Aussi passerai-je sans doute tout l'été à Bagdad, et, une fois de retour en Angleterre, resterai-je là-bas pour de bon. À part le musée, je ne prends aucune joie à la vie. On a le net sentiment d'approcher de la fin d'une étape, sans savoir aucunement quelle sera la suivante, à supposer qu'il y en ait une. Je ne sais que faire de moi-même de tout l'après-midi. [...] La vie ici est essentiellement solitaire. »

Une enveloppe arriva, elle contenait une invitation gravée à un banquet officiel célébrant la signature du traité avec la Turquie, et qui aurait lieu le 25 juin 1926. Devant son miroir, sa frêle silhouette plus fluette encore, ses yeux verts plus perçants encore, Gertrude s'habilla pour sa victoire finale. Enfilant sa robe avec précaution, aidée de Marie, elle épingla ses décorations et se coiffa de sa tiare, puis, ayant jeté une cape sur ses épaules, elle monta dans sa voiture qui la conduisit au palais. C'était la dernière cérémonie officielle à laquelle elle devait assister.

Au cours du dîner, le roi se leva et exprima ses remerciements profonds au gouvernement britannique et à ses représentants pour tout ce qu'ils avaient fait pour l'Irak et, alors que son regard parcourait la salle, Gertrude savait que c'était elle qu'il remerciait. Mais les jours de gloire étaient loin. Telle la statue de neige qu'elle avait évoquée, son pouvoir avait fondu. Son règne était achevé. Sa fortune familiale avait disparu. Son dernier amour lui avait tourné le dos. Éprouvée physiquement, mentalement épuisée, elle savait qu'elle avait fait tout ce qu'elle pouvait pour l'Irak et pour l'Empire britannique. L'avenir reposait désormais dans d'autres mains.

La chaleur de juillet avait forcé la plupart des habitants à quitter Bagdad : son assistant était parti, le roi suivait une cure à Vichy, et les Sinderson partaient pour un tour du monde comparable à celui qu'elle avait fait en compagnie de Hugo plus de vingt ans auparavant. Ayant pris congé de ses amis à la gare, Gertrude resta seule, petite et fragile, évoquant aux yeux de Mrs Sinderson « une feuille qu'un souffle suffirait à emporter ». Quelques jours plus tard, Henry Dobbs la convia à un dîner qu'il donnait en l'honneur d'un invité de passage. Percy Lorraine, l'ambassadeur d'Angleterre à Téhéran, rentrait à Londres avec la nouvelle que Reza Pahlavi s'était couronné lui-même chah de Perse. Trente-cinq ans plus tôt, Gertrude avait fait la connaissance à Téhéran de son prédécesseur, qui, sous ses tentes royales, assistait à une parade. Quels beaux souvenirs elle gardait de la Perse ! Quels espoirs étaient alors ceux de cette jeune femme de vingt-trois ans qui rendait visite à son oncle Franck Lascelles, ambassadeur d'Angleterre ! Comme elle avait été heureuse de rencontrer Henry Cadogan, ce bel homme prévenant, ce lettré mondain ! Avec quel enthousiasme juvénile elle avait respiré l'air d'Orient ! Grenades et buissons de roses, chaudes brises soufflant à travers le désert, heures langoureuses passées au bord du fleuve, à lire avec Henry les *Rubayats* d'Omar Khayam :

Oh, come with old Khayyam, and leave the wise
To talk ; one thing is certain, that life flies ;
One thing is certain, and the rest is lies ;
The flower that once hath blown for ever dies *.

Le dimanche 11 juillet 1926, trois jours avant son cinquante-huitième anniversaire, Gertrude déjeuna avec Henry Dobbs et Lionel Smith, puis revint seule chez elle affronter le nuage de déprime qui obscurcissait tous ses après-midi. Plus tard, après une sieste, elle participa à la baignade traditionnelle du dimanche, mais le courant du fleuve était fort, et elle revint épuisée par la nage et la chaleur. Elle traversa lentement son jardin, longea ses fleurs et ses animaux, et rentra se déshabiller pour la nuit. Trop fatiguée pour achever une lettre destinée à ses parents, ou pour laisser un simple mot, elle demanda simplement à Marie de la réveiller à six heures le lendemain matin. Mais elle avait d'autres projets en tête. Faisant une croix sur un avenir sinistre, elle prit sur sa table de chevet une dose supplémentaire de somnifères, éteignit la lumière, et s'endormit d'un sommeil profond, un sommeil dont elle ne devait jamais se réveiller.

* Oh, viens avec le vieux Khayam, et laisse causer / Les sages ; une chose est certaine : la vie s'enfuit. / Une chose est certaine, et le reste est mensonges :

La fleur naguère éclose meurt à jamais.

Épilogue

Des rumeurs parcoururent la ville, qui réfutaient tant l'hypothèse d'un suicide que celle d'une mort naturelle. Pourtant, si ses relations furent choquées d'apprendre que Miss Bell avait mis fin à sa vie, ceux qui la connaissaient intimement ne furent pas surpris. Ses amis les plus proches la savaient en proie à une profonde dépression. Le conseiller politique chargé de classer ses papiers se rendit le lendemain chez elle. Sa domestique admit que Miss Bell avait avalé une dose supplémentaire de somnifères. Dans son rapport officiel, le colonel Frank Stafford déclara que la *Khatun* était morte d'une mort naturelle ; dans son rapport privé, il conclut qu'un faisceau d'indices accréditait la thèse du suicide [1].

Les funérailles de Miss Gertrude Bell, CBE, réglées selon le protocole militaire, eurent lieu deux jours avant son cinquante-huitième anniversaire. L'après-midi du 12 juillet 1926, des foules d'Irakiens venus de toute la contrée se rendirent à Bagdad pour prendre congé de la femme anglaise qui avait partagé tous les aspects de leur existence. Une garde d'honneur constituée des troupes en uniforme du ministère de la Défense, l'armée irakienne de Jafar Pacha, des dizaines de cheikhs enturbannés et des centaines de citoyens ordinaires, paysans et propriétaires fonciers, marchands et bureaucrates, vinrent lui rendre un dernier hommage. Au garde-à-vous, le haut-commissaire et tous les fonctionnaires anglais, civils et militaires, ainsi que le Premier ministre et tous les membres du cabinet ministériel arabe regardèrent un groupe de jeunes conseillers politiques anglais porter le cercueil de la *Khatun* des portes du cimetière britannique jusqu'à l'emplacement fraîchement creusé qui serait sa tombe.

Henry Dobbs fit paraître une annonce nécrologique officielle : « Dans les dix dernières années de sa vie, elle avait consacré toute la ferveur de son esprit et toutes les extraordinaires ressources de son intelligence à la cause arabe, et notamment irakienne. Son corps, qui fut toujours fragile, a été finalement brisé par l'énergie de son âme. [...] Ses os reposent où elle voulait les voir reposer, dans le sol d'Irak. Ses amis restent, et la pleurent. »

Son ami Hadji Nadji envoya à ses parents une petite lettre émouvante : « J'avais pour coutume de toujours envoyer à Miss Bell mes premiers fruits et légumes, et je ne sais pas à qui les envoyer maintenant. »

Tous les journaux du monde firent son éloge *post mortem* – non pas de simples notices nécrologiques, mais de longs articles comprenant sa photographie.

En Angleterre, le roi George envoya aux Bell un télégramme : « La Reine et moi déplorons la mort de votre fille, aussi talentueuse que distinguée, et que nous tenions en haute estime. Toute la nation pleurera la perte d'une femme dont les dons intellectuels, la force de caractère et le courage personnel l'ont placée au premier rang, qualités qui, j'en suis sûr, auront été d'un profit durable au pays et aux régions où elle a travaillé avec un tel dévouement et un tel don de soi. Nous vous adressons nos plus sincères condoléances. »

Lorsqu'on fit lecture de son testament, on découvrit que Gertrude Bell avait laissé cinquante mille livres au musée de Bagdad, qu'elle avait créé et qui est devenu l'un des plus grands musées d'antiquités du monde. « L'archéologie irakienne doit essentiellement à la sagesse et à l'enthousiasme de feue Miss Gertrude Bell d'avoir progressé depuis la guerre suivant des principes aussi efficaces que pratiques, écrivit Percy Cox. Grâce à elle, l'Irak peut se vanter lui aussi d'avoir son musée d'antiquités. » Une plaque fut gravée et placée à l'entrée du musée :

GERTRUDE BELL
Dont les Arabes révéreront toujours la mémoire avec affection
Créa ce musée en 1923
Étant alors directrice honoraire du département des antiquités irakiennes
Avec un savoir et un dévouement admirables
Elle a rassemblé les plus précieuses de ses pièces
Et dans la dure chaleur de l'été
A travaillé sur elles jusqu'au jour de sa mort
Le 12 juillet 1926.
Le roi Faysal et le gouvernement irakien
En signe de gratitude pour ses hauts faits en ce pays
Ont choisi de donner son nom à l'aile principale
Et avec leur permission
Ses amis ont fait graver cette plaque.

Moins d'une année après sa mort, le 4 avril 1927, lors d'une réunion de la Société royale de géographie, un hommage lui fut rendu par sir Percy Cox, sir Gilbert Clayton et Hugh Bell. Sir Percy déclara : « Sa vie fut une inspiration, sa mort une perte douloureuse ; mais si jamais homme ou femme quitta ce monde sur une victoire, ce fut Gertrude Bell. »

Son ancien supérieur du Bureau arabe, sir Gilbert Clayton, déclara qu'elle restait bien connue du monde arabe tout entier. Son ancien ami David Hogarth, nommé président de la Société, ajouta : « Je crois qu'aucun Européen n'a joui d'une telle réputation. Elle avait tout le charme de la femme, joint à la plupart des qualités que nous attribuons aux hommes. Elle était célèbre dans l'Orient pour ces qualités viriles. [...] Il ne servirait à rien que je répète combien moi-même, et beaucoup d'autres, avons déploré sa perte. Son esprit était le plus brillant qui ait éclairé nos travaux en Orient. »

Aujourd'hui encore, à Bagdad, quand les vieillards évoquent Miss Bell, leurs yeux s'illuminent et leurs cœurs battent plus fort. Un ancien fonctionnaire, à présent nonagénaire et impotent, se vante d'avoir eu une liaison amoureuse avec Miss Bell lorsqu'il avait vingt ans (et elle cinquante-six). C'est très probablement une pure invention de son imagination. Ce qui compte, c'est la fierté avec laquelle il conte l'anecdote. « Je l'ai connue », dit-il, avec l'orgueil d'un homme qui a connu une reine. Pour lui, et pour beaucoup d'autres, la *Khatun* incarnait l'Empire britannique, personnifiait le pouvoir anglais. Elle a surmonté les obstacles et laissé sa marque dans l'Histoire et, en fin de compte, elle est devenue ce qu'elle souhaitait le plus devenir, une « personnalité ».

La monarchie constitutionnelle que Gertrude Bell avait établie après tant d'efforts ne dura que dix-sept ans. Certains attribuent sa chute à ses sympathies pro-anglaises trop marquées ; d'autres au fait qu'un étranger du Hedjaz avait été choisi pour diriger les groupes distincts et dissemblables qui constituaient la population irakienne. Néanmoins, comme Gertrude l'avait remarqué dans ses lettres sur Ibn Saoud, les Arabes avaient besoin d'une personnalité dynamique qui les unisse et, aussi longtemps que vécut Faysal, le pays survécut. Ce furent à la fois la faiblesse de ses descendants et l'attitude de ses autorités qui le firent tomber dans les mains des révolutionnaires.

L'essor économique de l'Irak débuta en 1927, quand la Compagnie pétrolière d'Irak trouva ses premiers gisements à Kirkuk. On estima alors, et l'on continue d'estimer que ce pays possède les deuxièmes réserves pétrolières du monde. Pourtant, en dépit de la richesse irakienne, les problèmes auxquels les Anglais avaient été confrontés continuèrent d'agiter le pays. Les conflits entre les différents groupes, chiites, sunnites et kurdes, empêchèrent la population de se constituer en un peuple unifié. Les Kurdes du Nord continuèrent de réclamer l'indépendance, tandis que les tribus chiites situées le long de l'Euphrate se rebellèrent à plusieurs reprises contre l'autorité sunnite à Bagdad. La monarchie hachémite, quoique ayant connu un succès modéré en tant que mouvement nationaliste sous le roi Faysal, demeurait une influence extérieure et ne réussit pas à consolider les divers partis qui rivalisaient pour le pouvoir.

Sous l'autorité du roi Faysal, le mandat prit fin et l'Irak fut officiellement admis dans la Société des Nations en 1932, ce qui assura au pays une complète indépendance. L'année suivante, le 8 septembre 1933, ayant enfin conclu la paix avec son ennemi Ibn Saoud, mais conscient de l'insatisfaction des tribus chiites résidant dans le moyen Euphrate et le bas Euphrate, le roi Faysal mourut subitement pendant des vacances en Suisse. Le pays dont il avait été le chef, le premier des nouveaux États arabes à avoir été accepté par la Société des Nations, fut pris comme modèle par les autres pays sous mandat.

À Faysal succéda son fils Ghazi, âgé de vingt et un ans, qui fut un dirigeant populaire, mais bien moins talentueux que son père. Bien qu'il soutînt officiellement le nationalisme arabe, il lui manquait les talents politiques de Faysal et il ne put garder le contrôle du pays. Six ans plus tard, en 1939, après un coup d'État de l'armée irakienne et l'assassinat brutal du ministre de la Défense, le roi Ghazi fut tué, certains disent assassiné, dans un accident d'automobile. Son fils de quatre ans, le prince Faysal II, fut proclamé chef d'État sous la régence de son oncle Abdullah, fils d'Ali, roi du Hedjaz. En 1953, lorsque Faysal II monta sur le trône à l'âge de dix-huit ans, son cousin Hussein fut couronné roi de Jordanie.

Pendant plusieurs années, Nouri Saïd fut Premier ministre et dirigea l'Irak, en collaboration intime avec les Anglais, mais le soutien qu'il apporta à l'Angleterre lors de la crise de Suez et son désaveu du dirigeant égyptien Gamal Abdel Nasser précipitèrent sa chute. Un coup d'État rapide et brutal, en août 1958, mit fin à la vie du roi et de son régent, et le lendemain ce fut le tour de Nouri Saïd. Cette révolution marqua la chute de la monarchie hachémite en Irak.

Une junte militaire menée par Abdul Karem Kassim prit le pouvoir et fit de l'Irak une république. En 1963, elle fut renversée à son tour : Kassim fut assassiné, et son gouvernement balayé par le parti socialiste Baas, sorti de la clandestinité. Une série de coups d'État et de juntes militaires portèrent au pouvoir un jeune officier du nom de Saddam Hussein. Une série de manœuvres politiques commença en 1971 et se poursuivit tout au long des années soixante-dix : en 1979, Saddam était président, Premier ministre, représentant du Conseil révolutionnaire, et secrétaire général du parti Baas.

Aujourd'hui, à Bagdad, au centre de la ville, à un important carrefour, juchée sur un immense piédestal, trône une imposante statue équestre du roi Faysal, svelte et distingué. Ce gigantesque monument, haut de près de dix mètres, tend le bras en direction de Damas. Au sous-sol du musée d'Irak, oublié sur une étagère, un buste de Gertrude Bell attend d'être épousseté.

La lignée hachémite
du chérif Hussein de La Mecque

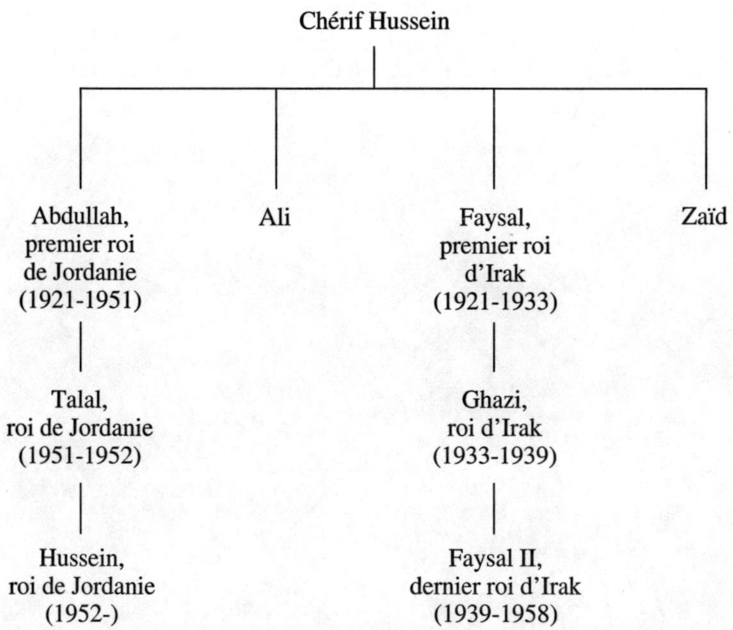

Notes

Prologue

1. James Morris, *Farewell the Trumpets*, New York, Harcourt Brace Jovanovich, 1978, p. 408.

Chapitre 1

1. Asa Briggs, *Victorian Cities,* New York, Harper & Row, 1963, p. 9.
2. Robert Colls et Philip Dodd, *Englishness : Politics and Culture*, Londres, Croom Helm, 1986, p. 196.
3. *Id., ibid.*
4. Gertrude Bell, *Lettres*, université de Newcastle.

Chapitre 3

1. Gertrude Bell, *Lettres à sir Valentin Chirol*, Bibliothèque de l'université de Durham, réserves.

Chapitre 5

1. Koller, Teddy et Moïse Pearlman, *Jerusalem,* Jérusalem, Steimatsky, 1972, p. 12.
2. James Morris, *Pax Britannica*, New York, Harcourt Brace Jovanovich, 1968, p. 502.
3. Gertrude Bell, *Journaux*, université de Newcastle.
4. *Id., ibid.*

Chapitre 6

1. Gertrude Bell, *Journaux, op. cit.*

Chapitre 7

1. James Morris, *Pax Britannica, op. cit.*, p. 507.
2. Gertrude Bell, *The Desert and the Sown*, Londres, Heinemann, 1907.
3. *Id., ibid.*

Chapitre 9

1. Gertrude Bell, *Lettres, op. cit.*
2. *Id., ibid.*
3. Barbara W. Tuchman, *The Guns of August*, New York, Ballantine Books, 1994, p. 71.

Chapitre 14

1. Gertrude Bell, archives privées conservées à l'université de Newcastle.
2. *Id., ibid.*
3. *Id., ibid.*
4. *Id., ibid.*
5. *Id., ibid.*
6. Fales Library, université de New York, collection Elizabeth Robins, lettres de G. Bell, deuxième et cinquième séries.
7. *Id., ibid.*
8. *Id., ibid.*

Chapitre 15

1. Gertrude Bell, *Lettres, op. cit.*
2. Molly Bell, *Journaux,* université de Newcastle.
3. David Hogarth, archives privées conservées au St. Anthony's College d'Oxford.
4. *Id., ibid.*
5. Cité par David Garnett, *in Letters of T. E. Lawrence*, Londres, Spring Books, 1964.
6. Gertrude Bell, *Lettres, op. cit.*
7. Laurence James, *The Golden Warrior*, Londres, Weidenfeld & Nicholson, 1990, p. 111.

Chapitre 16

1. M.R. Lawrence, *The Home Letters of T. E. Lawrence and his Brothers*, Oxford, 1954.
2. Gertrude Bell, *Lettres, op. cit.*
3. Bulletin du Foreign Office n° 882/13, en date du 15 juin 1916, Public Records Office.

Chapitre 18

1. Gertrude Bell, *Lettres, op. cit.*
2. *Id., ibid.*
3. *Id., ibid.*
4. David Hogarth, archives privées.

Chapitre 19

1. Rihani Amîn, *Ibn Sa'oud of Arabia*, Londres, Constable & Co, 1928, p. 7.
2. Extrait d'un entretien de l'auteur avec Abdul Razaq Hassani, à Bagdad, en 1994.
3. Discours de David Hogarth à la Société royale de géographie, le 4 avril 1927.

Chapitre 20

1. Gertrude Bell, *Lettres, op. cit.*

Chapitre 21

1. Extrait d'un entretien de Gertrude Bell avec le *Naqib*, publié *in* Arnold T. Wilson, *Mesopotamia 1917-1920, A Clash of Loyalties*, Londres, 1931.
2. David Hogarth, archives privées.
3. Russam Haidar, *Mémoires*, ouvrage traduit de l'arabe pour l'auteur par Suleiman Mousa, Amman, 1994.
4. Elizabeth Burgoyne, archives privées, Archives du West Yorkshire, bibliothèque Colverdale, Halifax.
5. David Garnett, *Lettres de T. E. Lawrence, op. cit.*
6. Gertrude Bell, *Lettres, op. cit.*
7. *Id., ibid.*

Chapitre 22

1. Philip Ireland, *Iraq*, Londres, Jonathan Cape, 1937.
2. Gertrude Bell, *Journaux, op. cit.*
3. *Id., ibid.*
4. *Id., ibid.*

Chapitre 23

1. Gertrude Bell, *Lettres, op. cit.*
2. Cité dans la rubrique nécrologique du *Times* du 21 juillet 1926.
3. Cité par Philip Ireland, *in op. cit.*, p. 197.

Chapitre 26

1. Wilson Arnold T., *Mesopotamia 1917-1920, A Clash of Loyalties*, Londres, 1931, p. 320.

Chapitre 27

1. Bell Gertrude, *Correspondance,* université de Newcastle.
2. *Ibid.*
3. Partisan d'Adolf Hitler : cf. Marlowe John, *Late Victorian : The Life of Sir Arnold Talbot Wilson*, Londres, 1947, p. 349.

Chapitre 28

1. Bell Gertrude, *Correspondance, op. cit.*

Chapitre 29

1. Ireland Philip, *Journal intime,* Middle East Institute.
2. Bell Gertrude, *Correspondance, op. cit.*
3. Cité dans Brown Malcolm, *T. E. Lawrence, The Selected Letters*, New York, W. W. Norton, 1989, p. 352.
4. *Rapport sur la conférence du Moyen-Orient tenue au Caire et à Jérusalem* (document confidentiel, Cab 24/126), juin 1921.
5. Cité dans Monroe Elizabeth, « Gertrude Bell », *British Society for Middle East Studies Bulletin*, 1980.
6. Cité dans Fishman Jack, *My Darling Clementine*, New York, David McKay Co., 1963, p. 68.

Chapitre 31

1. Cité dans Ireland Philip, *Irak*, Londres, Jonathan Cape, 1937, p. 466.
2. *Ibid.*

Chapitre 32

1. Entretien privé avec Guzine Abdel Kadir Rashid, Londres, 1993.
2. Bell Gertrude, *Correspondance, op. cit.*
3. *Ibid.*
4. *Ibid.*
5. *Ibid.*
6. *Ibid.*

Chapitre 33

1. Bell Gertrude, *Correspondance, op. cit.*
2. *Ibid.*
3. *Ibid.*

Chapitre 34

1. Bell Gertrude, *Correspondance, op. cit.*
2. Rihani Amîn, *Ibn Sa'oud of Arabia*, Londres, Constable, 1928, p. 7.
3. Bell Gertrude, *Correspondance, op. cit.*

4. Entretien de l'auteur avec Salma Sati El Husari, Amman, 1994.
5. Rihani Amîn, *Ibn Sa'oud of Arabia, op. cit.*
6. Entretien de l'auteur avec Amatzia Baram, Washington, DC, 1994.
7. Dickson H. R. P., *Kuwait and Her Neighbors*, Londres, 1956.
8. Graves Philip, *The Life of Sir Percy Cox*, Londres, Hutchinson, 1941.

Chapitre 35

1. Bell Gertrude, *Correspondance, op. cit.*
2. Cité dans Bell Gertrude, *The Desert and the Sown*, Boston, Beacon Press, 1987, p. xiii.
3. Harrison Marguerite, *There's Always Tomorrow,* New York, Farrar & Rinehart, 1935, p. 591. Voir également la notice nécrologique rédigée par Harrison dans le *New York Times* du 18 juillet 1926.
4. Bell Gertrude, *Correspondance, op. cit.*
5. Entretien de l'auteur avec Amatzia Baram, Washington, DC, 1994.
6. Bell Molly, *Journal intime,* université de Newcastle.

Chapitre 36

1. Bell Gertrude, *Correspondance, op. cit.*
2. *Ibid.*
3. *Ibid.*
4. Entretien de l'auteur avec Mme Renée Kabir, Londres, 1994.
5. Bell Gertrude, *Correspondance, op. cit.*
6. *Ibid.*
7. *Ibid.*
8. *Ibid.*
9. Bell Gertrude, *Écrits privés,* université de Newcastle.
10. *Ibid.*
11. *Ibid.*
12. Bell Gertrude, *Correspondance, op. cit.*
13. Cf. Sackville-West Vita, *Passenger to Teheran*, New York, Moyerbell Ltd., 1990, p. 63-66.
14. Bell Gertrude, *Correspondance, op. cit.*
15. *Ibid.*

Épilogue

1. Entretien de l'auteur avec Ali Salah, Bagdad, 1994. Voir également Burgoyne Elizabeth, *Écrits privés,* West Yorkshire Archives, Colverdale central Library, Halifax, West Yorkshire. Voir également Ireland Philip, *Journal intime,* Institute Library.

Bibliographie

Ouvrages publiés par Gertrude Bell

Safar Nameh, Persian Pictures, édité sous l'anonymat chez Bentley, Londres, 1894.

Persian Pictures, Londres, Benn, 1928 ; Cape, 1937.

Poems from the Divan of Hafiz, Londres, Heinemann, 1897. Réédité avec une préface de St. E. Denison Ross, 1928.

« Islam in India », *Nineteenth Century and After*, t. 60, 1906.

« Notes on a Journey through Cilicia and Lycaonia », *Revue archéologique,* VII, 1906-7.

The Desert and the Sown, Londres, Heinemann, 1907 ; Beacon Press, 1987.

The Thousand and One Churches (avec sir William Ramsay), Hodder and Stoughton, 1909.

« The Vaulting System at Ukhaidir », *Journal of Hellenic Studies*, XXX, 1910.

« Churches and monasteries of the Tur Abdin and Neighbouring Districts », Amida, Heidelberg, 1910 (cf. Berchem and Strzygwski) ; cf. *Zeitschrift für Geschichte der Architektur* 9, Heidelberg, 1913.

Amurath to Amurath, Londres, Heinemann, 1911.

« Damascus », *Blackwood's Magazine,* t. 189, 1911.

« Asiatic Turkey under the Constitution », *Blackwood's Magazine,* t. 190, 1911.

« Postroad through the Syrian Desert », *Blackwood's Magazine,* t. 190, 1911.

Palace and Mosque at Ukhaidir, Clarendon Press, 1914.

The Arabs of Mesopotamia, publié sous l'anonymat à Bassora, Government Press, 1918.

Review of the Civil Administration of Mesopotamia, Cmd. 1061, HMSO, Londres, 1920.

« Great Britain and Iraq : An Experiment in Anglo-Asiatic Relations », publié sous l'anonymat, Londres, The Round Table, 1914.

The Arab War : rapport confidentiel établi pour le GQG du Caire par Gertrude Bell. Dépêches à l'intention de l'*Arab Bulletin*. Introduction de sir Kinahan Cornwallis. Londres, Golden Cockerel Press, 1940.

Documents privés de Gertrude Bell

Journal intime de Gertrude Bell, université de Newcastle-upon-Tyne, GB, The Robinson Library, Département des collections particulières.

Journal de Gertrude Bell, adressé à Doughty-Wylie, 1913-1914, *ibid.*

Correspondance de Gertrude Bell, *ibid.*

Lettres adressées à sir Valentin Chirol, université de Durham, bibliothèque de l'université, Palace Green Section, collections particulières.

Photographie de Gertrude Bell, Université de Newcastle-upon-Tyne, Département d'archéologie, archives photographiques.

Correspondance des Bell, The Fakes Library, NYU Library, Elizabeth Robbins Collection, Séries 2 et 5.

BELL Molly, *Journaux intimes*, université de Newcastle-upon-Tyne, The Robinson Library, collections particulières.

BURGOYNE Elizabeth, *Documents privés*, West Yorkshire Archives, Colverdale Central Library, Halifax, West Yorkshire, GB.

HOGARTH David, *Documents privés,* St. Anthony's at Oxford.

IRELAND Philip, *Journal intime,* Middle East Institute, Washington, DC, 1934.

LAWRENCE T. E., *Correspondance,* Karachi, 1927.

Documents officiels

Documents du Bureau arabe, 1911-1919 (légués par le Public Record Office de Londres), Library of Congress, Microfilm ♮05081.

Documents du Bureau arabe, université de Princeton, Microfilm ♮06335.

Documents portant sur la politique extérieure de la Grande-Bretagne, 1919-1939. Publiés par E. L. Woodward et Rohan Butler, Londres, 1952. Middle East Institute, Washington, DC.

Documents du Foreign Office, FO 882/2 et 882/14. Documents officiels, War Office, Whitehall, 9 septembre 1914. Public Records Office, Londres.

Mémorandum de Gertrude Bell, India Office Records (R/15/6/34), Office of the Civil Commission, 23 février 1920.

Documents officiels, War Office, Whitehall, 9 septembre 1914.

Rapport sur la conférence du Moyen-Orient au Caire et à Jérusalem (rapport confidentiel), CAB 24/126, juin 1921.

Dépêches confidentielles envoyées par Bagdad au Bureau des Indes. Extraites des dossiers de Philip Ireland, 1918-1919.

Journaux et périodiques

Antiquity Magazine, Hill Stephen, 1976.
Birmingham Gazette, 14 juillet 1926.
Daily Graphic, 14 juillet 1926.
Daily Mail, 13 juillet 1926.
Egyptian Gazette, mars 1921.
Historical Series of the Reformed Church in America :
VAN ESS Dorothy and John, « Pioneers in the Arab World », n° 3, William B. Erdmans, Michigan, 1974.
Illustrated London News, George C. Leighton, Londres.
John O'London's Weekly, 12 septembre 1931.
Journal of the Central Asian Society :
CURZON, Earl of Kedlestohn, dîner annuel de la CAS, discours du président de la Société, 12 octobre 1920, t. 8, cahier 1, 1921.
SHEPPARD E. W. (capitaine), « Some Military Aspects of the Mesopotamia Problem », 21 octobre 1920, t. 8, cahier 1, 1921.
WILSON Arnold, « Mesopotamia, 1914-1921 », 15 avril 1921, t. 8, cahier 3, 1921.
London Times :
DE BLOWITZ Henri Stephan Opper, « Une course à Constantinople », octobre 1883 ; août 1908 ; 4 mai 1915 ; 24 mars 1921 ; 13 juillet 1926 ; 14 juillet 1926 ; 21 juillet 1926 ; 31 juillet 1926.
London Times Literary Supplement :
13 janvier 1910 ; 12 janvier 1911.
Murray's Magazine :
STEWART C. E., « Petroleum or Rock Oil », t. 1, janv.-juin 1889, Londres.
The New Yorker :
PFAFF William, « The Absence of Empire », 10 août 1992.
New York Times :
HARRISON Marguerite, « Obituary regarding 1916-1917 », 18 juillet 1926 ; voir aussi 6 mars 1924.
New York University Journal of International Law and Politics :
KHADDURI Majid, « Iraq's claim to the Sovereignty of Kuwait », automne 1990.
North American Review :
COURTNEY Janet
Observer :
RABAN Jonathan, 15 octobre 1978.
NICOLSON Harold, 30 Juillet, 1916.
Poetics Today :
BARAM Ametzia, « A Case of An Imported Identity : The Modernizing

Secular Ruling Elites of Iraq and the Conception of Mesopotamian-Inspired Territorial Nationalism 1922-1992 », été 1994.
Saturday Evening Post :
LANSING Robert, « The Big Four of the Peace Conference », 12 mars 1921.
United Empire :
COX Percy (Sir), Discours sur l'Irak, t. 20, mars 1929.

Biographies de Gertrude Bell

BELL Florence, *Letters of Gertrude Bell*, 2 volumes, Londres, Ernest Benn Ltd, 1927.
BURGOYNE Elizabeth, *Gertrude Bell*, 2 volumes, Londres, Ernest Benn, 1961.
GOODMAN Susan, *Gertrude Bell*, Londres, Berg Publishers, 1985.
KAMM Josephine, *Daughter of the Desert : The Story of Gertrude Bell*, Londres, Berg Publishers, 1985.
MARSHALL Caroline, *Gertrude Bell : Her Work and Influence in the Near East 1914-1926*, thèse (non publiée) soutenue à l'université de Virginie en 1968.
RICHMOND Elsa (Lady), *The Earlier Letters of Gertrude Bell*, Londres, Benn, 1937.
RIDLEY M. R., *Gertrude Bell*, Londres, Blackie, 1941.
WINSTONE H. V. F., *Gertrude Bell*, New York, Quartet Books, 1978.

Autres ouvrages

ALDINGTON Richard, *Lawrence of Arabia*, Londres, Collins, 1955.
ALLISON Alexander W., *The Norton Anthology of Poetry*, 3e édition, New York, W. W. Norton & Co, 1983.
ALSOR Susan Mary, *Lady Sackville*, New York, Doubleday, 1978.
ANTONIUS George, *The Arab Awakening*, New York, Putnam, 1946.
ASKARI Djafar al, *Memoirs of Jafar Al Askari*, Londres, 1988.
BAEDEKER Karl, *Palestine and Syria : Handbook for Travellers*, Leipzig, Karl Baedeker Publishers, 1912.
BARKER Randall, *King Hussein and the Kingdom of Hejaz*, Oleander Press, 1979.
BENJAMIN S. G. W., *Persia and the Persians*, Londres, John Murray, 1987.
BENN Ernest, *Happier Days*, Londres, Ernest Benn.
BLACK Eugene, *Victorian Culture and Society*, New York, Harper & Row, 1973.
BLUNT Anne (Lady) et Wilfred, *A Pilgrimage to Nedj, the Craddle of the Arab Race*, Londres, 1881.
BOUCHER François, *20 000 Years of Fashion*, New York, Harry Abrams.
BOWMAN Humphrey, *Middle East Window*, Londres, 1942.
BOYLE Andrew, *Trenchard*, Londres, Collins, 1962.

BULLARD Reader (Sir), *The Camels Must Go*, Londres, Faber and Faber, 1961.
BURTON Isabel, *The Inner Life of Syria, Palestine and the Holy Land*, Londres, 1875.
BUSCH Briton Cooper, *Britain, India and The Arabs*, 1914-1921, Berkeley, University of California Press, 1971.
CALDWELL Mark et Kendrick, *The Treasury of the English Poetry,* New York, Doubleday, 1984.
CHAMBERS John, *The Devil's Horsemen*, New York, Atheneum, 1977.
CHARMLEY John, *Lord Lloyd and the Decline of the British Empire,* New York, St Martin's Press, 1987.
CHIROL Valentin, *50 Years in a Changing World*, Londres, 1927.
COLLIER E. C. F., *A Victorian Diarist : Extracts from the Journals of Lady Mary Monkswell,* Londres, John Murray, 1944.
COLLINS Robert O., *Sir Gilbert Clayton : An Arabian Diary*, University of California Press, 1969.
COLLS Robert et DODD Philip, *Englishness : Politics and Culture 1800-1920*, Londres, Croom Helm, 1986.
CLASSE Cyril, *Dictionnaire encyclopédique de l'Islam,* trad. Yves Thoraval, Paris, Bordas, 1991.
COOK Roy, *One Hundred and One Famous Poems*, Chicago, Contemporary Books, Inc., 1958.
COURTNEY Janet, *Oxford Portrait Gallery*, Londres, 1931.
The Women of My Time, Londres, 1931.
DEGAURY Gerald, *Three Kings in Baghdad*, Hutchinson, 1961.
Traces of Travel, Londres, Quartet Books, 1983.
DICKSON H. R. P., *The Arab of the Desert*, Londres, 1949.
Kuwait and Her Neighbors, Londres, 1956.
DICKSON Violete, *Forty Years in Kuwait,* Londres, 1971.
EDEL Leon, *Henry James : une vie*, trad. André Müller, Paris, Seuil, 1990.
ELIOT T. S., *A Choice of Kipling's Verse*, Londres, Faber & Faber Lmtd, 1990.
Encyclopedia of Islam
FRENCH Yvonne, *Six Great Englishwomen*, Londres, Hamilton, 1953.
FISHMAN Jack, *My Darling Clementine*, New York, David McKay Co, 1963.
FOGG Perry, *Arabism or the Land of the Arabian Nights*, Londres, 1875
FORBES Rosita, *Appointment in the Sun*, Grande-Bretagne, Gateshead-on-Tyne, 1949.
Forbidden Road : Kabul to Samarkand, New York, E. P. Dutton, 1937.
These Men I Knew, New York, Dutton & Co, 1940.
FROMKIN David, *A Peace to End All Peace*, New York, Avon Books, 1989.
GARNETT David, *Letters of T. E. Lawrence*, Londres, Spring Books, 1964.
GELHORN E. Cowles, *McKay's Guide to the Far East and the Middle East*, New York, Van Rees Press, 1956.
GEORGE David Lloyd, *The War Memoirs of David Lloyd George*, 2 volumes, 1914-1915 et 1915-1916, Boston, Little, Brown, 1933.
GILBERT Martin, *Churchill : A Life*, New York, Henry Holt, 1991.

Exile and Return, Philadelphia, J. B. Lippincott, 1978.
Winston S. Churchill, t. 4, Londres, Heinemann.
GRANT Christina Phelps, *The Syrian Desert,* Londres, A & C Black, 1937.
GRAVES Philip, *Briton and Turk*, Londres, Hutchinson, 1941.
GREENFIELD Ellen, J., *One Hundred and One Classics of Victorian Verse*, Chicago, Contemporary Books, 1992.
GWYNN Stephen, *The Letters and Friendships of Sir Cecil Spring Rice*, Boston, Houghton Mifflin, 1929.
HADDAWAY Husain, *The Arabian Nights,* New York, W. W. Norton, 1990.
HAMILTON Charles, *Americans and Oil in the Middle East,* Houston, 1962.
HARRISON Marguerite, *There's Always Tomorrow*, New York, Farrar & Rinehart, 1935.
HOGARTH David (Dr), *Discours lu devant la Royal Geographic Society,* 1927.
HOPWOOD Derek, *Tales of Empire*, Londres, I. B. Taruis, 1989.
HOURANI A. H., *Great Britain and the Arab World*, Londres, 1945.
Histoire des peuples arabes, trad. Paul Chemla, Paris, Seuil, 1993.
HOUSE Edward M. et SEYMOUR Charles, *What Really Happened at Paris*, New York, Charles Scribner's, 1921.
HOWELL Georgina, *In Vogue*, New York, Schocken, 1976.
HUDSON Michael, *Arab Politics : The Search for Legitimacy*, Yale University Press, 1977.
IRELAND Philip, *Iraq,* Londres, Jonathan Cape, 1937.
JALLAND Pat, *Women, Marriage and Politics*, 1860-1914, Londres, Clarendon Press, 1986.
JAMES Lawrence, *The Golden Warrior*, Londres, Weidenfeld & Nicholson, 1990.
JOLLIFFEE John, *Raymond Asquith : Life and Letters*, Londres, Century, 1980.
KADOURIE Elie, *England and the Middle East*, Hassocks, Sussex, Harvester Press, 1978.
KAPLAN Robert D., *The Arabist : The Romance of an American Elite*, New York, The Free Press, 1993.
KEMP Geoffrey et MAURER John, *Projection of Power : the Logistics of Pax Britannica,* Lessons for America, Archon Books, 1982.
KEYES Roger (Sir), *The Fight for Gallipoli*, Londres, Eyre and Spottiswoode, 1941.
KHADDURI Majid, *Independant Iraq 1932-1958*, Londres, Oxford Press, 1960.
KLIEMAN Aaron S., *Foundations of British Policy in the Arab World*, Baltimore, Johns Hopkins University Press, 1971.
KOLLEK Teddy et PEARLMAN Moshe, *Jerusalem, Jerusalem*, Steimatsky's Agence Limited, 1972.
LAWRENCE A. W., *T. E. Lawrence and His Friends*, Londres, 1937.
LAWRENCE M. R., *The Home Letters of T. E. Lawrence and His Brothers*, Oxford, Blackwell, 1954.

LEARY Lewis G., *Syria, The Land of Lebanon*, New York, McBride Nast and Co, 1913.

LEES-MILNE James, *Harold Nicolson, A Biography 1886-1929*, Londres, Chatto & Windus, 1980.

LLOYD Seton, *Ruined Cities of Iraq*, Londres, Oxford University Press, 1942.

LOCHER A., *With Star and Crescent*, Philadelphia, Aetna Publishing Co, 1889.

LONGRIGG Stephen, *Oil in the Middle East*, Londres, Oxford University Press, 1968.

LYELL Thomas, *The Ins and Outs of Mesopotamia*, Londres, A. M. Philpot, 1923.

MACK John E., *A Prince of Our Disorder*, Boston, Little, Brown, 1976.

MACMUNN George (Lt-général Sir), *The Truth About Gertrude Bell and T. E. Lawrence*.

MANCHESTER William, *Mort d'un président* et *Winston Churchill : Rêves de gloire 1874-1932*, trad. Odile Demange, Paris, Robert Laffont, 1985.

MARLOWE John, *Arab Nationalism and British Imperialism*, Londres, Crescent Press, 1961.

Late Victorian : The Life of Sir Arnold Talbot Wilson, Londres, Cresset Press, 1967.

MAUGER Thierry, *The Ark of the Desert*, Paris, Interpublications, 1991.

MEE Charles L. Jr, *The End of Order*, New York, Dutton, 1980.

MEINERTZHAGEN R. (colonel), *Middle East Diary 1917-1956*, Londres, 1959.

MEJCHNER Helmut, *Imperial Quest for Oil : Iraq 1910-1928*, Londres, Ithaca Press, 1976.

MELMAN Billie, *Women's Orients : English Women and the Middle East, 1718-1918,* Ann Arbor, University Michigan Press, 1992.

MONROE Elizabeth, *Britain's Moment in the Middle East*, Chatto-Windus, 1963.

Philby of Arabia, Londres, Faber & Faber, 1973.

MOOREHOUSE Geoffrey, *India Britannica*, Londres, Paladin Books, 1984.

MORRIS James, *Farewell the Trumpets*, New York, Harcourt Brace Jovanovich, 1978.

The Hashemite Kings, New York, Pantheon, 1959.

Pax Britannica, New York, Harcourt Brace Jovanovich, 1968.

MUSTARD Sayid Ghulam, *Cross in the Subcontinent*, Karachi, Pakistan Publishing House, 1961.

NICOLSON Harold, *Diaries and Letters 1930-1939*, éd. par Nigel Nicolson, New York, Atheneum, 1966.

NOCHLIN Linda, *The Politics of Vision*, New York, Harper & Row, 1989.

PAYNE Ronald, *Private Spies*, Londres, Arthur Barrer, Ltd.

PETERSON Jeanne M., *Family, Love and Work in the Lives of Victorian Gentlewomen*, Indiana University Press, 1989.

PETTIGREN Jane, *An Edwardian Childhood*, Boston, Little, Brown, 1992.

PHILBY H. St. J. B., *Arabian Days,* Londres, 1948.

Arabian Oil Ventures, Washington, DC, The Middle East Institute, 1964.

Arabian Jubilee, Londres, Robert Hale Ltd, 1954.

RASWAN Carl R., *Black Tents of Arabia*, New York, Creative Age Press, 1947.
RICH Paul, *Arab War Lords and Iraqi Star Gazers*, Cambridge, Allborough Publishing, 1992.
RIHANI Ameen, *Ibn Sa'oud of Arabia*, Londres, Constable & Co., 1928.
ROOSEVELT Kermit, *War in the Garden of Eden*, New York, Scribner's, 1920.
ROSEN Friedrich, *Oriental Memoirs of a German Diplomatist*, New York, 1930.
ROSENBAUM S. P., *Victorian Bloomsbury*, t. 1, New York, St Martin's Press, 1987.
SACHAR Howard, *The Emperor of the Middle East*, 1914-1924, New York, Alfred Knopf, 1969.
SACKVILLE-WEST Vita, *Une Anglaise en Orient*, trad. Marie-Claude Peugeot, Paris, 10-18, 1995.
SAID Edward, *L'orientalisme*, trad. Catherine Malamoud, Paris, Seuil, 1980.
SANDERS Ronald, *The High Walls of Jerusalem*, New York, Holt Rinehart & Winston, 1983.
SCHULKIND Jeanne, *Virgina Woolf, Moments of Being*, New York, Harcourt Brace Jovanovich, 1976.
SEABROOK W. B., *Adventures in Arabia*, New York, Harcourt, Brace & Co, 1927.
SEARIGHT Sarah, *The British in the Middle East*, Londres, East-West Publications, 1979.
SHOWKER Kay, *Fodor's Egypt*, New York, David McKay Co, 1979.
SLUGLETT Peter, *Britain in Iraq, 1914-1932*, Londres, Ithaca Press, 1962.
STARK Freya, *The Arab Island*, New York, Knopf, 1945.
STEVENSON Frances, *Lloyd George : A Diary*, New York, Harper & Row, 1971.
STEWART Desmond, *T. E. Lawrence*, New York, Hamish Hamilton, 1977.
STOCKING George W., *Middle East Oil*, Vanderbilt University Press, 1970.
TABACHNIK Stephen, *The T. E. Lawrence Puzzle*, University of Georgia Press, 1984.
TARBUSH Mohammad, *The Role of the Military in Politics, A Case Study of Iraq to 1941*, Londres, KPI, 1982.
THACKERAY William Makepeace, *Cornhill to Grand Cairo*, Cockbird Press, 1991.
THOMAS Bertram, *Alarms and Excursions in Arabia*, Londres, Allen & Unwin, 1931.
THOMAS Lowell, *With Lawrence in Arabia*, Garden City, Garden City Publishing, 1924.
THOMAS Margaret, *Two Years in Palestine and Syria*, New York, Charles Scribner's Sons, 1899.
THOMPSON Walter Henry, *Assignment : Churchill*, Stratford Press, 1955.
TRAGER James, *The People's Chronology*, New York, Holt Rinehart Winston, 1979.
TUCHMAN Barbara, *The Proud Tower*, Macmillan, 1966.

VACZEK Louis et BUCKLAND Gail, *Travellers in Ancient Lands*, Little, Brown, 1981.
VAN DER MËULEN et VON WISSMANN, *Hadromout*, Leyden, E. J. Brill, 1932.
VILLARS Jean Beraud, *T. E. Lawrence*, New York, Duell, Sloan & Pearce, 1959.
WARD Philip, *Ha'il*, Cambridge, Oleander Press, 1983.
WEST Rebecca, *1900*, New York, Viking Press, 1982.
WESTRATE Bruce, *The Arab Bureau, British Policy in the Middle East, 1916-1920*, Pennsylvania State University Press, 1992.
WILCOX R. Turner, *The Mode in Costume*, New York, Charles Scribner's Sons, 1958.
WILSON Arnold T. (Sir), *Loyalties, Mesopotomia, 1904-1917*, Oxford, 1930.
Mesopotomia, 1917-1920, A Clash of Loyalties, Londres, 1931.
WILSON Jeremy, *Lawrence d'Arabie*, trad. Maurice Larès et Jean-François Moisan, Paris, Denoël, 1994.
WINSTONE H. V. F., *The Illicit Adventure*, New York, Stein & Day, 1985.
YOUNG Gavin, *Iraq : Land of Two Rivers*, Londres, Collins, 1980.
Return to Marshes, Harmondsworth, Penguin, 1989.
YOUNG Geoffrey Winthrop (éd.), *Mountain Craft*, Londres, Methuen & Co, 1920.
YOUNG Hubert (Major, Sir), *The Independent Arab*, Londres, J. Murray, 1933.

Autres

The Grand Cause, film réalisé pour le gouvernement irakien (avec la gracieuse autorisation de Nizar Hamdoon, ambassadeur d'Irak auprès des Nations unies).
The Kingdom of Saudi Arabia, Londres, Stacey International, 1977.

Glossaire

Calife : chef spirituel, tenu pour le représentant de Dieu sur terre.

Cheikh : aîné de la tribu, responsable d'un clan, d'un village ou d'une tribu. Il jouit d'une autorité politique ou religieuse.

Chérif : descendant de Hussein ou de Hassan, petits-fils de Mahomet, par sa fille Fatima et le mari de celle-ci, Ali. Le chérif Hussein était le gardien des lieux saints de La Mecque et de Médine.

Chiite : membre de la secte musulmane ayant fait scission de la branche sunnite de l'Islam. Ce schisme politique se produisit lorsque les chiites voulurent placer Ali, cousin et gendre de Mahomet, sur le trône du califat pour succéder au Prophète. Les chiites suivent par ailleurs la doctrine des immams, ou chefs de prière, qui sont des descendants du Prophète.

Ghazu : raid dangereux, souvent meurtrier, organisé par les Bédouins dans le désert, et qui implique un nombre d'hommes allant d'une poignée à plusieurs milliers de cavaliers.

Keffieh : morceau de coton ou de soie que l'on enroule autour de la tête pour se protéger du soleil et du vent.

Khatun : dame de haut rang, ou appartenant à la cour, qui garde les yeux et les oreilles ouverts au service de l'État.

Ramadan : mois saint consacré au jeûne. On n'a le droit de manger qu'entre le coucher et le lever du soleil, et les festivités séculières sont interdites.

Sayid : descendant de Mahomet par sa fille, Fatima, et le mari de celle-ci, Ali.

Sunnites : branche islamique qui reconnut Abou Bakr pour calife et successeur légitime de Mahomet.

Vilayet : province ottomane (il y en a vingt-quatre en tout). Administrée par un gouverneur, quoiqu'elle soit en fait gouvernée par la capitale impériale de Constantinople.

Wahhabi : secte qui pratique une interprétation strictement fondamentaliste de la loi islamique.

Remerciements

C'est il y a plus de vingt ans que Gertrude Bell a attiré mon attention : je suis tombée sur l'un des livres qu'elle a consacrés au Moyen Orient et j'ai été frappée par la force de cette audacieuse victorienne. Je me disposais alors à aller visiter pour la première fois cette partie du monde. La lecture de son livre apaisa mes peurs. Et ma curiosité a été piquée par la description qu'elle donnait de ses voyages en solitaire au tout début du siècle. Toujours entourée d'hommes ne parlant presque pas l'anglais, dormant sous la tente, sillonnant des contrées dangereuses à dos de chameau ou de cheval, elle avait risqué le pillage et même la mort. J'ai reposé son livre sur le rayonnage de la bibliothèque, mais l'esprit de cette voyageuse intrépide est resté gravé en moi.

Il m'a fallu attendre la guerre du Golfe en 1991 pour retrouver des références à Gertrude Bell dans la presse, les livres, les revues savantes. Voir son nom écrit m'a rappelé son livre et mon admiration pour elle. Lorsque j'ai découvert l'importance du rôle qu'elle a joué dans le Moyen Orient moderne, en particulier en Irak, elle m'a paru le sujet rêvé pour une biographie. Mais je ne savais pas encore à quel point ce serait un sujet merveilleux.

Gertrude Bell avait une conscience très développée de l'importance de son œuvre. Elle rappelait souvent à ses parents que ses lettres avaient valeur de témoignage historique. Des milliers de lettres et de carnets sont aujourd'hui conservés à la Robinson Library de l'université de Newcastle, où j'ai mené la plus grande partie de mes recherches. Je me suis efforcée d'être aussi fidèle que possible à ces sources. Les dialogues de *La reine du désert* sont directement tirés de ce matériel ou bien des lettres et des mémoires de la famille, des amis et des collègues de Gertrude Bell. Des changements ont été apportés dans l'orthographe de certains mots, en particulier arabes, pour unifier le texte et en rendre la lecture plus facile.

Écrire sur Gertrude Bell m'a en outre apporté la joie de voyager sur ses pas. J'ai passé du temps dans le désert avec des Bédouins et avec des archéologues, des diplomates, des écrivains, des historiens en Angleterre, au Caire, à Damas, à Jérusalem, à Amman, et ce qui a été encore plus intéressant, à Bagdad. J'ai discuté avec des dizaines de personnes qui avaient entendu parler d'elle par leur famille ou par des amis, et avec au moins douze personnes qui l'ont réellement connue (dont une qui prétendait avoir été son amant). Certains se rappelaient encore l'autorité de sa voix, la sévérité de son regard, l'exubérance de sa tenue. D'autres m'ont aidée à mieux saisir l'atmosphère de certains lieux, l'attitude des Arabes, la position des Britanniques, l'importance des tribus, l'impact du pétrole, le rôle de l'Inde. Je suis reconnaissante à toutes ces personnes qui ont été si généreuses de leur temps, de leurs souvenirs, de leurs reconnaissances.

Je n'aurais pu aller à Bagdad sans l'aide considérable que m'ont apportée les ambassadeurs Nizar Hamdoon et Sadoon Zubaidi. L'archéologue Bahnam Abu al Souf, Muhammad Ghani Hikmat, Abdul Razaq Al Hassani, Muayad Sayid Damevji, Esman Gailani, Yousif al Gailani, Amin al Mummayiz et Ali Salah m'ont en outre initiée à la culture et à l'histoire irakiennes.

À Amman, j'ai eu la chance de rencontrer le prince Raad, Soliman Moussa, Talal al Patchachi, Abdul Aziz al Dhourie et Qais al Askari qui m'ont ouvert des perspectives profondes sur la monarchie et les tribus. Marwan Murchawa, comme toujours, s'est révélé un ami généreux. Au Caire, Leila Mansor m'a aidée à retrouver de vieilles photographies. À Jérusalem, Val Vester s'est rappelé non seulement de « Tante Gertrude », mais aussi de Hugh Bell, de Florence Bell et de Valentine « Domnul » Chirol. Amatzia Baram de l'université de Haïfa, professeur plein d'enthousiasme, a plongé dans des centaines de pages de manuscript et m'a fait partager son formidable savoir.

À Londres, Roger Hardy, de la BBC, Lamya Gailani, Renee Kabir, Nazha Akraui, Salma Sati al Husari et Naha Rahdi m'ont été d'un grand secours pour reconstituer la vie à Bagdad. Merci à Caroline Barron pour m'avoir autorisée à utiliser les papiers de son grand-père, David Hogarth, et, au St. Anthony's College d'Oxford, merci à Lady Plowden et aux héritiers des papiers de la famille Trevelyan. À Newcastle, Lesley Gordon m'a aidée pour les papiers de Gertrude Bell aux collections particulières de la Robinson Library à l'université ; Jim Crow m'a guidée à travers les six mille photographies prises par Gertrude Bell. Lynn Ritchie m'a donné des conseils précieux et Robin Gard m'a gentiment servi de guide à travers Newcastle. Jane Hogan m'a aidée à la bibliothèque de l'université de Durham. À l'Institut oriental d'Oxford, Jeremy Johns a répondu à des dizaines de questions concernant l'archéologie. Sally Chilton m'a parlé de façon fascinante de son père, Philip Graves.

À New York, merci à Selma Rahdi pour son aide en archéologie et à Linda Fritzinger, qui m'a initiée et éclairée sur Valentine Chirol. À Boston, Suhair Raad al Mummayiz m'a aidée à situer certaines personnes pour les interroger. À Washington DC, Christine Rourke et Betsy Folkins, de l'Institut du Moyen Orient, étaient toujours prêtes à vérifier un fait ou à rechercher un livre obscur. Nancy Wood a fait des recherches sur l'alpinisme. Edmond Ghareed et Nameer Jawdat ont été des professeurs et des lecteurs patients. Un grand merci à Simon Serfaty, un très bon ami aux conseils pleins de sagesse. Ghida Askari m'a livré les souvenirs très vifs qu'il garde de son grand-père. Tamara Weisberg était toujours prête à m'écouter. Sue Glaser a porté son regard de psychologue sur l'adolescence de Gertrude Bell. Amos Perlmutter m'a éclairée sur les grandes figures de l'histoire britannique. Geoffrey Kemp m'a aidée à comprendre le rôle de l'Inde et du pétrole. Christine Helms et Clovis Maksoud m'ont menée à des sources d'une valeur inestimable. Tania Hanna a été une assistante dévouée et compétente.

Ron Goldfarb et Linda Michaels, mes agents littéraires, ont cru à ce livre dès le début. Merci à Jesse Cohen pour sa patience sans fin. Je suis également redevable à Nan Talese pour ses encouragements, son inspiration et les soins attentifs donnés à ce projet. Et puis surtout, merci à John, mon mari, dont la compréhension et l'amour m'ont permis d'écrire ce livre.

Janet Wallach
New York, février 1996.

Table des matières

DEUXIÈME PARTIE

LA KHATUN

Bayard Éditions

Littérature générale

Diane Barbara, *La petite fille*
Jean Chesneaux, *Habiter le temps*
Carole Damiani, *Les victimes, violences publiques et crimes privés*
Donald G. Dutton, *De la violence dans le couple*
Jacques Dermagne, *Révolution chez les patrons ? L'entreprise citoyenne*
Susan Edwards, *Des hommes qui aiment*
Marcin Frybes et Patrick Michel, *Après le communisme. Mythes et légendes de la Pologne contemporaine*
Philippe Grandsenne, *Bébé, dis-moi qui tu es*
Jérusalem Report, David Horovitz éd., *Rabin : mission inachevée*
Axel Kahn et Dominique Rousset, *La médecine du XXIe siècle*
Chris Kutschera, *Le défi kurde, ou le rêve fou de l'indépendance*
Danièle Laufer, *La vie empêchée*
Jean Maisondieu, *La fabrique des exclus*
Ezzedine Mestiri, *Les cuisines du monde à Paris*
Danielle Michel-Chich, *Viens chez moi, j'habite chez mes enfants*
Hubert Montagner, *En finir avec l'échec à l'école. L'enfant, ses compétences et ses rythmes*
Adam Phillips, *Monogamie*
Adam Phillips, *Le pouvoir psy*
Frans de Wall, *Le bon singe*
Janet et John Wallach, *Arafat : la poudre et la paix*
Marguerite Yourcenar, *Les yeux ouverts*

Cet ouvrage
a été transcodé
et achevé d'imprimer
sur Roto-Page
en juin 1997
par l'Imprimerie Floch
53100 – Mayenne.

Dépôt légal : avril 1997.
N° d'imprimeur : 41775.
N° d'éditeur : 2968.
Imprimé en France.